"十三五"国家重点图书出版规划项目

媒介融合与传媒转型丛书 / 钱晓文　孙宝国 ◎ 主编

被发现的受众
电视民生新闻新论

叶　冲　著

中山大学出版社

·广州·

版权所有　翻印必究

图书在版编目（CIP）数据

被发现的受众：电视民生新闻新论/叶冲著．—广州：中山大学出版社，2020.9
（媒介融合与传媒转型丛书/钱晓文，孙宝国主编）
ISBN 978-7-306-06783-8

Ⅰ．①被… Ⅱ．①叶… Ⅲ．①电视新闻—新闻工作—研究—中国 Ⅳ．①G219.2

中国版本图书馆 CIP 数据核字（2020）第 023613 号

出　版　人：	王天琪
策划编辑：	邹岚萍
责任编辑：	邹岚萍
封面设计：	曾　斌
责任校对：	邱紫妍
责任技编：	何雅涛
出版发行：	中山大学出版社
电　　话：	编辑部 020-84111996，84113349，84111997，84110779
	发行部 020-84111998，84111981，84111160
地　　址：	广州市新港西路 135 号
邮　　编：	510275　传　　真：020-84036565
网　　址：	http://www.zsup.com.cn　E-mail：zdcbs@mail.sysu.edu.cn
印　刷　者：	广州家联印刷有限公司
规　　格：	787mm×1092mm　1/16　21.75 印张　463 千字
版次印次：	2020 年 9 月第 1 版　2020 年 9 月第 1 次印刷
定　　价：	65.00 元

如发现本书因印装质量影响阅读，请与出版社发行部联系调换

献给我的父亲

作者简介

叶冲，男，1974年出生，江西省南康市人。英国赫特福德大学教育学硕士、上海社会科学院新闻学硕士、复旦大学传播学博士。曾任报社记者、杂志编辑，现为复旦大学传播与国家治理研究中心研究员、上海外国语大学贤达经济人文学院新闻系主任。

2000年以来，先后在《新闻大学》《国际新闻界》《新闻记者》《社会科学辑刊》等刊物上发表学术论文40余篇，出版学术专著《黑客：网络社会的流浪者》，参编《新闻学概论（第五版）》（"十一五"国家级规划教材）、《网络与新媒体概论》、《网络空间概论》等教材，主持并参与教科研项目五个。

内容简介

本书以"发现受众"为视角,对电视民生新闻进行了新的解读:这一独特的新闻样式的出现是基于社会(电视与民生)、媒介(转型与融合)和哲学(承认与蔑视)三种不同的语境。正是在这种"媒体发现受众"和"受众发现媒体"的双向互动过程中,电视人获得了新的传播角色,而民生新闻也达到了满意的传播效果。通过对我国电视民生新闻近 20 年发展历程的回溯,总结了当下其所遭遇的内部不足与外部挑战,在此基础上,指出其未来的发展之路:微观上,发挥电视媒体的传播功能;中观上,重塑电视民生新闻的理念;宏观上,建设电视民生新闻的内外环境。

总　序

党的十八大以来，以习近平同志为核心的党中央着眼党和国家事业长远发展，高度重视传统媒体与新兴媒体的融合发展，作出了一系列重要的论述和部署。2014年8月18日，习近平总书记主持中央全面深化改革领导小组第四次会议，审议通过《关于推动传统媒体和新兴媒体融合发展的指导意见》，首次将媒介融合提升为国家战略。2019年1月25日，中共中央政治局就全媒体时代和媒体融合发展举行第十二次集体学习，习近平总书记在主持学习时强调，推动媒体融合发展、建设全媒体成为我们面临的一项紧迫课题；推动媒体融合向纵深发展，做大做强主流舆论，巩固全党全国人民团结奋斗的共同思想基础，为实现"两个一百年"奋斗目标、实现中华民族伟大复兴的中国梦提供强大精神力量和舆论支持。党的十九届四中全会提出，构建以内容建设为根本、先进技术为支撑、创新管理为保障的全媒体传播体系。媒介融合是现代化进程的典型表征，不但是国家的发展战略和中国特色社会主义制度的有机组成部分，而且媒介融合与传媒转型已然成为传媒业发展的战略选择和必由之路。当下我国传媒融合转型已进入县级融媒体建设的新阶段，媒体融合发展在取得显著成效的同时，面临的挑战和问题也不少，因而成为新闻传播业界和学界共同关注和探讨的热点与重心所在。

为贯彻落实党的十九届四中全会精神和国家发展战略，适应媒介融合与传媒转型实践的需求，促进学界相关研究的深入，推动新闻传播学科建设，上海师范大学新闻学学科点、上海师范大学广播电视与媒介融合发展研究中心和中山大学出版社，联合江苏淮阴师范学院传媒学院、东方网等单位，共同策划、组织和实施了"媒介融合与传媒转型丛书"项目。经中山大学出版社推荐申报和国家新闻出版署集中评审，2018年7月本丛书被列入《"十三五"国家重点图书、音像、电子出版规划》增补项目（《国家新闻出版署关于公布重点出版物出版规划调整情况通知》国新出发〔2018〕7号）。本丛书定位为原创性学术研究，项目设计为：①理论专著。以党的十九大精神为指导，结合国家的政策发布以及新闻传播学等理论，将理论研究融入政策的宏大叙事，从跨学科的视角加强对媒体融合转型的理论探讨。②实践研究。着重研究报刊、广播电视、图书、新媒体等融合转型发展的过程、特点、战略与策略、经验与教训等，为传媒融合转型实践提供镜鉴与启示。③专题研究。针对媒体融合转型中的传媒监管、电视信息服务、对外传播等进行专门研究。总体而言，本丛书主要有以下几个特点：

第一，从丛书内容来看，它系统研究传统媒体融合转型，选题主要涉及报纸、杂志、图书、广播电视等不同介质的融合转型研究。有人可能会提出这样的疑问：

媒介融合不是打破了不同媒介之间的界限而融为一体吗，为什么还要做报刊、广播电视、互联网这样的区分，难道不同媒介的融合并不相同？麦克卢汉认为，"媒介是人体的延伸"①，也就是说，媒介是人的感觉能力的复制和外化，比如文字和印刷媒介是人的视觉能力的延伸，广播是人的听觉能力的延伸，电视是人的视觉、听觉和触觉能力的延伸，互联网则是人的中枢神经系统的延伸。就像人的视觉、听觉、嗅觉、触觉等不同感官难以相互取代一样，作为人的感官延伸的不同媒介也难以相互取代。不同媒介有不同的媒介文化，比如，图书和报刊属于以读写文化为特征的印刷文化，广播属于声音文化，电视属于图像视觉文化，而互联网则是交互文化。图书、报刊、广播、电视等不同的媒介形态形成了不同的媒介文化、发展路径，不同媒介各有优势和特长，对应不同的细分市场和受众群，其融合逻辑和实现路径虽有相同之处，却不可能完全相同，就媒介融合而言，适合《纽约时报》的未必适合 CNN，适合《人民日报》的也未必适合中央电视台，通往罗马的道路并非只有一条，说的正是这个道理。媒介融合在技术上表现为"多功能一体化"，并不意味着不同媒介之间的相互取代，反而是不同媒介文化的相互补充与协同发展，包括不同媒介背后的权力关系的重新调整与重塑，更重要的是，媒介融合在消融了旧的边界的同时，也会形成新的边界。如果从媒介生态学来看，不同媒介各有自己的"生态位"（niche），不同媒介在长期发展过程中形成了不同的路径依赖，新技术及其范式的引入可能会打破既有媒介之间相互依赖又相互制衡的媒介生态平衡，但必须重新建立新的媒介生态平衡，否则会造成难以逆料的媒介生态灾难。媒介融合（media convergence）之"融合"对应的英文是"convergence"而非"integration"，或许能够从中得出这样的启示，即媒介融合既要尊重互联网思维和新闻传播的规律，更要尊重不同媒介的内在逻辑与发展规律，如此，媒体方能找到属于自己的融合转型之路。

第二，从研究性质来看，伴随着媒介融合的是社会媒介化程度越来越深，媒介研究已成为显学，媒介融合与传媒转型研究作为学界和业界关注的焦点和热点，属于应用型学术研究。理论研究包括基础理论研究和应用型理论研究，这两大领域各有自己的特点与价值，不存在高低优劣之分。换言之，彼此是相辅相成而不是相互取代的关系，不应厚此薄彼。如同新闻传播学一样，传媒融合转型研究具有很强的实践性特点，正在如火如荼开展的融合传播实践是理论研究的源头活水，学理研究不能脱离传媒业实践。本丛书并非纯理论研究，而是理论与实践相结合的应用型学术研究，或者说它是应用型理论创新亦可，其特色在于"道"与"术"兼顾，既有对传媒融合转型的特点、动因和规律等的理论探讨，又有对当下媒介生态环境中报刊、广播电视、图书出版、新媒体等融合转型的特点、问题、成因与策略等的深

---

① ［加］马歇尔·麦克卢汉：《理解媒介——论人的延伸》，何道宽译，译林出版社 2019 年版，第 78 页。

度分析。与此同时，媒介融合与传媒转型作为独立的研究对象，需要在马克思主义思想的指导下，从新闻传播学、政治经济学、文化研究、社会学等多学科进行深入研究，因为传媒融合转型融入社会政治、经济、文化、技术等整体发展之中，不是单一学科就能够窥其全貌揭其真谛的。

第三，从研究队伍来看，本丛书是由不同单位的学者主要是高校教师撰写而成，作者队伍具有老中青相结合、业界与学界相结合等特点，其中，既有资深教授、高级编辑，也有年富力强的副教授、讲师等青年学者，绝大多数作者都有丰富的业界经验和丰厚的学养或理论素养，用现在的流行语来表达，属于双栖型或专业化复合型人才，而且都有相当的前期成果积累。由于丛书作者来自不同单位，跨地区、跨部门、跨行业，而且项目持续时间较长，为了保障丛书的质量，协调并推动项目的顺利开展，我们举办过多次小型专题研讨会，以及通过微信群等非正式的沟通渠道，就丛书的框架结构、内容编写、市场定位等相关问题进行深入研讨，对提高丛书的质量和水平颇有裨益。

感谢中山大学出版社的大力支持和帮助，特别是邹岚萍女士玉成此事，从选题策划、"十三五"国家重点图书出版规划项目的申报，一直到编辑出版，她都亲自指导、统筹和把关，做了大量的工作，功不可没。感谢兄弟单位特别是江苏淮阴师范学院传媒学院史晖院长的鼎力支持和帮助。媒介融合时代是合作与共赢的时代，独木不成林，没有学术共同体的支撑就没有这套丛书的出版。感谢为各分册撰写序言的各位专家学者，他们从专业角度对书稿进行把关，有助于提高书稿的学术质量和水平。感谢各位作者在繁忙的工作之余的辛勤努力和付出，一分耕耘一分收获，这才有了这套国家级丛书的面世。感谢读者的厚爱和不吝赐教，服务读者，满足读者和市场的深层次需求，将是我们继续前进的方向和不竭动力。

钱晓文　孙宝国
2020 年 2 月

序

民生新闻肇始于 2001 年。斯时，江苏广电总台城市频道开办《南京零距离》（以下简称《南》）节目，这标志着电视民生新闻在实践领域的确立与成熟。该节目的成功创办激发了国内一大批电视媒体的仿效。2006 年，天津电视台举办了"首届全国都市频道协作暨民生新闻发展论坛"，从会议披露的相关数据看，全国有超过三分之二的电视台开办了民生新闻节目，而这仅是省级卫视的情况，并不包括广大的地市级电视媒体。

业界的高歌猛进，带动了学界的积极思考。抛开学术论文不议，我目力所及的学术专著就有好几本。侯迎忠从媒介生态学的角度，对电视民生新闻的兴起、传播特征、现状以及未来发展进行了论述[1]；马建宇以知名的电视民生新闻栏目《都市条形码》为案例，探讨民生新闻向公共新闻发展的对策[2]；左军以合肥电视台的《庐州和事佬》为样本，着重分析调解型民生新闻节目在疏导群众情绪和化解社会矛盾方面的角色作用[3]；胡智锋在电视民生新闻创办十周年之际，通过"发展报告"的形式，系统总结了十年来国内民生新闻的发展现状[4]；王雄侧重研究了民生新闻的核心竞争力：叙事视角的平视、叙事语态的亲民化以及强烈的人文关怀[5]。这些专著从不同的角度对民生新闻切入，为我们了解这种新的新闻样式提供了有益的启发和多样的思考。

有别于上述研究，本书的最大特点是：它从受众的角度来探讨民生新闻。

把电视民生新闻作为一种新闻样式加以考察，不难发现，无论是其所宣扬的平民视角（百姓立场、域域特色、信息选择），所采用的故事模式（个性化的主持人、说新闻的播报方式、非线性的内容编排），还是它的受众意识（重视观众参与、积极服务观众、发挥舆论监督功能），其一以贯之的节目理念是将受众置于核心的地位并加以突出，这也是其甫一出现便受到广大观众喜爱的原因所在。

怀特在《街角社会》一书中这样说："要想了解他，必须将他放回到其社会环境之中，并观察他的日常活动。要理解惊人的事件，就必须联系日常的生活模式来

---

[1] 侯迎忠：《媒介与民生：电视民生新闻的理论与实践》，中国传媒大学出版社 2008 年版。
[2] 马建宇：《从民生新闻到公共新闻：〈都市条形码〉与民生新闻》，中国传媒大学出版社 2011 年版。
[3] 左军：《沟通、和谐：调解型电视民生新闻研究——以合肥电视台〈庐州和事佬〉为样本》，合肥工业大学出版社 2012 年版。
[4] 胡智锋：《中国电视民生新闻发展报告（2011）》，中国广播影视出版社 2011 年版。
[5] 王雄：《电视民生新闻：成长与转型》，世界图书出版公司 2016 年版。

认识它——因为科纳维尔的生活是有一种模式的。中产阶级的人们把这个贫民区视为一团糟,一种社会混乱状态。而了解内情的人却在科纳维尔发现了一个高度有组织的、完整的社会制度。"① 由此观之,我们不得不承认,以往的新闻节目(尤其是电视媒体)在"受众理念"上其实并不尽如人意:百姓生活难入电视人的法眼,市井百态更难登大雅之堂,换言之,受众一直处于"缺席"的状态。

事实上,受众是需要被发现的。米尔斯提出了"原始公众"(primary public)一说。在他看来,原始意义上的公众需要被激发,而在现代社会,最佳的激发手段无疑是大众媒介——通过媒介的"鼓励和刺激讨论,将原始的公众与其他讨论联系起来"②,这将有助于社会舆论的成熟。可见,受众被发现和发现受众,既是受众主张自身权益的内在需求,也是媒体作为舆论平台的天然职责,唯此,方能促进公共空间的培育。

对媒体与受众间的关系,国人的认识有一个逐渐深化的过程。被誉为"最早睁眼看世界的中国人"魏源曾对西方报刊作如下感慨:"刊印逐日新闻纸,以论国政,如各官宪政事有失,许百姓议。"③ 可以看出,魏氏已经敏锐地发现了报刊之于百姓政治参与的作用。然而,报纸这种社会功能并未随着报刊入华的脚步而在中国同步落地。究其原因,或许还是"南橘北枳"之故(关于这一点,本书第二章有详尽的阐述),也正如徐复观所说:"总是居于统治者的地位来为被统治者想办法,总是居于统治者的地位以求解决政治问题,而很少以被统治者的地位,去规定统治者的政治行动,很少站在被统治者的地位来谋解决政治问题。"④ 徐氏所言正是症结之所在。

1993年,《东方时空》(以下简称《东》)开始"讲述老百姓自己的故事"。尽管这仍是一次体制内的改革,其面貌也显得相对温和与柔软,但这毕竟是一次电视人自发的"反动",获得了业界的认同、受众的欢迎以及学界的肯定,因此,它很快就超越了节目本身,进而成为中国电视改革的一个里程碑。

《东》对后来的新闻改革(尤其是本书所讨论的电视民生新闻)的影响是明显且深刻的。与此前的电视新闻不同,《东》最大的特点在于其"平民化",借此,它迅速凝聚了人气并扩大了影响。

《东》在20世纪90年代初的火爆与当时的社会环境密切相关。社会结构的日趋复杂,不同利益的分化整合,人们对沟通效率的渴望,这一切使大众传媒不得不

---

① [美] 威廉·富特·怀特:《街角社会》,黄育馥译,商务印书馆2009年版,第7页。
② [美] 查尔斯·赖特·米尔斯:《权利精英》,王崑、许荣译,南京大学出版社2004年版,第386页。
③ 〔清〕魏源:《英吉利国广述上》,《海国图志》卷五十一,岳麓书社1998年版,第1421页。
④ 徐复观:《儒家政治思想的构造及其转进》,《中国近代思想家文库·徐复观卷》,中国人民大学出版社2014年版,第6页。

面临新的时代使命。"那些看似琐碎的日常新闻报道无不带有报人的'选择'和价值评价，所展开讨论的题材和结论事实上为社会设置了议题。"① 当然，媒体所做的这些并非完全惠之于受众，它自己也同样从中受益，"媒介的主人总是刻意提供公众想要的东西，因为他们明白自己的力量是存于媒介本身，而不是存在于讯息或节目之中"②，即，这是"一种自身势力构建意义上的成功"③。这一点，不仅体现在《东》上，也体现在后来的电视民生新闻上。

但仅仅认识到这一点是不够的。细察《东》所谓的"讲述老百姓自己的故事"，不难发现，其背后暗含了一个叙事主体——电视媒体，即，它是由电视人来讲述老百姓自己的故事——老百姓依然是一个"被言说"的对象，既"在场"又"不在场"，这是这场电视改革留下的一个遗憾。

填补这一缺憾的历史任务留给了电视民生新闻。早期的《南》主要由"新闻资讯+主持人评述""观众投诉+维权追踪""天气预报+有奖竞猜"等几个板块组成。无论是主持人（孟非）犀利的评述，还是媒体热心观众所急所需，乃至于深入社区搞有奖活动，电视荧屏上呈现出了一个观众前所未见的五彩世界。每个人都有机会上电视，任何事都有可能被曝光，甚至不同的意见也有望在镜头里博弈，这种新鲜感和在场感是《南》甫一推出便广受好评的重要原因，以至于孟非后来被观众亲切地称为"南京人民的儿子"，而且它还产生了一种强烈的共情效应。观众每晚聚集在电视机前，共同分享媒体所传播的信息，这种围观式的观看行为本身就是一种力量。此外，节目还发起观众投票并实时展示投票动态，又强化了观众的共在意识，从而增加了观众本身的仪式感。

"主持人、维权、社区活动"，这既是民生新闻的"三大法宝"，其实也是它的"三板斧"。尤其是各地同行眼见《南》成功之后的竞相仿效，对这一新的新闻样式产生了过早且过度的透支。不少民生节目刻意追求"观众至上"，不惜曲意迎合观众心理，甚至擅加揣度社会风向，使节目内容流于琐碎、肤浅和俗气。源自媒体对自身职责和社会环境的误判，最终损害的是受众的利益。藤竹晓（1968）提出了"拟态环境环境化"一说，意指"那些最初并无普遍性的观念、价值、行为方式等，……进入大众传播后很快成为社会流行的形象和社会现象"④。这应该是民生新闻节目在未来需要注意的地方。

---

① 李礼：《转向大众：晚清报人的兴起与转变 1872—1912》，北京师范大学出版社 2017 年版，第 51 页。

② ［加］马歇尔·麦克卢汉：《理解媒介——论人的延伸（增订评注本）》，何道宽译，译林出版社 2011 年版，第 246 页。

③ 李礼：《转向大众：晚清报人的兴起与转变 1872—1912》，北京师范大学出版社 2017 年版，第 51 页。

④ 转引自李礼：《转向大众：晚清报人的兴起与转变 1872—1912》，北京师范大学出版社 2017 年版，第 116 页。

叶冲积数年之力对电视民生新闻进行思考，最终拿出了他的研究成果。本书从"发现受众"的角度，对电视民生新闻近20年的发展历程进行了系统回溯，并总结了其当下所遭遇的内部不足与外部挑战。在此基础上，还指出了其未来的发展之路。我希望也相信，这只是他的阶段性研究成果，在未来的学术之旅中，他能奉献出更多研究成果。

是为序！

李良荣

2020年4月

目 录

绪论 …………………………………………………………………………… 1

第一章 电视民生新闻概述 …………………………………………………… 7
第一节 "电视民生新闻"的概念 ………………………………………… 7
第二节 电视民生新闻的特征 …………………………………………… 14

第二章 电视民生新闻的生成语境 …………………………………………… 52
第一节 电视与民生：电视民生新闻的社会语境 ……………………… 52
第二节 转型与融合：电视民生新闻的媒介语境 ……………………… 58
第三节 承认与蔑视：电视民生新闻的哲学语境 ……………………… 81

第三章 电视民生新闻的传播角色 …………………………………………… 91
第一节 传播新闻信息 …………………………………………………… 91
第二节 乐于为民帮忙 …………………………………………………… 94
第三节 调解百姓纠纷 …………………………………………………… 98
第四节 发起舆论监督 …………………………………………………… 98

第四章 电视民生新闻的传播效果 …………………………………………… 139
第一节 两个效益双丰收 ………………………………………………… 139
第二节 受众权益得到满足 ……………………………………………… 148

第五章 电视民生新闻的内部不足 …………………………………………… 155
第一节 题材内容的碎片化 ……………………………………………… 155
第二节 表达方式的片面化 ……………………………………………… 166
第三节 与主流价值的疏离 ……………………………………………… 175
第四节 监督意识的泛化 ………………………………………………… 183

第六章 电视民生新闻的外部挑战 …………………………………………… 194
第一节 政治、法律方面的挑战 ………………………………………… 194

第二节　经济方面的挑战 …………………………………… 201
　　第三节　社会方面的挑战 …………………………………… 208
　　第四节　文化方面的挑战 …………………………………… 210

第七章　电视民生新闻的发展之路 ……………………………… 218
　　第一节　微观：发挥电视媒体的传播功能 ………………… 219
　　第二节　中观：重塑电视民生新闻的理念 ………………… 256
　　第三节　宏观：建设电视民生新闻的内外环境 …………… 307

结语 ………………………………………………………………… 319

参考文献 …………………………………………………………… 324

后记 ………………………………………………………………… 332

绪　　论

电视民生新闻的出现与火爆，很大程度上是因为它发现了"受众"。

从自然实在的角度讲，受众始终都是存在的。但是，在前民生新闻时代，这批"存在的"受众，在社会实在意义上却是"缺席的"。换言之，在新闻传播的语境里，受众没有得到应有的表达，更不用说获得他们所需的有品质的新闻。

受众的长期缺席，缘于中国独特的新闻管理体制。按照现有的制度安排，中国的媒体始终肩负着两副重担：从事意识形态的宣传和社会教化工作，提供社会和民众所需的新闻信息，即所谓的"事业单位、企业化管理"。从理想化的角度看，上述两种职责本应水乳交融、和谐一体，但实践证明，事情的发展并非如政策设计者所愿。一方面，高度重视媒体的宣传功能，但最终的结果是，本来是作为工具的宣传手段，反而成了目的意义上的结果。另一方面，在信息服务领域，媒体依照市场经济的路径，视发行量、视听率和点击率等为目标考核的首要因素，一切投入均以经济效益为旨归。对于媒体的宣传教化功能，我们过于重视那只"看得见的手"；而之于媒体的信息服务功能，我们又过于依赖那只"看不见的手"。在这样的背景下，学理意义上的新闻传播最终被边缘化了；同样，作为新闻传播客体的受众，其"缺席"也就在所难免了。这一点在电视媒体上表现尤甚。

"任何新闻主张的出现，都不是凭空产生的，而是对某种特定情境的反应方式，换言之，都是对某种特定压力的一种回应。因此，了解任何一种新闻主张所面临的压力或语境，就能够准确把握这种新闻主张是否因时而生、因势而成，从而具有历史的必然性和合理性。"[①]

考察电视民生新闻的出现，我们必须将国家、媒体和社会这三个维度置于同一个场域来理解。

如前所述，从社会治理的角度看，国家需要通过制度设计有效实现行业治理；而从事业发展的角度讲，媒体需要通过舆论宣传和信息服务完成国家所期待的社会效益和经济效益。但是，受众——一个相对被动的接受客体，在这场角色分配的游戏中自然就处于相对的劣势。在前民生新闻时代，这三股力量基本上处于"能量守恒"的稳定态势。

最早打破这一势力均衡的是非上星的地面频道，对它们而言，上面横亘着中央电视台（以下简称央视）和省级卫视两块天花板，从政治优势、市场规模和人力资源乃至技术装备来讲，前者显然远不敌后两者。因此，对地面频道而言，"生存还

---

① 王雄：《电视民生新闻：成长与转型》，世界图书出版公司2016年版，第249~250页。

是灭亡,这是一个问题"①。

城市化运动的出现,给地面频道带来了突围的契机。对电视而言,城市化的最大贡献在于,它带来了一个被称为"城市中间阶层"的收视群体。有人描述了"城市中间阶层"的范围,所谓"城市居民",可分为七个阶层:管理阶层、专业技术人员阶层、办事员阶层、工人阶层、自雇佣者阶层、私营企业主阶层和其他难以确切划分的阶层。其中,专业技术人员、中层管理人员、办事员、部分私营企业主、部分自雇佣者(个体户)属于城市中间阶层。② 这批新出现的阶层,远不同于此前的电视观众,他们不再是"沉默的大多数",而是主动的"现代消费者"。一方面,"(他们)在日常生活中表现出来的喜怒哀乐与价值追求代表了一个城市的总体形象,他们的日常消费行为及媒介消费行为也成为新闻媒介追逐和关注的主要对象"③。另一方面,他们还是积极的"文化创造者",他们视媒体为培养公民意识、行使公民权利、参与公共事务的社会公器,既希望媒体能提供更多真实可信、针对性强、意义深刻的新闻信息,又希望媒体能更多地发挥其公信力和权威性,借此满足他们的自我表达和参与社会的意愿。

有人以"中产阶级"来喻指中国的"城市中间阶层"。从学理意义上说,这种类比显得有些武断,因为西方语境里的"中产阶级"有其更为复杂的特殊指向。"误把他乡认故乡"固然不对,不过,中国的"城市中间阶层"与西方的"中产阶级"的确也存在着一定的重合。一个典型的表现是,随着经济利益的扩大和社会地位的提升,"城市中间阶层"的公民意识被唤醒,权利观念开始觉醒,他们需要一个适宜的平台来满足自身的表达诉求。而民生新闻的出现,恰恰因应了前者的呼求,这也可以解释电视民生新闻甫一出现便大受好评的原因。由此观之,简单地以"南橘北枳"为由而将西方的理论成果拒之门外是不对的。相反,恰当借鉴域外经验来反观中国现象并尝试解读之,这在某种程度上可以避免堕入黑格尔所批评的"外部性反思"的泥淖。本书在介绍电视民生新闻产生的哲学语境时,引入"承认理论"作为背景框架,正是对上述认识的一种践行。

城市化进程的加速与城市中间阶层的倒逼,是电视媒体发现受众并使民生新闻得以产生的外部动因。回到媒体本身,其对受众的发现,则远非用电视民生新闻可以解释,我们还应做更遥远的回溯。

有人提出:"自1993年以来,中国电视有过三次革命,第一次以《东方时空》为始作俑者,第二次以湖南的《幸运3721》以及《快乐大本营》为标志,第三次

---

① [英]威廉·莎士比亚:《哈姆雷特》,朱生豪译,人民出版社2001年版。
② 郑杭生:《当代中国城市社会结构——现状与趋势》,中国人民大学出版社2004年版,第166页。
③ 侯迎忠:《媒介与民生:电视民生新闻的理论与实践》,中国传媒大学出版社2008年版,第116页。

则肇始于江苏南京。"① 照此分期，民生新闻对受众的发现其实早在第一次革命时就已经开始了。

《东方时空》是央视于1993年5月1日正式开播的一档节目。该节目有一个下属的子栏目《生活空间》，它"运用纪录片的方式来展示普通中国人的生活，普通百姓的言行、情感一跃成为了主流媒体叙述的主题内容，这无疑开创了国内荧屏'百姓新闻'的先河"②。到2000年11月，该栏目索性更名为《百姓故事》，而那句由著名演员王刚配音的栏目口号"讲述老百姓自己的故事"也成为电视观众耳熟能详的流行语。以《百姓故事》为代表的《东方时空》带来的不仅是一档新的电视节目，更重要的是，它深刻地改变了电视的语态。"较之内容上的突破，《东方时空》话语的亲切和传播方式的鲜活才是让观众惊喜的真正原因"③。《东方时空》的口号是"真诚面对观众"，对此，时任节目策划人的孙玉胜评价道："（它）不仅仅是一句口号，不仅仅宣扬着我们的态度，它也是一种可以指导节目操作的方法提示"，"传播者与观众必须首先建立起一种'与话双方'的平等，平等之后才有可能建立亲近感"。④

从改变电视的语态开始，继《东方时空》之后，央视陆续推出了《焦点访谈》《新闻调查》《实话实说》《面对面》等一系列颇受观众欢迎的新闻节目。综观上述节目的风格，不难看出，它们无不具备一种强烈的平民视角。

所谓视角，乍看起来不过是一个技术层面的问题。比如，一则关于直饮水开通的报道，一个视角可以着眼于体现党和政府的温暖，另一个视角则可以放在居民生活改善上。但深究起来，问题并非如此。这是因为，视角的背后，隐含的是媒体人对事件的认知、判断和情感倾向，换言之，视角本身也具备意识形态属性。"包含着民生新闻以民本主义作为旗帜，自然越来越突出作为叙事者的'我'，将新闻叙事的'我'和观众的'我'进行无限收拢，让观众切实感受到作为观众的'我'和电视叙事者的'我'的高度同质性、同构性。许多民生新闻口号中突出的'为民服务'背后所隐藏的就是这样一种叙事策略"⑤。

央视的示范效应是强烈的。多家省市级卫视随后也陆续推出一系列类似节目，形成了一个场面壮观的传播矩阵：北京电视台《点点工作室》栏目（1995）和《第七日》栏目（1999）、福建电视台《现场》栏目（1999）、黑龙江电视台《新

---

① 李幸：《十年来中国电视的第三次革命》，《视听界》2004年第1期，第5页。
② 侯迎忠：《媒介与民生：电视民生新闻的理论与实践》，中国传媒大学出版社2008年版，第119页。
③ 孙玉胜：《十年，从改变电视的语态开始》，生活·读书·新知三联书店2003年版，第49页。
④ 孙玉胜：《十年，从改变电视的语态开始》，生活·读书·新知三联书店2003年版，第432页。
⑤ 王雄：《电视民生新闻：成长与转型》，世界图书出版公司2016年版，第143页。

闻夜航》栏目（1999）、沈阳电视台《沈视早报》栏目（1999）、辽宁电视台《第一时间》和《今晚直播》栏目（2000）、湖南经济电视台《都市一时间》栏目（2001）等。上述节目一改以往的新闻语态，换以一种新颖的模式面对观众，从新闻播报的方式到节目包装的风格，从叙事元素的编排到文本构建的思路，平民化色彩日渐浓烈。尽管彼时的电视人尚未以"民生新闻"来命名这类节目（或许当时他们并未意识到这种将受众从"看客的队伍"拉到"舞台的中央"的做法蕴含着多么大的力量），但这种尝试却为后来地面频道上马民生新闻提供了有益的经验。

《南京零距离》①是电视民生新闻的业界翘楚，也是从学理上对民生新闻进行系统总结的先行者，该节目在"发现受众"方面的表现有三：

首先，将话语权下放至观众。以往，话语权总是在媒体的手里，或者说，掌握在那些居于社会谱系上游的精英手里。现在，媒体将话语权施之于普通人，使后者终于有了自我表达的机会。当然，媒体并不仅仅是狭隘地将话语权给予平民，它还让那些有可能与群众发生误会的"执法者"（城管、警察、工商干部等）走上电视，这些在互联网上被"标签化"的群体，与普通百姓一样，都是媒体的受众，现在也有了自我表达的机会。"在话语权上，电视民生新闻相当于抢占了传统的电视新闻话语领域，将自上而下观察的新闻变成了自下而上的展示：民众的喜怒哀乐因为电视民生新闻的关注而变得重要，并且能够得到反馈和回应；媒介的话语权不再只被政府或者权威部门垄断，而是市民和城市管理者共同分享。市民有了困难，不再是以弱势的形象出现，而是通过电视民生新闻的支持变得勇于表态和抗争。这样一种让渡是极有意义的。"②通过话语权的广泛下放，民生新闻避免了步入民粹主义的窠臼，而使电视的话语表达有了更多形态。

其次，有意强调"本土经验"。接近性是新闻六大价值中的一种，它包括地理上的接近和心理上的接近。本土经验在地理意义上的表现是，节目始终关注同城市民，不管是新闻播报，还是投诉建议，哪怕是天气预报、每日抽奖，同城消息始终是节目的主流。即便是《南京零距离》改版为《零距离》之后，这种关注倾向依然存在。心理意义上的本土经验则在于，节目引入大量的叙事手段，无论是主持人，还是编排方式，或者是表达元素，都一改过去时政新闻的沉闷、严肃和单调。

最后，用"场景"讲述民生故事。有人认为，"电视新闻的叙事层面分解为语言、文本、故事和话语四个相互关联、层层递进的组成部分"③。所谓语言，是指节目用以呈现的各种符号；而文本则是指上述符号组合以后所形成的视觉产品；至于故事，则是文本所能达到的一种叙事效果；话语则是建基于上述三者的最终目

---

① 从2009年5月1日起，《南京零距离》正式更名为《零距离》。本书在讨论该节目时，凡是涉及2009年5月1日之前的内容，则使用《南京零距离》这一名称；凡是涉及2009年5月1日之后的内容，则使用《零距离》这一名称。如果是引用他人论述，则遵照原文。
② 王雄：《电视民生新闻：成长与转型》，世界图书出版公司2016年版，第163~164页。
③ 欧阳照：《电视新闻的叙事学研究》，重庆大学出版社2010年版，第30页。

的，即通过前三者的努力最终实现意义的建构。可见，讲好民生故事，是民生节目的旨归。而故事能否讲好，又取决于场景的设置。

"场景代表着用户对内容更深的理解度，代表着能够触发用户的沉浸式体验，意味着对个人需求的满足和情感共鸣，也意味着更强烈的分享欲望以及忠诚度和黏性，电视民生新闻节目主持人通过视频场景媒介，让内容与用户产生深度的连接，进而构建一个媒介生态。"[1]《60分钟》是美国CBS于1986年推出的一档电视新闻节目，也是收视率最高的节目之一。其之所以广受欢迎，在于它开创了一种全新的新闻播报模式——讲故事。节目将合适的素材挑选出来，把当事人的矛盾和困难淋漓尽致地记录下来，把握至关重要的细节和整个故事的节奏等。因此，艾美奖评委这样来评价《60分钟》："用简单而有效的方式深入了故事的核心，进入了人物内心，编排自由富有活力，开创了一种新的节目样式。"[2]

以往的时政节目，无论是时效性，还是现场感，都不尽如人意，这其中既有技术装备的原因，更存在媒体人主观认识的问题。而民生新闻的魅力恰恰可以从它和前者之间的比较中看出来。场景化表达正是后者区别于前者的一个重要的优势。《南京零距离》创办人、曾任《南京零距离》制片人的景志刚这样描述他们对民生节目的叙事策略："在《南京零距离》最初的策划案中，我们曾把节目的内容主要概括为三个方面：实用资讯、生活投诉和社会新闻。……这样的新闻关注的对象是平民百姓，反映内容是平民百姓的日常生活，是他们在生活中的所遇、所做、所感、所想，是他们的生存状态和心灵状态。显然，这样的新闻用旧有的诸如'社会新闻''舆论监督'等概念来概括已严重辞不达意。也许更适合使用的是'民生新闻'这一概念。因为，这一概念不仅字面上比较切题，而且内容上也比较准确地概括了这类新闻的平民视角、民生内容以及民主的价值取向这样一些本质性的内涵。"民生新闻"简单地说就是反映民众生活的新闻"。[3]

行文至此，不难得出以下结论：民生新闻的出现与成功，正是由于其对受众的"发现"。它让受众从"缺席"走向"在场"，既与党的一贯意志和政府的工作目标天然一致，又可以解决新闻资源问题和频道定位问题，与央视和卫视实现错位竞争；还可以明确受众与市场，解决产业创收问题，实现生存与发展。也正因为如此，以《南京零距离》为代表，内地的地面频道纷纷推出民生节目，数量之多，不一而足。

坦率地说，"电视民生新闻"并不是一个严谨的学术概念，也未得到学界的广

---

[1] [美]詹姆斯·罗尔：《媒介传播文化：一个全球性的途径》，董洪川译，商务印书馆2005年版，第145页。

[2] 孙晓静：《试论电视民生新闻节目故事化的表达方式》，华东师范大学硕士学位论文，2008年，第29页。

[3] 景志刚：《存在与确认：如何概括我们的新闻》，《中国广播电视学刊》2003年第11期，第20页。

泛认同。有人坦言，"尽管民生新闻之'名'具有无可置疑的正当性，但将其付诸新闻实践后，'名不副实'特别是'名过其实'的问题已经并将长期存在，因而，即使经过十余年发展，尚不能在理论上给予民生新闻这一概念终极的界定与不容置疑的解说"[1]。正如上文所述，它的出现，更多的是源自业界在新闻实践中的探索，因此，它就像一块外表粗糙的璞玉。首先，对一些习惯从事精细研究的人来说，如何将研究对象进行归类，这已成为一个问题。但是，我们的思考却不能因此而止步。这是因为，电视民生新闻的出现因应了社会对媒体的特殊需要，它用"民生新闻"这个概念实现了"官方舆论场"和"民间舆论场"这两个场域的整合，从而"塑造了一个有意义的有关于社会与国家的符号世界，并使自身包裹上了强烈的'为民'色彩"[2]。其次，电视民生新闻是社会转型在媒体身上投射的结果，"它充分地体现出中国社会现阶段新闻实践与社会实践的高度契合，也包含了培养公民意识和倡导公共意见表达的积极因素"[3]，这对我们推进协商民主、建设和谐社会提供了有益的帮助。最后，电视民生新闻不仅为学界提供了一个可供思考的研究客体，更重要的是，它的持续存在和不断进化，还为未来的新闻改革提供了有价值的先导性经验。"若以新闻成就民主的社会秩序、以新闻推动公众参与社会公共生活作为新闻业的理想目标，'民生新闻'只是一个开端——这个开端将会随着中国社会转型和中国媒介改革的双重进步而呈现出越来越重要的社会意义。"[4]

---

[1] 王雄：《电视民生新闻：成长与转型》，世界图书出版公司2016年版，第20页。
[2] 王雄：《电视民生新闻：成长与转型》，世界图书出版公司2016年版，第4页。
[3] 陆晔、王硕、侯宇静：《突破从"民生新闻"开始——〈第一时间〉与地方电视新闻发展前瞻》，《现代传播》2004年第8期，第50页。
[4] 陆晔、王硕、侯宇静：《突破从"民生新闻"开始——〈第一时间〉与地方电视新闻发展前瞻》，《现代传播》2004年第8期，第50页。

第一章 电视民生新闻概述

第一节 "电视民生新闻"的概念

从世界华语媒体圈来看,"民生新闻"这一概念可谓由来已久。

1978年,台湾地区创办了民生新闻的专业报纸《民生报》,明确打出了民生新闻牌。[①] 就电视界而言,"新加坡联合早报旗下的'优频道'便是主打民生新闻"[②]。

在中国大陆,不少报纸都曾涉足于此,"《南方都市报》《东南快报》《新闻晨报》等都市类报纸也都曾开设民生版或民生新闻版"[③]。而2001年8月1日由深圳报业集团创办的《晶报》则最早把"民生"与"新闻"这两个词组合到一起,提出了"以民生新闻为特色"的办报方向。

然而,让民生新闻崭露头角的却是电视媒介。2001年初,江苏广电总台城市频道开办了《南京零距离》,标志着电视民生新闻在实践领域的确立与成熟。

2006年10月,天津电视台举办"首届全国都市频道协作暨民生新闻发展论坛",全国26个省(自治区、直辖市)的电视《民生新闻》栏目参与了此次论坛(见表1-1)。而这一数据仅仅反映了绝大部分省级卫视的民生新闻栏目的开办情况,并未包括广大的地市级电视台。

表1-1 全国省级台民生新闻协作体成员台[④]

序号	电视台	频道	栏目	创办时间
1	安徽广播电视台	公共频道	夜线六十分	2007年3月1日
2	北京电视台	公共·新闻频道	生活面对面	1999年4月
3	福建广播影视集团	新闻频道	现场	1999年5月23日
4	甘肃广播电影电视总台	都市频道	都市快报	2006年10月18日
5	广东南方电视台	卫视频道	城事特搜	2002年6月17日

[①] 李晓林:《台湾〈民生报〉停刊及其背景分析》,《新闻记者》2007年第3期,第80页。
[②] 洪开荣:《民生新闻:从被影响的终端对信息编码》,《南方传媒研究》,南方日报出版社2006年版,第93页。
[③] 洪开荣:《民生新闻:从被影响的终端对信息编码》,《南方传媒研究》,南方日报出版社2006年版,第93页。
[④] 全国省级台民生新闻协作体合作平台,网址:tjtv.enorth.com.cn/msxzt/。

续表 1-1

序号	电视台	频道	栏目	创办时间
6	广西电视台	新闻频道	新闻在线	2004年1月
7	贵州电视台	公共频道	百姓关注	2005年4月1日
8	海南广播电视总台	综合频道	直播海南	2004年7月
9	河北电视台	都市频道	都市印象	2004年10月17日
10	河南电视台	都市频道	都市报道	1997年10月
11	湖北广播电视总台	经济频道	经视直播	2004年12月8日
12	湖南电视台	都市频道	都市1时间	1992年
13	江苏广播电视总台	城市频道	南京零距离	2001年
14	江西电视台	都市频道	都市现场	2002年
15	吉林电视台	都市频道	守望都市	2001年
16	辽宁广播电视台	都市频道	新北方	2004年10月8日
17	内蒙古电视台	经济生活频道	都市全接触	2004年1月1日
18	山东广播电视台	齐鲁频道	拉呱	2005年10月31日
19	山西广播电视台	科教频道	都市110	2005年1月17日
20	陕西广播电视台	都市青春频道	都市快报	2002年1月1日
21	上海电视台	新闻综合频道	新闻坊	2002年6月24日
22	深圳广播电影电视集团	都市频道	第一现场	2002年12月2日
23	四川广播电视台	新闻资讯频道	非常新闻	2006年7月
24	天津电视台	都市频道	都市报道60分	1999年10月1日
25	云南电视台	都市频道	都市条形码	2004年2月6日
26	浙江电视台	钱江都市频道	范大姐帮忙	1999年

作为首批民生新闻协作体成员台，它们都是当地创办较早、实力最强、影响最大、最具代表性的民生栏目。时至今日，历经十几年的考验，表1-1中的大部分栏目依然存在，并继续领跑所在地的民生节目队伍。

理论界对"民生新闻"的研讨，目前来说，2003年《新闻大学》夏季号发表的沈全梅的《民生新闻解读》是最早的一篇。然而，集中讨论"电视民生新闻"的论文，则是那长春的《城市民生电视新闻浮出水面》[1]以及景志刚所撰写的《存在与确认：如何概括我们的新闻》[2]，这两篇文章可视为"电视民生新闻"进入学

---

[1] 那长春：《城市民生电视新闻浮出水面——兼论〈南京零距离〉等栏目的题材意义和传播价值》，《当代传播》2003年第6期。

[2] 景志刚：《存在与确认：如何概括我们的新闻》，《中国广播电视学刊》2003年第11期。

第一章　电视民生新闻概述

理层面的标志。此后，伴随着各家电视台《民生新闻》节目的接连出现，相关论述更是层出不穷。

关于"民生新闻"的界定，学界说法不一。笔者以中国知网为基础进行了检索（见表1-2）。

表1-2　2000—2017年中国大陆关于民生新闻与电视民生新闻的文献检索结果①

查询类型	主　题	文章数量
篇名	民生新闻	5720
	民生新闻（硕博论文）	235
	电视民生新闻	1675
	电视民生新闻（硕博论文）	128

注：搜索结果之间存在重复。

鉴于本书的研究对象是"电视民生新闻"，笔者对相关论文进行了重点阅读与内容分析。研究发现，学界关于"电视民生新闻"的内涵界定，主要有以下几类：

（1）新闻来源说。它是从群众日常生活中采制而来的新闻②。

（2）新闻类别说。它是从经济新闻、社会新闻两大板块中各划出一块来合并而成的新闻③。

（3）价值判断说。它反映民众生活，具有平民视角、民生内容、民主的价值取向等内涵④。

（4）话语建构说。它的提出是针对当前社会的"话语建构"，它只能成为社会发展的一个过渡产物⑤。

（5）新闻体裁说。它的主要形态是以城市居民为传播对象，以频道主要覆盖城市为报道范围，以与市民日常经济、社会生活息息相关的新闻事件为主要题材的一种电视新闻体裁⑥。

（6）节目形态说。它是以民众生活为主体的新型电视新闻节目⑦。

（7）新闻范式说。它是一种以民生新闻为主的新闻传播活动，即这是一种为民

---

① 文献起讫时间：2000—2017年，检索地址：https://kns.cnki.net/kns/brief/result.aspx?dbprefix=scdb。
② 成平：《"南京零距离"两周岁了》，《中国广告》2004年第3期，第76页。
③ 韩泽：《民生新闻小札》，《视听界》2004年第1期，第28页。
④ 陆晔、苏菲：《地方电视新闻的新走向》，《中国广播电视学刊》2004年第6期，第38页。
⑤ 郑宇丹：《民生新闻——主流意识的话语建构》，《南方传媒研究》第一辑，南方日报出版社2006年版，第58页。
⑥ 孟建、刘华宾：《对"电视民生新闻"现象的理论阐释：以安徽电视台〈第一时间〉栏目为例》，《中国广播电视学刊》2004年第7期，第22页。
⑦ 路璐：《解析电视民生新闻的资源优势》，《传媒观察》2004年第6期，第54页。

9

生的新闻,而非关于民生的新闻。①

(8) 社会思潮说。它不是一种新的新闻题材,也不是一种新的节目类型,或者说它是可以跟时政新闻、社会新闻并类而谈的新闻样式,在电视新闻的采编领域,我们更多把它看成一种新的观念,或者说这种观念有可能成为一种思潮。②

(9) 功能说。它兼具提供新闻资讯和新闻服务两重功能③。

(10) 民众说。广义地说,所有新闻都是为了民众和民众关心的,因此,应该都是民生新闻。④

……

综上,民生新闻被纳入不同的理论范畴,因而造成了理解上的不统一。

率先提出"民生新闻"这一概念并将之付诸实践的电视人也给出了他们的解释。景志刚认为:"在我们的节目中,既有社会新闻,也有舆论监督,还有生活资讯,甚至时政新闻,反映的都是平民百姓日常状态下的衣食住行,以至于用任何一种传统新闻分类概念来概括都是片面和不合适的。……我们需要新概念来概括并确认《南京零距离》这类已大量出现在我们新闻实践中的节目样态的内涵与价值。"

这不禁使人产生"民生新闻究竟是什么"的疑问。笔者认为,关于"电视民生新闻",要区分两个概念:电视民生新闻和电视民生新闻栏目。

首先,"电视民生新闻"未超出社会新闻的范围。从报道内容上看,"电视民生新闻"在很大程度上与传统的社会新闻相重合,这决定了它作为社会新闻的基本属性。对于其中出现的经济资讯、文艺新闻、娱乐新闻,则是因其为普通民众所关心而被媒介和记者有意选择进去,但是构成报道对象主体的依然是社会新闻。至于社会新闻为何会成为"民生新闻"的内容主体,这和社会新闻贴近民众的特点有关,"'民生新闻'是从经济新闻和社会新闻两大类中分离出来,又与其两者中的一小部分合并而成的。'民生新闻'没有逃出社会新闻外延和内涵,只是更强化了社会新闻的某种特质"⑤。

当然,"电视民生新闻"与传统的社会新闻有着明显的面貌差异。笔者以为,这和媒介与记者所标榜的"平民视角"不无联系——它的视角就集中于"日常状

---

① 董天策:《民生新闻:中国特色的新闻传播范式》,《西南民族大学学报(人文社科版)》2007年第6期,第91页。

② 张建赓(《南京零距离》总制片人):《在2004年广博会制片人圆桌会议上的演讲》,新浪网,2004年7月26日。

③ 魏星:《民生新闻时代的新闻服务——关于〈服务到家〉》,《视听界》2004年第1期,第17页。

④ 陈龙:《新闻本位、舆论监督、人文关怀:民生新闻的公信力要件》,《中国电视》2004年第6期,第43页。

⑤ 殷乐:《电视社会新闻:独特社会世俗景观的构筑》,《现代传播》2004年第6期,第39页。

态下平民百姓的衣食住行及其所想、所惑"①。传统的社会新闻更多地从传者（媒体）的角度采、编、播，而"民生新闻"更多地从受者（观众）的角度出发，以体现媒介所期望的人文关怀，"它虽然不具备新闻生态学上的意义，但仍可视为社会新闻在新语境下的一种演绎，它只是社会新闻的一种临时性代称"②。

从报道范围看，"电视民生新闻"的报道范围基本上着眼于城市，对"三农"问题的报道比较少见，因此，有人用"城市社会新闻""电视地域新闻""市民新闻"来指代"民生新闻"，或许是出于这种考虑。

基于以上的理解，笔者倾向于孟建、刘华宾对"电视民生新闻"的定义③。因此，本书所认为的"电视民生新闻"，是指以城市居民为传播对象、以频道主要覆盖城市为报道范围，从平民立场选择报道内容、以平民方式进行新闻报道、以满足平民权益为宗旨的一种电视社会新闻。

其次，电视民生新闻栏目代表了一种新型的新闻样式。"《南京零距离》这一档电视新闻节目的追求是着意打造中国电视新闻新模式"④。据不完全统计，截至2017年，内地有30多家省、市电视机构开设了近70档民生新闻类栏目，其中知名的有29家（见表1-3）。这些栏目大多数都是板块式结构的"电视新闻杂志"，一般由城市新闻、生活资讯和投诉建议三个板块组成。

表1-3 全国知名电视民生新闻类栏目（部分）⑤

序号	电视机构	频道	栏目	创办时间
1	安徽电视台	经济生活频道	第一时间	2003年7月28日
		网址：http://www.ahtv.cn/v/lanmu/dysj/		
2	北京电视台	i生活频道	生活这一刻	1999年4月1日
		网址：https://www.btime.com/btv/btvsh_sh2016		
3	重庆电视台	新闻频道	天天630	2004年4月20日
		网址：http://news.cbg.cn/tt630/		

---

① 李舒、胡正荣：《"民生新闻"现象探析》，《中国广播电视学刊》2004年第6期，第33~34页。
② 谢金华：《从民生新闻到公共新闻——论电视新闻传播理念的嬗变与公共领域的构建》，《湖南社会科学》2011年第6期，第217页。
③ 孟建、刘华宾：《对"电视民生新闻"现象的理论阐释：以安徽电视台〈第一时间〉栏目为例》，《中国广播电视学刊》2004年第2期，第22页。
④ 李幸、景志刚：《打造中国电视新闻新模式——关于〈南京零距离〉的谈话》，《现代传播》2003年第2期，第60页。
⑤ 由于全国电视格局相当复杂，全国到底有多少个频道创办了多少档民生新闻栏目，至今还没有一个权威的数据，也难以准确统计。因此，本书所涉及的民生节目案例包括全国省级台民生新闻协作体成员台以及省级电视台、城市电视台的地面频道的民生节目。

续表 1-3

序号	电视机构	频道	栏目	创办时间
4	福建电视台	新闻频道	现场	1999年5月23日
		网址：http://news.fjtv.net/folder1064/		
5	甘肃广播电影电视总台	公共频道	百姓有话说	2006年10月18日
		网址：http://www.gstv.com.cn/folder126/folder137/folder395/		
6	南方卫视	TVS-2	城市特搜	2002年6月17日
		网址：http://v.gdtv.cn/tvs2/csts/		
7	广东广播电视台	珠江频道	今日关注	2005年
		网址：http://v.gdtv.cn/zj/jrgz/		
8	广东广播电视台	TVS1经济科教频道	今日一线	1994年12月22日
		网址：http://www.gdtv.cn/v/tvs1/jryx/		
9	广西电视台	新闻频道	新闻在线	2005年1月
		网址：http://vod.gxtv.cn/program/31/		
10	贵州电视台	公共频道	百姓关注	2005年4月1日
		网址：https://www.gzstv.com/videos/prog/bxgz		
11	海南电视台	综合频道	直播海南	2004年7月12日
		网址：http://www.hnntv.cn/m2o/redirect.php?id=246174		
12	河南电视台	都市频道	都市报道	1997年10月
		网址：http://www.hntv.tv/news/2019-01/02/cms122872article.shtml		
13	湖北广播电视总台	经济频道	经视直播	2004年12月8日
		网址：http://www.87311111.com/portal/category/index?id=5		
14	湖南经济电视台	都市频道	都市1时间	1992年
		网址：https://www.mgtv.com/h/308908.html		
15	江西电视台	都市频道	都市现场	2002年
		网址：http://v.jxntv.cn/jxtv2/dsxc/		
16	江苏广播电视总台	城市频道	零距离	2002年1月1日
		网址：http://v.jstv.com/ljl/		
17	江苏南京电视台	新闻综合频道	直播南京	2003年3月
		网址：http://www.nbs.cn/tv/5/		
18	吉林电视台	都市频道	守望都市	2001年
		网址：http://www.jilintv.cn/vod/folder124/folder125/		
19	辽宁电视台	都市频道	新北方	2004年10月8日
		网址：http://tv.cntv.cn/live/liaoningds		

续表 1-3

序号	电视机构	频道	栏目	创办时间
20	内蒙古电视台	经济生活频道	都市全接触	2004年1月1日
		网址：http://www.nmtv.cn/folder125/folder234/folder207/		
21	山东广播电视台	齐鲁频道	拉呱	2005年10月31日
		网址：http://v.iqilu.com/qlpd/l0/		
22	陕西电视台	都市青春频道	都市快报	2002年1月1日
		网址：http://www.snrtv.com/node_22267.htm		
23	上海电视台	新闻综合频道	新闻坊	2002年6月24日
		网址：http://www.kankanews.com/list/xwf/date		
24	深圳电视台	都市频道	第一现场	2002年12月2日
		网址：http://www.cutv.com/v2/shenzhen/b/c/b/		
25	天津广播电视台	新闻频道	都市报道60分	1999年10月1日
		网址：http://news.enorth.com.cn/tj/shipin/dsbdsp/index.shtml		
26	云南电视台	都市频道	都市条形码	2004年2月6日
		网址：http://channel.yntv.cn/v2/dspd.html		
27	浙江电视台	钱江频道	范大姐帮忙	1999年
		网址：http://www.cztv.com/videos/fdjbm		
28	浙江电视台	民生休闲频道	1818黄金眼	2004年1月1日
		网址：http://www.cztv.com/videos/1818hjy		
29	杭州电视台	明珠频道	阿六头说新闻	2004年1月1日
		网址：http://tv.hoolo.tv/xhmz/altsxw		

其中，城市新闻（有的称为城市社会新闻、社会新闻）就是所谓的民生新闻。民生新闻的出现提高了社会新闻的地位。以往，社会新闻总给人以"不入流"的印象，现在，民生新闻——被改造的社会新闻，成为栏目的重要支柱。它和生活资讯（满足了受众的知情权[1]和求知欲）、投诉建议（体现媒介舆论的监督功能）一起，组成了电视民生新闻栏目。它们凭借亲民的形象、新颖的外观和为民维权的理念，给媒介带来了一定的经济和社会效益。

应该说，从词源学的角度看，当下的"电视民生新闻"的实际表现与真正意义上的"民生"问题相去甚远。换言之，给节目"对平常事的关心"冠以"民生关

---

[1] 知情权一说，源出肯特·库珀，意为"公民有权知道他应该知道的事情，国家应最大限度地确认和保障公民知悉、获取信息的权利，尤其是政务信息的权利"。转引自金春晓：《受众知情权保障中的媒体责任》，《实践论坛》2005年第3期，第84页。

注"的头衔，在无形中夸大了节目的社会功能，并给"民生新闻"的界定带来了困难。因此，"民生新闻"这一名词的出现非但没有从新闻生态学的角度给我们带来新的东西，反而对原有的新闻学定义造成了混乱。

因此，"'民生新闻'并不是一个关乎新闻体裁样式的专业性概念，它更多地体现为一种针对新闻媒介和新闻记者的实践活动的价值取向"①。而这种价值取向包括民生的视野、民生的态度和民生的情怀。"民生新闻不应该再作为新闻题材的一种，也不单纯是一种固定的节目形态或新闻体裁，而应该是一种风格追求与手法运用"②。上述表述的确指出了问题的实质。

有人认为，电视新闻节目的形态创新有三种方式："第一种是新元素，旧编码；第二种是旧元素，新编码；第三种是新元素，新编码"③。从这个意义上讲，民生新闻显然兼具了第二种和第三种两种方式。

为行文方便，本书用"民生节目"指代"电视民生新闻"与"电视民生新闻栏目"。

第二节 电视民生新闻的特征

关于民生新闻的特征，有人总结道："在形态上，民生新闻开拓了新闻源——百姓通讯员，采用了新传播技术——SNG④卫星直播车，创新了报道形态——大量的新闻现场报道和个性化的评论，开拓了新闻报道话语表达方式——个性化的民生新闻主持人。"⑤ 这一概括虽然精当，但流于简略。下面我们从平民视角、故事模式、受众理念三个方面来详述之。

一、平民视角

（一）百姓立场：讲述老百姓自己的故事

"百姓立场"解决的是民生新闻"怎么说"的问题。

1958年9月2日，北京电视台（即中央电视台前身）正式开播，这是中国电视事业的开端。迄今为止，中国的电视新闻事业已经走过了整整61年。然而，长期以来，电视媒体除了报道各级党和政府的观点和形象，鲜见平民的身影。当新闻传播活动成为思想宣传的代名词之后，新闻纸不再是"信息纸"，而是一张"宣传

---

① 陆晔、苏菲：《地方电视新闻的新走向》，《中国广播电视学刊》2004年第6期，第37页。
② 程前、陈杭：《望诊电视民生新闻》，《中国电视》2005年第2期，第25页。
③ 孙宝国：《中国电视节目形态研究》，新华出版社2007年版，第2页。
④ SNG是英文 satellite news gathering 的词头字母缩写，意为卫星新闻转播，特指装有SNG全套设备的采访车。
⑤ 胡智锋：《中国电视民生新闻发展报告2011》，中国广播电视出版社2011年版，第4页。

纸",而传播者（其实是宣传者）的主观意图是否达致，也就成为判断传播效果（其实是宣传效果）的主要甚至是唯一标准。不仅如此，在以往的新闻宣传活动中，传播者（宣传者）"还是以居高临下的姿态灌输给广大的电视观众，好像一个盛满了水的高塔，以强大的压力向下灌输，让人感到寡然无味，极易产生反感"①。

与以往不同，电视民生新闻出现伊始，便喊出了自己的口号（见表1-4）。

表1-4 全国部分民生节目的栏目宗旨及口号

序号	栏目名称	所属媒体	宗旨及口号
1	零距离	江苏广电总台城市频道	关心群众利益，服务百姓生活
2	第7日	北京电视台i生活频道	心疼老百姓，为老百姓说话
3	都市1时间	湖南经济电视台都市频道	民生视角，本色表达
4	第一时间	安徽电视台经济生活频道	为劳苦大众服务
5	民生大参考	河南电视台经济生活频道	百姓无小事，民生大参考
6	现场	福建电视台新闻频道	情系民生，服务大众
7	社会传真	苏州电视台社会经济频道	关注民生、民情、民意，聚焦热点、重点、难点
8	新闻在线	广西电视台新闻频道	新闻在线，爱心无限
9	今日关注	广东电视台珠江频道	民生无小事，今日多关注
10	生活帮	山东电视台生活频道	有事您说话，热心生活帮
11	今日一线	南方电视台TVS1经济科教频道	有影响力的民生新闻
12	百姓关注	贵州电视台公共频道	百姓关注，关注百姓
13	都市报道	河南电视台都市频道	有大事看都市，有难事找都市
14	都市60分	天津电视台新闻频道	关注都市发展，关心都市民生
15	新闻坊	上海电视台新闻综合频道	坊间冷暖，上海温度
16	第一现场	深圳电视台都市频道	记录百姓生活，传递百姓声音
17	1818黄金眼	浙江电视台民生休闲频道	关注民生，服务百姓 记者在你身边，新闻因你而动
18	新北方	辽宁电视台综合频道	致力民生，新闻力量
19	生活导报	辽宁电视台都市频道	关注民生，引领消费，以人为本
20	大海热线	辽宁电视台青少频道	大海兄弟热心肠，一心一意帮您忙，有事您说话
21	直播生活	沈阳电视台经济频道	直播生活，就在你触手可及的地方
22	小强热线	浙江电视台教育科技频道	大事小事，有事您说话

---

① 王立纲：《民生之后，电视何去何从?》，《青年记者》2005年第6期，第25页。

续表 1-4

序号	栏目名称	所属媒体	宗旨及口号
23	都市现场	江西电视台都市频道	绝对生动的新闻现场、绝对快捷的第一时间、绝对平民的新闻视角
24	直播南京	南京电视台新闻综合频道	有情、有义、有温度

所谓视角,"是指叙述者或人物与叙事文中的事件相对应的位置或状态,或者说,叙述者或人物从什么角度观察事物"①。视角有单一视角和多视角之分。单一视角,是指新闻媒体只从一个角度去处理新闻,如传统的电视新闻,站在官方的立场,完成新闻的发布与政策的宣传。而多视角则是从不同的角度来看待事物,并提供给观众尽可能多的侧面和细节,让观众对事物的认知更丰富、更全面。

电视民生新闻的平民视角,可以从两个角度去理解:从选题上看,民生新闻从普通百姓的生活、生存角度发现和提炼选题,包括关乎百姓生活的微观领域的变化和动向、宏观政策在百姓生活当中的运用和反响等;从制作上看,节目如实反映百姓生活的状况、环境、质量、要求与呼声等要素。

央视《东方时空》的子栏目《生活空间》是民生新闻的先导,其宣传语"讲述老百姓自己的故事"正好可以用来形容电视民生新闻的平民视角。

从话语主体看,电视民生新闻用老百姓的话说老百姓的事。无论是平民上电视,还是百姓 DV,或者热线参与,乃至于开发"两微"平台,民生新闻力求实现"电视搭台,平民唱戏"的互动模式。以广东电视台的《今日关注》为例,在节目中,"市民的出镜率高达 59%,而领导、权威人士的出镜率仅为 17%"②。应该说,无论是困境还是纠纷,是欢笑还是泪水,是批评还是赞誉,百姓话语都具有最直接的说服力。因此,"这种身边人说身边事的节目形态,不仅增强了媒介产品的可信度,还极大地调动了老百姓参与的积极性,从这个意义上看,媒体'代言'往往不如百姓直言好"③。

从新闻价值看,电视民生新闻把价值诉求统一到市民百姓的需求上,平民意识和真情实感构成了栏目的价值取向。题材选择上,重点报道普通人的生存状态和人生体验的民生内容,调动观众的情感共鸣和思想共振;形式编排上,突破"我播你看"的单向模式,强化观众的互动、参与和交流;在主持人的形象设计上,民生新闻也一改过去新闻节目主持人"高大全"的形象,转而以平民化的风格对主持人的外观、语言、动作进行包装,如《南京零距离》的孟非以光头现身荧屏,《拉呱》

---

① 万杏华:《电视民生新闻主持人的平民视角》,《新闻前哨》2004 年第 12 期,第 53 页。
② 资料来源:http://www.zdcj.net/gushi/5522.html。
③ 佚名:《浅谈"民生新闻"的精神品质》,http://blog.sina.com.cn/s/blog_492e4f4101000390.html。

的小么哥以讲故事的口吻播新闻,《第七日》的元元以一口嘎嘣脆的"京片子"讲述"皇城根"下的市民生活,《经视直播》的江涛充满个性化的点评风格……这些各具特色的主持人深受广大观众的喜爱,孟非被观众称为"南京人民的儿子",小么哥成为观众青睐的倾诉对象,元元被观众亲昵地戏称为"北京妞",他们为节目赢得观众的认同与好感发挥了重要作用。

从叙事结构看,民生新闻形成了独特的叙述套路。"它惯用的情节是把文本的主人公——日常生活的普通个体置身于他们自身的生活漩涡中,表现他们在真实困境中的抉择与心声。"① 传统上,新闻叙事"要求叙事者从理性的态度出发,诉诸受众的内容以信息为主,用客观事实表现社会或人物状态"②。尽管在新闻叙事时,也允许加入场景刻画和情感描写,但它们不过是一种"调味品",目的在于提高作品的可读性。但民生新闻中的叙事显然不止于此,比如,"大雪纷飞的夜晚,一位民警向自寻短见的老太太下跪,请求她回家。某些市容执法人员对弱势群体野蛮执法,义愤的普通市民挺身而出、上前阻止。卖菜的老大妈身处底层、生活贫寒,可是她乐观幽默,卖菜有点子,唱歌代吆喝,竟被请到演播室表演给市民看……"③。与之相对应,"讲述""谈话""揭秘""情感"等标签也频频出现在民生新闻之中,这已经接近文学意义上的叙事手法——以感情叙事来激发受众的代入感和共鸣感。由此观之,民生新闻在承袭传统的新闻叙事的基础上,部分地融入了文学叙事的手法,以吸引观众的兴趣。

从文本意义看,民生新闻充分肯定普通人的生活信念与生存价值,赋予了它被记录的价值,并给予其被传播的机会。民生新闻毫不掩饰自己要记录"普通民众的新生活、新风尚"的理念,这在某种程度上可以理解为民间价值"立传"。民生新闻每天长时间地关注生生不息的生活流,深入普通人的生命故事与深度情感,把有价值的东西以新闻的方式不倦地记录下来,不让它在时间中沉沦、丧失,从而把普通人的生活价值镌刻在历史话语中,让其拥有了历史的深度和质感。传统上,我们对新闻的理解,是把它视为一种信息传播工具,其功能主要在于"消除人们头脑中不确定的东西"④。基于这种实用主义的目的,我们要求新闻文本"写真""写实""写新",甚至还设计出满足上述要求的文本结构——倒金字塔结构。但是,民生新闻的出现,使得我们在传统的、严肃的新闻文本之外,见到了一个充满温情、带着温度、富有人情的世界,它刻画人物形象,选择典型环境,构思叙事逻辑,装饰感情色彩,最终营造出一种兼具新闻性与故事性、实用性与审美性的新文本。

从表现手法看,在民生新闻身上还能看到"新写实主义"的身影。所谓"新

---

① 路鹭:《电视民生新闻:作为一种文本的深度解读》,《中国传媒报告》2004年第3期,http://www.zijin.net/get/lecture/2005_08_15_9264.shtml。
② 方毅华:《新闻叙事与文学叙事的多重审视》,《现代传播》2010年第5期,第60页。
③ 路鹭:《解析电视民生新闻的资源优势》,《传媒观察》2004年第6期,第54页。
④ 胡正荣:《传播学总论》,中国传媒大学出版社1997年版,第84页。

写实主义",是指"艺术创作中,以还原生活的写实手法表现普通人的生存状貌和精神状态的接近自然主义的一种写实主义风格"①。从20世纪80年代末期,"新写实小说""新写实电影"陆续出现,它们以写实为主要特征,重视现实生活原生态的还原,注重写普通人(小人物)的日常琐碎生活以及在这种生活中的烦恼、欲望,与传统新闻相比有较大差异。首先,传统的新闻叙事追求宏大风格,而民生新闻则是按照生活本来面目着力表现普通人日常生活的真实,重视对生活"细节"的刻画,体现对当下百姓现实生活的人文关怀。其次,传统的新闻报道多采用"上帝视角"(第三人称),注重的是以报道对象为客观真实的发生客体,也就是说"新闻报道对象怎么样了"。节目是作为一个全能全知的叙述主体在进行讲述,一般是采用顺叙的方式告诉受众"这里发生了什么"。而民生新闻普遍采用的是第二人称式的方式,也就是"你看到新闻报道对象怎么样了",采编新闻的过程就是受众眼睛游历的过程,由记者的镜头带领电视机前的观众来经历事件的发生过程。② 最后,传统的新闻叙述追求正经甚至严肃、简洁甚至刻板、理性甚至冷酷的风格,但民生新闻追求主观性、戏剧性、情节性、情感性效果,甚至不惜借鉴文学艺术的手法,如悬疑、煽情、颠倒、扭曲,来达到事实与情感并茂的传播效果。

综上,"讲述老百姓自己的故事"这句话"生动而形象地表现了中国电视传播的基本定位,在中国电视现代化的道路上具有里程碑的意义"③。民众的视角,平民化的新闻处理方式,做百姓的代言人,这些理念成为电视新闻新的追求。而电视民生新闻正是这些理念的具体体现。王立纲把这种变化说成是中国电视向媒介本性的方向复归,认为它完成了三个方面的转变:"从天上回到人间""从远方回到身边""从高塔回到平台"。④

当然,"平民视角"并不等于"小市民化""世俗化"。换言之,平民视角并不等同于"小市民"的眼光,而是在新闻节目的生产过程中,要始终镜头向下,心系百姓冷暖,真正为百姓着想,为百姓排忧解难。凌彦指出:"市场化或者说商业化的节目生产使新闻的生产者不可能在审视新闻事实的时候不带上自身的价值取向。它一方面表现在以市民的价值尺度为自身的价值尺度,而以市民的视角对新闻事实所做的价值判断、取舍和评论必然影响着新闻采编和播发。这种以市民为上帝的做法既弱化了传播者的引导作用,又会使新闻的取舍背离理性的道路……如果将新闻完全纳入商业利益的格局下,新闻作为一种公共服务的职能和意义也就不复存在。

---

① 闫纯德:《论新写实小说及其创作:以池莉、方方为例》,《海南师范学院学报》2005年第5期,第40页。

② 王妍、吕丽:《电视民生新闻的美学分析》,《哈尔滨工业大学学报(社会科学版)》2006年第6期,第144页。

③ 时统宇:《从"讲述老百姓的故事"到"民生新闻"》,《中国广播电视学刊》2004年第6期,第31页。

④ 王立纲:《民生之后,电视何去何从》,《青年记者》2006年第6期,第25页。

单纯以受众为本体的话，就意味着放弃了对于社会的话语引导作用和能动作用。世界上无论哪一种新闻体制都强调以社会责任作为出发点，放弃了全能性的视角并不意味着放弃相对的主导作用。"①

因此，在坚持"平民视角"的同时，民生新闻一方面要坚持媒介的社会责任感，维持自己的知识含量和文化品位，另一方面要相信受众的认知水平和理解能力，而不是过度迎合小部分人的低级趣味，使"平民化"变成"低俗化"的挡箭牌。

（二）城域特色：讲述老百姓身边的故事

"城域特色"解决的是民生新闻"在哪里说"的问题。

浓郁的地域特色，是电视民生新闻的一个重要特征，由于它们的报道范围多集中在城市，因此，本书称之为"城域特色"。

考察内地的电视民生新闻，我们发现，不少都以所在地的名称为栏目冠名，如《直播南京》《直播海南》《南京零距离》等。可以说，民生新闻对于地域性的强调已成为一种竞争性的策略与价值诉求。

以民生新闻的发源地——南京地区为例，从新闻栏目的名称上看，《直播南京》《南京零距离》无一不是暗示地缘上的接近性；而这些栏目的广告口号，如"南京人当然看《直播南京》""《南京零距离》是见证南京变迁与发展的城市日记"，进一步激发了本地观众对地域文化的价值认同。在题材选择上，这些栏目播报的内容基本上都是"新近发生在本地的事实"，鲜见外地新闻。即便报道外地新闻，也是站在本地观众的立场，去考虑外地的新鲜事对本地的影响、借鉴和帮助。比如，2006年1月28日的《南京零距离》报道广州拟推行实物分房的做法，主持人晓乐在播报这条消息之后，马上就对南京是否适合此做法展开分析，并导入街头采访、专家访谈进行论证说明。

电视民生新闻与本地"亲密接触"的原因有四：

首先，中国媒介管理体制使然。长期以来，地方电视台在全国的竞争格局中一直处于弱势地位，因此，把目光投向自己身边，即以信号覆盖地为目标市场，以在本地生活的人群为目标受众，以城市空间为素材来源，以本地新闻为题材主体，成为地方电视台的一种必然选择。电视民生新闻——一种地域文化生产场，在收视率上的成功，最终为自己在电视群英会上争得了一席之地。其结果是，"人们在晚上7点这个黄金时段，将眼球从中央台的《新闻联播》和《焦点访谈》转移到当地的新闻节目上，从而使得强势话语权在握的中央电视台感到危机"②。

进一步说，当央视以全中国作为新闻语境，省级卫视上星频道以全省作为话语

---

① 凌彦：《多元视角下的电视民生新闻研究》，苏州大学硕士学位论文，2005年，第18页。
② 章敬平：《"零距离"：让新闻回归民间》，《南风窗》，http://finance.sina.com.cn，2003-12-19. 转引自宋晨宇：《我国城市电视新闻的本土化发展研究》，河南大学硕士学位论文，2005年，第4页。

结构的时候，它们无暇对本地居民和地域文化给予足够的关注，而这恰恰给非上星频道以错位竞争、弯道取直的机会。2011年开播的《地宝当家》（江西电视台都市频道），以南昌方言贯穿整个节目。他们将观众定位为本地老年人，本着"立足社区、服务观众"的宗旨，开设了"真相大调查""每日一词方言课堂""养生健康""美味家常菜""圆宝搜街""社区地宝""每日一词""地名故事"等富有本地特色的子板块。

其次，重视与观众互动的必然结果。麦克卢汉认为，使人们的生活和思想真正发生变化的不是各个时代的传播内容，而往往是那个时代的主导媒介。民生新闻之所以能在本地市场大行其道，根本原因在于这类新闻报道所表达的地域价值认同，而城域新闻则是这一价值观的载体。

民生新闻栏目针对某一特定地区的受众，报道发生在他们身边的新闻，讲述他们喜闻乐见的新闻，甚至是与他们利益攸关的新闻，这种对本地文化的高扬，使老百姓不会再有"误把故乡认他乡"的疏离感，恰恰相反，他们在"拟态环境"里找到了自己的影子，不再孤独，不再寒冷。因此，才会有人认为，民生新闻是真正做到"三贴近"的新闻，也正是这一点，为民生新闻提供了大有可为的广阔天地。

同时，民生新闻还为公众提供了一个平台。德国哲学家格奥尔格·齐美尔（Georg Simmel，1858—1918），以"桥"和"门"为隐喻，探讨"联系"与"分离"的空间意义，这对我们研究媒体与社会的互动颇有助益。我们试从"桥"这个角度探讨民生新闻与观众之间的关系。

在齐氏看来，一部桥的发展史也是其功能与地位不断扩展和被认可的历史。早期的桥，如独木桥，只是通行之用。后来，"桥本身发展成为一种内在空间……除了作为通行、联系的空间以外，还成为人们聚会的场所，成为约会的标志性地点，也可以供人行走或者跑步、停留、聚会、观赏风景等等多种活动，极大地拓展了桥的空间功能性"[1]。此外，桥所具有的悬空、点缀、分隔等美学特征，又使其自身的存在需要得到了认可与尊重，如中国园林里的"无水不成园，无桥不成趣"。

事实上，媒体的发展也遵循着类似的逻辑：从早期的信息传递工具到后来的意见汇集平台，再到现在的具有强大影响力的社会行业，以至于有人称之为"第四权力"[2]。

应该说，举凡"新闻纸"（此处用"新闻纸"一说，意在强调以信息传播为主

---

[1] 刘哲：《桥与门——解读齐美尔随笔思想中的空间表征》，《建筑与文化》2017年第1期，第84～85页。

[2] 第四权力（the fourth power estate theory）一说，源自美国联邦最高法院大法官P.斯特瓦特在1974年11月2日的一次演讲。他认为，"宪法之所以保障新闻自由，其目的就是保障一个有组织的新闻媒体，使其能够成为政府三权之外的第四权力，以监督政府，防止政府滥用权利，发挥制度性功能"。见刘迪：《现代西方新闻法制概述》，中国法制出版社1998年版，第12～13页。

甚者，有些身在乌市的观众也会在网上观看《大事小事》，这是因为，作为"上班族"的他们，经常因工作的缘故错过节目的播出时间，故选择网络视频来补偿。

由此观之，地方电视台关注本地新闻，将目光瞄准身边的事情，应该是经济实惠的选择。

最后，新闻价值理论中接近性原理的必然要求。接近性是新闻价值中的要素之一，它是指"新闻事实具有令人关切的特质"（刘海贵）①。它分为地理上的接近和心理上的接近。前者是指事情发生的地点就在受众的周围，由于这类事件更容易对受众的生活产生影响，与受众关系更密切，因而更为受众所重视。通常情况下，它以所在地域为圆心，受众收视兴趣与半径跨度成反比。我们以《零距离》为例（见表1-5）。2009年，《南京零距离》将名称改成《零距离》，意在实现其"立足南京、辐射全省、影响全国"的转型目标。但从节目内容来看，其报道范围还是集中在以南京为圆心、涵盖江苏全省这一地域。

至于后者，心理上的接近表现为节目与观众之间的心理距离的拉近。所谓心理距离，是"个体对另一个个体或群体亲近、接纳或难以相处的主观感受程度"②。这一点可以从不少民生节目的口号中得以发现，如《南京零距离》的"关心群众利益，服务百姓生活"，《第7日》的"心疼老百姓，为老百姓说话"，《第一时间》的"为劳苦大众服务"，《民生大参考》的"百姓无小事，民生大参考"。

表1-5 《零距离》2018年10月12日节目内容（广告：17分25秒）

板块序号	板块名称	序　号	节目内容
一	零距离	1	网约车
		2	风筝线伤人
		3	互动话题
		4	第69个少先队员
		5	民警殉职
		6	停车位
		7	驾照销分销不了
二	评　论		防盗窗锁多

---

① 张宝勤：《会议新闻接近性实践与思考——〈各界导报〉5年全国"两会"报道创新做法梳理》，《今传媒》2018年第10期，第123页。

② 林崇德：《心理学大辞典（下卷）》，上海教育出版社2015年版。

续表 1-5

板块序号	板块名称	序　号	节目内容
三	现场报道	1	20 岁小朋友江宁公安
		2	走失老人
		3	常州涉毒嫌犯落网
		4	金店被劫
		5	挑选酱油
四	话题讨论		卞说卞聊
五	天气预报		
六	新闻调查		老人浴室烫伤身体
七	评　论		互动话题
八	天天有惊喜		抽奖

　　观众对新闻的接受心态，"可概括为骛远性与切近性的结合。骛远性是对空间距离相对遥远的事件及动态的关注，体现着人们与生俱来的超越时空的幻想和好奇心；切近性则是对于自己周围种种事态的关心，体现着人们更为迫切的务实精神和现实关怀。中国观众的骛远性心态大多可以通过央视等国家主流媒体的相关节目获得满足，近切性的心理则对地方电视台或城市电视网多有期待"①。

　　2003 年 7 月 1 日央视新闻频道开播，其大量的新闻资讯和深度报道在很大程度上满足了地方受众对外界信息的需求欲望，而发生在本地、具有地方特色的百姓新闻却成为收视空白。地方电视台的受众主体主要是本地观众，对他们而言，"国计"新闻固然有价值，但关系自身的"民生"新闻则更有价值，因此，电视民生新闻的出现填补了这一收视空白。

　　上海电视台综合新闻频道的《新闻坊》在这方面是比较成功的一个，它在上海 19 个区县建立了记者站，每天一次电话会议，19 家区县台可以利用这个电话平台进行线索通报、选题沟通、采访经验的交流。区县台的记者是距离社区、市民最近的一群人，他们镜头下的自然是最鲜活的市民百态，他们扎根社区、来源社区，同时用报道滋养社区，这正是《新闻坊》保持"接地气"的核心竞争力。同时，随着《新闻坊》于 2016 年的改版和扩版，节目有了更长的时间和更多的板块，这为区县记者的成果展示和成长提供了更多的空间。自 2002 年开播以来，"该栏目的收视率在上海电视台综合新闻当中排名一直是第三，在成本核算上面，是上海文广新闻传媒集团成本最低的一档节目"②。同样，安徽电视台的《第一时间》每天派出

---

①　郑啸龙：《对电视民生新闻主题先行、立场预设的思考》，http://blog.sina.com.cn/s/blog_3e8de598010008xa.html。

②　武兴芳：《民生新闻为何广受欢迎》，http://hn.rednet.cn/c/2006/11/08/1024567.htm。

十多部采访车穿梭在都市里，近 50 名工作人员采访在社区，行走在街头，活跃在人群，甚至流动在夜色里，从而大大拓宽了节目的素材来源。此外，该栏目还推出了面向本地的系列节目——《寻访江淮杰出工匠》。2018 年，方作胜（方兴集团董事长）等一批优秀匠人走进节目。

关注地域文化，体现城域特色，现已成为电视民生新闻的基本面貌。居民、街道、社区，这些以往被忽视的对象，现在成了记者走访的重要方向。锁定频道送大礼、名嘴社区征建议、社区广场开晚会、上门服务搞维权、媒体上街来帮忙……巨大的竞争压力，使电视民生新闻对高收视率充满了渴望，因此才会有上面那些花样繁多的媒体策划活动。当然，凭借"天时地利人和"，民生新闻加强与观众的信息和情感互动，培养自己的忠实观众，这无可厚非，但是，如果抱有功利的目的，无疑会给频道（栏目）的品牌公信力带来伤害，而这应该是电视民生新闻在打造城域特色时要注意的问题。

（三）信息选择：讲述老百姓想知和应知的故事

"信息选择"解决的是民生新闻"说什么"的问题。

如前所述，民生新闻是社会新闻在新语境下的一种演绎，因此，其本质仍未超出新闻的范畴。但是，相比于过去的社会新闻，冠之以新名称的这一新闻样式为何能获得较高的经济和社会效益？

根据拉斯韦尔的传播学经典模型，一个基本的传播过程如下：谁（传播者）—说什么（讯息）—通过什么渠道（媒介）—给谁（接收者）—取得什么效果。我们以此为基础，从信源与信宿这两个方面来回答上述问题。

从信源的角度看，以往的"时政新闻"基本上都源自官方的声音，而新闻传媒和政治、工商、文艺等"高端信源"站在一起，对新闻素材进行编码和传播。在此过程中，新闻传媒没有考虑到信宿——老百姓的所思所想，最终导致老百姓对所谓的时政新闻出现审美疲劳和视觉反感。

民生新闻的出现，颠覆了这一传统的信源构成。社会新闻的登堂入室，标志着信源从简单依赖精英权贵向普罗大众转移。社会新闻，以其迥然不同于"时政新闻"的亲民面貌——讲述老百姓自己的故事，而迅速为老百姓所喜爱。

以 2007 年 1 月 29 日的《南京零距离》为例。当日，该栏目共播报了 11 条新闻：①"两会"报道：郑和宝船建造；②《中考指导》发布；③快速贷款让人快速上当；④黄牛倒卖火车票；⑤银行：审核还是形式主义；⑥追踪报道：李老汉卖枣；⑦孟非读报：公厕建在何处好；⑧女教师走上不归路；⑨叫停氙气车灯；⑩甲方乙方：闪电婚姻之后；⑪质疑赞助费。其中，①②⑨为时政新闻，剩下的 8 条均为社会新闻，占总数的 72%。由此可见，社会新闻已成为电视民生新闻的主体。

从信宿的角度看，民生新闻常常站在受者的立场进行思考。以《南京零距离》2007 年 1 月 26 日播出的一条有关停车费涨价的新闻为例。传统的播报通常是这样的："今天，南京市交通规划研究所宣布，他们准备参照国外的一些做法，提高停车费的价格,来减少繁忙路段的车流……"民生新闻对该信息的处理却有别于传统的模式。首先考虑该信息影响到的人群是广大车主,因此,节目在播报新闻之后,通过街头采访和画外音的方式,对前面的新闻进行评论:"香港、东京等城市的汽车保有量比南京高很多,但道路比南京通畅,提高停车费真能解决问题吗?""有些人考虑停车费太高,就把车停到不收费的地方,这样反而增加了交通违法的压力"。最后,主持人更是以其一贯的幽默和犀利,对此质疑道:"解决交通拥堵,我们就把停车费涨价,这事儿还要研究吗?……你要是觉得效果不明显,就把停车费涨一倍。效果还不明显,就涨五倍,我总能涨到让我满意的时候。"听到这里,车主们恐怕都会说:"这说出了我们的心声。"从这个例子不难看出,民生新闻的确是从信宿的角度对信息进行编码的。

拉斯韦尔是美国功能学派的代表,其概括的"5W"模式虽简洁明了,但流于简单,因此遭到了来自欧洲的批判学派的批评。为了全面回答上述问题,我们再引入隶属批判学派的伯明翰学派的思想资源——斯图亚特·霍尔的"编码/解码"理论作为分析工具。

1973年,霍尔公开了一篇名为《电视话语的编码和解码》的研究成果。在这篇论文里,他重点谈了两个问题:信息交流的四阶段论和编码/解码理论。

关于第一个问题,霍尔认为,信息交流有四个环节:生产、流通、分配/消费、再生产。其中,信息在流通过程中是以符号为载体形式传播意义,这一过程既有赖于技术和物质工具,也取决于信息发送者和接收者各自的社会关系。换言之,传者总是希望自己的内容能得到"完全清晰的传播",但这一目的能否实现,却取决于传受双方的社会关系能否实现对称。而且,在实践中,传受双方总是难以实现社会关系的对等,于是,传播最终"系统地被扭曲"。[①]

回想过去,在民生新闻出现前,主流媒体常常遭遇的就是这种传播效果,究其原因,是双方在文化关系、社会背景和地位利益上的差异所致。因此,民生新闻以其鲜明的平民视角亮相荧屏,恰恰是媒体人试图调适双方原有的社会关系、以求实现有效传播的一次尝试。

关于第二个问题,霍尔认为,解码有三种不同的情况:主导性解码、协商性解码和对抗性解码。

主导性解码,是指受众在传者所期待的范围内对信息解码的效果满足传者的预期。对传者而言,这显然是一种最理想的传播效果。从1949—1978年的30年间,受当时独特的信息环境的影响,这种解码效果并不少见。当然,随着信息环境的变化,主导性解码越来越成为一个可遇不可求的目标。

协商性解码,是指受者虽然认可传者从事传播活动的合法性,但他们还是从自

---

① [美]斯图亚特·霍尔:《编码/解码》,王广州译,选自罗钢、刘象愚主编:《文化研究读本》,中国社会科学出版社2000年版,第345～358页。

己的社会关系出发对传播内容有限地接受。这种情况在传播实践中比较多见,甚至是最为常见的一种解码形式。

对抗性解码表明,受者对信息的理解完全溢出传者的期待,甚至出现了完全相反的结果。

民生新闻一方面以平民视角讲述老百姓自己的故事,另一方面,即便是来自高端信源的素材,同样采用老百姓喜欢的方式,对其进行解读(编码),努力使之成为老百姓喜闻乐见的新闻样式。比如,徐州电视台晚间新闻播报了一则该市《行政执法监督暂行管理条例》实施情况的报道。该报道的画面镜头十分单调,只有小型会场相关人员的会议镜头,但记者在报道中是这样开头的:

> 今天上午,市民李富全作为我市"群众义务执法监督员",接到了一份市行政执法局反馈的《行政执法人员违纪处理意见书》。事情还得从今年1月份说起,李先生在路过我市朝阳路时,看到了泉山办事处城管执法人员王某以权谋私、向流动摊贩索取钱物的行为,遂向执法局进行了举报。在经过认真调查后,市行政执法局依照相关规定,做出了对王某开除公职的决定。据了解,今天恰好是《徐州市行政执法监督暂行管理条例》实施一周年……

"市民举报、执法人员被开除",故事化的开篇营造了冲突,很快吸引住了观众。接下来自然引入了《行政执法监督暂行管理条例》实施一年来的整体状况。新闻内容并没有增加,以一个真实的生活故事开篇,在浓郁的生活气氛中完成了对"时政新闻"的解读。这种站在受众立场的编码模式,相比过去的新闻播报方式,的确产生了贴近群众的效果。

可见,节目对新闻内容的处理,既包括对"平常事"的如实告知,又包括对"身边事"的"平民化诠释"。与传统新闻相比,民生新闻没有停留在让观众"知其然"的阶段,而是通过对消息的解读、分析、延伸等深加工,让观众"知其所以然"。

一样的题材,一样的主题,你可以站在高端,选择正襟危坐的新闻发布、会议发言;还可以来到终端,选择"悲哀的泪水、愤怒的拳头、欢乐的尖叫"①,这种选择决定了你对信息的编码方式,取决于你的受众目标,这就是民生新闻与以往新闻的分水岭。

应该说,扩大信源渠道,尊重信宿需要,这本是电视新闻题中的应有之义。因为电视是给老百姓看的,而且要让老百姓愿意看、喜欢看、看了还想看。时任湖南经济电视台副总编辑、直播都市频道总负责人梅宏对《南京零距离》进行总结:现

---

① 余烺天、汪森:《传统新闻价值观在现当代的嬗变》,《新闻记者》2002年第11期,第13~15页。

场零距离——让观众看到你的现场，他和你同时看到的是一个地方；思考零距离——观众想到的和记者想到的是一样的；互动零距离——观众看到你的节目之后，他要有所反应，这个反应是零距离的。①

以《南京零距离》为代表的民生新闻，不管它们是否达到上述目标，至少表明了一种立场：电视人开始从重思想宣传向重双向交流转化，从"我让你知道什么"的新闻宣传向"你想知道什么，我尽量让你满足"的信息传播转移。

一言以蔽之，电视人将平民视角引入民生新闻之后，他们必须对以下两个问题做出回应：一是实然，即观众看完新闻后，他们的反应是"那是我们的生活"。一是应然，即观众看完新闻后，他们的反应是"那是我们应有的生活"。目前，民生新闻还停留在第一个层面，报道"我们的生活是什么"，而平民视角的内在逻辑，要求电视人在未来还应对第二个问题做出回答——"我们应有的生活是什么"，因此，"平民视角"永远走在路上。

二、故事模式

以故事化的手法来呈现新闻事件，我们称之为新闻故事化。具体说来，"用故事化手法写新闻，就是采用对话、描写、场景设置等，细致入微地展现事件中的情节和细节，凸显事件中隐含的能够让人产生兴奋感、富有戏剧性的故事"②。

美联社前任资深记者杰里·施瓦茨认为，"以说故事的方式向人们提供的信息更容易被理解和记忆。因为这种方式让人轻松，让人觉得有趣；因为读者看到的不再是干巴巴的事实罗列，而是真实的生活……故事也可以用来解释一件事情……讲故事就是通过举例帮助人们进行理解……讲故事实际上是一种很特别的报道方式"③。在电视新闻里，媒体通过主持人、说新闻、直播和非线性编排等手段，来实现新闻的故事化。

（一）主持人：个性化、亲切化

在广播时代，人们习惯把广播节目的播出者称为播音员。主持人的出现其实是电视业发展的一个必然结果。

"二战"以后，作为全球电视业最发达的国家，美国成为主持人的滥觞之地。哥伦比亚广播公司（CBS）的爱德华·默罗于1951年11月18日主持《现在请看》节目，他被后人公认为世界上第一位电视新闻节目主持人。

在中国，"主持人"的字样第一次出现在荧屏上，是1980年7月12日开播的央视《观察与思考》节目。"从播音员到主持人，是电视传播史上的一场巨大变

---

① 武兴芳：《民生新闻为何广受欢迎》，http://hn.rednet.cn/c/2006/11/08/1024567.htm。
② 张星：《新闻的故事化表达——以〈南都深呼吸〉为例》，《新闻研究导刊》2016年第19期，第22页。
③ ［美］杰里·施瓦茨：《如何成为顶级记者——美联社新闻报道手册》，转引自李广：《记者必看：哪些元素让一篇稿件从本质上变得有趣？》，《财经记者圈》2018年3月8日。

革,其意义绝不仅仅是形式的转换,更重要的是突出了人的作用"①。一个突出的表现是,1993 年 5 月 1 日,央视开播早间新闻节目《东方时空》,不仅改变了中国人早晨不看电视的习惯,还推出了一大批后来为国人熟悉并喜爱的主持人。

如前所述,《东方时空》节目是后来的民生新闻的先导,但先导并不是主流,人们对主持人的印象还停留在其在以《新闻联播》为代表的那批传统的新闻节目中的西装革履、正襟危坐、表情严肃、语调高亢。因此,尽管《东方时空》吹响了新闻改革的号角,但是,"高大全"的主持风格和"宣传""鼓吹"的传播特色依然保持着,直至民生新闻出现后才得以改观。

主持人的表现决定了节目的成败。1994 年 4 月 28 日,央视开播电视谈话节目《实话实说》,该节目几乎是与其主持人崔永元的名字捆绑在一起的,以至于全国各地纷纷上马电视谈话节目,并精选主持人以发挥其在节目中的核心作用。这说明,"只有当受众感到传播者在态度上是与自己平等时,才会激起愉快的情绪,传播才能有良好的氛围,对受众的引导才能有效地进行"②。

民生新闻的出现,本身就是对传统电视节目③的一次反动,主持人的风格变化也就成为题中应有之意,他们开始以乐观、幽默、充满朝气的形象现身荧屏,尝试使用传统方式以外的主持形式,以展现亲民色彩。

在语言使用上,民生新闻主持人多采用贴近本地观众和地方文化的语言来"说"新闻。《拉呱》的小么哥,像个活泼的邻家男孩,点评新闻事件既诙谐又到位;《南京零距离》的孟非,操一口南京味的普通话,让本地观众听起来就觉得亲切;《第七日》的元元,只要看过一次她的节目,就不会忘记她那一口嘎嘣脆的"京片子";《嘎讪胡》的舒悦,一口地道的上海话,让老上海们听得过瘾极了……此外,俗语、口语、俚语、歇后语等也大量出现在主持人的嘴里。在民生新闻中,普通话标准与否已不是考核主持人的核心标准,相反,不少主持人还有意用方言来播报新闻。相比以《新闻联播》为代表的传统电视节目,民生新闻主持人所呈现出的口语化、方言化、家常化的语言风格,拉近了与观众的心理距离。"这样的主持人形象出现在电视屏幕上就如同出现在街头巷尾或邻家窗前,让观众感到很亲切,很容易接近,进而对节目也容易付出心理的投入"④。

---

① 赵淑萍:《电视新闻节目主持艺术》,北京广播学院出版社 1998 年版,第 150 页。
② 郑兴东:《受众心理与传媒引导》,新华出版社 1999 年版,第 226 页。
③ 所谓"电视节目",意指"电视台各种播出内容的最终组织形式和播出形式,涵盖了电视台和其他电视制作机构制作的、供播出或交流的特定内容和形式的电视作品"(见张海潮:《电视节目整合评估体系》,中国传媒大学出版社 2009 年版,第 5 页)。而电视栏目,则指"有固定时间、固定长度、固定风格并定期播出的电视节目"(见刘雪:《电视节目语言质量研究》,西南科技大学硕士学位论文,2017 年)。相较而言,电视节目是一个更为宏观的概念,而电视栏目则指向更为具体的板块化节目。
④ 章剑华:《"零距离"的电视新闻理念》,《现代传播》2003 年第 2 期,第 57 页。

在个人形象上,民生新闻主持人也不讲究衣着、个性纷呈。孟非的光头使原本严肃的新闻节目产生了一种奇特的幽默效果,安峰的一袭唐装展示了新闻节目重传统、重人情的价值追求,元元的素面朝天与笑靥如花让观众看着就觉得喜欢……他们"不像在播新闻,倒像是'邻居'、'朋友'用彼此熟悉的口语土腔拉家常。但正是这样,民生新闻和受众一起建构起彼此共通的话语空间"①。加上他们幽默诙谐的语气、性情张扬的口风、用讲故事谈趣闻的方式和聊天谈心的口吻,又使得原本真实客观、理性简洁的新闻事件变成了"有温度"的生活故事。

在与观众互动上,主持人普遍重视与受众的双向互动,他们或者在节目中接听观众的热线电话,或者干脆请新闻当事人或普通观众现身荧屏。《南京零距离》在每期节目里都安排观众投票环节,鼓励观众对本期节目中某个热点话题表达意见,在节目结束之前,除了在屏幕上打出两方意见支持度的柱状图之外,还由主持人对其进行点评。而从观众的角度讲,能够与主持人直接通话或面对面,既满足了他们对主持人的好奇,也激发了他们忠诚于节目的热情。

主持人对节目的重要性不言而喻。放眼全球,各国都在打造"明星主持人"。以美国三大电视网为例,CBS的丹·拉瑟,既是节目主持人,又是首席记者兼编辑部主任;NBC的布罗考,身兼主持人、高级编辑和编辑部主任三职;ABC的詹宁斯,同样兼有主持人、首席外交记者和高级编辑等多个重要身份。媒体不惜重金培养自己的明星主持人,根本原因在于,新闻节目具有较强的可复制性,因此,为保持栏目的独特性,主持人自然成为一个重要的抓手。"在地域新闻表达方式的众多元素中,可以学习借鉴但难以复制的,当推主持人"②。以北京台的《第7日》节目为例,2004年9月,元元离开后,该节目由一名男主持人接手。尽管后来者非常努力(他甚至一度模仿元元的口吻),但观众的反应却是"不是那个味儿"。而山东电视台生活频道《生活帮》节目在挑选主持人的时候,甚至喊出了"用挑女婿的标准来找人"的话。

民生新闻特别重视主持人的作用,其节目多采用"串联词+事件内容(画面)+主持人小言论"的结构方式,而且,"主持人小言论"往往也是独立成篇,对主持人而言,这既是一种挑战,也是一个展示。以浙江电视台钱江都市频道的《九点半》栏目为例,其主持人钟山系频道从外地重金延聘而来。他的风格是语言犀利、说理有据,且表达流畅,观众称之为"最具血性的民生时评主持人"。也正是因为他的加盟,栏目的面貌为之一新。

在众多民生新闻主持人中,孟非和元元最具代表性。

孟非是《南京零距离》开播后的第一位主持人。他与栏目一起走红荧屏,成为

---

① 刘国红:《民生新闻主持人的语言素养》,《青年记者》2010年第11期,第33~34页。

② 吴郁:《地域新闻表达方式中主持人元素解读》,《中国广播电视学刊》2004年第12期,第12页。

民生新闻的一个标杆,并引发国内对节目乃至于对他个人的效仿。

(1) 造型奇异。孟非的光头,对熟悉了传统新闻主持人正经严肃的面貌的观众而言,无异于一个"无厘头"式的解构。而且,传统上,新闻节目总是给人以高高在上、不易接近的刻板印象,因此,一个光头主持人,用一口不纯正的普通话,给严肃的新闻节目带来了清新的活力。

(2) 语言犀利。严格地讲,孟非的主持语言绝非正统的"播新闻",他更像是在"说新闻"。民生新闻区别于传统新闻的一个重要特点是,前者把重点放在"怎么说"上,而后者则始终在强调"说什么"。正如节目的名称一样,孟非所营造的正是一种与观众"零距离"的效果。

(3) 充满温情。如果说犀利是针对社会的不良现象,那么,温情就是给予弱势群体和利益受损者的。在一则曝光南京某中学采购劣质校服的新闻里,孟非在批评有关部门之后,充满同情地说:"那校服的衬里是什么?塑料薄膜。塑料薄膜是干什么用的?大棚蔬菜,就跟那个长蘑菇、蔬菜一样的,把人跟大棚里的蔬菜一样闷在里边,……一件要面子的事儿,弄到最后连里子都没了。"孟非曾这样概括民生新闻主持人:"他是有血有肉的人,不是简单的发言人和播音机器,他也有自己的喜怒哀乐,能与观众共鸣。他不是权威和专家,在节目中有出错的时候,观众也会批评他,对于节目中的错误及时向公众道歉,对提出错误的人表示一个感谢,丝毫不会影响他的形象,反而让他更真实、更有亲和力。作为一个'民生新闻'主持人应该是真诚的、公正的,具有人文情怀的,懂得辩证法的,还有点幽默感的人。"①

如果说孟非是"邻家男孩"的话,那么元元就是典型的"邻家女孩"。

孟非的出现,改变了人们对电视新闻主持人的形象认知;而元元的出现,则从女性的角度突破了人们对主持人的审美。这是因为,传统上,女主持人给观众的印象总是模样漂亮、语气温柔,但是元元的风格显然与上述标准无涉。

元元大名张元,是北京电视台《第7日》的主持人。元元于1998年创办《元元说话》。该节目为日播,每期6分钟,她任主持人和制片人。该节目在北京台创下了两个先例:一是它是以说新闻为主,二是它是首个以人名命名的栏目。1999年,元元创办大型新闻述评节目《第7日》,并担任主持人和制片人。2002年创办《第7日》姊妹栏目《7日7频道》,担任主持人和制片人。

(1) 京腔京韵。元元出生于北京,她的最大特色是一口"京片子"。虽然普通话是以北京语音为标准音,但是,北京话与北京语音并不是一回事。北京话里有大量的方言词,且用词简练、语速较快,还存在一些吞音的现象。除了语言自身的特点外,北京话还代表着一种文化记忆,这种记忆是因曹雪芹、老舍、萧乾、林海音等大师的创作而生,又因大师的作品而走出北京并传遍世界。红学家俞平伯这样评

---

① 李恩泉:《孟非——民生新闻本色主持》,http://www.cctv.com/archor/20040701/101314.shtml。

价道:"北京话是全中国最优美的语言。"① 因此,当元元操一口嘎嘣脆的"京片子"现身荧屏时,一下子就赢得了观众的好感。她的语言风格不仅被很多家长用来指导孩子写作,也带动了一批如《拉呱》《阿六头说新闻》等方言节目的出现。

(2) 亲切随和。元元的主持风格很有亲和力。在一则关于公交车抢道的新闻里,她这么评论道:"大马路上车来车往,川流不息,要问这么多车里边谁最牛?我就觉得是:大公共。咱经常能看见人高马大的公交车三下两下就把身边的小车挤到一边去了,所以小车司机最怕大公共。大公共违章的现象也是常见啊,但令人不解的是:其他违章一般都难逃交警的眼睛,而大公共违章却依然大摇大摆、理直气壮。"② 大家对公交车抢道很不满,但它是市民出行的主要工具,因此,一直以来,从老百姓到交警对这种行为都只能视而不见。但是,元元却急市民所急、想市民所想,说出了老百姓的心声。

节目火了以后,甚至有小店为招徕生意,未经元元本人同意,用她的名字来命名菜肴。事情曝光后,作为当事人,她却不忤,反而调侃道:"如果这款菜顾客喜欢吃,又能给酒店带来更多效益,元元这个名字用用又何妨!"难怪元元会成为京城百姓最希望请到家中聊天的客人。

(3) 智慧幽默。元元对事情的评价标准后来成为不少人评判身边大小事情的依据。有一期节目《被告:打假队》,介绍了北京酿造六厂的打假故事。鉴于市面上假货太多,该厂自己组织打假队,四处检查并没收假冒本厂的调味品。但是,该厂最终被制假者告上法庭。对此,元元评价道:"当了被告的打假队有点儿有勇无谋,我总觉得他们有点像从前的绿林好汉,虽然说初衷是行侠仗义、扶正祛邪,可在如今的法制社会里却有些不搭调。绿林好汉的名言是'该出手时就出手',而法制社会的原则却是'不该出手别出手'。"③ 这种点评既活泼幽默,又一针见血,很受观众的喜爱。因此,有评价说,"元元是一个能够影响受众思维方式和生活态度的主持人,人们对元元的感情已经超越了普通电视观众对一位主持人的感情"④。

(二) 播报方式:"说"新闻

所谓"说新闻",最早出现在境外。20世纪90年代中期,凤凰卫视开播了好几档以"说新闻"的方式包装的新闻类节目,比如《早班车》。1998年3月,北京电视台开播《元元说话》,开启了境内的"说新闻"之风。

---

① 宰飞:《"京片子"越来越少,北京话也需要像上海话一样保护?》,《上海观察》2017年8月7日,https://www.jfdaily.com/news/detail?id=61370。

② 张译心:《民生新闻主持人:"零距离"还有多远?》,http://flyzyx.bokee.com/2870221.html。

③ 张译心:《民生新闻主持人:"零距离"还有多远?》,http://flyzyx.bokee.com/2870221.html。

④ 佚名:《〈夕阳红〉主持人:元元》,http://cctv.cntv.cn/2013/09/25/ARTI1380091862241493.shtml。

作为一种新的新闻样式，民生新闻对传统新闻进行了一定程度的颠覆。

首先，民生新闻多采用文学叙事的手法，通过故事性、抒情化和现场感来结构和行文。其新闻文本的结构，既非传统上作为主流的倒金字塔式，亦非西方盛行的"华尔街日报体"，而是像文学创作一般讲故事、设悬念。《阿六头说新闻》的主持人一副说书人的模样，并以说书的方式来开场。《拉呱》的主持人就像单口相声演员，他大量借鉴相声中的抖包袱、大贯口等手法，观众看这个节目就像是在听相声，既获得信息，又享受快乐。《新闻坊》的主持人习惯以设悬念来开场，常常用这样的语言来开头："最近啊，家住××小区的王老伯遇上了一件烦心事，这是为什么呢？请跟随我们的记者一起去看一下……"民生新闻"大都采用戏剧性结构，有情节、有铺垫、有高潮，来展现新闻的故事性、戏剧性和新奇性从而赢得受众的青睐"。①

其次，用方言说新闻。方言新闻是民生新闻追求本地化的一种实现路径。自《第7日》《元元说话》节目始，国内出现了大批以方言说新闻的节目，如《阿六头说新闻》（杭州）、《拉呱》（济南）、《来发讲啥西》（宁波）、《百晓讲新闻》（温州）、《新闻日日睇》（广州）、《今日关注》（广州）、《闲话上海》（上海）等。语言具有制造身份认同的作用。传统的播新闻，采用字正腔圆、正字正音的普通话，有利于传播国家意志，增强民族认同。而方言新闻或者说民生新闻的出现，就像填平的地面上冒出的小草，它使得被忽视的个体找到了应有的存在感，使得被抹平的差异重新呈现于大众眼前。具体而言，如果说传统新闻采用的是第三人称、以俯视的角度来宣传报道，那么，民生新闻则是以第二人称、对话形式来沟通交流。除了吸引本地观众外，方言对异地受众同样有魅力。这是因为，方言对其他人具有陌生化的效果，而为了消除这种陌生化，观众会主动寻求相关节目来平衡心理。如，《新闻坊》于2012年6月推出了全新的沪语版，每周六播出，因观众呼声太高，迅即改为每周六和周日两期。《拉呱》在首播后的3个月，创造了全国收视冠军的奇迹。这恰恰说明，"方言为当代人提供了一种精神上的归属感和安全感，特别能够引发文化和情感的共鸣"。② 此外，"方言还提供了一个窥视他人私密空间的机会，通过方言文本中视听符号的畸变产生新鲜、刺激、惊奇、趣味，他们可以获得一种另类快感"③。

再次，民生新闻还引入多种表达方式来丰富节目的表现力。比如，北京电视台的《第7日》常用歌声来表情达意，以竞猜的形式传达主旨；有的用漫画、flash等新媒体，如四川电视台的《非常新闻》常用flash来再现新闻事件过程；有的用flash、人物头像来包装，如《阿六头说新闻》的片头词和片尾曲在杭州已经是妇孺

---

① 杨琴：《电视民生新闻发展态势分析》，《山东视听》2005年第10期，第14页。
② 朱经纶：《方言在娱乐和民生新闻节目中的应用》，《云南经济日报》2013年4月13日。
③ 朱永祥：《城市电视新闻去向何方》，《新闻实践》2006年第6期，第40页。

皆知；有的则用小品、说唱等文艺形式，如，《拉呱》，小么哥和小毛二人总是用你捧我逗的方式解读新闻的意义。《地宝当家》除了一个演播室主持人，还配有多名外景主持人。他们每人都有一个外号，演播室主持人外号"地宝"，在当地方言里，它意味着"包打听"，也就是大家身边最亲切的人；其他外景主持人，外号分别有"小精怪"（精灵古怪、出镜活泼）、"辣婆子"（厨艺极佳）、"活宝"（搭词搞笑）。《1818黄金眼》的四位主持人李戈、陈祺、邱慧媛、宋琨，因其风格幽默谐趣，频频荣登微博热搜榜，不仅成为台里的一段佳话，也扩大了节目的影响力。再如湖北电视台经济频道的《经视哏天》，喊出了"说的是武汉话、哼的是身边事、自然新鲜"的口号，节目不仅用方言说新闻，而且还糅合湖北大鼓、湖北道情、渔鼓、慢板等当地的传统曲艺形式，形成了主持角色化、新闻故事化、包装娱乐化的栏目特色。广东电视台珠江频道的《今日关注》开播于2005年3月21日，这一档用粤语播出的民生节目开播半年后，其收视率甚至超过香港无线电视、亚视，打破了香港电视在广东地区不可战胜的神话。

最后，鼓励观众参与节目制作。不少节目邀请观众代表走进演播厅，与主持人一道完成节目。如《嘎讪糊》（上海）借鉴综艺节目的手法，邀请大批观众走入演播现场，一边听主持人说新闻，一边与主持人对话。这种做法与戏剧中的"打破第四堵墙"颇为相似。所谓"第四堵墙"，是指在三壁镜框式的舞台上用以隔开演员和观众的那堵墙，它虽然是虚构的，但是，演员必须接受它的存在，承认这堵墙，才能让演员忘记观众的存在并安心演出。"第四堵墙"同样出现在电影电视之中。新浪潮主义电影在法国兴起以后，"打破第四堵墙"成为其中一个响亮的口号，其核心在于，让观众意识到他不过是在看电影而已，从而使观众摆脱对电影的沉浸，启发其理性思考。比如，导演会有意安排演员跳出剧情来与观众对话。由此观之，邀请观众参与新闻节目制作，正是为了打破横亘在电视镜头和观众之间的那面墙。

"说新闻"的出现，首先，与民生新闻的定位相关。既然定位为"平民视角、故事模式、受众本位"，那么，节目当然不能沿袭过去的"播音腔"，而应以新的"表情"示人，"新闻语言就是新闻媒介面对社会的'表情'，这种'表情'是由其所扮演的社会角色决定的"[①]。其次，与民生的叙事风格相关。"叙事艺术说到底包括两个层面的问题，一个是事件，靠事件内在的复杂性和题目的关切度吸引观众，另一个是对事的叙述，主要靠电视的语言"[②]。民生新闻的叙事内容是"老百姓自己的故事"，而叙事技巧是"讲述"，因此，"说新闻"就成了"讲述老百姓自己的故事"。在此，我们看到了詹姆斯·凯瑞的"仪式/共享观"的影子。在凯瑞看来，"如果说传播的传递观其核心在于讯息在地理上的拓展（以控制为目的），那么传

---

① 喻国明：《中国传媒业30年：发展逻辑与现实走势》，《青年记者》2008年2月下，第19页。

② 夏骏：《目击历史——新闻调查幕后的故事》，文化艺术出版社1999年版，第296页。

播的仪式观其核心则是将人们以团体或共同体的形式聚集在一起的神圣典礼"①。再次,它契合了转型期受众的口味。随着社会的转型发展、网络时代的到来,受众对信息的接受也发生了相应的变化,他们不再接受被推送(be pushed)的信息,而是愿意主动去抽取(pull)想要的信息。面对"挑剔的"受众,电视人只有转变作风,改变观念,主动去适应受众的需求。"从某种意义上来说,'说新闻'的出现,标志着中国电视新闻受众意识的真正崛起"②。最后,它是媒体内部竞合的结果。对于非上星的地面频道而言,要在竞争激烈的媒体格局中生存与发展,只有找到错位发展的路子才能弯道取直。网络时代带来的海量信息,使得信息不再是稀缺品,那么,抢"第一落点"(直递信息)就不是媒体的首要任务,而"第二落点"(解读信息)才是最重要的。因此,"说新闻"体现了媒体对"第二落点"的重视。

(三)内容编排:非线性、多元化

笔者随机选取 310 档民生新闻栏目,根据各栏目的官网信息,对其编排特色进行了总结(见表 1-6)。

表 1-6 部分民生新闻栏目播出时间

序号	栏目名称	所属媒体	所在地	播出时间	播出时长	备注
1	1818 黄金眼	浙江电视台民生休闲频道	杭州	18:18—19:30	72 分钟	浙江省内首个直播时间长达 1 个多小时的节目;浙江第一个开通 24 小时新闻热线的电视媒体;浙江第一个开设公益小专栏"寻"的电视节目,为观众免费提供寻人寻物服务
2	第一时间	安徽广播电视台经济生活频道	合肥	18:20—19:40	80 分钟	长期保持合肥地区收视率第一的地位;第一个实现了节目全字幕版的节目
3	百姓关注	石家庄电视台新闻综合频道	石家庄	18:30—18:55	25 分钟	
4	新闻坊	上海广播电视台新闻综合频道	上海	17:30—18:25	55 分钟	

---

① [美]詹姆斯·W. 凯瑞:《作为文化的传播》,丁未译,华夏出版社 2005 年版,第 7 页。
② 彭焕萍:《中国电视新闻的平民化进程》,《当代传播》2005 年第 5 期,第 73 页。

续表 1-6

序号	栏目名称	所属媒体	所在地	播出时间	播出时长	备注
5	百姓关注	贵州电视台公共频道	贵阳	18:30—20:00	90分钟	长期居于贵州全省收视率第一的位置
6	超级新闻场	安徽卫视公共频道	合肥	6:30—7:30	60分钟	
7	都市条形码	云南电视台都市频道	昆明	17:50—19:00	70分钟	昆明地区收视率最高的民生新闻节目
8	今日关注	广东电视台珠江频道	广州	周一至周五 21:00—21:50	50分钟	
				周六、周日 21:00—21:30	30分钟	
9	小强热线	浙江电视台教育科技频道	杭州	21:00—22:00	60分钟	浙江省级频道省、市网平均收视率节目排行榜第一名
10	直播海南	海南广播电视台综合频道	海口	18:00—19:00	60分钟	海南省收视率排行榜第一名,填补了海南台无大型直播新闻的空白
11	阿六头说新闻	杭州电视台西湖明珠频道	杭州	21:30—22:00	30分钟	

注：以上节目除特别说明外，均为日播。限于资料来源，表中所展示出来的各栏目的收视率数据并不完整。

1. 重视直播

首先，各栏目均采用直播的形式，个别栏目甚至把直播视为自己的特色，如《1818黄金眼》，其官网自豪地宣称："（我们是）浙江省内首个直播时间长达1个多小时的节目。"其次，直播时间长。10档栏目中，超过50分钟的栏目有9档，占比90%；达到或超过1个小时的有6档，超过被调查样本数的一半，占比60%。最后，各栏目均取得较好的收视效果，有5档栏目的收视率在当地保持第一。

在直播形式上，各栏目也是花样翻新、手法用尽。

《直播海南》栏目采用最能体现时效性的直播方式。首先，将演播厅与新闻现场结合起来，在节目中随时插入最新的重大新闻和突发事件的报道；其次，在演播室现场开通热线电话、手机短信和网络热线3个互动通道，随时回复观众提供的信息；最后，新闻热线电话有专人24小时值班，不间断接听观众反映和提供的报道线索。为提高新闻的时效性,《直播海南》栏目组每天派出近10部采访车近50名记者穿梭于海南各市县的大街小巷,从而真正实现与市民"零距离接触",将百姓身边发生的事在第一时间传递给全省观众。《超级新闻场》每天派出采访车穿梭于城市的大街小巷,记者、摄影工作者行走在街头、社区和人群中,从而大大拓宽了题材获取的渠道,增大了题材的范围。

民生新闻为何对直播如此重视?《超级新闻场》官网上的回答是:"由于这一类节目的报道范围局限在一个城市之内,新闻题材有限,如果按照以往的题材获取方式,如等热线,等有关部门或单位举办活动之前的通知,那么本身就使为数不多的题材更会显雷同和单一。因此,要打破这种常规的题材获取方式,采取主动出击,与市民、与社会实现'零距离接触'。"可见,规避同质化竞争,是民生新闻采用直播的真正动因,也正是因为直播,才使得新闻由"罐头"变成了"鲜肉"。

2. 编排的非线性、多元化

前民生新闻时代的电视以央视的《新闻联播》为代表,其内容编排遵循党和国家领导人新闻—国内新闻—国际新闻的格式。

民生新闻采用了更为灵活、多元的组合形式。在内容编排上,他们从观众的观感出发,将热点新闻、生活资讯、投诉建议、帮忙维权、追踪报道、天气预报、抽奖互动等板块进行穿插安排(见表1-7)。电视民生新闻的节目时长一般都在60分钟左右,在这样一个大体量的节目里,如果采用程式化的编排,极容易出现某些时段因内容受欢迎而收视率高、而某些时段则收视率下降的现象。因此,采用散点式的编排模式,有助于形成收视曲线,从而制造出节奏感强的节目流程走势。"这种'间隔式'的处理方式,实际上却是影视流媒体兴奋点手法的应用。其目的是制造起伏和节奏,以强化兴奋点效应,形成节目自身的悬念。让观众在收看这个栏目时很少能跳开"①。

表1-7 部分民生新闻栏目板块构成

序号	栏目名称	所属媒体	所在地	板块构成	备注
1	1818黄金眼(民生版)	浙江电视台民生休闲频道	杭州	零距离、深一度、竖起大拇指、寻、移动新闻直播间、天网无敌	融新闻、专题、服务、活动、互动为一体
2	第一时间	安徽广播电视台经济生活频道	合肥	民生新闻、4G连线直播、随手拍、追踪报道、抽奖	注重知名板块的打造

---

① 周小普:《民生新闻:内容与形式的创新表达》,《中国广播电视学刊》2005年第2期,第14页。

续表 1-7

序号	栏目名称	所属媒体	所在地	板块构成	备注
3	百姓关注	石家庄电视台新闻综合频道	石家庄	民生爆料王、文明观察员、民生沸点、全媒体直播、劳动者说、暖暖的民生、快乐假期	"爆料王"成为该栏目最受欢迎的板块
4	新闻坊	上海广播电视台	上海	市民大爆料、闲话上海、"媒"话找话、坊里坊外、城市晚高峰、大家帮侬忙	"闲话上海"（沪语）自2012年6月23日播出后，收视率达一周内的高位
5	百姓关注	贵州电视台公共频道	贵阳	有一说一、本地民生新闻、读报、滔滔情报站、国际新闻	长期居于贵州全省收视率第一的位置
6	超级新闻场	安徽卫视公共频道	合肥	新闻直通车、社会透明度、天天故事会	时长1个小时，3个子栏目时长分别为12、20、21分钟，栏目间串联、节目导入语和结束语共2分钟，广告5分钟
7	都市条形码	云南电视台都市频道	昆明	新闻报道、调查分析、追踪报道、人物特写、人物访谈、新闻评论、观众互动	
8	今日关注	广东电视台珠江频道	广州	今日大件事、报料大搜索、DV现场、文艺广场	
9	小强热线	浙江电视台教育科技频道	杭州	小强实验室、小强帮忙团、小强消费课、今晚最新、今日头条、今日牛闻	获"中国电视十年十佳民生新闻栏目"荣誉称号
10	直播海南	海南广播电视台综合频道	海口	民生新闻、社会救助、舆论监督、热点新闻、社会服务	子栏目《第一先锋》成为海南最受欢迎的舆论监督节目
11	第一现场	深圳广电集团都市频道	深圳	点击、目击、写真、链接	
12	新北方	辽宁广播电视台都市频道	沈阳	都市气象站、我在沈阳、上道有说道、我在现场、霞客行、都市朋友圈	

续表1-7

序号	栏目名称	所属媒体	所在地	板块构成	备注
13	新闻坊	上海广播电视台新闻综合频道	上海	市民大爆料、城事晚高峰、城市巡防、小坊看现场、大家帮侬忙、媒话找话、市民议事厅、闲话上海	

有些媒体对节目时长进行了调整，以适应碎片化时代的阅读。如《天天630》，其单条新闻的时长从原来的平均84秒减至平均58秒，虽然单条报道的时间缩短了，但整个节目的报道总量却多出4条。此外，节目还增加了播出频率，此前，节目只在下午6点半播出，后来增加了《630早报》（上午9点播出）、《630午报》（上午12点播出）和《630晚报》（晚上10点播出）。而且，对于某些重大新闻，节目还会通过追踪报道的方式挖掘其内在的层次。有的节目对总时长进行延伸。如《直播南京》和陕西电视台青春频道的《都市热线》的时长都在90分钟，河南电视台都市频道的《都市报道》《都市报道扩大版》连续播出80分钟；《都市条形码》从2006年衍生出《都市现场》和《大口马牙》两个栏目，这样，原来50分钟的节目现在变成了"20+50+30"的长达100分钟的大体量节目。

同时，它们以主持人为中心，节目的调度由主持人来完成，这样，观众始终跟着主持人的节奏，并保持亢奋的观赏期待。不少节目把最精彩的内容放在观众最意想不到的地方，这样的安排还原了百姓生活的原生态经验，或许有点"乱"，但可以让观众产生一种不可预知性和期待性，有利于营造新的收视刺激点和亮点，从而力求从整体收视上留住观众。

以下是安徽电视台公共频道《夜线60分》2011年9月5日的节目单。①

第一板块：夜线封面

1. PC奶瓶，合肥市场难觅踪影（两条）
2. 合肥市上半年质监报告出炉

导视、中插广告一

第二板块：夜线关注

3. 家庭学堂，你敢上吗（六条，含本土师生采访、夜线短评）

导视、中插广告二

---

① 胡智锋：《中国电视民生新闻发展报告2011》，中国广播电视出版社2011年版，第35~36页。

第三板块：夜线调查

主持人选读一段观众短信、网友评论

4. 迷失的亲情：博士为何不赡养母亲（三条，另配"夜线短评"一则）

导视、中插广告二

第四板块：夜线故事

主持人选读一段观众短信、网友评论

5. 桐城：大山里的深水坑（两条）

6. 砀山："8·26"特大杀人案今天告破

7. 合肥：疯狂"割喉男"近日落网

导视、中插广告四

第五板块：夜线网事

主持人选读一段观众短信、网友评论

8. 视频：业绩不好，就得上街拍下亲吻照

9. 视频：裙下"偷拍哥"惊现网络，网友展开人肉搜索

主持人选读一段观众短信、网友评论。开放式结尾

当然，板块的构成并不是一成不变的，也不应该一成不变。国内电视民生节目大多创办于21世纪初，时至今日已有十几年的时间。在此期间，绝大多数节目都经历了改版：有的从直/录播变成全程直播，有的拉长了播出时间，有的从一档节目分割成两档节目，有的调整了板块构成……

我们以《新闻坊》和《直播南京》两个节目为例。

（1）《新闻坊》。自2002年1月首期节目亮相荧屏到2016年1月，节目经历了多次改版。第一次发生在2012年6月，即节目播出10年之后，它推出了沪语版节目，同时对演播室的布景进行调整。以往，男女主持是坐在石库门弄堂口的太师椅上，前面放一张茶几，背景是黑红砖块的仿制墙。调整后，主持人的太师椅变成了软沙发，场景布置成了客厅，背景也换成显示东方明珠电视塔的电子屏。第二次发生在2013年9月，沪语版节目改为《上海闲话》。第三次发生在2016年，这次改版显然是"伤筋动骨"的，因为节目板块被改得"面目全非"。本次改版的思路是，在原有单一的"来料加工"的新闻模式基础上新创众多各具功能和特色的板块。新设的板块有："市民大爆料"（展现来自市民的发现性新闻）、"城事晚高峰"（讨论最受关注的社会话题）、"城市巡访"（接受老百姓的投诉和反映不良情况）、"媒话找话"（展现海派视角，解读当下最热门的话题）、"小坊看现场"（亲临现场聚焦民生信息）、"大家帮侬忙"（在监督下重点突出解决问题）、"市民议事厅"

(周六，专家解读社区问题)、"闲话上海"（周日，用上海方言讲述社区新闻）……

新版的《新闻坊》通常以"市民大爆料"开篇，该板块的内容来自市民的发现以及记者追踪市民提供线索的再发现，一般由短新闻和小调查构成。"城事晚高峰"是节目的黄金板块，它关注当天全城最热的一个话题，以多种电视手段组合呈现。而每天"晚高峰"聊什么，由市民根据栏目组每天发布的候选清单投票选出。而栏目征集的一支来自市民的评论员队伍，更是从各自的视角对同一新闻事件提供了多元的观察和思考。"大家帮侬忙"是本市原周播板块——一周帮两次，升级后变成"天天都帮忙"。"你需要的"正是"我关注的"，"因为我的帮助让你不再无助"。"媒话找话"则是根据当下最热门的话题，用独特的眼光和角度加以分析，展现海派特色，凸显"你得知道"这一主旨。[①]

（2）《直播南京》。该节目隶属于南京电视台新闻综合频道，于2003年3月首播，当时的播出时段是17:30—18:30。

播出三年后，节目在2005年进行第一次改版。内容定位为：①以正面报道为主；②更关注怎样去解决问题；③紧贴跟老百姓的生活息息相关的内容；④继续扶危济困，关注弱势群体，同时兼顾一些在经济、文化、艺术上的精英人物。形式上的变化有：①双主播方式；②着力培养一些记者型的现场主持人；③设一个"现场调查"的板块；④开设"气象卫星连线"板块。2011年10月12日，第二次改版后的节目首现荧屏。本次改版动力源自南京广电集团数字化全媒体高清演播厅的启用。内容定位为：①时长增加为70分钟，内容也相应扩容；②提出"微博帮忙团"等新板块。形式上又有了新的变化：①全新的主持人阵容；②号称"亚洲第一"的全媒体高清演播厅启用。2014年3月26日，节目进行了第三次升级改版，形式上又有了新的变化：①新增《龙洋社区行》。在南京各社区搜集居民身边发生的新鲜事、有趣事。②新增《花样天气》。与南京气象台合作，招募年轻靓丽的女性走进演播室，利用虚拟前景技术，配合主播，在演播厅模拟各种气象环境。此外，节目还通过大体量的新闻报道，以设法"拴住"观众。[②]（见表1-8）以2013年4月13日的节目为例，节目时长为60分钟，去掉10分钟左右的广告，实际播出时长在45~50分钟，当天共播出了21条片子，这意味着每条的长度在2分钟左右。与传统电视新闻相比，单位节目的时长压缩了，但节目数量却增加了。（见表1-9）

---

① 徐俊杰：《老牌民生新闻节目〈新闻坊〉改版中的变与不变》，https://www.jzwcom.com/jzw/94/13023.html。

② 关于《直播南京》的相关资料，见该栏目官方微博，网址：http://weibo.com/nanjinglive?refer_flag=1005055014。

表1-8 《直播南京》改版后的板块组成

第二次改版	第三次改版
东升工作室（动真情、讲实话、办实事）	天气预报
特别关注（讲述百姓故事，聚焦社会热点）	本期摘要
时事要闻（播报时事快讯、追踪富民进程）	系列报道
气象卫星连线（让观众知道当晚及第二天的气象情况）	大刚说（谈论网络热点话题）
微博帮忙团（实现网友深度介入新闻制作过程）	直通12345（播报法治新闻）
城事特快	特别关注（讲述百姓故事，聚焦社会热点）
老吴读报	
特别关注	

表1-9 《直播南京》不同类型报道时长

序　号	报道类型	时长（秒）
1	突发性动态新闻	<90
2	调查类报道	<180
3	深度报道	<600

民生新闻普遍强调与观众的互动。事实上，观众是一种不可控的外来变量。但正是因其不可控，反而使节目有了某种不可预知的新意，这也会吊起观众的胃口。目前，民生新闻采用的互动方式主要有观众报料、演播厅参演、当事人进节目、民意调查等。《百姓关注》的"民生爆料王"是该栏目最受欢迎的板块，它分为月度爆料王、季度爆料王和年度爆料王，以满足更多观众的参与需要。每次评选结果揭晓，栏目都隆重公布，颁发大奖，对表现卓越者还给予重奖。《嘎讪糊》一改我播你听的播报模式，邀请观众进演播厅参演，他们既是群众演员，也是现场嘉宾，还是节目观众。《生活热线》邀请交通事故的受害人进演播厅现身说法，使得看似负面的事故新闻有了一丝特殊的戏剧化效果。《零距离》每期节目都开设民意调查，鼓励观众投票表态，节目结束前，由主持人公布民调结果，并抽取幸运获奖号码。不少节目还使用热线和字幕的方式来展示民情民意，这样，既增加了节目的信息容量，也满足了更多的观众参与节目的需要。以下我们再以深圳市宝安区电视台的《今日播报》节目为例（见表1-10）。

表1-10 《今日播报》节目单（2011年12月14日）

序号	节目标题
1	婷婷帮你忙：润滑油选择需慎重（于谦、周红）
2	关注杨栋梁家庭私营企业送爱心（舒凯、高虹）
3	肉制品市场整治保安全（高虹）
	广告
4	基层见闻：艺考生的酸甜苦辣（任敏、杨健）
5	艺术考试持续升温 报考人数屡创新高（杨健）
6	新闻大家谈：走艺考之路是利是弊（任敏）
	编后话
7	顾客投诉价格欺诈超市赔偿100元（刘春葆）
	广告
8	气象生活

此外，不少节目还注重从其他媒体汲取"养料"，"读报"就是一个典型的例子。《南京零距离》有《孟非读报》，《直播60分》有《阿聪读报》，《百姓关注》有《读报》。电视媒体强于现场感，但短于深度和理性，反之，报刊媒体长于深度思考，却短于感官刺激。读报节目将平面媒体和电子媒体的优点结合起来，加上主持人在读报时并非照本宣科，而是边读边评，边叙边议，观众也就听得过瘾，看得来劲。除了传统媒体以外，网络信息也是重要的素材来源。苏州电视台的《新闻夜班车》派专人盯守各类门户网站，所有论坛有专人值守，以求从中找到独家信息。

三、受众理念

（一）重视观众参与

受众在哪里？他们在想什么？这恐怕是自新闻业诞生以来最为人们所困惑的问题。处于转型时代，这个问题不仅不例外，反而更加紧迫。对此，东方网总裁徐世平将之喻为"历史性的尴尬"；360公司创始人、董事长周鸿祎给出的回答是"互联网思维"——用户至上、体验为王、单点突破、颠覆创新；而澎湃新闻的理解是"受众思维"。不管是"历史性的尴尬"，还是"互联网思维"，抑或"受众思维"，一个根本的问题是，要学会了解并提高用户体验。

在媒体实践中，获取用户体验多借助观察用户反应和参考专家意见这两种途径。事实上还有"第三条道路"——受众的亲身参与。媒体的转型，实质就是媒体人的转型。以往我们总是从传者的角度去思考"我要给你看什么"，现在，民生新闻换以观众的角度来思考"你想看什么"。对后面这个问题,最有发言权的显然是观众自己。用麦克卢汉的话来说,"只有包含了需要电视观众来完成某些过程的电视节目,才是最有效的"①。

当年,《东方时空》的子栏目《生活空间》一度以"讲述老百姓自己的故事"的面貌,让广大观众耳目一新。但深究下去,这种"讲述"依然未褪去"传者本位"的色彩,因为讲述的主体还是传播者。相比之下,民生新闻则走得更远,不少节目索性让"老百姓讲述老百姓自己的故事",而这恰恰使得传者向受者转身成为可能。而且,媒体的这一设计也因应了观众的需求,因为后者乐见自己的故事被媒体讲述,也更希望能由自己亲自来讲述自己的故事。

1. 鼓励市民向媒体爆料

《南京零距离》开播以后,聘用了上千名市民信息员,他们为节目的成功立下了汗马功劳。该节目"每天接到观众提供新闻线索的电话200个,投诉电话300个,节目直播期间的参与电话1万多个"②。为了满足更多观众的参与需要,《新闻坊》从2016年1月18日全新改版后,增设了"市民大爆料"环节。市民爆料让"市民记者"成为社会新闻的线索提供者和事件报道者,让观众的发现产生了价值,这种"由我而来"的发现天生带有贴近观众的优势。《百姓关注》的"民生爆料王"是该栏目最受欢迎的板块。而《直播海南》每天的选题有90%都是从观众的爆料中遴选出来的。

2. 欢迎观众提供视频作品

《南京零距离》从热心观众中挑选并培训出几百名摄影师,并通过有效的激励计划和管理制度将他们整合起来。虽然是编外人员,但是这批由在校学生和志愿者组成的外围队伍却极大地弥补了栏目人力资源的不足。《生活热线》则成立"新闻自己拍"俱乐部,吸纳优秀观众加入会员,他们成为为媒体服务的一支稳定的素材队伍。《第7日》从观众中选拔热心人担任"7日观察员",鼓励他们拍摄DV作品并支持发表。统计显示,在2006年9月3、10、24日和10月15日这4期节目里,平均每期《第7日》栏目主要由观众的亲身经历、反映城市环境、各类事故以及揭露社会不良现象等题材的社会新闻组成,占新闻总数的69%,而由本台记者追踪新闻线索并加以报道的平均只占31%。河南电视台第8套节目索性开设了《DV观察》栏目,其内容主要来自观众和通讯员拍摄的DV作品,而节目组只雇用少量编辑负责对来稿进行包装和编辑。2008年7月11日,苹果公司发布了iPhone 3G,开启了智能手机新时代。相比而言,DV的便携性差,也无法联网。而智能手机的出

---

① 转引自尉茹:《电视民生新闻发展路径研究——以〈直播海南〉为例》,海南师范大学硕士学位论文,2018年,第6页。

② 王永钢:《一个栏目吸引了一座城市——访〈南京零距离〉副总监李响》,《江南时报》2004年1月1日,第10版。

现，极大地方便了观众采制视频并投稿给媒体。《直播南京》以优厚的稿酬鼓励市民投稿并加大发表力度，在60分钟的节目里，新闻约有20条，其中，由观众投稿的视频有7～8条，占比近40%。

3. 鼓励市民出镜

"1993年以前，中国老百姓跟电视从根本上说是无缘的"①。《东方时空》的创办，尤其是子栏目《生活空间》提倡的"讲述老百姓自己的故事"，使得电视荧屏上的主角不再只是少数人。"据统计，在南京和成都地区几档具有代表性的民生新闻节目中，市民的出镜率都超过了50%，有的甚至还高达80%以上。在这些节目当中，记者和解说词退居到了次要位置，同期声被大量地运用，生动的画面、鲜活的市井语言使媒体与市民实现了零距离的贴近"②。如，《阿六头说新闻》推出《阿六头模仿秀》，让市民参与节目。《直播海南》甚至规定，必须有一个愿意出镜的爆料人，才考虑这条新闻要不要报道。

4. 通过各种渠道支持观众表达意见

在民生新闻里，电话、短信、邮件、微信、微博等都是观众输送意见、表达论说的渠道。在前网络时代，媒体接收观众的信息多通过信件、电话和短信等方式，常常会出现信息滞后、交流不畅等问题。现在，各家媒体积极鼓励观众通过微信、微博等新媒体来提供信息和线索。当然，鼓励使用新媒体渠道，并不等于弃用旧渠道，毕竟不同的渠道各有其优劣。以爆料的准确性而言，微博等新媒体并不比电话等传统渠道的效率更高（见表1-11）。如陕西电视台都市青春频道《小民话题》，以主持人大民小民斗嘴的形式，对老百姓关心的话题做一反一正的解读，播出期间开通实时短信互动平台，观众可以编辑短信支持主持人的观点，高峰时期短信量甚至有上万条。

表1-11 "两微"（微信、微博）与电话在爆料上的优劣对比③

	微信、微博	电话爆料
优势	1. 方便、快捷、智能 2. 形式多样，可文字、图片、视频 3. 爆料者对事件的描述更清晰	1. 适用人群广 2. 简单易操作 3. 线索相对可靠
劣势	1. 对设备要求、人员要求高，不易操作 2. 互联网的便捷性和隐匿性使得爆料可靠度降低	1. 形式单一，收集的线索提供不详 2. 需安排专员时刻维护

---

① 李幸：《十年来中国电视的三次革命》，《视听界》2004年第1期，第5页。
② 邵敏：《论电视民生新闻的区域个性化特征——以江苏〈南京零距离〉、深圳〈第一现场〉、吉林〈守望都市〉节目为实例分析》，东北师范大学硕士学位论文，2007年，第2页。
③ 冯娟娟：《省级电视台地面频道的融合发展探析——以安徽电视台经济生活频道为例》，安徽大学硕士学位论文，2016年，第42页。

而且，为了表示对观众的尊重，也是为了鼓励观众的热情，主持人还常常在节目中播读观众的意见，甚至把观众的原声在节目里如实播出。话题是大众最关心的，评论是大众自己的，接受对象是最广大的观众，评论再也不是高高在上的言论。①《零距离》每期节目都开设民意调查，鼓励观众投票表态，到节目结束前，由主持人公布民调结果，并抽取幸运获奖号码。不少节目还使用热线和字幕的方式来展示民情民意，这样，既增加了节目的信息容量，也满足了更多观众参与节目的需要。《新闻坊》的子栏目《城市晚高峰》，关注当天全城最热的一个话题，而话题则从来自市民根据栏目组每天发布的候选清单中投票选出。

5. 上演家庭秀

《都市1时间》是该活动的滥觞。他们开展"call in 到你家"活动，通过打电话到观众家里，并播出受访者讲述的家庭故事，来实现传受双方的互动。《今日关注》开设了"百姓古仔"板块，讲述平凡家庭不平凡的故事，体现人性的光辉，这既是后来真人秀节目的翻版，也启发了后来的调解类节目。家庭秀（真人秀）的繁荣，是电视人在竞争激烈的媒体格局下的一个突破，更是地面频道为应对来自央视和上星频道双重夹击的一种抗争。而且，这类节目的广受欢迎也说明它契合网络时代下网民追求"即刻交流"和"即时分享"的新阅读习惯。所谓"即刻交流"，是指传者与受者的对话是同步的，具有伴随性；而"即时分享"则是指这类节目在制造观众的话题和谈资上具有更强的生产力。就像电影《楚门的世界》，有的人总是愿意窥探别人的生活，但又害怕被别人所窥探，基于这种矛盾的心态，人们自然会对这类节目产生浓厚的兴趣。

6. 举办社会活动

《1818黄金眼》在浙江省内第一个开设公益小专栏——《寻》，为观众免费提供寻人寻物服务；《第一时间》从2007年开始，每年举办一次大型爱心捐赠公益活动——"映山红行动"，专为偏远山区学校捐献相关教学设备，至今仍在坚持；《民生关注》开设"文明观察员"；《小强热线》联合红十字会、整形医院推出"微笑行动"，为浙江省数百位唇腭裂患者提供免费治疗机会；《零距离》组织"幸福社区行"，把节目送进社区。

（二）服务意识浓郁

电视民生新闻栏目一般由三个部分组成：城市新闻、生活资讯、投诉建议。大量报道生活资讯，是这种节目的特色之一。生活资讯一般包括政策资讯、知识普及和便民信息。

以《新闻坊》为例。表1-12是从2007年1月18—31日《新闻坊》播出的新闻总数和生活资讯数。10天内，政策资讯类共14条，知识普及类10条，便民信息

---

① 张建伟：《深呼吸——未曾公开的新闻内幕》（下），经济日报出版社1998年版，第153页。

类 11 条，总数 35 条，占 10 天总新闻数的比例为 28%，超过了 1/4。有一点需要指出的是，和有些栏目用滚动字幕的方式不同，《新闻坊》全部采用画面新闻的方式来播报生活资讯，由此可见生活资讯在栏目中的地位。

表 1-12　《新闻坊》节目数量统计（2007 年 1 月 18—31 日，非周末时段）

时间 节目种类	18 日	19 日	22 日	23 日	24 日	25 日	26 日	29 日	30 日	31 日	总数
总新闻数（条）	12	13	11	14	13	14	13	11	11	14	126
政策资讯（条）	2	4	2	1	1	1	1	1	1		14
知识普及（条）	1			1	1	2		1	1	3	10
便民信息（条）	1	2			1	2	1	2			11

在具体内容上，我们以 1 月 18 日为例。当日，政策资讯 2 条：小小一张优惠卡，老人理发不再愁；新式路牌"失踪"，原来是正在改进。知识普及类 1 条：火锅要防肠胃病，吃得健康有讲究。便民服务类 1 条：车站温馨服务，雨天有伞可借。从这里，我们不难看出海派文化特有的细腻和精致。

关于民生新闻的内容，有人提出"看点"与"卖点"的二分说。所谓"卖点"，是指常见的打架、跳楼、邻里纠纷、街头闹剧、奇闻趣谈等题材内容，这是收视率的保证；所谓"看点"，则是指以服务性为主的生活资讯，这是舆论导向的保证。

当然，有人一度指摘民生新闻：大量报道社会新闻和市井琐事会降低栏目的品位，应该加强生活资讯和维权帮忙等板块的含量。此话有一定的道理。随着观众的文化水平和理解能力的不断提升，他们已将更多的注意力投射到生活质量的提高和自身权益的维护上，而以服务为特色的生活资讯正好满足了观众的需求。但是，社会新闻也有其存在的道理——它符合新闻价值中的接近性、趣味性等要素。进一步说，如果对社会新闻处理得当，其实它们也可以从"卖点"转化成"看点"。几年前，成都发生了一起跳楼事件。当时两家电视台对此进行了报道，一家以调侃、奚落的语调，对这一悲剧事件进行了娱乐化的描述。而另一家则通过对当事人跳楼原因的调查，揭示了一个严肃的社会问题——拖欠进城务工人员的工资，他们的报道引起了社会对这一问题的关注，也引起了政府的重视。同样是"卖点"，但处理手法不同，产生的社会效益自然也不同。这说明，社会新闻虽然看似鸡零狗碎，但其实是一片"蓝海"。进言之，生活资讯也可以开发出衍生产品。如《生活帮》有个小板块，专门介绍生活小贴士，由主持人阿速负责。该节目一直受到观众的喜爱，于是节目组索性将节目内容整理成书，并用主持人的名字将其命名为《阿速有妙招》，在现场签售时，共售出 10 万多册。

（三）帮忙、维权和监督

众所周知，媒体具有地位授予（status conferral）的功能，即，当媒体予以某个人或某件事后,往往会引发社会的广泛关注,即便是一个平凡的人或很小的一件事。民生新闻开发的帮忙、维权和监督节目,一方面解决了观众的具体难题,另一方面也提升了电视的影响力。

1. 帮忙类节目

百姓事,天下事。处在转型期的媒体,如何应对来自新媒体的冲击,这是摆在传统媒体面前的一个问题。对传统媒体而言,如何发挥自身的品牌优势和社会影响力,为受众提供高质量、有实效的舆论服务,这是一个值得深思的问题。对媒体而言,帮忙既是一个报道思路,更是一种思维方式。

首先,百姓的困难千奇百怪,媒体在关注百姓诉求时需要有一条主线来一以贯之,而从"帮忙"这个视角切入,则可以串联起那些充满个性化色彩的社会事件,也使得媒体拥有对帮忙类资讯的"垄断"。

其次,民生新闻的外延既大且广,泛泛而谈的话,既难以实现对民生事件的全覆盖,也易与兄弟台的同类节目撞车。如何大处着眼、小处落笔,帮忙显然是一条有效的错位发展之路。

最后,媒体是大众传播工具,其优势在于影响力大、覆盖面广,但缺点是不易做到精准传播。而"帮忙"恰恰帮助媒体在大众传播之外获得了一个发挥人际传播作用的好机会。

以上是从媒体的角度而言,反过来说,媒体的"帮忙"对观众也是有利的。如《新闻坊》的子板块"大家帮侬忙"本来是一周两期,由于观众的需求太旺盛,后来改为天天播出。可见,"对于转型期的社会分层甚至断裂现象,电视媒体的这种社会服务,一定程度上还具有调整社会矛盾、促进和谐社会建设的意义"[①]。

我们以浙江钱江都市频道的《范大姐帮忙》、湖南都市频道的《小李飞到》和山东生活频道的《生活帮》为例。

(1)《范大姐帮忙》。该栏目隶属于浙江卫视钱江都市频道,创立于2004年3月。其原本只是某个新闻节目中的一个小板块,因其广受观众喜爱,频道决定从2006年7月开始对其扩版,时长从15分钟延至30分钟,同年12月又扩充至45分钟。实践证明,扩版后的栏目获得了优异的成绩,"其收视率超出了频道原时段收视率的3~4倍"[②]。

该栏目是浙江省内民生热线主持人品牌化最早的栏目之一,"范大姐"(范惠闵)是栏目的核心与灵魂,也是浙江人家喻户晓的热线大姐。她的口头禅就是"范大姐帮忙,越忙越帮",从家里的小狗丢了,到果农的青梅、枇杷卖不出去;从小

---

① 胡智锋:《城市电视新闻节目需要处理的十种关系——从〈南京零距离〉〈生活在线〉等栏目说起》,《北方传媒研究》2005年第7期,http://www.360doc.com/content/11/0419/11/5928726_110717092.shtml。

② 钱群:《栏目差异化竞争策略铸就品牌竞争力——浅析浙江电视台钱江频道〈范大姐帮忙〉栏目》,《中国广播电视学刊》2008年第4期,第87页。

两口闹别扭,到为进城务工人员讨薪资;从劝下意欲跳江男子,到帮助"静芝"找寻亲生父母;等等,哪里需要帮忙,哪里就有范大姐活跃的身影。

栏目分为两个环节:帮忙现场和范大姐进社区。5名出境记者和演播室主持人,奔走于大街小巷,遇见困难就上,碰上难事就帮。而范大姐进社区,则体现了该栏目服务到家的特色:法律咨询、家电维修、修伞、理发等便民服务,送小品、越剧、电影到社区,中间还穿插了有奖问答、订牛奶抽奖活动。《范大姐帮忙》坚持主持人去现场,切入观众反映的事件中去,甚至不惜采用介入式报道,比较知名的有《范大姐劝下跳江人》《静芝寻亲》《陪你去自首》等。"'范大姐'也从一个邻家大姐慢慢成为了平民明星"(浙江电视台钱江都市频道副总监钱群)[①]。

(2)《小李飞到》。该栏目是湖南卫视都市频道《都市1时间》的子栏目,于2004年开播。《都市1时间》开播于1992年,节目于周一至周日18:45—19:40的黄金时段播出。平均收视率为6.1,居湖南新闻类节目第一,平均市场份额为16.64%。

《小李飞到》为整个栏目甚至整个频道打造了一个亲民形象。虽然电视镜头只出现了"小李"一人,但在他身后给观众帮忙的实际上有许多人。除了栏目其他工作人员以外,他们还成立了自己的律师后援团、学生志愿者后援团、市民后援团,还有"小李爱心基金"。为配合《小李飞到》节目,栏目后来又开设了《百姓说话》节目,它与《小李飞到》一起构成了与百姓沟通互动、帮助百姓解决困难的节目群。

(3)《生活帮》。该栏目隶属山东电视台生活频道,据说是全国第一个服务类栏目。下设四个子栏目《生活帮你办》(及时报道观众反映的问题,帮助观众解决生活难题)、《生活麻辣短剧》(用幽默的形式讽刺假丑恶,让观众看了过瘾解气)、《今日我上镜》(让观众分享生活中的感动与乐趣)、《准备好了吗?》(公益型真人秀节目,宣传正能量)。

在栏目里,记者不叫记者,叫"帮办"(帮忙办事),主持人叫"帮主"。帮忙的主要范围集中在爱心行动、生活贴士、服务资讯和消费监督四个方面。五名记者组成了"帮办特工组",按照不同选题分成不同层面的帮办:马上来办(停水停电等生活服务)、阿速有妙招(生活贴士)和一帮到底(面向弱势者的专项帮忙)。

2009年7月12日,在中国电视民生新闻10年回顾展评会上,节目荣获了"中国电视民生新闻十佳栏目"[②],节目主持人"帮主"获"中国电视民生新闻最具人气主持人"[③]。

[①] 武兴芳:《民生新闻为何广受欢迎》,http://hn.rednet.cn/c/2006/11/08/1024567.htm。
[②] http://v.iqilu.com/shpd/shb。
[③] 李玉晓:《中国电视民生新闻栏目发展方向研究》,山东师范大学硕士学位论文,2010年,第36页。

2. 维权类节目

民生新闻大量反映市民意见和消费投诉,使其在服务功能的发挥上提升到了为民维权的高度。

以《南京零距离》为例,通过滚动字幕的方式,大量报道市民呼声。

2007年1月26日,他们反映了11条市民投诉:讨薪1条、遗失物品2条、城建问题1条、手机质量1条、电话线路故障1条、煎药器质量问题1条、学校违规补课1条、红绿灯故障1条、电磁炉质量问题1条、上公厕不便问题1条。(如表1-13)

表1-13 《南京零距离》市民投诉内容统计(2007年1月26—31日)

内容＼时间	26日	27日	28日	29日	30日	31日	总计
市民投诉(条)	11	17	0	15	19	0	62
追踪反馈(条)	1	1	1	1	1	1	6

从内容上看,除去2条遗失物品的信息,剩下的9条都和老百姓的利益相关,其中既有产品质量问题,又有公共服务部门的问题(市政、电信、学校、交警)。这些涉及民生的问题,看上去都是小事,但对当事人而言,都是大事、烦心事。现在,电视为他们提供了一个反映问题的平台,体现了媒介作为社会排气阀的角色定位,而且,由于媒介的社会影响力,这些小事放到屏幕上,就变成了"大事",对相关单位和人员形成了舆论压力,有可能促使他们积极作为以消除不利影响,这对问题的解决是有利的。为了更快更好地解决问题,《南京零距离》的工作人员还代观众讨说法,亲自和相关单位与人员联系,希望通过媒体的影响力,促成事情的了结,体现了"群众利益无小事"的为民原则。他们重视问题的解决,不仅追踪报道事情的解决过程,还公布反馈结果,这样做,既可以给久拖不决的问题的当事人以鞭策,也对其他人起到了警示与示范作用。比如,1月26日的反馈结果是,某消费者购买的问题电脑已得到了商家的更换。

关于民生新闻如何处理市民投诉,王雄总结了记者的叙事流程[①]:

> 第一步:记者接到线索赶到现场,展示现场情况;第二步:采访居民,讲述来龙去脉及主要矛盾;第三步:找到主要矛盾另一方(物业公司、居委会等),进行采访并请求解决问题;第四步:矛盾另一方表示将解决问题;新闻结束。
>
> 矛盾另一方不愿解决或表示无法解决:寻求采访更高一级主管部门;第五步:更高一级主管部门表示将会尽力解决;新闻结束。

---

① 王雄:《电视民生新闻:成长与转型》,世界图书出版公司2016年版,第161页。

第六步：反馈最终解决情况（或继续关注）。

2006年，四川新闻资讯频道（原文化旅游频道）开播《非常新闻》，提出了"民生新闻就是维权新闻"的口号，成为四川省唯一一档以广义维权为主的民生新闻。该节目立足于维权打假、关注市民生活、追踪质量报道、展示法制动态、体现人文关怀，其中的"天天3·15"部分，把维权的范围从单一的打假防伪拓展到百姓生活中遇到的每一类问题，成为百姓最信赖的维权者和代言人。

吉林电视台都市频道的《守望都市》栏目，自开播以来，通过报道，共为观众解决问题上万个，反馈率高达98%，被誉为沟通政府和百姓的桥梁。

3. 监督类节目

如果说，帮忙和维权还只是针对个别人和个别事的话，那么，监督则是媒体发挥舆论影响力的一个利器，也正是在这一点上，民生新闻实现了其品质的飞跃。

《1860新闻眼》侧重给予观众法律援助。他们在节目中公开特聘律师的电话和电子邮箱，鼓励大家向律师求助。同时，对观众提出的问题，在节目中及时予以回复。以2007年1月22日的节目为例，当天共回复了三个问题：①如何通过法律手段要回欠款；②怎样进行合理的财产分割；③关于抚养纠纷的问题。

《都市快报》没有像《零距离》那样，把市民呼声全部搬上荧屏，而是根据问题性质的严重性，挑选前三名，公布在"投诉排行榜"上。2007年1月21日的内容是：机动车占据人行道，影响市民出行；菜市场短斤少两，欺诈顾客；黑网吧接纳未成年人，家长担心不已。1月23日的内容是：街道污水横流，人们出行艰难；垃圾长期堆积，环境遭到破坏；路灯长亮，令人心痛。而1月24日的内容则是：KTV噪音扰民；黑诊所骗钱；小区污水横流。

《第一先锋》是《直播海南》下的一个子栏目，2008年一推出，其敏锐的视角就触及社会的方方面面，效果震撼，成为悬在丑陋现象头上的一把利剑，也是《直播海南》实现舆论监督的一把尖刀。

《生活帮》开设"谣言粉碎机"板块。2017年1月20号，节目播出了这么一则消息：近来，一条急救心脏病的消息在微信朋友圈被大量转发。消息称："强冷空气将至，医生再次忠告，50岁以上的爸爸妈妈们一定要记住，在睡眠时如果心脏病突发，剧烈胸疼足以把人从沉睡中痛醒，应立刻口含10粒复方丹参滴丸，或者硝酸甘油两片，或者阿司匹林3片嚼服！接着立刻联络急救中心，然后坐在椅子或沙发上静候救援，千万别躺下！"① 这个被广大网友关注的消息是否属实呢？为此，记者专门走访了济南市中心医院心内科的医生。专家对上述消息里的所谓"提示"进行了逐条分析和解读，得出结论：该消息所述的应急方法并不科学，容易误导网友。最后专家介绍了科学的急救方法。

---

① http://www.03964.com/read/42c9eb89c7cf2ab50afbfb4c.htm.

第二章 电视民生新闻的生成语境

有人认为，电视民生新闻滥觞于地面频道，源于如下一些原因："中央政策的导向，央视的压力和市场竞争的压力，旧有的电视新闻制作和播报样式以及民众对电视新闻的全新期待"①。下面我们从社会语境、媒介语境和哲学语境三个方面来详述之。

第一节 电视与民生：电视民生新闻的社会语境

一、城市化运动带来的契机

民生新闻的兴起与我国近年来大规模的城市化运动有着密切的关系。城市化是经济迅猛发展的中国迈向现代化的必然选择，当代中国"正处在都市化的发展高潮阶段，在未来的20～30年间，中国城市将从目前的600多座发展到1300多座，城市人口将从目前占全部人口的30%增加到65%，将有5亿多农民走进城市"②。在这场史无前例的社会经济形态转型与结构变迁的过程中，大众传媒作为社会系统的一个子系统，不可避免地会对此有所反映，民生新闻正是这一反映在传媒业务层面的体现。中国的城市化进程主要从以下几个方面影响着大众传媒对民生新闻性质的理解。

（一）城市化为民生新闻提供了庞大的受众群

根据国际城市发展的一般规律，人口的都市化水平与其工业化水平应当相互适应。以此标准衡量，"1978年，中国的都市化水平只有17.9%，26年中每年提高0.9个百分点，到2004年已经达到了41.8%。平均每年约有1300万农民转化为市民"③。"在这二十年间必须要有三四亿人口从农村迁移到城市里去。……小市镇会扩大，新城市会出现，而迁徙到现有大城市里的将近二亿人"④。

"城市作为崭新的社群处所，当下社会版图中最活跃的生活场域和最富张力的文化平台，城市居民在当代中国电视的传播对象中占有很大比重，甚至是最重要的

---

① 王雄：《电视"民生新闻"的幻象与转型》，《现代传播》2006年第2期，第34页。
② 张鸿雁：《农村人口都市化与社会结构变迁新论——孟德斯鸠〈农民的终结〉带来的思考》，《民族研究》2002年第1期，第26页。
③ 郭五林：《都市化冲击下的当代电视》，《新闻界》2006年第2期，第87页。
④ 《城市化》，http://www.drcnet.com.cn/temp/20030423/L030604_01.htm。

组成部分"①。与农村居民相比，城市居民有着良好的媒体消费习惯和固定的媒体消费支出，而城市化造成的最直接后果就是城市人口的急剧膨胀，也就意味着受众群的扩大。对媒体而言，城市绝不仅仅是一个地理意义上的存在，它更是一个文化、心理和精神的"场域"。构建社区文化、打造城市精神、形成心理共识、实现身份认同，从而推动城市化进程，便成为媒体所追求和践行的目标所在。也正是看到了这一点，民生新闻自诞生的那一刻起就把目标受众定位为城市市民。

"全国省级台民生新闻协作体"首批有26个成员栏目，其中，栏目设在都市频道的有13家，占总数的50%。再从栏目的宣传语来看，《都市全接触》（内蒙古经济生活频道）的宣传语是"突出都市特征，尽展社会百态"，《第一现场》（深圳都市频道）的宣传语是"立足本土资讯，关心百姓生活；传递快速有效、真实可信的城市资讯"，《都市报道60分》（天津都市频道）的宣传语则是"关心都市发展，关心都市民生"……

从这些民生新闻栏目的宣传语来看，"都市"无疑成为其栏目定位的关键词。

（二）城市化为民生新闻提供了新闻源和业余记者群

城市化是一个系统的、复杂的社会工程，涉及经济、政治、文化、宗教、民俗等社会生活的方方面面，这一过程带来社会结构的巨大变动以及不同阶层或利益群体间的冲突与碰撞，为民生新闻提供了丰富的素材。同时，城市化也为电视节目情节发展和故事设置提供了思路走向和逻辑导向，为理解电视节目人物思想心理、语言行为提供了时代气息和社会氛围。在电视所制造的拟态环境中，生活的真实升华了艺术的真实，而艺术的真实也再现了生活的真实。

民生新闻栏目的一个重要特色，是它们普遍拥有一支业余记者队伍。在这支队伍里，既有通讯员，也有DV摄影师，更有充满神秘色彩的"线人"。

在城市化进程中，出现了不少关涉民生的事情和问题。市民的利益需要发展，百姓的声音需要发出，普通民众渴望参与公共事务，弱势群体希望得到社会关爱……这些诉求需要一个渠道来将其传递出去，而民生新闻的出现恰恰满足了这一需求。因此，当民生新闻宣传其节目宗旨是关注都市民生或为百姓维权的时候，市民自然参与到节目的制作当中，而这也正暗合了媒介追求高收视率和经济效益的办台动机。

《都市1时间》（湖南经济电视台）推出"call in 到你家"活动，首创双向互动讲述都市人们的家庭故事。《南京零距离》（江苏广电总台）拥有上千名"市民信息员"，百姓摄影师40多人。它每天制作90分钟节目，有40条左右的新闻。其中突发事件10条左右，占整档节目的1/4。在这方面，DV通讯员起到了不可低估的作用。"该节目每天接到观众提供新闻线索的电话200个，投诉电话300个，节目

---

① 王雄：《电视民生新闻：成长与转型》，世界图书出版公司2016年版，第41页。

直播期间的参与电话 1 万多个"①。《新闻坊》(上海电视台) 在 19 个区县搭建了新闻信源网络,"据统计,两年多来,通联用稿总量达到 15000 多条,相当于过去 10 年的通联用稿总和"②。《现场》(福建电视台) 的做法更大胆——引入"百姓摄像师",让热爱新闻的普通市民拍下自己身边正在发生的事,尽可能得到第一时间的影像资料。目前,《现场》已有 500 位登记在册的"百姓摄像师"。

民生新闻的出现,开创了观众参与新闻节目并实现循环互动的先河,而城市化无疑是一个重要的因素。

(三) 城市化促使媒体发现城市平民,人文关怀成为大众传媒的新语境

城市规模的快速扩张,城市贫民日益成为制约城市发展的问题。"单位之间与单位内部都在出现分化,单位体制受到巨大冲击。大批职工下岗、失业,流入社会,原来隐藏于脆弱的单位体制下的剩余劳动人员问题,终于急速地突现出来"③。

以"进城务工人员潮"为标志的社会人口大转移,以"农村包围城市"的模式进一步扩大了城市贫民的规模和范围,也使得城市在发展过程中的问题愈显复杂。

新闻媒体作为"政府喉舌"在政府的默许下视野下移,站在弱势群体的立场上对改革和发展过程中的负面现象给予适当的揭露和批判,以平民视角反映城市居民的生活需求,展示他们的生存状态,表达他们的心声,为他们提供切实有用的信息,帮助和指导他们解决现实生活中遇到的实际问题。大众传媒在不突破制度设置的阈限内一定程度上保持了媒体的独立、批判品质,彰显了民生新闻的大众价值取向和草根情结。"社会学意义上的都市化表现为城市与社会的相互作用,并于此基础上探讨人口集中、地域转化的深层社会原因。电视通过形象直观的手段,反映了城市人的行动、情感及心理"④。

当然,也有人指出,"城市地域为城市居民提供一种物质生活背景。作为电视背景的城市地域,其鳞次栉比的高楼、纵横交错的大街等,是区别于农村的枯藤老树昏鸦、小桥流水人家的典型场景。城市物质生活富裕具有明显的象征,从经验出发,以城市为背景的电视节目,其画面中展示的商品的货币价值往往远远高于以农村为背景的电视节目中展示的商品的货币价值。如城市住房通常是经过装修的楼房,而农村则多是砖墙瓦房;城市交通工具常见小轿车和公共汽车甚至飞机,而农村则主要是自行车或步行,抑或火车;城市居民的着装多是价格较高的时装,而农村则常见价格低廉的布衣。电视节目既满足了'做稳了城里人'的人群的虚荣心,

---

① 王永钢:《一个栏目吸引了一座城市——访〈南京零距离〉副总监李响》,《江南时报》2004 年 1 月 1 日,第 10 版。
② 池驰:《〈新闻坊〉的信源网络》,《新闻记者》2004 年第 10 期,第 60 页。
③ 洪大用:《城市扶贫:从制度创新到组织创新》,《社会学》2002 年第 3 期,第 4 页。
④ 郭五林:《都市化冲击下的当代电视》,《新闻界》2006 年第 2 期,第 88 页。

也刺激了'想做城里人而不得'的农民的价值上扬心理和地位攀升欲望"①。这种观点道出了电视民生新闻在关注民生上的一个悖论,即在关注民生、关爱百姓的口号背后,自觉或不自觉地流露出商品释物教的意识。

(四)媒介资源的城市化和市场化

媒体之间愈演愈烈的注意力竞争使媒介资源越发集中到城市,大众传媒纷纷将自己的活动范围、关注内容、服务对象向城市靠拢。"几乎每个省会城市都有至少一到两家是生活娱乐类的报纸,而占人口绝大多数的农村受众只拥有一家全国性的报纸"②,这种"马太效应"同样也体现在电视界,"事业单位、企业化管理"的体制要求把媒体推向了市场,而上星频道、地面频道间的复杂竞争以及基于新媒体平台的商业媒体的加入,使得电视媒体对收视率的追逐空前激烈。"收视率是万恶之源"道出了电视人的焦虑和苦恼,但是,指标能反映出媒体的营收情况,而这恰恰是媒体生死存亡的关键,这倒是一个不争的事实。因此,媒体比以往任何时候都更强调受众的中心地位,故而,他们关注市场(这是媒体可以大有作为的广阔天地)、关注城市(这里集中了最有消费潜力的收视群体)、关注百姓(他们是最广大的收视对象),在此基础上,电视新闻走向关注民生就是一个必然的结果。

二、关注民生的施政理念和三贴近报道思想的鼓励

(一)关注民生的施政理念的提出

2002年11月,党的十六大提出了"促进社会主义物质文明、政治文明、精神文明协调发展""立党为公,执政为民"以及"坚持以人为本,树立全面、协调、可持续的发展观,促进经济、社会和人的全面发展"等口号;同时,新一届政府也明确提出"群众利益无小事""亲民、爱民""人文关怀"等施政理念。

"在政府方面,当前,民生越来越成为自上而下的政府工作重点"③。在这种执政理念的指导下,我国的政治生活也有了一些新的变化:信息公开制度的逐步完善、听证会机制的引入、民政事务办理的简便化、收容遣送制度的取消和救助机制的建立……

作为社会的守望者,新闻媒体在报道国家重大政治生活和重要会议精神以及由此带来的社会生活变化的同时,其自身当然地接受了这股"以人为本"的社会思潮的洗礼。"思想观念的变革为民生新闻的产生提供了可能。他们将这一思想观念的变革在理论论证上上升到一个高度,认为这一方面是由于人成为了当代哲学的一个主题,另一方面,民生新闻的发展获得了政治保障。自党的十六大报告提出促进社

---

① 郭五林:《都市化冲击下的当代电视》,《新闻界》2006年第2期,第87页。
② 樊葵:《当代信息传播中的传媒歧视》,《新闻与传播》2004年第1期,第52页。
③ 孟建:《对"电视民生新闻"现象的理论阐释——以安徽电视台〈第一时间〉栏目为例》,《中国广播电视学刊》2004年第7期,第22页。

会主义三大文明协调发展后,党对民生越来越关注。"①

(二)"三贴近"宣传思想的提出

自 2002 年新一届党中央产生以来,党的宣传方针与政策一直在原有的基础上逐步进行调整,从"三个代表"到"三为"方针再到新闻工作的"三贴近"②,明确提出党代表"最广大人民群众的根本利益",党的各项工作要"更好地为人民服务",党的宣传工作要"贴近群众"。

"新闻的价值本质是为社会提供及时、客观、敏锐的环境守望。从传播功能的角度看,是否为人民群众提供信息的安全保障,这是鉴别一项传播是不是在履行新闻传播职能的最为关键的标准。我们过去的许多'新闻'其实并不是新闻,而只是一种宣传——它不是为着人民群众的环境守望而传播,而是为着舆论导向和社会控制而传播的——尽管它的'质料'用的是新闻性的题材。"③ 基于这种历史语境,以民本思想为价值取向,尊重并重视民情民意,便具有了现实意义和时代要求。

"一切为了群众,一切依靠群众,从群众中来,到群众中去",这是党一贯提倡的工作路线。而关注国计、关注民生又是大众传媒的题中应有之义。因此,党的政策方向与媒体的职业理念在"民生"问题上得以衔接。

民生新闻以民本主义为取向,反映了新闻界向"以人本位"的方向转移,它既是新闻媒体对时代要求的能动反映,也符合社会对媒体的期待——与民间的思想、受众的心理、社会的道德所构成的传播环境形成对接,从而为新闻业在新时代下的转型发展找到新的空间。以"关注民生、反映民情,贴近民心"为标榜的电视"民生新闻",上有政策的支持,下有民间的意愿,也就顺理成章地出现在电视荧屏上。正是在这种大的形势下,2001 年初,《南京零距离》开播,标志着电视民生新闻进入实战。

三、民本理念和权利意识的传统思想的反映

有人总结道,民生新闻的内涵有三:民生内容、民众视角、民本取向。④ 我们从民本思想和权利意识两个角度来分析。

民本思想一直是我国传统政治学说的一个主要内容。

"民本主义舆论传统源于西周"⑤。周公在总结前朝覆亡的基础上,提出了"敬

---

① 李舒、胡正荣:《"民生新闻"现象探析》,《中国广播电视学刊》2004 年第 6 期,第 34 页。

② 2003 年 4 月 3 日,李长春在中央宣传思想文化部门负责人会议上强调,要从贴近实际、贴近生活、贴近群众入手,加强和改进宣传思想工作,使"三贴近"在宣传思想领域蔚然成风。

③ 喻国明:《第一天职与新闻立台——关于安徽经视〈第一时间〉的价值思考》,《现代传播》2004 年第 4 期,第 46 页。

④ 朱寿桐:《论电视民生新闻理论的可能性》,《中国电视》2005 年第 12 期,第 17 页。

⑤ 韩运荣:《先秦古典舆论思想的二元对立分析》,《现代传播》2011 年第 3 期,第 42 页。

天保民"的思想。在周公眼里，君主是联系"天"与"民"的桥梁，即君主是由"天"任命来管理"民"，而"民"又是代表"天"来监督"君主"的。儒家学派从理性的高度对民本思想进行了总结。无论是孔子的"仁政爱民"，还是孟子的"民贵君轻"，乃至荀子的"载舟覆舟"，重民爱民成为儒家学说中一面耀眼的旗帜。汉朝建立以后，统治者在反思前朝教训的基础上，提出了"罢百家、尊儒术"的口号，于是，民本理念从一家之说上升为国家战略，并沿袭数千年成为中国古代社会的主流意识形态。

社会实践总是基于一定的社会思想。从古代新闻传播活动来看，民本思想一直是其中一条重要的价值准则。周厉王弭谤以致国人"道路以目"，最终落得个"流于彘"的下场；与之相反，人劝子产禁毁乡校以免议论朝政，子产答曰："是吾师也，若之何毁之？"

我们再从权利意识的角度来理解。

根据 T. H. 马歇尔的分析，西方的权利发展史历经了三个阶段：18 世纪的市民公民权（Civil Citizenship，对个人财产、自由、法律正义的准许）、19 世纪的政治公民权（Political Citizenship，要求参与政府的权力运作）和 20 世纪的社会公民权（Social Citizenship，关于经济福利和社会安全的集体性权利）。[①] 受洛克的政治哲学影响，西方比较重视"市民公民权"的优先性，即国家对个体的生命、自由与财产不得随意干预。一个比较典型的例子是关于"堕胎"问题的讨论，其之所以长期悬而未决，恰恰反映出西方人坚持个人事务不受政府干预的权利观。

相比市民公民权和政治公民权，中国人更重视"社会公民权"。所谓社会公民权，是指关于经济福利和社会安全的集体性权利。

"生存与发展这对概念并不是中国哲学家与政治家提出的简单而抽象的符咒；它们是中国普通人政治思维与行动方式的核心"[②]。基于这个原因，在中国，统治的合法性基础既不同于欧洲的君权神授论，亦不同于日本的皇室血统论，而是接近孟子的"天命论"，即统治者需要民众的持续支持，而获得民众支持的前提是"仁政爱民"，可见这是一种需要相互承认的权利。

因此，"自孟子的时代开始，中国人的治国之道就为政府预设了一个更前摄的地位，政府被赋予推动经济福利和安全的期望，这样的期望带来了关键的实践结果"[③]。如果统治者做到了这一点，那他自然会获得民众的支持，其统治的合法性便有了坚实的基础。反之，如果社会经济出现了不正义的情况，那么，革命便有了

[①] ［美］裴宜理：《中国人的"权利"概念——从孟子到毛泽东延至现在（上）》，《国外理论动态》2008 年第 2 期，第 52 页。

[②] ［美］裴宜理：《中国人的"权利"概念——从孟子到毛泽东延至现在（上）》，《国外理论动态》2008 年第 2 期，第 52 页。

[③] ［美］裴宜理：《中国人的"权利"概念——从孟子到毛泽东延至现在（上）》，《国外理论动态》2008 年第 2 期，第 52 页。

合理的理由,而且,中国人将"社会公民权""作为其政治公民权的基石已经持续了许多世纪",[1] 那么,政治公民权也就相应地被理解为相互承认的权利(被授予的而非自然的),"中国的政治权利一直被看成是由政府给予公民的,它的目的是使公民可以为国家做出贡献"[2]。因此,中国人的权利观,"本质上便是为承认而斗争"[3]。

基于上述认识,在考察电视民生新闻的出现和表现时,"社会公民权"是一条贯穿始终且不可忽视的红线。作为一种权利观念,也作为一种政治哲学,"社会公民权"负载了丰富的权利意蕴和政治内涵,而大众传媒也恰恰承载了重要的权利实现使命和政治教化的功能。

作为一种传统理论资源,孟子所提出的"权利学说"根基深厚,流布广泛,已经超出政治思想的范围,沉淀为一种社会心理。以之相号召,很容易引起大众的普遍认同。因此,民生新闻坚持"以民为本"的价值取向和热心维权的媒体实践,正是这一理论在现代语境下的转换与建构。同时,它以民本主义为标榜,既与中国人的文化心理暗合,又与当下的政治环境保持高度一致,这表明了大众传媒对历史、文化和政策的敏感。"民生新闻是在党中央提出的科学发展观政治背景下应运而生的。科学发展观的核心本质是以人为本,民生新闻把事件对准了与群众利益最直接、最密切的视角上,突破了传统宣传方式,赢得了观众的认可,其优异的收视表现为民生新闻做了最好的注解。"[4]

因此,"民生新闻之所以在短时期内能够得到受众、社会、学界、主流政治的一致认可,也正是有深厚渊源的民本取向铸就了民生新闻概念的基本理论品格"[5]。

第二节 转型与融合:电视民生新闻的媒介语境

一、全球传媒语境下受众本位理念的高扬

所谓"受众本位",是指"大众传播媒介在信息传播过程中,应以受众的根本利益为出发点和着眼点,以满足受众获取多方面有效信息的合理需求为己任,进而

---

[1] R. Binwong. "Citizenship in Chinese History", in Michael Hanagan and Charles Tilly (eds). *Extending Citizenship Reconfiguring States*. Lanham Rowman and Little Field, 1999, pp. 97–122.

[2] Andrew J. Nathan. *Chinese Democracy*. Berkeley: University of California Press, 1985, p. 107.

[3] 方波:《基于承认理论的非直接利益冲突问题研究》,西南交通大学硕士学位论文,2012年,第39页。

[4] 武兴芳:《民生新闻为何广受欢迎》,http://hn.rednet.cn/c/2006/11/08/1024567.htm。

[5] 易前良:《民生新闻:一个新闻学概念的历史辨析》,《视听界》2004年第6期,第8页。

提高受众的综合素养"(郭庆光)①。

伴随着社会主义市场经济的发展,全球化的消费主义思潮也借着这股东风登上了中国传媒的舞台。GDP、人均收入、区域经济、国际接轨……这些频繁出现的词汇,体现了我们对赶超西方国家的渴望,对发达国家富裕生活的向往,也导致社会人心的浮动与狂躁。因此,有学者将20世纪90年代以来的中国大众传媒称为"全球化消费中的欲望生产"②。

然而,我们依然是发展中国家,艰难、迷惘、痛苦的平民群体和弱势人群随处可见。这些群体虽然弱小,但是,随着市场经济的发展和政治权力的日益透明化,他们发现了彼此相近的权利和利益追求,于是慢慢凝聚成一股力量,并逐渐觉醒和壮大。作为一种民间话语,他们也需要有相应的平台供他们发言,于是网络成了他们的第一选择。对于传统媒体而言,面对汹涌澎湃的民意诉求,怎么能无动于衷呢?

网络的出现,打破了传统媒体的话语霸权,如何与新媒体争夺受众,成为一个关系媒介未来发展的问题。"在内容生产—传播渠道—终端客户(受众、广告商等)这一传播市场的价值链条中,渠道的掌控在构成传播影响力方面已经日渐式微,而内容生产的价值营造及终端客户的精密把握,则势必成为未来传播市场竞争的两大重点。"③

同时,在媒介市场化的今天,发行量和收视(听)率像是悬在媒体头上的达摩克利斯之剑,因此,关注受众,受众为本,成为传媒解困突围的出路。"受众是注意力经济时代的一个基本社会群体,他们集消费者、交易者和劳动者三种角色于一身。作为消费者,他们使用媒介产品;作为交易者,他们付出注意力并获得相应的满足;作为劳动者,他们以时间和精力实现产品和资本的增值。受众构成注意力经济的消费大军和劳动大军。"④

受众为本的理念,也是党的新闻政策在大众传媒的具体体现。党的十六大之后,党的施政纲领中表现出鲜明的人文关怀色彩,在其指引下,"三贴近"的新闻政策为大众传媒的发展指明了方向。而受众为本的传播理念恰恰是对此政策的一种具体解读。传统上不入流的社会新闻,不再是传统主流新闻的陪衬和补充,它和服务百姓的生活资讯以及反映民声的投诉建议一起,组合成独立的栏目出现在电视荧屏上。

应该说,"民生新闻"与传统的社会新闻有着诸多不同,其中一个重要的区别

---

① 转引自常凌翀:《民生新闻应坚守"受众本位"理念》,《现代视听》2007年第1期,第54页。
② 王岳川:《中国镜像:90年代文化研究》,中央编译出版社2001年版,第1页。
③ 喻国明:《第一天职与新闻立台——关于安徽经视〈第一时间〉的价值思考》,《现代传播》2004年第4期,第46页。
④ 张雷:《注意力经济学》,浙江大学出版社2002年版,第115~116页。

就是，社会新闻更多地从传播（媒体中心）的角度播报，而民生新闻更多地从老百姓（受众中心）的角度播报，即"平民视角"。因此，"'民生新闻'的提出是有进步意义的，它是社会转型期部分新闻栏目发生重心偏移后诞生的一个新的语境，意在强调这类新闻栏目对普通百姓生活内容的反映在深度和广度上的加强。它虽然不具备新闻生态学上的意义，但仍可视为社会新闻在新语境下的一种演绎，是对转型期社会新闻栏目一种临时性代称"①。

简言之，受众本位理念在中国传媒的确立，是全球化话语格局与中国特殊语境合力作用的结果。而受众本位理念的高扬，又催生了电视民生新闻的出现。

二、地方电视媒体拓展生存空间的需要

为什么电视民生新闻这种新闻样式会首现于地面频道②，而非上星频道？

要回答这个问题，我们不得不从上星频道与地面频道之争进行讨论。

"中国电视的整体格局始于20世纪80年代的'四级办电视'。这一'层级化'发展现状促使不同层级的电视媒体必须有不同的功能定位，身处卫视与市县级频道夹击中的省级地面频道与城市频道的生存状况不容乐观"③。作为国内唯一的国家级电视台，央视无疑是国内上星频道的龙头老大，在影响力、传播力、收视率、广告收入等各方面均处于强势地位。与之相反，地方电视媒介，尤其是省级卫视，在全国性的电视媒介格局中则长期处于劣势地位。因此，改变自己的边缘化处境，争夺话语权，成为地方电视媒介突出重围的强烈动机。

以《新闻联播》为例，2002年之前，没有一家地方电视台的新闻收视率超过《新闻联播》在本地的收视率，更没有电视台愿意在19:00—19:30这个时段播自己的新闻，即使《南京零距离》推出以后，也"把收视率预期高的节目放到19点前的10分钟和19点30分后的20分钟，把相对软性的实用资讯安排在19点至19点30分中间，避免与《新闻联播》的直接冲突"④。这种"攻占两厢、让出中央"的编排方式，深刻地反映出地方电视媒体在创新突破时的谨慎之态。当然，以《南京零距离》为代表的民生节目一旦面世，便释放出极大的活力（见表2-1）。

---

① 谢金华：《从民生新闻到公共新闻——论电视新闻传播理念的嬗变与公共领域的构建》，《湖南社会科学》2011年第6期，第217～219页。

② 所谓地面频道，"是相较于卫星频道而言的，地面频道又称为普通频道，属于区域性媒体，其信号依靠发射塔发射，功率有限，面向当地，譬如省级电视台地面频道覆盖面只在本省。而卫星频道的电视栏目依靠卫星转播器转播，面向全球或全国"。转引自冯娟娟：《省级电视台地面频道的融合发展探析——从安徽电视台经济生活频道为例》，安徽大学硕士学位论文，2016年，第1页。

③ 胡智锋：《中国电视民生新闻发展报告2011》，中国广播电视出版社2011年版，第3页。

④ 景志刚：《我们改变了什么？——〈南京零距离〉及其民生新闻》，《视听界》2004年第1期，第10页。

表2-1 全国部分省（直辖市）都市频道民生新闻类栏目收视率①

单 位	栏 目	收视率	广告收入与社会影响
安徽经济生活频道	第一时间	2004年第一季度，平均9%，最高28.92%，安徽地区收视率最高	2004年第一季度，广告、栏目冠名1800万元
北京卫视频道	第七日	2006第三季度平均4.9%，最高7.6%	2006年1.38亿元
广西新闻频道	新闻在线	2004年1月1日开播后，下半年收视率跃居全广西所有电视新闻栏目第一名。2005年平均收视率为11.99%	2006年3月，广告投放量比2005年增加了145%。截至2006年10月，频道当年广告播出量比2005年增长了110%
河南经济生活频道	民生大参考	平均收视率4%，最高收视率5.1%	半年内，互动观众几十万人次
江苏城市频道	南京零距离	平均收视率8.3%，最高收视率17.7%，位于南京地区尼尔森排行榜第一	2005年11月，广告招标拍下1.069亿元的天价
内蒙经济生活频道	都市全接触	区内同类新闻栏目中第一	
山东齐鲁频道	拉呱	2006年平均收视率稳定在5%~7%，济南地区年平均收视率23%，最高31%	市场占有率在济南地区达到80%
陕西都市频道	都市快报	台内自办栏目收视率位居第一	
上海新闻综合频道	新闻坊	2016年1月改版后，5周后平均收视率4.53%，较2005年同期增幅1/5。在上海电视台的综合新闻当中收视率排名一直是第三	文广集团成本最低的一档节目
深圳都市频道	第一现场	2005年11月—2006年10月平均收视率5.52%，最高的收视率是2006年9月9日，收视率8.65%	2005年11月—2006年10月，"深圳地区所有电视节目收视率排行榜"第一，2006年8月9日最高市场份额31.86%

① 资料来源：各家电视民生新闻栏目官方网站。

续表 2-1

单 位	栏 目	收视率	广告收入与社会影响
天津都市频道	都市报道60分	收视率最高时达到10.2%，2004年排名天津电视台自制节目第一位	
云南电视台	都市条形码	2005年，尼尔森的数据年平均为58%，2006年的数据平均为53%	曾创昆明地区栏目收视率最高点
浙江钱江都市频道	范大姐帮忙	平均收视率超过3.3%	
贵州经济频道	百姓关注	最高周平均收视率达22.8%	同时段贵阳地区收视市场峰值份额达到52.8%
吉林都市频道	守望都市	2006年，收视率最低17%，最高收视率29%	8分钟的广告时间收益是6000万元
江苏教育电视台	服务到家	AC尼尔森50强前列	2004年观众来信来电15000多封（条）
南京电视台第18频道	标点	在月收入1500元以上的观众选择中，第18频道也位列其中	其观众是第18频道的收视基础
南京电视台科教频道	法制现场	开播当年平均收视率为4.5%，最高收视率为13.2%，列南京地区同类节目榜首	2004年南京地区收视率最高的栏目，周平均收视率最高达17%
江西都市频道	都市现场	2005年平均收视率为12%	
重庆电视台	天天630	2006年第三季度的平均收视率为14.9%，重庆约有500万电视用户，按每户3.5人，即200多万观众	
哈尔滨电视台	直播哈尔滨	2016年前10个月，收视排名进入全省自办新闻节目排名前二十，4—9月末，收视排名始终保持在全省自办新闻节目排名前二十	
湖北经视频道	经视直播	2006年，平均收视率2.88%，平均市场占有率14.6%；2007年第一季度，平均收视率4.48%，平均市场占有率32.7%	湖北省十佳电视新闻栏目

不过，央视也有其不足。由于电视资源的紧缺，央视无法对地域文化做全景式观照和覆盖。作为区域性媒介，地方电视台正好填补了这个空白。"区域文化也对适合区域亚文化生产的地方电视媒介产生吁求，并借助民生新闻这种特定文本，在传媒公共空间中实现文化自我认同与自身提升——区域文化压抑已久的文化焦虑终于得到充分的缓解与释放"①。它们在本土化和贴近性上大做文章，把镜头瞄准地域居民和市民生活，把目光投向城市文化资源空间，盘活了丰富的地方性资源。由于地方电视台与其传播对象具有天然的接近性，因此，当它们以"平民视角、民本取向、民生内容"的面貌出现的时候，又获得了出乎意料的收获。"地方电视新闻作为一个独特的地域文化生产场，制作出以所在地区为目标市场、以区域文化为连接受众纽带的新闻文本。其结果是人们在晚上7点这个黄金时段，将眼球从中央台的《新闻联播》和《焦点访谈》转移到当地的新闻节目上，从而使得强势话语权在握的中央电视台感到危机。"②

央视的存在，对地方电视媒体来说都是一个难以逾越的对手。但竞争显然并不仅限于此，地面频道面对的压力，还有来自各省的上星频道（省级卫视）。③ 随着省级卫视在国内大中城市的纷纷落地，地面频道的生存空间遭到了进一步压缩。对后者而言，错位竞争、级差传播成为必然的选择。事实上，无论是央视，还是省级卫视，它们也确实给地面频道留下了差异化竞争的余地。央视出于自身定位而体现出的国家话语与宏大叙事，省级卫视囿于卫视间竞争而选择的特色化经营之路，使得地面频道在夹缝中找到了生存的希望——民生新闻的本土化、地域化优势。"各地方电视台之所以纷纷加入民生新闻的行列，主要是因为民生电视这种独特的新闻理念和操作方式，可以冲破电视剧和娱乐节目的重重包围，获得其他节目无法获得的收视率和影响力（两者与广告收入呈正比关系）"④。统计显示："全国90%以上的民生新闻栏目生存于省级电视台的地面频道和城市电视台的新闻综合频道之中"⑤。综观国内地面频道的内容，民生新闻、娱乐节目和电视剧是三大主要构成部分。对地面频道来说，囿于人力、技术和资源，其自制的娱乐节目一般难以与卫视频道抗衡，遑论央视。至于电视剧，则难以实现自制，一般都由外购所得，这样

---

① 路璐：《电视民生新闻：作为一种文本的深度解读》，http://www.zijin.net/get/lecture/2005_08_15_9264.shtml。

② 路璐：《电视民生新闻：作为一种文本的深度解读》，http://www.zijin.net/get/lecture/2005_08_15_9264.shtml。

③ "全国范围内合法的省市电视台就有400多家，如果加上县级台，实际上就达到了3000多家"。见滕乐：《竞争性复制与差异化竞争——从传媒经济学的视角分析中国电视节目同质化的体制性成因与突破途径》，《新闻界》2010年第5期，第10页。

④ 刘罗玉：《2004年度电视"民生新闻"研究综述》，http://www.ahtv.com.cn/public/2006-01/10/cms49883article.shtml。

⑤ 胡智锋：《中国电视民生新闻发展报告2011》，中国广播电视出版社2011年版，第3页。

也难以助推频道的品牌扩张。因此，要扩大频道的影响力、打造频道的竞争力，民生节目无疑是一个极好的抓手。通过播报生活资讯、开展舆论监督以及解决市民投诉等各种"三贴近"手段，民生节目成为提升频道美誉度、培养频道公信力的一把利器。以辽宁电视台都市频道为例，随着《新北方》节目的影响力不断扩大，频道的广告创收也随之增长：2009年，都市频道的广告创收总额超过1.8亿元，2014年，"都市频道新媒体粉丝总数已达百万，其中，新北方官方微博18.5万人，……新北方官方微信订阅会员15万人"，① 这其中显然离不开《新北方》的重大贡献。

民生新闻以大众化为价值取向，具有较强的通用性，这些因素使得民生新闻节目成为倍受各电视台青睐的节目形态，这是民生新闻在国内地面频道四处开花的重要原因。"民生新闻节目由于自身技术含量低（除去其形式上附加的技术含量，如卫星转播等）、采制过程的模式化、操作的简易性等，具有较强的易复制性。只要有了《南京零距离》的概念，任意组合一群记者，马上能复制出另外一个不同名称、相同内容的克隆新闻栏目"②。进言之，鉴于我国是一个幅员辽阔、人口众多的国家，因此，即便民生节目在地面频道播出，其所覆盖的收视人群也是颇为可观的，甚至不亚于某个中等国家的总人口数。换言之，其所能占有的市场空间不可小觑。因此，民生新闻虽产生于省级卫视地面频道，但它被迅速推广至各省会城市电视台，使得民生新闻在全国电视界泛化，并引发了全国性的电视民生新闻大战。

以南京为例，2002年1月1日，江苏广播电视总台《南京零距离》的开播，拉开了电视民生新闻异军突起的序幕。同在一个城市的南京电视台不甘示弱，一年后也推出了自己的民生新闻栏目——《直播南京》。在该节目开播后的七个月内，江苏广播电视总台又先后推出了两档民生新闻栏目：《绝对现场》和《1860新闻眼》，就这样，南京上空开始上演"民生新闻"大战。到了2004年，这场"民生新闻"大战更是在地方省会城市如火如荼地展开，如河南电视台的《民生大参考》与郑州电视台的《直播郑州》，昆明电视台的《晚间关注》与云南电视台的《都市条形码》，陕西电视台的《都市快报》与西安电视台的《直播西安》，安徽电视台的《第一时间》与合肥电视台的《直播合肥》，等等。同样，城市台内部也展开了激烈竞争，以成都电视台为例，公共频道2004年4月推出60分钟的大型民生新闻直播节目《成都全接触》，经济服务频道也在4月推出了滚动播出的新闻节目《第一现场》，都市生活频道在5月推出《直播60分》，新闻综合频道针对《成都全接触》《直播60分》等节目，5月又推出大型实录新闻节目《绝对贴近》。

对这种"电视民生新闻热"，有学者忧心忡忡："城市电视台新闻栏目和省级

---

① 林长强：《着眼新媒体融合趋势，搭建新媒体矩阵群——以辽宁广播电视台都市频道》，《速战速决中广播电视》2014年第5期，第63页。

② 刘险峰：《解读电视低端新闻的克隆现象》，《中国广播电视学刊》2005年第6期，第63页。

电视地面频道对城市新闻资源和广告资源的激烈争夺,已经让省市电视竞争兵刃相向。在实力悬殊的情况下,城市电视媒体不得不从对央视新闻节目语态的仿效克隆和省级地面频道的四面挑战中抽身而出,于是一档档透着'零距离'关怀和草根文化的本土新闻节目应运而生,并取得了超常的收视佳绩。然而,就在高收视率的自我欣赏中,城市电视新闻已在特质的'似与不似'之间渐行渐远,并深深陷入文化归核化和新闻边缘化的生存悖论。"①

三、晚报、都市类报纸和央视的影响

不同媒介之间的相互影响,促进了大众传媒业的发展,电视民生新闻的出现亦是如此。

20世纪80年代中期,晚报兴起。80年代末,广播电视报以其活泼轻松的面貌成了报业的宠儿。进入90年代,都市报和生活服务类报纸开始出现。在这个过程中,媒体的报道领域也在不断扩大和突破。20世纪80年代,经济新闻闪亮登场;90年代中期,社会新闻、市民新闻成为都市类报纸的主流;90年代后期,伴随着财经报纸和财经周刊的发展,财经资讯风起云涌、扑面而来。

在此过程中,都市报的出现无疑是一个亮点。兴起于20世纪90年代中期的都市类报纸能够横扫市场,成为报业市场上的"霸主",使得传统的机关报市场弱势化,进而社会影响边缘化,其原因正在于,都市报大量报道的社会新闻以及帮助人们理性生活与消费的实用资讯,填补了机关报长期以来忽视的一个空白——环境守望,即满足读者的知情权,"在1995年诞生的都市报,从一开始就明确定位为'市民生活报'"②,它们"全方位报道各个市民阶层关心的政治、经济、文化、社会、科技、体育等各方面的内容"③。

不少都市报先后推出了名为"社会新闻""市民新闻""生活服务"的专栏,这类新闻专以百姓社会为报道范围,尤其突出市井里巷发生的新人和新事。以《华西都市报》为例,"(它)在确定市民新闻的空间上作了精心的选择,在众多新闻印刷媒体中独领风骚。一是选择市民衣食住行、生老病死中发生的事件,尽量避免报道发生在机关、企业内部的事实;二是对政治活动、单位内部事件如需报道,力求选择与市民相关的角度展现新闻的都市空间;三是除重大事件和党与政府的重要活动,《华西都市报》不直接刊载或极少刊载经验性新闻、工作典型或会议新闻,如需报道,(也是努力)寻找同市民生活的黏合点,把事实的内涵拉向市民的心理空间,或突出简要信息加以提示;四是为扩展市民新闻报道,每天开辟外省市新闻

---

① 朱永祥:《城市电视新闻去向何方》,《新闻实践》2006年第6期,第39页。
② 吴信训:《都市新闻传播学》,中国社会科学出版社2001年版,第4~5页。
③ 席文举:《报纸策划艺术》,中国社会科学出版社2000年版,第102页。

专版，精选各地发生的典型事件"①。

当然，在上述报道题材中，最有特色的还是"市民新闻"。这一点同样体现在晚报上。20 世纪 80 年代后期到 90 年代前期，随着报业竞争的加剧，晚报纷纷走向转型之路，"市民新闻"正是其推进转型的重要抓手。除了当时新办的晚报（《扬子晚报》《钱江晚报》《深圳晚报》《武汉晚报》），到 90 年代中后期，其他晚报也加强了对"市民新闻"的关注。

长期以来，国内电视界的创新和发展一直落后于纸质媒体，除了央视一枝独秀外，在全国各地，电视均不敌当地的主流晚报和都市类报纸，无论是从影响力还是从广告收入方面来说，都是如此。因此，借鉴报业发展经验，成为电视业解困突围的一条捷径。

"在报界，晚报都市报早已把头条换成了当地的新闻，整份报纸的大部分内容也多是当地的新闻，它们赢得了当地的读者的喜爱，获得了成功。民生新闻可以说是都市报的电视版，它的很多操作手法与都市报有异曲同工之妙，比如，它采用老百姓自己拍的新闻，这是既丰富节目来源又节省成本的一招妙棋，它通过老百姓自己的视角发现老百姓的关注点和兴趣之所在，同时又给观众以真实感和趣味性，使得电视真正有了众多在百姓身边的触角，拉近了与百姓的距离。"② 一个有趣的例证是，《南京零距离》在开播之初，其栏目宣传口号是"打造南京人的电视晚报"③。不单是《南京零距离》，"民生新闻在其刚刚'面市'时，并没有获得如此命名，打出的却是'都市新闻'或'晚报新闻'的旗号"④。所以，"民生新闻的孕育和生成应该说是以平面媒体——报纸为依托，特别是都市报"⑤。

进言之，都市报、晚报之于电视的影响，不仅在于前者提供了后者用于节目制作的新思路，更重要的是，它们还为后者预先培育了观众。"晚报、都市报对'民生'、'民情'、'民意'的特别关注，价值上的民本取向，包括题材选择上的偏好和表述方式上的特殊'腔调'，培育出了极为可观的报纸阅读群体，不仅为电视民生新闻的成长提供了可资借鉴的成熟的精神资源，而且培育了电视观众新的收视期待，甚至可以说为电视民生新闻这一新产品'生产'了大批消费者（喜欢在报纸

---

① 王时廖：《领导专家评说"都市报现象"》，《都市报现象研究》，新华出版社 1998 年版，第 16 页。

② 王立纲：《民生之后，电视何去何从？》，《青年记者》200 年第 6 期，第 25 页。

③ 陈立生：《电视"民生新闻"的七大待解之谜》，《淮北煤炭师范学院学报》2005 年第 2 期，第 2 页。

④ 白小易：《在市场与传统的"角力"中发展——从〈法制现场〉的崛起看民生新闻的新趋向》，《中国电视》2005 年第 2 期，转引自董天策：《民生新闻：中国特色的新闻传播范式》，《西南民族大学学报（人文社科版）》2007 年第 6 期，第 88 页。

⑤ 李洋：《民生新闻：兴起与兴盛——兼论新闻的嬗变》，《新闻界》2005 年第 5 期，第 53 页。

上阅读民生新闻的读者,就是在荧屏前更愿意期待收看民生新闻的电视观众),从而为其提供了市场庞大、'消费力'强劲的发展舞台。"①

除了晚报和都市报,央视对"电视民生新闻"的出现也产生了一定的影响。

自 1993 年始,央视陆续开播《东方时空》《焦点访谈》《实话实说》和《新闻调查》,这标志着电视业改革的开始。其中,《生活空间》的为民服务,《焦点时刻》的深度报道,《焦点访谈》的舆论监督,《实话实说》的亲民特色以及百姓DV、观众热线、新闻线索提供等观众参与的做法,无疑都是围绕一个重要的主题——"讲述老百姓自己的故事"而展开。"'讲述老百姓自己的故事'通过对'民生'的个别反映,去表现'国计'的总体态势,包含了大智慧、大思路、大手笔。这句当年央视《东方时空》中'生活空间'的栏目语犹如石破天惊,给中国电视以永恒的亮色,生动形象地表明了中国电视传播的基本定位,在中国电视现代化的道路上具有里程碑的意义。平民意识和人间真情构成了'讲述老百姓自己的故事'的基本内涵和价值取向,芸芸众生的喜怒哀乐成为观众的新视点,普通人的生存状态和人生体验使得中国电视屏幕上洋溢着真诚和温馨"②。因此,有人甚至将央视《生活空间》栏目看作"电视民生新闻节目的雏形"③,或将其认定为"'民生新闻'的真正开始"④。

由此观之,"民生新闻"的出现,并非"平地一声雷",而是经历了从孕育到生成这样一个复杂的演变过程。

晚报、都市报对"市民新闻"的关注,为后来"民生新闻"的题材选择与价值取向提供了启示,而以央视《生活空间》节目为代表的电视节目又为民生新闻提供了叙事框架和报道视角。一些地方台早在 20 世纪 90 年代中后期就开始了类似的尝试,"1995 年,在《北京特快》上,就已经有这种民生新闻的品质了。然后在1999 年成都台有一个《今晚 8:00》,也有这个品格了"⑤。所以,当时有人预言,今后传媒也将有四个方面的变化:"1. 内容通俗,贴近公众;2. 形式活泼,注重娱乐;3. 个人主持,服务为上;4. 受众参与,双向交流"⑥。

当然,晚报、都市报和央视的实践,毕竟只是"民生新闻"的一个先导,"《生活空间》所讲述的老百姓故事只是具有一定新闻性的故事,并非严格意义的

---

① 王雄:《电视民生新闻:成长与转型》,世界图书出版公司 2016 年版,第 8 页。

② 时统宇:《从"讲述老百姓的故事"到"民生新闻"》,《中国广播电视学刊》2004 年第 6 期,第 31 页。

③ 赖浩锋:《解析电视民生新闻三内核》,《山东视听》2005 年第 1 期,第 5 页。

④ 郑宇丹:《民生新闻——主流意识的话语建构》,《南方传媒研究》第一辑,南方日报出版社 2006 年版,第 58 页。

⑤ 李幸:《十年来中国电视的第三次革命》,《视听界》2004 年第 1 期,第 6 页。

⑥ 黄旦:《80 年代以来我国大众传媒的基本走向》,《杭州大学学报(哲学社会科学报)》1995 年第 3 期,第 124 页。

新闻,更非民生新闻。因此,'讲述老百姓自己的故事'至多只能说是电视民生新闻的孕育"[1]。因此,它们和后来的"电视民生新闻"还是有着明显的差异的。究其原因,电视民生新闻对晚报、都市报和央视的学习不仅仅是模仿,更多的是结合媒体自身的特色,进行了创新和改革。

晚报、都市报上的"市民新闻",常不乏天灾人祸或奇闻轶事。但这类题材出现在平面媒体还是电视媒体上,其阅读效果显然是不一样的。换言之,对于表现上述题材,电视作为视听合一的电子媒体,它具有平面媒体无法比拟的介质优势和传播魅力。此外,相比平面媒体,电视还有一个独特的技术优势,即,它具有即时信息传播的能力,可以通过滚动字幕、前方连线、现场直播等方式,真正实现新闻与受众间的"零距离"。无怪乎江苏广电总台会以《南京零距离》来命名他们的民生节目,而这档节目也未负人们的期望,最终成为国内民生节目中的翘楚。此外,民生节目的内容并不仅限于社会新闻,还包括生活资讯和投诉建议这些板块。同样,把生活资讯、投诉建议(监督维权)融入栏目中,不仅可以发挥电视栏目的整合效应与整体效益,也为一种新的新闻范式与传播模式的探索提供了宝贵的经验。"(它)产生了普遍的'示范'效应,使民生新闻在报刊与电视等媒体上得到广泛实践,形成了新世纪以来的民生新闻热潮"[2]。

四、互联网与移动互联网的冲击

在互联网和移动互联网不断普及的当下,媒体转型的主要路径是实现媒体融合。

所谓媒体融合(Media Convergence),最早是由伊契尔·索勒·普尔(Ithiel De Sola Pool)提出的,他认为:"各种媒介在融合过程中呈现出多功能一体化的趋势,这是一个正在'模糊媒介间界线'的过程。"[3] 具体来说,它是一种"在技术、产业利益和社会需求驱动下,媒体以多种手段实现不同媒介形态的内容、渠道和终端等全方位融合的过程"[4]。

党和政府高度重视传统媒体的转型与融合发展。2014年8月,在中央全面深化改革领导小组第四次会议上,习近平总书记强调,推动传统媒体和新兴媒体融合发展,要遵循新闻传播规律和新兴媒体发展规律,强化互联网思维,坚持传统媒体和

---

[1] 吴信训:《都市新闻传播学》,中国社会科学出版社2001年版,第4～5页。
[2] 董天策:《民生新闻:中国特色的新闻传播范式》,《西南民族大学学报(人文社科版)》2007年第6期,第92页。
[3] 转引自郭毅:《国外"媒介融合"概念及相关问题综述》,《现代出版》2013年第1期,第16页。
[4] 蔡雯:《媒介融合发展与新闻资源开发》,《西南民族大学学报(人文社科版)》2006年第7期,转引自向安玲:《媒体两微一端融合策略研究:基于国内110家主流媒体的调查分析》,《现代传播》2016年第4期,第64页。

新兴媒体优势互补、一体发展,坚持以先进技术为支撑、内容建设为根本,推动传统媒体和新兴媒体在内容、渠道、平台、经营、管理等方面的深度融合,着力打造一批形态多样、手段先进、具有竞争力的新型主流媒体,建成几家拥有强大实力和传播力、公信力、影响力的新型媒体集团,形成立体多样、融合发展的现代传播体系。要一手抓融合,一手抓管理,确保融合发展沿着正确方向推进。

《第42次中国互联网络发展状况统计报告》(以下简称《第42次报告》)显示,截至2018年6月,中国网民规模已达8.02亿,互联网普及率为57.7%,其中手机网民规模达7.88亿,占上网人群总数的98.3%。[①] 而基于移动互联网平台的社交应用继续保持高速增长的势头。居于前三位的分别是:即时通信类(90.7%)、新闻客户端类(77.7%)和综合社交类(69.7%)应用。[②] 这三类应用的突出代表是微信、今日头条以及微博,它们各约有6.5亿、4亿和1.8亿活跃移动用户。[③]

目前,移动互联网不仅是网民获取信息的第一消息源,也是网民参与社会生活的主要阵地。"在新闻事件发生的第一时间,甚至同步向受众进行报道实时传播,网络的各种主持传播凸显出'无边际'组织状态,特别是移动互联网进入4G时代后,可视性、交互性、实时性直播,对传统的传播方式形成了颠覆性冲击"[④]。数据显示,"微博月活跃用户达2亿,日发布信息2亿多条,仍是我国大型舆论事件的策源地和大量小微话题的发起平台。微信月活跃用户超6.5亿,微信公众号1100万,每日产生信息300亿条,每日总通话时长2.8亿分钟,一大批微信公众号开始取代微博大V在舆论场中起到重要作用。智能手机用户近9亿,69%的用户通过新闻客户端获取新闻资讯,成为获取新闻的第一渠道"[⑤]。

《第42次报告》指出,互联网的迅猛发展正在促使传统新闻媒体加速互联网化改造和网络新闻媒体的融合更为深入,平台竞争从纯粹的流量变现向内容、形式、技术等多维度转移,共同为用户提供更权威、更有价值、更全面的新闻资讯。在前网络时代,无论是平民媒体还是电子媒体,它们对受众的阅读与视听都有时空上的限制,然而,互联网,尤其是移动互联网,高度契合了人们在时间碎片化和空间移动性的要求,从而获得了广大用户的欢迎和喜爱,深刻地影响了传媒的生产方式和传播模式,并决定着传媒业的发展和变革。在此过程中,以微博、微信、新闻客户

---

① CNNIC(中国互联网络信息中心):《第42次中国互联网络发展状况统计报告》,2017年8月。
② CNNIC:《第37次中国互联网络发展状况统计报告》,2016年1月12日;CNNIC:《2015年中国社交应用用户行为研究报告》,2016年4月9日。
③ 张凌霄:《纸媒"两微一端"的盈利逻辑探析》,《当代传播》2016年第3期,第70页。
④ [美]詹姆斯·罗尔:《媒介、传播、文化——一个全球性的途径》,董洪川译,商务印书馆2012年版,第86页。
⑤ 孙时联:《主流媒体"两微一端"正改变舆论格局》,《中国新闻出版广电报》2016年7月29日。

端为代表的"两微一端"进一步加剧了传媒业的融合、重塑,改变着舆论格局,成为沟通对话的新通道和新的重要舆论场。

统计显示,2016年,传统媒体微博17323个;泛媒体类公众号超过250万个;全国的主流媒体客户端达231个。超过九成的传统媒体都建立了专门的"两微一端"人才队伍,作为内容选材、编辑和发布的脑指挥中心。① 从媒体的普及率来看,"2017年,全国的主流报纸、广播频率、电视台的微博普及率平均高达96%,而微信公众号普及率平均为90%"②。其中,"具有一定用户规模和活跃数的新闻资讯类客户端多达211个,'两微一端'已成为传统媒体融合发展的'标准配置'"③。

在媒体融合的过程中,平面媒体走在了广电媒体的前面,这是因为前者面临的压力明显大于后者,近年来大批纸媒的休/停刊就是一个明证,而这种现象显然没有发生在后者身上。回望纸媒的转型,它们先后历经了建设网页版、自建新闻网站、开通微博认证账号、微信公众号(订阅号)、加盟商业客户端乃至建立自己的客户端等过程。应该说,一些纸媒的努力还是取得了应有的回报。如《人民日报》的客户端,截至2015年12月,总下载量超过了1亿,所属包括人民网、侠客岛等在内的124个微信公众号的用户总数超过1300万,129个微博账号的关注者总数突破1.8亿。④ 由原《东方早报》转型而来的新闻客户端"澎湃",在2016年初有超过2000万的用户;《壹读》在微博、微信以及新浪、腾讯、网易、今日头条等客户端上的订阅数共计已超过400万。

相比之下,广电媒体,尤其是电视媒体,尚未出现纸媒那种大量休/停刊的现象。究其原因,电视所具有的"视频+直播"的优势满足了"视频时代"受众的视听追求。数据显示,"2015年全球媒介广告份额占比中,四大传统媒体广告收入情况如下:电视广告37.2%、报纸广告12.8%、广播广告6.6%、杂志广告6.5%"⑤。但是,这种优势并未能持续太久,这是因为,网络媒体对电视媒体发起了猛烈的攻击。以2016年里约奥运会为例,NBC(全国广播公司)是美国独家奥运电视转播商,尼尔森数据显示,它在黄金时段奥运赛事的收视率比2012年伦敦奥运会下滑17%,18~49岁人群的收视率下滑25%。但是,在网络平台上,NBC

---

① 中国社会科学院新闻与传播研究所:《2016年中国新媒体发展报告》,http://media.people.com.cn/n1/2016/0621/c120837-28467200.html。

② 人民网研究院:《2017年媒体融合传播指数报告》,http://media.people.com.cn/n1/2018/0404/c40606-29906316.html。

③ 转引自张放:《分层与聚合:符号学透视下的"两微一端"的融合策略》,《编辑之友》2018年第6期,第13页。

④ 人民网:《人民日报客户端下载量超一亿 "有新闻的地方就有人民日报"》,2015年12月8日。

⑤ 艾瑞咨询:《2016年中国电视台转型报告》,转引自刘雪:《电视节目语言质量管理研究》,西南科技大学硕士学位论文,2017年,第15页。

的用户数比伦敦奥运会上升了29%，NBC奥运网站和App用户流量达到7800万，有5000万人在线观看NBC在流媒体上为里约奥运会制作的视频节目，人次比上届奥运会增长了109%。这种现象同样发生在中国，里约奥运会召开期间，正值中国暑假，这本是中国电视的收视高峰期，然而，统计显示，开机率较上年同期还是出现下滑，32家省级卫视中，23家收视率低于2015年暑期，占比高达72%。① 从收视时长来看，CSM的统计显示，"2015年全国电视观众人均收视时长为156分钟，低于2014年"②，而到了2017年，"电视观众人均收视时间同比下滑13分钟，下降幅度相比历史同期更为明显"③。再从观众流失率来看，"2015年电视观众的到达率为62.3%，与2011年相比下降了7.2个百分点，观众平均每年以2%的速度流失"④。再以央视为例，"2015年的统计数据显示，央视新媒体的节目用户当中，有6750万人来自新浪和腾讯微博以及微信，另外有2000万人来自手机网络的新闻客户端"⑤。

收视率的下滑，带来的是广告的萎缩。"2015年，电视广告量更是首次下滑，一季度电视广告刊例同比下滑5.5%，形势萎靡"⑥，到了2016年，中国的电视刊例继续下滑，下降幅度为3.7%。与之相反的是，互联网刊例则增长了18.5%。⑦更为严峻的是，不少电视台全力打造自己的在线TV产品，实行本台节目独播战略，并禁止下属栏目将视频节目输送给商业网站或客户端，如此一来，电视节目也就无法实现"借船出海"的目的。

调查显示，目前"两微一端"的应用率非常高。"大城市用户覆盖率高，超过九成用户至少使用微信、微博和今日头条客户端中的一款。调查结果发现，正在使用微信、微博或今日头条客户端任何一款产品的人群达92.6%，这表明在一、二线大城市中，'两微一端'的用户普及率已经非常高。"⑧ 具体说来，"60.8%的移动用户、互联网用户，将微信、微博等社交媒体作为近三个月中获取新闻资讯的主要

---

① 《冰火暑期档：72% 卫视收视率下滑视频网站剧流量反增42%》，2016年9月8日，http://www.sohu.com/a/113936155_481406。

② CNNIC：《第37次中国互联网络发展状况统计报告》，2016年1月12日。

③ 《2017年全国电视收视市场回顾》，转引自邓林：《试论央视新闻"两微一端"的发展策略》，《中国广电学刊》2016年第12期，第4页。

④ 艾瑞咨询：《2016年中国电视台转型研究报告》，转引自刘雪：《电视节目语言质量管理研究》，西南科技大学硕士学位论文，2017年，第19页。

⑤ 王雁语：《新媒体生态下的电视新闻转型分析》，吉林大学硕士学位论文，2017年，第31页。

⑥ 李柔桦：《"互联网+"背景下传统电视传媒行业的商业模式重构探索》，《传播与版权》2016年第10期，第62页。

⑦ 《阿迪达斯宣称以后不会再在电视广告上花一分钱！这是和电视有仇？》，https://www.huxiu.com/article/186130.html。

⑧ 何凌南：《"两微一端"用户使用行为与动机研究》，《传媒》2016年8月下，第27页。

方式，58.9%的用户将手机新闻客户端作为获取新闻资讯的主要方式"①。

麦克卢汉有言：媒介即信息。这句话的意思是，影响我们的东西不是媒体所传递的内容，而是媒介本身。这是因为，新的媒介让我们有了从事各种活动的可能，而这些活动在以往常常因技术所限而无法实现，即，"对于社会来说，真正有意义、有价值的'讯息'不是各个时代的媒体所传播的内容，而是这个时代所使用的传播工具的性质、它所开创的可能性以及带来的社会变革。"②

1. 微博

对传统媒体而言，微博是一款非常合适的转型工具。

首先，微博所具有的独特的传播特性（如140字的篇幅限制、滚动播出），满足了当下的受众追求碎片化、快餐式阅读的需要。2013年3月8日凌晨，马航MH370航班失联。此事的发生时间是北京时间上午7:00，已经错过了早间排版时限，于是，《人民日报》官微进行了报道，比《人民日报》印刷版快了足足20个小时。

其次，微博具有较强的媒体属性。它是一个高度开放的应用平台，人人都可使用。因此，传统媒体开设微博账号，借此发布新闻信息，恰好展示了自身在新闻采编和内容生产方面的传统优势。而且，微博还有助于媒体与受众间的双向传播。比如"众包"③，通过媒体和粉丝的合力，新闻的时效性得到了进一步加强。NPR（美国公共广播电台）之所以能够在国际新闻报道上取得佳绩，很大程度上源于其与地方听众合力生产当地新闻。

再次，传统媒体所具备的信息权威的角色，可以通过微博这一平台得以强化。截至2017年底，微博的使用人数已经突破4亿。尽管用户数量庞大，但常识告诉我们，信息过载的背后恰恰是信息的匮乏。面对海量信息的涌来，用户获得的不是信息的满足感，而是无所适从的焦虑与恐慌。在此背景下，受众更需要听到具有公信力保障的声音，而这一任务正好可以由传统媒体来完成。通过发布即时、准确且权威的信息，媒体得以占据信息流中的制高点。而受众的关注、评论和转发，不仅有助于产生围观和放大效应，还使得媒体成为议程设置的主角。

最后，微博也有助于丰富节目选题。一方面，当下不少政府机关和职能部门都开设了官微，并借此发布各种政务消息，记者可以从这些"××发布"中获取相关线索；另一方面，节目自身的微博也可以成为爆料平台，鼓励观众"私信"媒体。

---

① 2016年中国网络新媒体用户研究报告，转引自许海涛：《融媒体环境下电视民生新闻节目主持人转型路径研究》，南京艺术学院硕士学位论文，2018年，第7页。

② 转引自李大公：《在竞争与融合中重构：新媒体环境下中国电视民生新闻的发展策略》，吉林大学学士学位论文，2016年，第36页。

③ 所谓众包（Crowdsourcing），最早由美国记者Jeff Howe（2006）提出，他认为，众包是某个商业机构或者团体将工作任务分配给非特定的大众网络的做法。见吕能芳：《众包内涵及分类分析》，《品牌研究》2020年第5期，第127页。

再者,微博每日有热搜排行榜,记者还可以从中选取热门议题和热点事件作为自己的选题。(如表2-2)

表2-2 部分民生新闻栏目微博开设情况(统计时间:2019年2月18日)

序号	名称	所属媒体	粉丝数	文章数
1	百姓关注	贵州电视台公共频道	411366	10471
2	AHTV第一时间	安徽电视台经济生活频道	40905	10324
3	都市现场	江西电视台都市频道	333752	32185
4	范大姐帮忙	浙江电视台钱江频道	59702	27906
5	广东台今日关注	广东电视台TVSI频道	342669	10222
6	南京零距离	江苏广电总台都市频道	4354940	32274
7	陕西都市快报	陕西电视台都市青春频道	1453866	124912
8	新北方官方微博	辽宁电视台都市频道	1022647	3803
9	STV新闻坊	上海电视台综合频道	70593	10296
10	生活这一刻	北京电视台生活频道	76216	12777
11	新疆电视台直播民生	新疆电视台经济生活频道	54501	5906
12	NXTV-都市阳光	宁夏广电总台经济频道	21066	11896
13	民生直通车微博	山东电视台公共频道	70785	8507
14	百姓一时间	青海电视台经济生活频道	436797	21311
15	经视直播官方微博	湖北电视台经济频道	1253087	62893
16	阿六头说新闻	杭州电视台西湖民生频道	17596	4653
17	新闻日日睇	广州电视台新闻频道	674684	50461
18	都市1时间	湖南电视台都市频道	8686	2213
19	四川电视台新闻现场	四川电视台新闻资讯频道	165599	39246
20	小强热线-浙江教科	浙江电视台教育科技频道	168511	24785
21	拉呱V	山东广播电视台齐鲁频道	42461	5653
22	直播海南	海南电视台综合频道	293476	36313
24	都市条形码	云南电视台都市频道	936127	99264
25	1818黄金眼	浙江电视台民生休闲频道	2898570	48189
26	民生关注	石家庄电视台新闻综合频道	12605	2495

2. 微信

与微博相比,微信的出现时间虽然晚于前者,但发展势头强劲。统计显示:"微信用户规模已达6.97亿,超过九成微信用户每天都会使用微信,半数用户每天使用微信超过1小时,61.4%用户每次打开微信必刷'朋友圈'。此外,各品牌的微信公众账号总数已经超过 800 万个"①。另据企鹅智酷的统计,"微信用户日登录人数 7.68 亿,男性用户占近 7 成,半数用户每天时间超过 1 小时"②。而艾瑞咨询的统计则显示:"52.3% 网民使用微信公众号获取最新资讯"③。将企鹅智酷与艾瑞咨询的数据进行整合,不难看出,媒体有近 3 亿的用户在通过微信获取新闻。而且,腾讯公司不断加大对微信的功能开发,它不再是刚出现时的那个只是用于交流的通信工具,而是一款集社交、通信、娱乐、支付等多种功能于一身的综合性工具,称其为中国人的"网络名片"亦不为过。

微信所具有的社交属性,有助于实现信息的多点传播。如果说微博与用户的关系是点对多的话,那么,微信与用户的关系则是点对多和多对多的结合。首先,媒体在微信公众号上发的信息,可以传播给订阅该号的所有用户。用户在接收信息并进行评论之后,实现了受众与媒体间的互动传播。如果用户对信息有所触动,他们会采取"转发"或"分享"的方式,使信息得到进一步扩散。

从技术上讲,微信的功能开发和维护的工作量适中,功能扩展性良好,在微信上设计和添加新的服务功能也很方便,且可以进行精准的用户行为分析,后台数据价值很高。不少媒体开始利用微信开发增值服务。这方面平面媒体走在了前列。以《钱江晚报》为例,它主打的项目是餐饮和美食。其微信公众号名为"杭州吃货",下设《学烧菜》《叫外卖》《去哪儿吃》《排队叫号》《太太训练营》等子栏目。这些子栏目与有关商家合作,通过流量互换的方式来实现双赢。比如,《学烧菜》与"下厨房"客户端相连;《叫外卖》则与"点我吧"外卖客户端相通;而《去哪儿吃》与餐饮店链接,为商家的品牌推广服务;《排队叫号》帮助用户预约座位;《太太训练营》是一个收费项目,通过有偿服务帮助居家太太提高生活质量……《城市画报》在其微信公众号设《午休狂拍》子栏目。该栏目是一个售卖平台,媒体通过抽成、广告等方式获益。统计显示,截至 2016 年 4 月,拍卖共进行 474 期,平均每期有 11320 人次查阅相关信息,有 6330 人次询问价格,最终共有 4154 人次参与竞拍,几乎每期都有成交。

目前,微信是国内用户使用频次最高、信息扩散效果最好的一个应用,也是传统媒体所青睐的一个平台。资料显示,"目前开通的公众号数量累计超过 2000 万,上百万家企业开通了自己的订阅号或服务号,几乎所有的媒体都在公众号平台上发布自己的内容"④。以新疆电视台的《大事小事》节目为例,2013 年,节目的微信公众号正式开通。自开通以来,其微信平台每天的信息发布量不少于 8 条,内容涉及热点新闻、每周深度报道、本土要闻、服务资讯、生活常识及各类趣闻等。此

---

① 企鹅智酷:《微信数据化报告(2016)》,http://www.sohu.com/a/112269759_483389。
② 企鹅智酷:《微信数据化报告(2016)》,http://www.sohu.com/a/112269759_483389。
③ 艾瑞咨询:《2016 年 App 与微信公众号市场研究报告》,https://www.useit.com.cn/thread-14017-1-1.html。
④ 吴晓波:《腾讯传》,浙江大学出版社 2017 年版,第 12 页。

外，其公众号还提供微信爆料、电话爆料、隐形人爆料、在线收看、天气预报、服务资讯等各类服务。目前，其粉丝数在16万以上，并保持每天增加100人的速度。日点击量在1.2万人次左右，每个条目日点击量平均至少5000人次，单条点击量最高时达到10万人次，点赞量最高达500人次。《大事小事》微信平台已成为全疆电视新闻第一微信公共平台。（见表2-3）

表2-3 部分民生新闻栏目微信的新榜指数①（统计时间：2019年2月18日）

序号	名称	预计活跃粉丝数	总阅读数	平均阅读数	头条阅读数	头条阅读均数	点赞总数	点赞均数	近30天最高指数	近30天最高日排名
1	百姓关注	139200	22万+	11478	10万+	33869	144	7	892	11
		所属媒体：贵州电视台公共频道								
2	安徽电视台第一时间	155993	12万+	15765	51924	51924	488	61	862	29
		所属媒体：安徽电视台经济生活频道								
3	都市现场	313449	32万+	23488	17万+	59454	1164	83	930	5
		所属媒体：江西电视台都市频道								
4	新闻夜航	501629	109万+	45224	29万+	99905	6617	275	1001	1
		所属媒体：黑龙江电视台都市频道								
5	广东电视台今日关注	200808	54366	18122	38212	38212	62	20	822	87
		所属媒体：广东电视台珠江频道								
6	南京零距离	78610	48304	6900	33111	16555	75	10	822	119
		所属媒体：江苏广电总台都市频道								
7	陕西都市快报	240309	24万+	24485	15万+	75619	280	28	898	
		所属媒体：陕西电视台都市青春频道								
8	新北方	406670	33万+	37365	20万+	68964	434	48	926	
		所属媒体：辽宁电视台都市频道								
9	新闻坊	271320	29万+	21927	16万+	56581	1159	64	941	5
		所属媒体：上海电视台新闻综合频道								

---

① 新榜指数：由新榜基于海量数据、用户深度反馈专家建议而推出，用于衡量中国移动互联网渠道新媒体（主要指"两微一端"）的传播能力，指数反映该新媒体主体的热度和发展趋势。新榜指数的算法：例如，××点赞数为379，"新榜"会将这一数据和点赞常数进行比较，以确定其点赞数的相对位置，进而转换为其点赞指数，其余指标以此类推——作者注。

续表 2-3

序号	名称	预计活跃粉丝数	总阅读数	平均阅读数	头条阅读数	头条阅读均数	点赞总数	点赞均数	近30天最高指数	近30天最高日排名
10	生活这一刻	28393	10123	2746	2746	2746	41	8	682	1694
		所属媒体：北京电视台生活频道								
11	直播民生	1184	0	0	0	0	0	0	484	18121
		所属媒体：新疆电视台经济生活频道								
12	宁夏电视台都市阳光	134854	34553	11517	23076	23076	76	25	806	119
		所属媒体：宁夏广电总台经济频道								
14	百姓1时间	47778	12838	2567	6010	6010	9	1	775	276
		所属媒体：青海电视台生活频道								
15	经视直播就在你身边	24381	3585	1792	1567	1567	5	2	626	2876
		所属媒体：湖北电视台经济频道								
17	新闻日日睇	34206	38218	9554	34616	34616	61	15	725	
		所属媒体：广州电视台新闻频道								
18	都市1时间	19502								
		所属媒体：湖南电视台都市频道（已经连续88天没有推送）								
20	小强热线	101640	60212	7526	16492	16492	115	14	811	85
		所属媒体：浙江电视台教育科技频道								
21	拉呱	42942	16309	5436	12271	12271	108	36	705	454
		所属媒体：山东电视台齐鲁频道								
22	直播海南	200096	14万+	18615	64209	32104	335	41	872	21
		所属媒体：海南电视台综合频道								
24	都市条形码	63833	54560	5456	25807	12903	66	6	812	71
		所属媒体：云南电视台都市频道								
25	1818黄金眼	113282	74724	10674	23185	23185	96	13	822	70
		所属媒体：浙江电视台6频道								
26	民生关注	11923	1132	377	849	849	0	0	701	1117
		所属媒体：石家庄电视台新闻综合频道								

3. 客户端

虽然微博和微信的应用程度很高，但是，对媒体而言，它们的局限性也是明显的。微信隶属于腾讯公司,后者对推送的内容、次数、广告和服务以及产品设计和服务规则都有一定的规范。永康广播电视台广告中心主任胡华超坦言:"微信号掌握在腾讯手里,不是自己的东西,没有安全感。"① 至于微博,则依附于新浪公司,受后者的规则限制,媒体难以对微博的功能进行任意扩充,并且后台数据的利用也需要得到新浪的许可。

相比之下,客户端的情况就好多了。从所有权来说,它是媒体独立运作的渠道和平台;从技术延展来看,媒体可以自由地对其开发新功能、美化界面、引入新插件;从数据利用而言,媒体可以充分获取并全面分析后台数据,从而为产品优化提供基础。如果说微博/微信是"公租房"的话,那么客户端显然就是"产权房"。

正因为客户端具有上述这些优点,传统媒体纷纷将目光投向了这块领域。据清博大数据2016年初发布的《中国传统媒体新闻客户端发展报告》数据显示,传统主流媒体的新闻客户端达到了231个,下载量达10万级的新闻客户端数量为15个,这些客户端涵盖了从中央到省市的主要主流媒体,"跑马圈地"的趋势正向市县一级媒体蔓延。

在这方面,广电媒体的步子迈得很大,也取得了一定的成绩。

"央视新闻"是央视全力打造的新闻客户端。它强调自身的四大优势:视频优势;"电视+"优势;平台优势;互动优势。② 在这个平台上,用户既可以观看视频,还可以听播报,而这正是"央视新闻"所追求的"看得见的新闻"的定位。2016年改版以后,各平台用户总数累计达2.3亿,较2015年同期增加30%,它也成为央媒中第一家登陆智能电视和机顶盒的独立客户端。湖南广电的"芒果TV"采取独播策略,节目只在自主网络视频、IPTV和互联网电视、手机电视等平台播出;而且,它重视网络平台与传统电视的不同,通过内容定制、自制IP、品牌综艺等方式,为网络平台量身定制合适的节目。上海广电的"看看新闻Knews"下辖"Knews24"直播流和"看看新闻"App两个子产品。前者是一条持续更新的视频直播流,后者则走原创之路,日播内容破百条,日均点击量破200万次。江苏广电的"荔枝新闻"是一个集30个左右移动客户端的传播矩阵,月覆盖人数达550万,日浏览量突破千万人次。浙江广电的"中国蓝新闻"将浙江卫视的头条、娱乐、现场、专栏等内容集纳其中,用户数已经突破1000万人。深圳广电的"壹深圳"高度重视客户端的先锋作用,要求本地新闻在客户端首发。此外,客户端还囊括新闻爆料、栏目互动、生活服务等功能,甚至还有源自政府公共职能部门的"智慧城市"大数据。重庆广电集团的"第1眼",则主打原创视频之路。而无锡电视台的

---

① 转引自赖豪鸣:《社交媒体时代的广电媒体融合之道:基于浙江广电新媒体测评和调研的剖析》,浙江传媒学院硕士学位论文,2017年,第16页。
② 央视网:《央视新闻客户端、央视网今日改版上线》,http://tv.cctv.com/2016/02/25/VIDEYCVFjJuIMwXG2Lwynlnv160225.shtml。

民生节目《第一看点》,"截至 2017 年 11 月底,(其客户端流量)已超过百万"①。

当然,相比微博/微信,客户端所需的人、财、物显然要大得多。有些媒体一开始打的是"如意算盘":"起初投入几十上百万,觉得不过区区小数。如意算盘打得很好:先投入后产出,用奖品、媒体影响开道甚至通过各级组织发动圈粉,等到'粉'数可观之后就可放广告挣大钱了"②。等到最后才发现,原来钱不是那么好赚的。2005 年,传媒大鳄默多克以 5.8 亿美元买下 My Space,6 年后却不得不以 3500 万元出售。

而且,随着智能手机的不断升级,客户端还需要持续进行后续的技术更新。经济学上有"理性人"假说,即每一个从事经济活动的人都是利己的。也可以说,每一个从事经济活动的人所采取的经济行为都是力图以最小经济代价去获得最大的经济利益。在任何经济活动中,只有这样的人才是"合乎理性的人",否则就是非理性的。的确,在实践中,我们经常发现,当媒体在策划活动或传播观念时能辅以物质奖励,用户往往趋之若鹜,媒体"增粉"无数;而当媒体掺入大量广告时,用户则"用脚投票",媒体"掉粉"严重。

此外,新闻机构开发客户端还面临着来自商业客户端的巨大挑战。对用户而言,有限的手机内存显然不允许他们过多地下载安装各种客户端,因此,媒体的客户端要想提升用户的在机率,还得投入巨大的宣传推广费用以吸引用户。因此,内地各家民生新闻栏目,较少建设独立的新闻客户端,而是将自己的内容纳入集团的客户端,以子内容的方式现身。因此,从民生新闻角度看,就出现了在微博、微信上抢滩登陆,而在客户端领域则"委身于人"的现象。

为了解决这一问题,有些栏目从自建网站和微信小程序入手。

《零距离》开设了一个名为"南京零距离便民网"的网站。它主要由三个方面的内容组成:便民服务、生活支招和投诉建议。它专注于构建本地网友互动交流的社区,致力于百姓心声交流,为本地网友各种需求、反馈、意见、互助等搭建一个快捷舒适的交流平台。

《零距离》也开设了微博与微信。与网站相比,微博、微信是由媒体向受众发布信息的工具,消息的可靠性强;而且内容持续更新,更新时间也稳定。但是,网站的传播主体主要由网友构成,他们向栏目提出意见、反馈或诉求,无论是内容更新还是间隔时间,均由网友决定。詹姆斯·卡伦认为:"新型传播方式的出现会带来权力的转移,传统媒体权力分散。"③ 换言之,技术发展使得新媒体赋权,受众掌握选择权与自媒体发布权利,每个人都成为独立的信息节点。因此,该网站深受

---

① 许海涛:《融媒体环境下电视民生新闻节目主持人转型路径研究》,南京艺术学院硕士学位论文,2018 年,第 11 页。

② 赖豪鸣:《社交媒体时代的广电媒体融合之道:基于浙江广电新媒体测评和调研的剖析》,浙江传媒学院硕士学位论文,2017 年,第 15 页。

③ [英]詹姆斯·卡伦:《媒体与权力》,史安斌译,清华大学出版社 2006 年版,第 45 页。

广大观众的欢迎。统计显示，其关注用户达 34.4 万人次，发帖数达 28 万多篇。它与栏目的官方微博与官方微信相互补充，共同构成了一个传播矩阵。

微信小程序（Mini Program）于 2017 年 1 月 9 日正式上线。这是一种不需要下载安装即可使用的应用，用户扫一扫或搜一下即可打开应用。这样，用户不用担心安装了太多的应用导致手机运行迟滞，它随时可用，但又无需安装，实现了应用"触手可及"的梦想，也体现了"用完即走"的理念，而且，它和微信内原有的订阅号、公众号、企业号等功能并不冲突，属于并列的关系。不少媒体已经推出了自己的小程序，如"人民日报""央视新闻""封面新闻"。

2018 年 4 月 12 日，《新闻坊》推出的全媒体民生服务平台"新闻坊＋"上线。这款小程序将原本分散在《新闻坊》微信公众号内的爆料、求助、投诉渠道集中到了一个全方位的新平台，只要打开小程序即可与小坊①"亲密接触"。其内容包括市民大爆料、寻人寻物、城市晚高峰、市民议事厅、我寻王汝刚、摄影大赛、工艺打折、坊迷社区、微课堂……

从上述各表来看，绝大多数民生节目都自觉地在微博和微信上开设账号，但是各家表现却不一样。根据新榜发布的《2018 年中国微信 500 强年榜》，有六家民生节目的微信公众号入选排行榜，其中特别值得指出的是，黑龙江电视台都市频道的《新闻夜航》节目在 2019 年 2 月 16 日勇夺全榜排名第一名。（见表 2－4）

表 2－4　入选 2018 年中国微信 500 强年榜的六档民生节目

序号	公众号	新榜排名	发布次数 文章数	总阅读数 头条	总阅读数 平均	总阅读数 最高	总点赞数	新榜指数
1	新闻夜航	11	1095 / 8760	9369 万＋	2.9 亿＋ / 34123	10 万＋	114 万＋	984.8
2	新北方	77	768 / 2878	5457 万＋	1.1 亿 / 39833	10 万＋	28 万＋	943.8
3	陕西都市快报	159	931 / 3802	3746 万＋	8214 万＋ / 21606	10 万＋	34 万＋	925.1
4	新闻坊	251	925 / 4302	4579 万＋	9141 万 / 21249	10 万＋	46 万＋	911.9
5	百姓关注	415	1035 / 6431	3548 万＋	8393 万＋ / 12585	10 万＋	14 万＋	898.8
6	直播海南	431	775 / 2675	3947 万＋	6444 万＋ / 24091	10 万＋	25 万＋	897.6

---

① 小坊是新闻节目对"新闻坊＋"小程序的昵称。

当然，个别节目的表现也不尽人意，如《都市1时间》连续88天未做任何内容推送。有些节目虽然有内容推送，但间隔时间过长，如3天推送一次，且一次仅推送1~2条新闻，这显然与现在的受众需求不一致。

是否进入五百强，是考核一档民生节目影响力的指标之一。当然，我们不能犯"唯指标论"的错误。一些老牌的民生节目，如《零距离》，也没有入选五百强，但这不等于说该节目就没有影响力。而且，从微博看，该节目的粉丝数在被统计的26档同类节目中最高。这只能说，有些节目并不以制造网络热点为目的，相反，它们重在满足观众需要或解决观众反映的问题。如果将心思放在新媒体渠道上，最终反而有可能干扰主渠道（电视）的传播力和影响力。应该说，持这种想法的媒体尤其是电视媒体并不在少数。近年来，大批纸媒休刊，停止发行纸质版，转而将阵地移至新媒体，它们只要在新媒体上深耕细作即可，而电视媒体目前没有出现这种现象，因此，它就面临着在电视渠道和新媒体渠道之间做出抉择。如何协调这一矛盾，将在后文详述。

事实上，越来越多的受众选择以微信作为与媒体互动的首要渠道。调查显示，在一次面向300名受访者的街头采访中，有高达83.33%的受访者选择将微信作为与传统媒体互动的首选（见表2-5）。对媒体而言，过多顾及传统渠道（电视）而有意忽视新媒体渠道，这终究不是根本的解决办法。

表2-5 您对以下哪种节目互动形式比较感兴趣[①]

选 项	受访者	比 例
微信公众号	250人	83.33%
新浪官微	100人	33.33%
百度贴吧	26人	8.67%
手机短信	24人	8.00%
热线电话	24人	8.00%
本题有效填写人数	300人	

注：选项可重复选择。

[①] 刘霭月：《媒体融合背景下重庆地方电视民生新闻研究——以〈天天630〉为例》，重庆工商大学学位论文，2016年，第34页。

第三节　承认与蔑视：电视民生新闻的哲学语境

一、"承认理论"

（一）霍耐特与"承认理论"的提出

阿克塞尔·霍耐特（Axel Honneth，1949—　）现任法兰克福大学社会学研究所所长，当代法兰克福学派的领军人物。

作为哈贝马斯曾经的助手，霍耐特批判地继承了哈氏的理论。一方面，他接受了哈氏的交往理论范式，承认其作为社会批判理论所具有的规范性；另一方面，他认为，哈贝马斯建基于语言交往理论基础上的"商谈伦理学"，因缺乏现实性和社会性，无力对社会运动做出有力的解释："对于哈贝马斯来说，合法性的前理论来源于运用语言规则达致相互理解的社会过程。但这一历史过程发生在社会主体的背后，即主体意识对交往合理化过程既不能指导，也不能把握。因此，交往理性的展开就未必反映日益敏感的社会主体的道德经验。"①

霍耐特的"承认理论"受到黑格尔和米德的启发。

黑格尔最早提出了相互承认理论，在其耶拿时期早期的社会理论中，将个体的自我持存整合到社会构成的道德规范中，从而将互相敌对的自然状态转化为"主体间相互承认"的伦理生活。"主体之间为相互承认而进行的斗争产生了一种社会的内在压力，有助于建立一种保障自由的实践政治制度。个体要求其认同在主体之间得到承认，从一开始就作为一种道德紧张关系扎根在社会生活之中，并且超越了现有的一切社会进步制度标准，不断冲突和不断否定，渐渐地通向一种自由交往的境界。"②

米德的贡献在于，"通过对心理学的对象领域进行认识论检验这一迂回途径获得了主体间性理论前提"③，即当主体学会从主体间性的角度把自己视为社会的接受者时，社会生活的再生产才能服从相互承认的规范。

受黑格尔和米德的启发，霍耐特抽象出了承认的三种形式：爱、法律和团结，并在此基础上提出了作为社会动力学发展依据的"蔑视"的系统思考。他的"承认/蔑视"理论范式实现了从单一主体的主体性思维方式向多元主体间思维方式的转换。

---

① A. Honneth. "The Social Dynamics of Disrespect: Situating Critical Theory Today". Habermas. *A Critical Reader*. Oxford: Blackwell Publisher Ltd, 1999.
② ［德］阿克塞尔·霍耐特：《为承认而斗争》，胡继华译，上海世纪出版集团2005年版，第9页。
③ ［德］阿克塞尔·霍耐特：《为承认而斗争》，胡继华译，上海世纪出版集团2005年版，第77页。

需要特别说明的是,"承认/蔑视"可以发生在两个层面:主体与主体之间,主体与制度之间,但本书所讨论的仅限于后者。

(二)"承认理论"概述

1. 承认需求是如何产生的

单向的主体性价值取向解决的是"我是谁"的问题,但"承认理论"致力于解决"我要成为谁"的问题。正是在这个意义上,承认的需求得以产生。

"自我的圆满,依靠的是主体之间的相互承认。或者说,成功的自我发展预设了一系列相互承认的形式。如果主体体验到蔑视而意识到没有被承认或被错误承认,就会致力于'为承认而斗争'。"[①]在霍耐特看来,围绕"承认/蔑视"而展开的斗争,构成了人类历史进程的动力,"正是社会群体的道德斗争,即他们集体的努力,才有助于在制度上和文化上建立起新的相互承认形式,由此,社会变革在规范意义上才成为可能"[②]。

2. 承认的关系结构[③]

这一关系结构如表2-6所示。

表2-6 承认的关系结构

承认方式	情感上支持	认识上尊重	社会交往中重视
人格维度	需要与情感	道德义务	特性与能力
承认形式	原始关系(爱、友谊)	法律关系(权利)	价值共同体(团结)
发展潜能		普遍化、解形式化	个体化、平等化
实现自我关系	基本自信	自尊	自重
蔑视形式	虐待、强奸	剥夺权利、排斥	诽谤、伤害
被威胁的个人人格构成	肉体完整	社会完善	"荣誉"、尊严
蔑视的后果	心理死亡	社会死亡	心灵伤害

"爱"是主体间首要的承认形式,它产生于"以友谊关系、父(母)子(女)和情侣之间的爱欲关系"[④]。通过"爱"所带来的"情感关怀",主体体验到自己是

---

① 转引自何绍辉:《"为承认而斗争":新生代进城务工人员社会认同问题研究》,《科学发展观与青少年和青少年工作研究报告——第五届中国青少年发展论坛暨中国青少年研究会优秀论文集》,2009年,第410页。

② [德]阿克塞尔·霍耐特:《为承认而斗争》,胡继华译,上海世纪出版集团2005年版,第101页。

③ [德]阿克塞尔·霍耐特:《为承认而斗争》,胡继华译,上海世纪出版集团2005年版,第155页。

④ [德]阿克塞尔·霍耐特:《为承认而斗争》,胡继华译,上海世纪出版集团2005年版,第103页。

有需要的存在,从而"产生了独立参与公共生活所必需的基本的个体自信"①。

"法权"是主体间相互承认的第二个阶段。如果说"爱"使主体意识到自己"在他者中的自我存在"②,那么,"法律"则实现了"普遍化的他者"(米德)③。作为社会共识的反映,法律保护了主体的平等和自由,主体也因此产生出承认法律的自觉意识,从而获得了自尊。

"团结"是承认的第三种形式。主体根据自身能力为共同体作出贡献,从而赢得他人的尊重,个体也因而获得了"自重"。"经验到社会重视的同时也伴随着一种切实感觉到的信心,即个人的成就和能力将被其他社会成员承认,是'有价值的'。……这种实践的自我关系称之为'自重',与基本自信、自尊范畴并列"。"自重"决定了社会团结的实现。"在每一个体都有能力自重的程度上,我们才可以谈到社会团结"。④

对于上述三种承认形式,霍耐特更重视"法权"与"团结"。在他看来,正是由于在后两个层面受到了蔑视,从而引发了主体"为承认而斗争"。相反,在"爱"的层面受到的蔑视并不会产生普遍化的社会影响,故而难以形成"社会冲突的道德经验"。

3. 蔑视如何破坏了承认

"蔑视"也有三种形式:强暴、剥夺权利和侮辱。

"强暴"是蔑视的第一种形式,它摧毁的是个体的基本自信,表现在:一方面,它剥夺了个体自由支配其肉体的权利,另一方面,个体因失去支配自己肉体的自由而产生孤独无力的痛苦。在三种蔑视形式中,"强暴"对个体人格完整性的破坏最大,它导致了"心理死亡"。

"剥夺权利"是蔑视的第二种形式,它摧毁的是个体的自尊,表现在:它剥夺了个体作为享受平等的道德权利的主体地位,使得他无法像其他的社会成员那样有效地表达自己的诉求并自由地进行社会交往,其后果是导致"社会死亡"。

"侮辱"⑤是蔑视的第三种形式,它摧毁的是个体的自重,表现在:个体的能力、特征、生活方式乃至信仰被漠视、贬低甚至废黜,这不仅降低了个体的社会地

---

① [德]阿克塞尔·霍耐特:《为承认而斗争》,胡继华译,上海世纪出版集团2005年版,第114页。

② [德]阿克塞尔·霍耐特:《为承认而斗争》,胡继华译,上海世纪出版集团2005年版,第103页。

③ 转引自刘羽:《阿克塞尔·霍耐特承认理论研究》,陕西师范大学硕士学位论文,2014年,第20页。

④ [德]阿克塞尔·霍耐特:《为承认而斗争》,胡继华译,上海世纪出版集团2005年版,第134页。

⑤ 霍耐特将"诽谤、伤害"作为蔑视的第三种形式,国内学界普遍使用"侮辱"一词来代指——作者注。

位，更破坏了个体的自我评价，其结果导致"心灵死亡"。

在三种蔑视形式中，"强暴"最具普适性，它不像"剥夺权利"和"侮辱"那样，会随着历史文化的变迁而发生内涵上的变化，而且，更重要的是，"强暴"是发生在个体身上的蔑视体验。当然，这并不影响它有可能被扩大为全社会的共同体验，"承认理论"作为社会批判理论是有其经验基础的。

（三）理论应用的可行性

"承认/蔑视"范式虽然源自西方学者，但是它对我们研读中国的社会问题仍然有着重要的借鉴价值。究其原因，在于"社会冲突终究是一社会现象，……属于实践领域，人们对社会冲突的研究获取的是一种实践智慧（而非精确的自然知识）。在社会科学的研究中采取规范研究是可能的，并且这种规范要求是客观的，它是在社会发展与交往过程中形成与发展的"[①]。而且，"承认理论"立足于伦理学视角，对社会问题施之于人文关怀，有助于我们挖掘潜藏于现象背后的道德因素。本书以"承认/蔑视"范式来解读电视民生新闻，同样是出于这种考虑。

二、"承认理论"之于新闻传播研究的适用性考察

（一）承认理论所理解的权利具有互相承认的特征

"承认理论"力图从单一主体的主体性思维向多元主体间思维转变。在这个过程中，主体将获得三种自由：法定自由、道德自由、社会自由。相较于前二者，社会自由更强调主体间的相互承认，即主体能够将他者的期望内化为自己的期望，或能将互动伙伴的意图理解为自己的意图。因此，"承认理论"视阈下的权利也就具备了互相承认的特征。

把握这一点，对我们理解社会冲突很有帮助，即隐藏在冲突背后并推动冲突发展的，正是人们追求互相承认的需要，它构成了冲突形成的背景。当然，冲突形成的背景不能等于冲突本身。正如特纳所说："只要诸多矛盾，利益对立或是仇恨这样一些背景条件仍然被当作是冲突，那么我们就很难把社会冲突的起因（此即上述或其他背景条件）同冲突本身区分开来。"[②]

（二）中国人的权利观本质上是"为承认而斗争"

西方人比较重视"市民公民权"，而中国人更重视"社会公民权"。而且，中国人将"社会公民权""作为其政治公民权的基石已经持续了许多世纪"[③]，那么，

[①] 方波：《基于承认理论的非直接利益冲突问题研究》，西南交通大学硕士学位论文，2012年，第27页。

[②] [美] 乔纳森·H. 特纳：《现代西方社会学理论》，范伟达译，天津人民出版社1988年版，第26页。

[③] R. Bin wong. "Citizenship in Chinese History", in Michael Hanagan and Charles Tilly (eds.), *Extending Citizenship Reconfiguring States*. Lanham Rowman and Little Field, 1999, pp. 97 – 122.

政治公民权也就相应地被理解为相互承认的权利（被授予的而非自然的），"中国的政治权利一直被看成是由政府给予公民的，它的目的是使公民可以为国家做出贡献"①。因此，中国人的权利观，"本质上便是为承认而斗争"②。

（三）新闻人拥有表达承认诉求的手段

批判理论对社会现象的解释力来自其现实性与社会性。哈贝马斯看到了语言规则对实现交往理性的作用，并以此提出了交往行动理论。但是，囿于其语言理论框架，哈氏没有发掘出主体间性意义上的对话性质。

受米德的影响，霍耐特将"集体语义学"引入批判理论，提出了"承认/蔑视"范式。"当主体能够在主体间解释框架内表达伤害的感受，并把它作为整个团体的表征时，这种对伤害的感受才能成为集体反抗的基本动机。在这个意义上，社会运动的兴起取决于一种集体语义学的存在，这种集体语义学使个人被挫败的经验可能被解释为不仅伤害个体本身、也伤害其他主体集团"③。那么，"集体语义学"如何成为激发社会运动的动力呢？它需要"通过告知或交流等表达手段"，"一种社会运动只有在具备了表达手段时，蔑视经验才能成为政治抵抗行动的动机"④。

作为大众传播工具的使用者，新闻人天然拥有表达承认诉求的手段，而且，从运行机制看，新闻人的追求承认的活动还具有双重意义：一方面，媒体为民众表达承认诉求提供了一个空前的传播平台。以报纸为例，报纸进入中国之前，由于缺乏有效的传播工具，中国人如果遭遇了蔑视，当事人的诉求则难以被广泛传播、获得大家的关注，当然也不可能形成舆论。因此，即便各地都出现了"蔑视"的事件，统治者也可以挨个进行处理，不会担心出现星火燎原的事情。⑤ 这也从一个侧面解释了中国人的"清官情结"——受害者在没有舆论帮助的情况下，多寄希望于青天大老爷的出现。另一方面，当报人自身遭遇各种蔑视时，他们会本能地拿起手上的武器，使蔑视体验扩大为共同体的集体道德经验，"今欲一言而播赤县，是惟报章"⑥。这也印证了詹姆斯·凯瑞的说法："传播的'仪式观'并非只指讯息在空中的扩散，而是指在时间上对一个社会的维系；不是指分享信息的行为，而是共享信

---

① Andrew J. Nathan. *Chinese Democracy*. Berkeley: University of California Press, 1985, p.107.
② 方波：《基于承认理论的非直接利益冲突问题研究》，西南交通大学硕士学位论文，2012年，第39页。
③ ［德］阿克塞尔·霍耐特：《为承认而斗争》，胡继华译，上海世纪出版集团2005年版，第170页。
④ ［德］阿克塞尔·霍耐特：《为承认而斗争》，胡继华译，上海世纪出版集团2005年版，第147页。
⑤ 对比一下现在的网络群体性事件，网友们常说"围观改变中国"，原因在于，互联网是一个远胜传统媒体的传播工具和舆论平台，而随着网友们上网经验的日渐丰富，他们的网络维权技术也越来越熟练——作者注。
⑥ 张太原：《近代知识分子从边缘到中心之路》，《学习时报》2006年5月22日第9版。

息的表征。……传播的起源及最高境界,并不是指智力信息的传递,而是建构并维系一个有秩序、有意义、能够用来支配和容纳人类行为的文化世界。"①

(四)"蔑视"是推动新闻人抗争的重要推力

哈贝马斯认为,现代社会的危机在于"生活世界的殖民化",现代文明危机是合理的片面化所导致的。对此,霍耐特给予了否定:合理化显然不是社会冲突的根源,更不是社会进步的动力,相反,"社会反抗和社会叛乱的动机形成于道德经验语境,而道德经验又源于内心期望的承认遭到破坏"。②

霍耐特认为,对遭遇蔑视的个体而言,如果参与集体反抗能消除此前因蔑视所带来的消极体验,那么,他就会积极投身于抵抗行动,借此来恢复原有的自信、自尊和自重,而共同体内部的成员间的相互鼓励,则进一步强化了个体参与抗争的勇气与决心。

霍耐特将个体权利分为人权、政治权和社会权。"人权是指保护个人生命,自由和财产免受非权威的国家干涉的消极权利。政治权利是指保障个人参与公共意志形成过程的机会,是一种积极权利。社会权利是指保障个人公平占有基本产品分配,这也同样是一种积极权利。"③

三、从"承认理论"看电视民生新闻的兴起

(一)从"体制论""利益论"范式向"承认"范式转变

方波总结了国内关于"非直接利益冲突"的四种解释范式:"体制论"范式、"利益论"范式、"发泄论"范式、"阶层论"范式。在谈及电视民生新闻兴起的原因时,常见的范式是"体制论"和"利益论"两种。我们试逐一探析。

所谓"体制论"范式,意指社会冲突的产生,是因为现代化进程带来了社会转型与结构变迁。"由于社会发生了急剧变化,新的集团急起动员参与政治,而与此同时,政治体制的发展却十分缓慢"④。这是一种从受众角度出发来解读民生新闻的范式。用这种范式来归因民生新闻的兴起,的确有一定的说服力。但细察之,事情并不尽然。综观内地的民生节目,我们发现,观众的诉求其实更多的是体现在社会权(经济福利与社会安全)上,至于政治权、人权(言论出版自由)等,则较少

---

① [美]詹姆斯·W.凯瑞:《作为文化的传播》,丁未译,华夏出版社2003年版,第7页。
② [德]阿克塞尔·霍耐特:《为承认而斗争》,胡继华译,上海世纪出版集团2005年版,第170页。
③ [德]阿克塞尔·霍耐特:《为承认而斗争》,胡继华译,上海世纪出版集团2005年版,第121页。
④ [美]塞缪尔·亨廷顿:《变动社会中的政治秩序》,张岱云译,上海译文出版社1989年版,第4页。

触及。在洛克、托马斯·杰弗逊那里,"是专制而非贫穷,产生了合理的周期性革命"①。因此,人权成为人民捍卫权益、对抗暴政的武器。可是,在中国,"大众的德行是由他们的经济福利状况所决定的——这一观点已表现得相当明显"②。因此,单从"体制论"范式去解读民生新闻的兴起,无疑是忽略了观众对社会权的追求。

所谓"利益论"范式,则是从媒体的角度出发,将电视人开办民生新闻的动因归结为经济利益的驱动。这种解释其实是有缺陷的。

首先,它"将人还原为理性的、追逐私欲的'单向度的人',而忽略文化、宗教以及非理性等对人行为的影响"③,这等于把研究导向了功利主义的解释模式。对此,霍耐特说道:"社会理论扎根在利益维度上,这就彻底遮蔽了我们对道德情感的社会意义的认识,以至于现在的冲突承认理论模式不仅有扩展的必要,而且有矫正的可能。"④ 一个典型的例子就是,不少节目(包括主持人)在接到观众的求助时,总是急观众之所急,苦观众之所苦。比如,南京的著名主持人东升曾经说过,他接到过数万个投诉电话。为了农民兄弟的利益,他愿意下跪。而杭州的著名主持人范大姐,在接到一名欲跳桥以轻生的男子的电话后,不顾自身安危,毅然走上大桥高处,倾听轻生者诉苦,最终挽救了一条生命。诸如此类的事情在民生新闻的实践中并不鲜见。由此观之,媒体的这种行为与其说是追求利益,毋宁说是出于最基本的人伦与道德。

其次,"利益"一词具有多义性,可用于经济、政治、文化等不同领域,比如,不同的冲突都可以纳入"利益"的解释框架,如"政治利益之争""宗教利益之争"等,这固然方便了人们的表达,但其强大的化约性也带来了严重的后果:真实的现实被遮蔽,复杂的历史被简单化。霍耐特因此疾呼:"如果说,传统文化的生活方式就是塑造了社会经验和匮乏经验的东西,那么,政治冲突中的不同团体追求何种目标这个问题就再也不可能在纯粹强调利益关系的基础上得到回答了。"⑤ 这是因为,"一种社会冲突在什么程度上服从利益追求的逻辑,又在什么程度上服从道德反映的逻辑,这永远是个经验问题"。进言之,"利益冲突的模式未必就是终极的结局或者是本源的动因,相反,它可能是在为承认和尊重的规范要求留有余地的道

---

① [美]裴宜理:《中国人的"权利"概念(上)——从孟子到毛泽东延至现在》,《国外理论动态》2008年第2期,第52页。

② Schwartz,1964年,第11页,转引自[美]裴宜理:《中国人的"权利"概念(上)——从孟子到毛泽东延至现在》,《国外理论动态》2008年第2期,第52页。

③ 方波:《基于承认理论的非直接利益冲突问题研究》,西南交通大学硕士学位论文,2012年,第32页。

④ [德]阿克塞尔·霍耐特:《为承认而斗争》,胡继华译,上海世纪出版集团2005年版,第172页。

⑤ [德]阿克塞尔·霍耐特:《为承认而斗争》,胡继华译,上海世纪出版集团2005年版,第156页。

德经验境遇中被构造出来的"①。

（二）从"认同"向"承认"转变：民生新闻的出现带给新闻改革的启示

认同（identity）与承认（recognition）的内涵既有重叠但又各有所指。认同强调主体性，以达成共识为旨归，它以个体的消失换来集体的一致。而承认强调主体间性，以尊重差异为目标，包含着多元化的存在。政治哲学家 Charles Taylor（1997、1998）由此提出了"承认的政治"（the politics of recognition）一说②，其要义是承认意味着政治意义上的价值并存。与之相应的，"认同的政治"则表示"政治意义上的价值消解"③。

Charles Taylor 对"认同"与"承认"的历史形成进行了回溯，在他看来，在前现代社会里，"认同"是由社会地位来决定的，"由于其（认同）基础是人人都视为理所当然的社会范畴，内在地包含着普遍的承认"④。但是，进入 18 世纪以后，一种新的观念开始出现，即 Lionel Trilling 所谓的"本真性理想"（authenticity）：我们是否能在道德上得到拯救，取决于我们是否能发现与我们自身本真的道德的联系，即"意识到自我"（让-雅克·卢梭）。进言之，"我们每个人都有一种独特的作为人的存在方式，每个人都有他/她的尺度"（赫尔德）。忠实于我自己，才能让自己获得快乐和满足，反之，我就失去了我之所以为人的价值。18 世纪之前，"人们并不谈论'认同'和'承认'，这不是因为他们没有（我们所说的）认同，也不是因为他们不依赖承认，而是因为这些东西对于他们来说完全不成问题，根本没有必要进行我们那样的主题化"⑤。但是，进入 18 世纪之后，"本真性理想"的出现，驱使我们去追求"承认"，因为"内在发生的，个人的和独特的认同却不先验地享有这种承认。它必须通过交往来赢得承认"⑥。由此观之，"本真性理想"不仅让我们认识到人与人的差异不仅在于社会地位，更重要的是，它还具有道德的意味，甚至成为引发革命的动力。

"认同的政治"暗含使个体遭致泯灭的作用，因此，它常常沦为意识形态的工具，"扭曲的承认不仅表现为缺乏应有的尊重，它还能造成可怕的创伤，使受害者

---

① ［德］阿克塞尔·霍耐特：《为承认而斗争》，胡继华译，上海世纪出版集团 2005 年版，第 172 页。
② ［加］查尔斯·泰勒：《承认的政治》（上、下），董之林译，《天涯》1997 年第 6 期，第 49～58 页；1998 年第 1 期，第 48～56 页。
③ 赵俊：国家间关系的道德语法："为承认而斗争"，《欧洲研究》2010 年第 2 期，第 126 页。
④ ［加］查尔斯·泰勒：《承认的政治》（上），董之林译，《天涯》1997 年第 6 期，第 53 页。
⑤ ［加］查尔斯·泰勒：《承认的政治》（上），董之林译，《天涯》1997 年第 6 期，第 53 页。
⑥ 转引自叶冲：《承认的政治：承认理论对新闻传播活动研究的范式启发》，《中国报业》2018 年第 2 期，第 23 页。

背负着致命的自我仇恨"①。就像进入16世纪以后,白人有意为黑人设计了一副低劣和粗野的面貌,并迫使后者将其内化于心。而且,"认同的政治"包含着内在的原子化意蕴,因此,面对"民族国家、政治共同体这样具体而宏大的问题"②,它无法做出有效且有力的解释,而这正是黑格尔提出"承认"的原因所在。不过,遗憾的是,此后黑格尔并没有深入地挖掘下去,于是这一任务就留给了霍耐特去完成,他使"承认理论"有了"牢固的道德哲学基础和现实操作性"③。

从"认同"向"承认"转向,为我们正确规划新闻改革提供了新的视角。既然民众(其实也包括媒体自身)有被承认的诉求,那么,合理的解决之道就在于答应对方的诉求,就像赋予黑人以投票权或给女工以"同工同酬"的劳动待遇。对比传统媒体与新媒体之间人气的差异,不得不承认,后者的开放性(如鼓励用户参与内容生产)极大地满足了用户渴望需要被承认的心理需求。

当下中国,网络媒体取代传统媒体成为主流,这已是一个不争的事实。随着网民数量的持续增加,网络舆论生态呈现出丰富而复杂的面貌:舆论生成速度加大,影响力越来越大;移动互联网成为民意表达的主要载体;"90后""00后"陆续加入网络民意阵营;微博、微信等社交媒体持续影响着舆论格局;"大V"等意见领袖的作用日渐凸显……舆情汹汹,危机频现,这是当下网络舆论生态的一个显著特征,究其原因,这是因为"社会运动越是成功地把公共领域的注意力吸引到他们集体代表的被忽视了的特性的意义,他们也就越有机会提高社会价值,提高其成员的社会地位"④。

"承认政治"强调团结的重要性,以此作为共同体形成的基础。但是,彼所谓的"团结"并不是要以消灭差异和个性来换取所谓的"共识",相反,它希望的是在民主协商的基础上保持多元共处,从而迎来"共同体"的实现。而这正是"认同"与"承认"的不同所在。因此,基于"承认理论"的传播观,"不是追求不同观点间差异的缩小,而是在不同的群体中寻找不同观点的共享"⑤。这是霍耐特的"承认理论"带给我们的启示。

以"承认理论"来解读电视民生新闻的兴起,这是一次新的研究视角的尝试。说到底,还是因为传受双方地位的不平等,激发了个体的道德情感,从而使个体为

---

① [加]查尔斯·泰勒:《承认的政治》(上),董之林译,《天涯》1997年第6期,第50页。
② 王华:《霍耐特"承认理论":传播研究的一个重要视角》,《临沂师范学院学报》2009年第5期,第123页。
③ 曹卫东:《从"认同"到"承认"》,《人文杂志》2008年第1期,转引自王华:《霍耐特"承认理论":传播研究的一个重要视角》,《临沂师范学院学报》2009年第5期,第123页。
④ [德]阿克塞尔·霍耐特:《为承认而斗争》,胡继华译,上海世纪出版集团2005年版,第132页。
⑤ 卢国祥:《霍耐特"承认理论"视域下的社会化媒体研究》,福建师范大学硕士学位论文,2014年,第35页。

个人完整性的主体间性条件而发起抗争,最终导致传受双方的疏离与陌生。站在媒体的角度讲,我们不希望看到这种现象持续下去,因为卢梭在《社会契约论》中有过这样的教导:"自以为是其他一切的主人的人,反而比其他一切更是奴隶。"① 所以,我们乐见电视民生新闻的兴起,因而,"承认理论"不仅是我们研究电视民生新闻的视角,也是指导本研究的一种方法论。

当然,生活中还存在着因"利益冲突"而起的斗争,这显然是无法用"情感冲突"来替代的。正如霍耐特所说:"第二种承认理论冲突模式不应该取代,而应当仅仅补充第一种功利主义的冲突模式。"② 这也是我们在运用"承认理论"时应该注意的问题。

---

① [法]卢梭:《社会契约论》,何兆武译,商务印书馆2003年版,第60页。
② [德]阿克塞尔·霍耐特:《为承认而斗争》,胡继华译,上海世纪出版集团2005年版,第172页。

第三章 电视民生新闻的传播角色

第一节 传播新闻信息

目前,电视依然是人们获取新闻的主要来源。统计显示,"2015年,电视节目的日到达率为75.3%,电视的可信度和好感度仍然位居首位"①。而从2015年终端接触率来看,"电视机的接触率仍以98.6%的优势位居首位"②。

既然是"民生新闻",那么,传播新闻信息便是这类节目的题中应有之义。我们从传者和受者两个维度来分析这个问题。

就媒体而言,它聚焦本地生活,瞄准市民百姓,传播令观众喜闻乐见、兴味盎然的新闻事件,从而达到培养受众兴趣的目的。由于信息内容源自老百姓的生活,而老百姓又是信息内容的接受者,新闻的接近性价值也就得到了保障。此外,节目还常常把受众变成传播者,不少节目倡议受众参与节目制作,比如播放受众投稿作品(DV作品、手机视频)、节目播出时与受众互动等,进一步调动了受众的积极性,使得节目能持续保持收视热度。进言之,民生新闻在传播信息的同时,为市民提供了大量的资讯,这不仅方便了受众对自我所处的环境的判断,还推动了地方经济和社会的发展,因而获得了受众的好感。

可见,民生新闻之所以受欢迎,不仅是因为新闻就发生在自己身边,而且节目的亲民色彩使观众获得了被尊重的满足感,更重要的是,它为经济社会的发展提供了重要的资讯保障。

就观众而言,当他们意识到自己被媒体所关注和认同时,会以更大的热情投入与节目的互动中。这种互动绝不是被动的应对,而是一种积极的共振。在互动过程中,新的信息被传递、新的认识被形成、新的情感被培育、新的思想被发展……借助媒体的平台,观众不再仅仅是城市建设的目击者,更是城市文化的参与者。在这种心态下,他们(市民)会更加关注城市的发展,并以亲历者、创造者的姿态将自己融入经济社会这个大熔炉里。

可见,民生新闻的存在,为市民意识的激活和构建提供了一个镜像式的平台,这就像尼尔·波兹曼所说的:"电视是我们文化中存在的、了解文化的最主要方

---

① 崔保国:《中国传媒产业发展报告(2016)》,社会科学文献出版社2016年版,第207页。
② 崔保国:《中国传媒产业发展报告(2016)》,社会科学文献出版社2016年版,第19页。

式……电视中表现的世界便成了这个世界应该如何存在的模型。"①

央视副台长、原新闻中心主任孙玉胜在论及20世纪90年代央视新闻改革时，曾用"十年：从改变电视的语态开始"②这句话对之加以概括。若将此语套用在民生新闻上，其意为，民生新闻的出现，也是从新闻的语态（呈现形式）开始的，但是，这只是开始，而更重要的，是它改变了观众接受新闻的心态，进而改变了他们对所处环境的认知（见表3-1）。

表3-1 部分民生新闻栏目宣传语

序号	电视台	节目	宣传语
1	江苏广电总台城市频道	南京零距离	我们就在你身边，我们与南京没有距离，关心群众利益，服务百姓生活
2	北京电视台i生活频道	第7日	心疼老百姓，为老百姓说话
3	东方卫视	直播上海	以平民的视角选取题材，以平民的审美趣味观察生活、取舍镜头，并用平民化的表现方式进行报道
4	湖南广播电视台经视频道	都市1时间	民生视角、本色表达、用激情发现生活、用心力感受冷暖、用良知检讨社会
5	安徽电视台经济生活频道	第一时间	为劳苦大众服务
6	河南电视台经济生活频道	民生大参考	百姓无小事，民生大参考
7	福建电视台新闻频道	现场	情系民生，服务大众
8	成都电视台公共频道	民生直通车	权为民所用、利为民所谋、情为民所系
9	苏州电视台社会经济频道	社会传真	关注民生、民情、民意，聚焦热点、重点、难点
10	广西电视台新闻频道	新闻在线	新闻在线，爱心无限
11	广东电视台珠江频道	今日关注	民生无小事，今日多关注
12	山东电视台生活频道	生活帮	有事您说话，热心生活帮
13	贵州电视台公共频道	百姓关注	有新闻，就找《百姓关注》

---

① ［美］尼尔·波兹曼：《娱乐至死》，章艳译，广西师范大学出版社2004年版，第121页。
② 孙玉胜：《十年：从改变电视的语态开始》，人民文学出版社2012年版。

就新闻语态的改变而言，民生新闻开启的改革是从"说什么"开始的。传统新闻里，常常充斥着会议报道、外事接待、各地喜讯等"喜大普奔"的内容。民生节目一反上述"阁楼模式"，转而将镜头瞄向了"地窖"——身边事、家常话、人情味。在此基础上，民生节目进而将改革的触角伸向了"怎么说"。关注百姓生活的民生新闻之所以甫一出现就受到观众的喜爱，很大程度上是后者对此前的传统电视新闻的审美疲劳所致，因此，一旦他们见到不一样的新闻节目时，好奇心和新鲜感就会油然而生。但是，节目的保鲜期是有限的，如果不能在"怎么说"上面取得突破，那么，一开始在"说什么"方面的努力最终也将付诸东流。有些节目借鉴文学创作的手法，采用"陌生化"手段来处理新闻，虽然内容依然源自民生，但其呈现形式却是"陌生化"的。如2004年春节期间，安徽电视台的《第一时间》推出了特别节目《表情故事》。春节年年过，题材却是老三篇：春运、闹新春和领导送温暖，而该节目一改传统，通过现场报道、跟踪采访、悬念设置等新的包装形式来展现过年期间的民众的众生相，赢得了观众的好感。

民生新闻还改变了观众对所处环境的认知。美国学者本尼迪克特·安德森指出，所谓"想象的共同体"，源于宗教信仰的领土化、古典王朝家族的衰微、时间观念的改变、资本主义与印刷术之间的交互作用以及国家方言的发展等因素，① 其中媒体的作用不可小觑。同样，民生节目亦可为"想象的共同体"助力。由于民生新闻关注的是本地事件，传播的是地方消息，而受众又都是身处一地的同城市民，通过观看民生新闻，他们借此建立起了共同的想象，将本来"原子化"存在的市民个体，通过媒体的力量，连接成了一个想象的共同体。这一"共同体"虽然是虚拟的，却是可以感知的，人们为节目播报的各种信息所动，他们成了每一个事件的"围观者"。比如，南京的市政部门曾意图砍掉行道树以拓宽马路，事情在《南京零距离》播出后，不少市民自发赶往施工现场予以阻止。可见，民生节目通过对城市生活的关注，唤起了市民对所处环境的关心和警觉，并引发他们对自身生活现状的反思和实践。进言之，通过持续报道城市动态，民生新闻将一种向上向善的精神渗透到节目之中。江苏广电总台《绝对现场》于2003年7月7日正式开播，开播第一天全省即遭遇持续暴雨，为了让观众第一时间了解全省抗洪的现场情况，栏目组马上组织报道小组前往抗洪第一线，并将直播间安放在大坝上，使广大观众及时了解到抗洪的最新进展，从而取得了良好的首播效应。这说明，民生新闻暗合了党和政府号召的维护社会稳定、弘扬社会正气的宣传理念，成为社会各界喜闻乐见的一种新语态。

---

① 邱凌：《领导必读：探讨"想象的共同体"》，http://www.ddcpc.cn/2016/26_0127/68541.html。

第二节 乐于为民帮忙

一、《为您服务》：帮忙类电视节目的先声

帮忙类节目的出现远早于民生新闻。它的前身是央视于1979年8月12日首播的《为您服务》（以下简称《为》）节目。到1982年，它的播出时间、栏目名称和主持人都固定下来，并于1983年1月1日以全新的面貌出现在观众眼前。作为国内第一档固定名称、固定时间、固定主持人的电视节目，它成为20世纪80年代乃至90年代初中国观众最喜欢的节目之一，其主持人沈力也于1983年获优秀主持人的荣誉称号，直到1993年《为》才被央视推出的《生活》栏目所取代。

《为》节目从80年代风靡全国到90年代被迫退出荧屏，在于节目所处的环境发生了变化——碎片化时代的到来。随着经济社会的发展，"传统的社会关系、市场结构及社会观念的整一性瓦解，代之以一个一个利益族群和'文化部落'的差异化诉求及社会成分的碎片化分割，它的影响表现在社会生活的方方面面，从精神家园到信用体系，从话语方式到消费模式"[①]。

二、电视民生新闻中的"帮忙"

身处"碎片化"时代，《为》能提供的服务显然无法满足观众的实际需求。所谓"服务"，其概念空泛，外延太广，而观众的需求却是个体化的、困难也是亟待解决的，这是难以调和的矛盾。也正是出于这个背景，民生新闻在推出伊始，就不约而同地将"帮忙"纳入节目的板块中，并视为节目的社会价值之一。如南方电视台《今日一线》节目的《记者跑腿》（2005）、四川电视台《非常欣慰》节目中的《胖姐帮忙》（2007）。随着观众对民生新闻尤其是帮忙类节目的喜爱，一些媒体索性将帮忙类节目从民生新闻里分离出来，或者直接创办独立的帮忙类节目。前者如河南电视台民生频道《民生大参考》下的子板块"小莉帮忙"于2009年独立出来，山东电视台齐鲁频道《每日新闻》下的子板块"为您办事"于2012年独立出来；后者如河北电视台农民频道的"非常帮助"（2005）、石家庄广播电视台的"小吴帮忙"（2006）、安徽电视台经济生活频道的"帮女郎帮你办"（2008）。

据不完全统计，几乎每一个省级电视台都开办有至少一档帮忙类电视节目或者一个帮忙的板块。这是因为，省级卫视往往下辖多个频道，而每个频道都有可能开办帮忙类节目。以河北电视台为例，直接把帮忙元素纳入栏目名称的节目或者板块

[①] 黄升民：《碎片化背景下消费行为的新变化与发展趋势》，《广告研究》2006年第2期，第4页。

至少有三个，它们分别是公共频道的"热心帮忙团"、农民频道的"非常帮助"以及经济频道《今日资讯》的"爱帮姐妹团"。又如浙江电视台，同时存在《好好帮忙》《小强热线》和《范大姐帮忙》三档帮忙类节目。此外，一些地市频道也在开办此类节目，如南京电视台教育科技频道的《陆姐帮忙团》、嘉兴电视台的《阿秀嫂帮你忙》、绍兴电视台的《兄妹帮你忙》、荆州电视台的《垄上行》和宿州电视台的《帮忙》等。[①] 目前，具有一定知名度的帮忙类节目有《非常帮助》（河北电视台农民频道）、《帮女郎帮你忙》（安徽电视台经济频道）、《小溪办事》（山东电视台齐鲁频道）、《帮助直通车》（湖南电视台公共频道）、《帮忙》（黑龙江电视台公共频道）、《小莉帮忙》（河南电视台民生频道）、《范大姐帮忙》（浙江电视台钱江都市频道）等。

服务、帮忙和监督，这三个概念是不一样的。关于服务与帮忙的不同，上文已述。而帮忙与监督之间的差异在于，帮忙聚焦于具体问题的解决，侧重在微观层面；而监督则关注公权力与制度的运行，着眼于宏观层面。有鉴于此，帮忙类节目在风格上比监督类节目更温和，效果更明显。当下，市民所遭遇的各种困难既多且杂，它既有征地拆迁、劳资纠纷、就业保障等关涉当事人生存的大问题，又有消费投诉、居家环境等困扰当事人生活的小问题，更有家庭矛盾、邻里关系、情感障碍等"清官难断"的家务事。上述问题本来有其合适的解决之道，如大问题可通过政府主管部门来加以解决，小问题可通过法律途径来处理，至于家务事，则可由当事人自行协商。但是，中国特殊的国情，这些问题都被堆到了媒体面前，共同构成了电视荧屏上的万花筒。其中，有些人是因为话语权不足而寻求媒体的放大效应，有些人是因为处世乏术而求助他者的智慧，还有些则视媒体为倾诉的对象。由此观之，帮忙类节目的存在以至于繁荣，的确有其价值所在。

三、帮忙类节目的发展困境

尽管帮忙类节目受到观众喜爱，但它也常常遭遇尴尬。

首先，一个显著的问题是，帮忙与媒体功能的不一致。媒体的本质属性是信息传播工具，因此，它的长处更多地体现在传播的有效性上，而不是传播内容的专业化。但是，在帮忙过程中，节目却常常面临一些具体的甚至是专业化程度很高的话题，这些话题常常超出媒体的知识范畴，如果硬要为了帮忙而勉力为之，就容易导致媒体的误判，甚至出现帮倒忙的结果，这是帮忙类节目不尽如人意的原因之一。

其次，一些所谓的百姓困难，不全是相关部门的责任。不少事情属于历史遗留问题，因为历时久远导致相关资料散佚流失，或者因为机构改革导致部门撤销，甚至还可能因为有关人员的退休、离世，使得事情本身的可信度和合法性有待确认，这时候，媒体再有多大的帮忙之心，也未必能使上多大的帮忙之力。

---

① 闫欢欢：《帮忙类电视节目的问题和对策》，河北大学硕士学位论文，2015年，第8页。

再次，经济社会发展过快与行政管理效率滞后的矛盾，也会给帮忙类节目带来一定的干扰。处于转型期的中国，各种社会问题层出不穷，然而，相关的机制建设和制度变革却未能同步跟进，一些部门的不作为或乱作为导致或者加剧了社会问题的产生和恶化。当事人在遭遇这种现象时，选择媒体将事件曝光或为自己助力也就顺理成章了。

最后，也是最重要的是，有时候媒体盲目夸大了自身的能力。"注意力时代"的来临，各家媒体纷纷使出浑身解数，以求抓住受众的"眼球"。为"吸睛"计，有些媒体会人为地夸大自身解决问题的能力，比如，将一些帮忙成功的案例搬到荧屏上，以展示媒体的成绩。殊不知，这样做为自己带来了"盛名之下，其实难副"的隐患。众所周知，媒体营造的世界不过是一个"拟态环境"（李普曼），它绝非现实世界的真实翻版。但是，受众并不能理解这一点，他们通过观看节目，常常会错误地将媒体的"拟态世界"等同于真实的现实环境。就帮忙类节目而言，如果媒体自己有失理性和克制，观众就会产生"有困难，找媒体"的刻板印象。一些当事人明明是自己有问题，可是他们却以有关部门或工作人员失职为由向媒体求助。一旦媒体指出对方的失误或婉拒其请求时，后者则情绪失控，将矛头指向媒体。"事实上，媒体不是政府部门，不是司法机关，更不是仲裁机构，归根到底，它只是一个传递信息、协助沟通的桥梁。它担当不了，也担当不起那些被部分观众异化了的、强加在媒体身上的'责任'"[1]。

四、帮忙类节目的未来之路

我们从媒体角色和操作规程两个层面来探讨。

（一）媒体角色

首先，就媒体而言，应警觉自己的角色定位。作为信息传播工具，媒体的本职工作是传递信息，即便是为民帮忙，也是在信息传播的语境下，通过沟通、协调来解决问题，弥合裂痕。

其次，培养专家型记者。前述，帮忙过程中常常会碰到各种专业化程度很高的话题，这时，"通才型"记者往往囿于自身的知识素养而无法提供有效帮助。他们或无法对问题做出快速、准确的判断，或在帮办过程中对所涉政策和程序不熟悉，甚至有可能出现"拎着猪头找错庙"这种"帮倒忙"的情况。以政法口为例，近年来，为弥补警力不足，各地招聘了不少协警加入公安队伍，但是，与警察相比，协警并无执法权。南京的一档节目在采访公安机关时，本应向警察问询，结果却找了协警来做采访对象。因此，媒体要像对待条线记者那样，培养专业化程度高的帮忙记者。

最后，加强对记者的职业伦理的教育。帮忙过程中，记者出于正义和激情，常

---

[1] 闫欢欢：《帮忙类电视节目的问题和对策》，河北大学硕士学位论文，2015年，第22页。

常会一边倒地听信当事人的诉求,被对方牵着鼻子走,对记者而言,这其实是很危险的。

(二)操作规程

首先要学会精选议程。目前,媒体扮演的多是"救火队长"的角色,即哪里有矛盾就赶赴哪里。具体而言,"从帮忙对象来看,往往是个体受众;从帮办事项来看,往往针对某件具体的事儿;从需要协调的对象来看,往往是某一单位或个人;从帮办形式来看,往往是帮办记者和帮办对象一对一的援助"[1]。这种做法虽然效果直接,但不具备示范意义和普遍效应。其着眼于一人一事,却无法惠及一地一众。事实上,不少观众反映的问题,如果将之综合起来,可以发现其中有颇多共性,甚至是一些普遍存在的问题。那么,媒体就应从小处入手、在高处着眼,精选出有价值的"公共议题",并从制度建设的高度去探讨解决方案。比如,围绕物业管理所产生的纠纷是近年来比较普遍的现象,媒体可以将之提炼成一个共性的话题,邀集各方代表共商问题解决之道,从而得出完善物业管理的制度化建设之路。

其次,走跨区域联合帮忙之路。现实生活中,一些矛盾常常是跨地域的,仅凭一家媒体之力难以有效帮忙。比如,在外打工的进城务工人员,他们遭遇的困难发生在工作所在地,可他们有可能会向家乡媒体求助,这时就需要两地的媒体通力协作。如2013年,河北省邢台市威县籍观众王某在山东打工时受伤住院,因伤势较重,一度陷入昏迷,此时急需通知家属前来。但王某单位并不知晓他家人的情况,于是向山东电视台齐鲁频道《小溪办事》栏目组求助。最终,在河北电视台农民频道《老三热线》栏目组和《小溪办事》的共同努力下,王某的家人得以赶赴山东。

最后,以公益事件为载体,强化观众对节目的品牌认知。以《生活帮》节目为例,他们将公益事件报道定位为"策动型行为"。所谓"策动",意指策划与行动,即,遇到公益事件,应积极策划和运作,推动事件向前发展。公益事件和公益活动是不一样的,前者是一个具体的事件,而后者则是在前者基础上的一个提升;前者是突发性、临时性的,后者则是长效的、延续的;前者是由头,媒体借此将一时一地一人一事变成长时的、广泛的、群体性的和常态的活动。有鉴于此,那么,在策动过程中,就要坚持三个原则:聚焦人的命运、独特性和故事性、事件本身须有厚度。自2006年开播以来,栏目先后策动了"一根火柴换学校"行动(2007)、针对汶川地震救灾的"爱心车队"(2008)、针对脑瘫患儿救助的"金海豚"行动(2011)、解决山村小学师生喝水问题的"爱心机井"行动(2012)以及针对重症患者的"生命加油站"(2012)、为坚强妈妈焦冰莹募捐的爱心行动(2012)等。综观《生活帮》的公益历程,他们视公益行动为品牌塑造的有效方式,实践证明这种认识是正确的。

---

[1] 闫欢欢:《帮忙类电视节目的问题和对策》,河北大学硕士学位论文,2015年,第24页。

第三节　调解百姓纠纷[①]

除了为民帮忙，民生新闻还乐于调解百姓纠纷。由于上述两类内容源自百姓生活，关涉群众利益，因此，它们成为民生新闻中最受欢迎的节目。

民生新闻将调解纳入其节目编排，与社会转型期的大背景有关。所谓"社会转型"，是指"（社会结构的）一种整体的和全面的结构状态过渡，而不仅仅是某些单项发展指标的实现。社会转型的具体内容是结构转换、机制转轨、利益调整和观念转变，在社会转型时期，人们的行为方式、生活方式、价值体系都会发生明显的变化"[②]。社会转型的主体是社会结构。在这股巨大的洪流之中，每个人都被裹挟其中。转型的显著结果是两极分化趋势的加大和阶层固化的出现。面对这一突如其来的转变，一些人的失落感和不平衡感油然而生，那么，矛盾纠纷也就在所难免。与之相对应的是，以往的媒体并未对此有太多的关注，在传统电视人的眼里，百姓纠纷这种琐事太不入流了，不值得耗费本来就紧张的版面。作为传统电视的反动，民生新闻的出现一改过去高高在上的媒体人姿态，耐心听取百姓的倾诉，满足观众宣泄的需要，甚至"赤膊上阵"充当"和事佬"，居间调停纠纷矛盾。这类节目契合了时代的需要，其广受人们喜爱也就不难理解了。

与帮忙节目不同的是，调解类节目迎合了观众"观看他人悲剧，自己产生自足"的特殊心理。因此，它比帮忙类节目要更受观众追捧。2011年1月1日，《中华人民共和国人民调解法》正式施行。观众的热捧、顶层设计的出台，受上述两种因素的驱动，不少电视台后来干脆将调解类节目独立出去，并倾力将之打造为品牌栏目。

新出现的调解类节目既继承了民生新闻的亲民性和人情味，同时也发展出了自己的特色。从形式上看，有模拟法庭式的，有情感谈话式的，还有场外调解式的。目前，内地较知名的调解类栏目有《金牌调解》（江西卫视）、《第三调解室》（北京卫视科教频道）、《幸福魔方》（东方卫视）、《心理访谈》（央视社会与法频道）、《百姓调解》（河南电视台都市频道）、《新老娘舅》（上海电视台新娱乐频道）等。

第四节　发起舆论监督

监督类报道是民生节目广受观众欢迎的一个主要原因，因而，各节目普遍重视

[①]　目前，大多数民生新闻已经把调解内容分离出去，但是，鉴于其滥觞于民生新闻，并且仍有部分民生节目把调解作为子板块，因此，本书还是对其做一简述。

[②]　转引自杨博：《浅析电视调解类节目背景现状及发展趋势》，河南大学硕士学位论文，2013年，第10页。

舆论监督内容的采制。

一、监督的动因

（一）党和政府对电视的要求

"批评与自我批评历来是我党工作的一大法宝，舆论监督实质上就是批评与自我批评的舆论化和传媒化"①。党的十六大以来，新闻舆论监督受到前所未有的重视。2003年发布的《中国共产党党内监督条例（试行）》（以下简称《试行》）中，舆论监督被作为党内监督的一种正式形式。2016年发布的《中国共产党党内监督条例》，对舆论监督做了进一步强调："新闻媒体应当坚持党性和人民性相统一，坚持正确导向，加强舆论监督，对典型案例进行剖析，发挥警示作用。"党的十七大报告指出："落实党内监督条例，加强民主监督，发挥好舆论监督作用，增强监督合力和实效。"党的十八大报告指出："要加强党内监督、民主监督、法律监督、舆论监督，让人民监督权力，让权力在阳光下运行。"党的十九大报告指出："构建党统一指挥、全面覆盖、权威高效的监督体系，把党内监督同国家机关监督、民主监督、司法监督、群众监督、舆论监督贯通起来，增强监督合力。"

从党的文件和报告来看，党对舆论监督的精神主要体现为三点：一要重视和支持舆论监督；二要自觉和主动地听取来自新闻媒体的意见；三要根据舆论监督的要求，推动和改进各项工作。

中国的法律法规也有大量涉及舆论监督的相关论述。从《宪法》来看，相关的法条有："一切国家机关和国家工作人员必须依靠人民的支持，经常保持同人民的密切联系，倾听人民的意见和建议，接受人民的监督，努力为人民服务。"（第二十七条）"中华人民共和国公民对于任何国家机关和国家工作人员，有提出批评和建议的权利；对于任何国家机关和国家工作人员的违法失职行为，有向有关国家机关提出申诉、控告或者检举的权利，但是不得捏造或者歪曲事实进行诬告陷害。""对于公民的申诉、控告或者检举，有关国家机关必须查清事实，负责处理。任何人不得压制和打击报复。"（第四十一条）此外，在《中华人民共和国公务员法》（2017年）、《中华人民共和国法官法》（2017年）、《中华人民共和国检察官法》（2017年）、《中华人民共和国人民警察法》（2012年）等法律中，也规定了国家公务员、法官、检察官、警察必须接受法律监督、人民群众的监督和社会的监督。在一些专门法中也有类似的表述："公民和组织对国家安全工作有向国家机关提出批评建议的权利，对国家机关及其工作人员在国家安全工作中的违法失职行为有提出申诉、控告和检举的权利。"（《中华人民共和国国家安全法》，2015年，第八十二条）"国家鼓励、支持和保护一切组织和个人对不正当竞争行为进行社会监督。"（《中

---

① 魏子良：《一文读懂我党舆论监督95年》，http://media.people.com.cn/n1/2016/1220/c404465 - 28964223.html。

华人民共和国反不正当竞争法》，2017年，第五条）"消费者享有对商品和服务以及保护消费者权益工作进行监督的权利。消费者有权检举、控告侵害消费者权益的行为和国家机关及其工作人员在保护消费者权益工作中的违法失职行为，有权对保护消费者权益工作提出批评、建议。"（《中华人民共和国消费者权益保护法》，2013年，第十五条）"对侵犯未成年人合法权益的行为，任何组织和个人都有权予以劝阻、制止或者向有关部门提出检举和控告。"（《中华人民共和国未成年人保护法》，2013年，第六条）

让绝大多数的人感到温情，感到公正，既是党和政府的目标，也是媒体人的目标。失去了这个目标，没有公正和希望，人们就无法安居乐业。民生新闻高举舆论监督这面大旗，既有助于媒体公信力的形成，也在客观上强化了政府的威信。

（二）媒介市场化的必然产物

约翰·费斯克（John Fiske，1939—　）在《理解大众文化》一书中，根据马克思主义政治经济学的商品交换价值和使用价值理论，提出了两种电视经济理论——金融经济和文化经济。

首先，在金融经济中，"制片厂商（生产者）生产出电视节目（商品）然后卖给电视台（消费）；电视台将节目（生产者）播出，相当于将电视观众作为商品卖给了广告商（消费者）。这一过程注重的是电视的交换价值，流通的是金钱"①。

其次，在文化经济中，电视的产品是形象、思想和符号，作为消费者，观众的收视行为是一个对意义、快感和社会认同生产的过程。可见，观众身兼生产者和消费者两个角色：他们既生产意义、快感和社会认同，也消费意义、快感和社会认同，也只有当观众完成了上述过程并获得了相应体验（产生使用），电视才能从文化经济走向金融经济，即获取交换价值。

费斯克的"两种经济"理论虽然是基于西方大众文化语境提出的，但对我们理解我国媒体转型依然有所助益。

传统上，媒体只是党的喉舌，现在，媒体既是喉舌又是产业，而作为产业，它要面对市场，遵循市场的规律。规则决定生死，规律决定成败。在当下的中国媒体环境，决定媒体生死存亡的更多是规律，即那只"看不见的手"——市场。

前述费斯克的观点，媒体唯有先让受众获得使用价值，才有可能使自己得到交换价值。基于这一逻辑，媒体必须生产出为受众所喜闻乐见的节目，以创造注意力，从而将此售卖给广告商，最终才能使自己在激烈的竞争中立于不败之地。由此观之，"市场化"也好，"受众本位"也罢，它们更多的只是一种达致目的的手段，这也可以解释为什么《南京零距离》甫一出现，立即引来国内诸多同行的跟风和效仿。因此，有人对媒体的舆论监督行为是这么评价的："用低调的眼光来看，传媒

---

① 陆扬：《文化研究导论》，复旦大学出版社2009年版，转引自张殿元：《大众文化操纵的颠覆——费斯克"生产者式文本"理论述评》，《国际新闻界》2005年第2期，第49页。

对司法的监督只是传媒追求自我目标的副产品，传媒实施监督的内在动因包含在传媒对自身利益的追求之中。"①

从观众的角度看，他们当然希望能从电视上获得意义和快感，因此，民生新闻总是把社会新闻和生活资讯纳入节目之中。但是，仅止于此是不够的。对观众而言，他们还希望通过媒体获得自身的存在感，即费斯克所谓的"社会认同"。他们希望媒体能成为一个主持公道的裁判、一个锄强扶弱的好汉、一场久旱之后的及时雨。这不是规则，而是规律，是社会人心。历史的经验也告诉我们，规则可以变更，但规律却不能违反。

一开始，民生新闻里为民服务多表现为媒体帮忙、转发消费者投诉，这可能是媒体对为民服务的一种本能反应，是一种自发的行为。但是，观众对这类服务的喜爱（收视率的冲高），让媒体人坚定了做下去的决心，并进一步提升服务的品质，于是舆论监督应运而生。

（三）受众维护自身权益的需要

前述，刘易斯·科塞（Lewis Coser）提出了"剥夺感"一说，并区分了"绝对剥夺感"和"相对剥夺感"的不同。科塞认为，冲突的产生多源于"相对剥夺感"。相比经济发展，人们更重视分配的公平和制度的公正。当被剥夺者对现存制度的合法性进行质疑和否定时，冲突便有可能产生。因此，"科塞将'相对剥夺感'的主观社会心理因素与社会制度的客观合法性问题相结合，为冲突发生找到了更为深刻的原因"②。

中国正处于社会转型期，各种结构性矛盾逐渐暴露出来，这极易引发"群体性事件"，并导致一些人的"相对剥夺感"，而"相对剥夺感"则进一步加剧了群体性事件的激化。

处于社会转型期的中国，尽管在经济总量上保持高速增长，但是，城乡之间、地区之间、贫富之间的差距却未能得到显著的改善。经济社会发展的不平衡，使人们产生了巨大的"相对剥夺感"，社会上充斥着各种怨气和怒气。在这种戾气的驱使下，一旦事情发生，便迅速引发人们的集体围观、街头热议甚至参与实际的抗争活动。他们之所以出手，很大程度上是出于"相对的剥夺感"。这便可以解释，为什么在不少的群体性事件中，绝大多数参与者既不认识当事人或受害人，自己也没有具体的利益诉求，因此，他们的参与与其说是帮助维权，不如说是一种集体泄恨。

上述问题是我们在奔小康路上遭遇的一些困境，有些是个人的，有些是社会的，政府的努力是解决这些问题的根本之道，但是，凡事有轻重缓急之分，政府只能优先解决重大问题和紧急问题。对于次要矛盾和长期性问题，政府需要一定的时

---

① 顾培东：《论对司法的传媒监督》，《法学研究》1999年第6期，第22页。
② 杨晓虎：《中国群体性事件的社会功能及其正向引导——对科塞社会冲突论本土化的辩证》，《江汉学术》2015年第6期，第14页。

间，而在此过程中，恰恰是媒体可以大有所为之处。一方面，通过媒体的聚焦、传播和追踪，使政府了解社会民情，厘清主要矛盾和次要矛盾，有助于科学决策；另一方面，通过媒体的解释、疏导和关心，引导民众保持积极心态，营造良好的社会氛围。从这个意义讲，"媒体责无旁贷，应当成为民众广泛参与的监督平台，成为政府与民众沟通的桥梁，成为维护民众利益的武器"①。

过去，电视媒介过多关心"国计"大事，忽视"民生"问题，电视屏幕像隔在媒体和观众之间的大山。现在，电视媒介放低姿态，深入基层，深入群众，为民服务，替民做主，触碰到了观众灵魂深处最柔软的部分，不仅实现了对观众权益的维护，也实现了媒体与受众之间的"灵魂沟通"。

2005年开展的一项针对南京市民收视民生新闻的行为与动机的调查，结果显示，社会地位越低的受众（学历越低，收入越低）对民生新闻的期望越高，这说明，受众的社会地位与受众对节目的期望存在着负相关关系；民生新闻的期望与收视行为之间存在着正相关的作用，即对民生新闻的预期越高的受众，其收看频率、与别人谈论所观看的民生新闻内容的程度越高，在遇到困难时越倾向于求助民生新闻；社会地位越低、对民生新闻期望越高的受众，越将收看民生新闻视作日常生活的一种习惯，更希望从中获取一种亲切交谈与被社会重视的感觉，并且他们注重通过民生新闻学习知识与寻求解决生活问题的方法。②

可见，在从温饱型社会向小康型社会转变的进程中，关涉民生的问题层出不穷，此起彼伏。处在这样一个社会转型期，作为社会中的"弱势"群体——普通民众特别需要有人关心。

此外，随着城市人口的增加，社会阶层的形成，市民有着强烈的诉求冲动。但是，这种话语权往往无法找到合理的表达路径，而民生新闻恰恰成为这种诉求的出气口。"民生新闻最大的一个特质是它的平民精神和平民内容，如果再在它的表现方式上也注入民众喜闻乐见的形式，那么，它就注定会受到普通百姓的欢迎"③。因此，民众把民生新闻当作自己的精神家园和倾诉对象也就不足为奇了。《南京零距离》经常与市民进行互动，处理电话投诉。有一天栏目报道了一位擅长手工编织的老太太的故事后，便邀请她为下岗工人免费开办手工编织班，并对这些培训班学员的学习情况进行了后续报道，直到帮助他们重新找到工作岗位。此外，栏目还成立义务服务队，免费到市民家中维修家电、电脑等。④

---

① 佚名：《守望社会，媒体需要追寻真相》，《青岛财经日报》2005年9月26日。
② 周玉黍：《媒介抚慰：一种弥合阶层落差的方式——南京市民收视民生新闻行为与动机调查》，《学海》2005年第6期，第174～177页。
③ 吴军：《民生新闻崛起之社会缘由探析》，《新闻纵横》2005年第8期，http://blog.sina.com.cn/s/blog_54f83ed90102z5n5.html。
④ 刘可铄：《从"独白"到多元对话：论中国电视新闻改革的发展趋势》，苏州大学硕士学位论文，2006年，第22页。

（四）对原有监督渠道的补充

电视媒介开展舆论监督，最典型的是央视的《焦点访谈》，该栏目产生的社会影响力和品牌号召力迅速影响了全国电视界。"到 1999 年，根据有关方面的统计，除了央视的《焦点访谈》《新闻调查》等栏目外，全国 31 个省、自治区、直辖市的电视台共开办这类热点引导和舆论监督节目 60 多个"①。

但是，面对大量的民生问题，这些舆论监督节目就不可避免地显示出它的资源局限性，必须有更多的渠道来满足群众的需要，而民生新闻正好弥补了这个不足。

前述，党的文件精神为民生新闻开展舆论监督提供了重要的政策支持。《试行》颁布以后，对于如何加强和改进舆论监督，主流意见有十条。② 其中，第七条是："中央媒体的批评性报道要有所侧重，有所选择。不能把所有问题都拿到中央媒体去曝光，对于重要的、具有普遍意义的典型事件，可由中央媒体进行报道，而一般性的可在地方媒体进行报道。"由此观之，在舆论监督方面，中央级媒体和地方媒体可以进行一定层面的分工，前者关注严重问题和重大事件，后者着眼于区域性、局部性问题。

进一步说，央视作为党中央的"喉舌"，其《焦点访谈》《新闻调查》等栏目往往关注"国计"的程度甚于"民生"。而省级卫视上星频道，作为向全国展示本省经济社会发展的平台，又不宜开办"影响形象"的舆论监督节目，因此这一重任便落在了地面频道的肩上。对于地面频道而言，关注民生显然比关心"国计"要更接地气，更为实用，毕竟地方媒体的定位限制了它对宏观问题的关注，而且，从媒体自身来说，它也需要新闻素材。诸如行车难和停车难、教育乱收费、下岗失业、外来进城务工人员、社会保障、医疗保险等更带有时代特征的新问题，为媒体提供了丰富的报道素材。就这样，民生新闻主动从后台走向了前台，并涉足了以往媒体所忽视的、也是大媒体无力顾及的蓝海。

以南京地区六档"民生新闻"为例。据统计，2003 年 11 月 28 日这一天，《南京零距离》的负面新闻③最多，在总共 22 条新闻里，负面新闻达 18 条之多，占比 81.8%，另外五档的占比分别是：《服务到家》（78.6%）、《法制现场》（71.4%）、《直播南京》（50%）、《1860 新闻眼》（28.6%）、《标点》（26.9%）。再从批评类报道来看，这一天，占比由高到低分别是：《南京零距离》（50%）、《法制现场》（50%）、《直播南京》（33.3%）、《服务到家》（14.3%）、《标点》（7.7%）、

---

① 胡黎明：《"焦点现象"研究》，新华出版社 2004 年版，转引自申琦：《论我国新闻舆论监督与司法公正》，广西大学硕士学位论文，2006 年，第 3 页。

② 杨桃源：《实施舆论监督的十条主流意见》，《瞭望》2004 年 8 月 24 日，http://www.dzwww.com/2009/2009jy/zyls/200907/t20090729_4962024.htm。

③ 所谓"负面新闻"，是指"日常生活中发生的各种灾害，如地震、火灾、雷电、车祸、沉船等；社会生活中存在的阴暗面，如各种腐败行为、犯罪现象、人性退化等等"，转引自曹山旭：《负面新闻的负面影响规避探讨》，《新闻前哨》1999 年第 6 期，第 11 页。

《1860新闻眼》（7.1%）。① 应该说，无论是占比达50%的《南京零距离》，还是排名最后的《1860新闻眼》，它们在负面新闻和批评类报道的数量上都可圈可点。再以新疆电视台的《大事小事》为例，调查显示，通过对2015年全年的节目抽样调查，在120期总样本节目中，监督类报道的数量为408条，占比28%，仅次于排位第一的"百姓生活"类节目，后者的数量是466条，占比33%。

这充分说明，民生新闻在实施舆论监督、反映百姓疾苦上都是有所作为、也可以有所作为的。

总体看来，在民生新闻中，社会负面新闻、批评揭露类新闻较之从前在数量上有了明显的提高，民生新闻在进行社会舆论监督、反映老百姓生存生活问题上发挥了更大的作用。

二、监督的目标

（一）公开就是一种监督

首先，从媒体的角度看，舆论监督是它的一项功能或效果，而不是一项权利。这是因为，"大众传媒把信息向民众公布，民众就可以看见政府在做什么，这样就有一种监督的功能。因此，凡是对政府行为的报道，就都具有监督的功能。监督的前提就是有关事务的公开，不公开无以监督"。至于批评性报道，是"从'舆论监督'提出的特定背景来说，主要还是反映了民众通过表达意见对政府的一种干预，所以可以按照宪法第41条来归纳为批评和建议"。（魏永征，2007）②

其次，从民众的角度看，媒体的报道（公开）有助于知情权的实现，而"舆论监督的实施效果主要取决于公众的知情权和公权力运作的透明度"③。

所谓知情权，有消极和积极之分。对前者来说，只要国家不干预并对那些非法干预、妨碍公民寻求、获取信息的行为依法制止或制裁，公民的知情权即可实现。但是，积极形式的知情权则离不开国家机关的配合。作为信息的主要拥有者，政府有义务主动向民众提供信息（信息公开）。

因此，媒体通过对涉及国家事务和社会公共事务的信息公开，满足了民众的知情权，从而为舆论监督的顺利开展奠定基础。

表3-2是2003年11月28日南京地区的六档民生新闻栏目的新闻播出量，从新闻数量看，六档栏目从最低的14条到最高的30条，应该说信息量还是比较大的。当然，它们彼此之间还是存在差异。从每条新闻的用时看，《标点》用时最少，

---

① 《2004年1月全国18城市CSM电视节目收视TOP》，《中国广播影视》2004年第3期，转引自李沫：《对城市电视新闻变革突围的策略思考》，《西部广播电视学刊》2004年第3期，第29页。

② 转引自叶冲：《电视民生新闻与舆论监督》，上海社会科学院硕士学位论文，2007年，第19页。

③ 林爱珺：《舆论监督与法律保障》，暨南大学出版社2008年版，第3页。

为 1.9 分钟，而《法制现场》的每条新闻用时最长，为 5 分钟，很明显，《标点》的信息密集度最大，而《法制现场》最低。

表 3-2　南京地区六档民生新闻栏目的新闻信息量（2003 年 11 月 28 日）

栏目	1860 新闻眼	南京零距离	直播南京	服务到家	法制现场	标点
节目时长（分钟）	60	60	90	45	70	50
实际新闻数（条）	14	22	30	14	14	26
每条新闻的平均用时（分钟）	4.3	2.7	3	3.2	5	1.9

当然，既然是"民生新闻"，那么，栏目所报道的新闻内容则更多地关涉群众利益和民生事务。仍以 2003 年 11 月 28 日的南京六档民生新闻栏目为例，其中，《直播南京》所报道的民生新闻高达 15 条，占全部新闻数的一半。而最低的《标点》栏目，其民生新闻数也有 7 条，占全部新闻数的 27%。（见表 3-3）

表 3-3　南京地区六档新闻栏目民生新闻数量统计（2007 年 1 月 26—31 日）

数量＼栏目	1860 新闻眼	南京零距离	直播南京	服务到家	法制现场	标点
新闻总数（条）	14	22	30	14	14	26
民生新闻（条）	5	14	15	9	11	7
百分比（%）	36	64	50	64	79	27

（二）充当社会的"守望者"

"倘若一个国家是一条航行在大海上的船，新闻记者就是船头的瞭望者。他要在一望无际的海面上观察一切，审视海上的不测风云和浅滩暗礁，及时发出警告。"[1] 乔瑟夫·普利策的这句名言，生动地诠释了拉斯韦尔对大众传播功能的概括，在后者看来，大众传播功能有三：环境监视、社会协调、社会遗产传承。普利策的话对应的就是第一项功能"环境监视"。在拉氏看来，自然与社会环境是不断变化的，只有及时了解、把握并适应内外环境的变化，人类社会才能保证自己的生存和发展。在这个意义上，传播对社会起着一种"瞭望哨"的作用。

那么，如何理解舆论监督与社会守望的关系？所谓"舆论监督"，"是将行政、立法、司法及一切社会性的决策和实施过程诉诸于人民群众的理性监督之下，实现其社会操作的'白箱化'监控"[2]。由此观之，舆论监督的目的正是在于充当社会的守望者，充当社会的眼睛，不给黑箱留有可能，为经济社会的良性发展提供服

---

[1] 央视新闻：《普利策奖：那些震惊你的新闻照片》2015 年 10 月 29 日。
[2] 喻国明：《舆论监督：已经做的和应该做的》，《电视研究》1999 年第 1 期，第 7 页。

务。正如当年深入采访山西繁峙矿难而勇揭黑幕的《中国青年报》记者刘畅在接受央视采访时说的一句话："如果我们闭上眼睛，就等于社会失去了眼睛。"①

"舆论监督就是要通过新闻媒体对某种事物或现象的披露、评论，唤起社会的关注，促使其变化的一种监督手段。揭露事实真相是新闻舆论监督功能实现的基础，在净化、健全我国企业市场环境的过程中，媒体更多的是充当客观'守望'的角色，而非'协调'的角色。"②

媒体充当守望者，首先是由其作为信息传播工具的本质属性决定的。"监视环境、守望社会是大众传播的首要功能"（张国良）③。对人类社会来说，安全永远是第一位的，只有安全得到保障，才能谈持续发展。其次，媒体技术使其成为最合适的瞭望者。媒体"拥有非常发达的科技手段，具有极强的延展力和渗透力，它的触角伸向了人类社会生活的各个领域"④。因此，大众传媒有义务、有理由、有能力为社会守望。最后，社会转型需要媒体充当守望者。在经济发展过程中，随着利益主体的多元化，媒体舆论监督的社会支点日益凸显：关注社会人心，引导舆论走向，关心弱势群体，维护百姓权益……对于注重"民本取向"的电视民生新闻来说，这些构成了它们开展舆论监督的支点，于是也就有了公布政府信息、发布生活资讯、接受观众投诉等板块内容的设置。协调社会的矛盾、维持力量的制衡也体现了民生新闻作为"社会守望者"的职责。

在报道中，媒体通过对某些问题的报道量加以控制或突出报道某些问题，影响受众对这些问题的认知，引导受众对该事件关注度，让人们对一定的社会事件的关注根据报道情况的变化而发生相应的变化，将社会现实转变成人们的思想。下面这段话源自孟非在《南京零距离》子板块"孟非读报"里针对《一条狗十万元》的新闻的评论："这种狗在南京确实少见，但在西藏、新疆就不稀奇，我在新疆采访时曾多次见过这类'藏犬'。这犬八字眉，像在哭，性格凶猛，连狼看了也怕。为此，提醒犬主人千万要看好了，万一放跑这狗，不亚于放出一头狮子。"孟非的话可谓是幽默中不乏尖刻，讽刺中又带着包袱，听着来劲儿，想着有味儿。

作为"守望者"，民生新闻已广泛涉及自然灾害、政治法治、工业交通、财经金融、生态环保、教育科技、思想文化和健康卫生等诸多领域。

以《南京零距离》为例，表3-4是该栏目在2007年1月28日的播出内容。从表中可见，栏目的报道范围涉及时政、社会福利、青少年保护、工业交通、安全生产、突发事件、社会治安、公民公用事业、金融保险等。上述话题与百姓生活息息相关，因此，作为"守望者"，栏目是合格的。

---

① 佚名：《守望社会，媒体需要追寻真相》，《青岛财经日报》2005年9月26日。
② 王梅芳：《舆论监督与社会正义》，武汉大学出版社2005年版，第322页。
③ 陈先元：《重塑新闻媒体的社会守望功能》，《新闻记者》2004年第4期，第38页。
④ 陈先元：《重塑新闻媒体的社会守望功能》，《新闻记者》2004年第4期，第39页。

第三章 电视民生新闻的传播角色

表3-4 《南京零距离》2007年1月28日节目内容

板块序号	板块名称	序号	节目内容
一	民生新闻	1	政协会议：少油少盐膳食革命
		2	广州拟推行实物分房，对南京的启示：投票
		3	追踪报道：薄膜校服事件（暗访）
		4	动车组（高速火车）始发体验
		5	电工体检走过场：暗访
		6	甲方乙方：集卡、路政争执超限罚款
		7	火灾：SNG（现场直播）
		8	捡钱人耍花样，疑是小偷现身
		9	新闻调查：居民用水设底线，水厂可能乱收费
		10	新闻调查：刷卡易，领奖难，广发银行有问题（暗访）
		11	人大会议：食品安全是焦点
二	生活资讯		晚会消息4条，其他9条
三	市民投诉		无
四	暗访偷拍		3条
五	追踪反馈		1条

时隔7年，《南京零距离》已经更名为《零距离》。表3-5是该栏目在2019年1月25日的播出内容。从表中可见，栏目的报道范围与以往并无太大的不同，节目也力求贴近百姓的生活，然而节目的深度并没有大幅度突破。尽管增加了新闻评论的板块，但该板块系与商家合作，并且节目中多次出现了赞助商家的商品造型，给人以广告植入的嫌疑。

表3-5 《零距离》2019年1月25日的节目内容

板块序号	板块名称	序号	节目内容
一	民生新闻	1	2019江苏公考报名过半，最热岗位突破200人报名
		2	节前拥堵显现夫子庙，平均车速仅11公里
		3	春运回家心切也别"无证驾驶"
		4	期末考完试忙"开店"，中学生筹款建图书馆
		5	面对砍刀挺身而出，法官判案发现"平民英雄"
		6	海豚搁浅滩头，警民送归大海
		7	寒假来临看心理门诊的学生增多
		8	南京消防节前突查安全隐患

续表 3-5

板块序号	板块名称	序号	节目内容
一	民生新闻	9	回家的礼物 20 公斤的小鱼是父母没尝过的味道
		10	归期确定,"佩奇""盐水鸭"成热门礼物
		11	15 秒"护小鸡式"过马路感人,连云港一辅警获赞 428 万
二	生活资讯	1	春节期间叫"滴滴"要多付一笔服务费
		2	周星驰携《新喜剧之王》现身南京,奋斗主题引观众共鸣
三	市民投诉	1	给差评遭辱骂,美团商家向顾客致歉
四	暗访	1	面包车内可"加油"?如此"迷你"加油站太危险
五	追踪反馈	0	无
六	曝光	1	子女要尽责!老人行动不便大喊救命求助
		1	大闹医院后,他竟称患有精神疾病
七	新闻评论	1	送暖吧母亲心愿儿子圆大奖到家喜洋洋

(三)建构新型城市文化

我们用"框架理论"来解释这个问题。所谓"框架"的概念和理论,源自社会学家戈夫曼(Erving Goffman),它是人们用来阐释外在客观世界的一种心理模式;我们对于现实生活的所有经验归纳、结构与阐释都依赖于一定的框架;框架能使我们确定、理解、归纳、指称事件和信息。因此,框架可被视为个人或组织(包括新闻媒介)对社会事件的主观解释和思考结构。①

信息传播是一个传受双向的过程,因此,它包括传者对信息的选择与包装,也包括受者对信息的解读与认同。我们重点从传者的角度来解释。

对传播者而言,使用新闻框架涉及两个层面:"一是对新闻材料的选择,包括新闻来源和消息来源两个方面;二是新闻材料的建构,主要指报道对象的圈定、报道内容的表现以及报道数量、版面位置和主题基调等。"② 前述关于民生新闻的内涵(见第一章第一节),有论者认为它代表了一种新的报道范式。这显然是受到托马斯·库恩(Thomas Kuhn)的"范式理论"的影响。"范式说"与上述第二个层面比较接近,即它指的是新闻如何被行文并报道。而从传播效果来看,框架理论与议程设置有相似之处,即媒体未必能影响受众怎么想,但可以作用于受众想什么。

相比"范式说"或"议程设置论",对于民生新闻建构新型城市精神这个话题而言,"框架论"可能是更合适的一种方法。

---

① 潘晓凌、乔同舟:《新闻材料的选择与建构:连战"和平之旅"两岸媒体报道比较研究》,《新闻与传播研究》2005 年第 4 期,第 55 页。

② 潘晓凌、乔同舟:《新闻材料的选择与建构:连战"和平之旅"两岸媒体报道比较研究》,《新闻与传播研究》2005 年第 4 期,第 55 页。

首先,建构新型城市精神是迎接全球化冲击的一种反应。全球化有助于打开人们的视野,并为本国的经济社会发展提供更多的机遇,这是其正面效应。但是它对文化的冲击却不可小觑。"有一部分后发社会成员历史观念淡薄,对本土文化,甚至本民族文化缺乏应有的认同,久而久之,可能造成所在社会的'集体失忆'"①。中华民族虽然不乏身份认同,但是,现有的"自然共同体"(历史共同体),如宗族、村落、社群、方言,无不遭遇解体的威胁,并驱使共同体成员走向"集体失忆"的境地。以方言为例,2010 年一项调查显示,"54.5%的北京人认为北京话的北京味儿越来越淡了,49%的土生土长的年轻人更向往普通话,85%的新移民希望自己的孩子说普通话"②。在弗洛姆看来,"人由自然向社会状态过渡,为了驱除本能的孤独感,普遍存在寻求归属、逃避自由的潜在心理机制"③。全球化浪潮越汹涌,人们认同归属的心理也就越强烈。2012 年 6 月 23 日,《新闻坊》试播沪语版之后,社会反响热烈,首期节目收视率达到 6.1%,超过了其余 6 天普通话版的收视率,第二期节目收视率为 6.2,也达到一周的高位;节目还在网上引起热议,不少网友提出"沪语播报每周一次太少,希望增加播出次数"。

但令人遗憾的是,中国媒体在这场全球化的浪潮里同样难逃被解构的命运。随着境外媒体及其产品以各种途径向境内渗透和落地,如何守住主阵地,成为中国媒体,当然也包括电视媒体,必须面对的一个严峻的现实。

民生新闻正是产生于全球化这一语境之下,它的出现为"集体失忆"的人们重新找到"归属感"提供了方向。而且,相比传统的电视新闻,前者主要以本地和社区为消息来源,以市民生活为关键词,以关注民生为主题,再辅以方言播报、说新闻、为民服务、扶弱帮困乃至舆论监督等传播手段,极大地契合了当下观众的心理需求。相比之下,央视等全国性媒体也在为消解全球化的负面效应进行努力,并试图通过历史记忆、民族共同体、大中华叙事和大一统文化等关键词来构建新型的华人共同体。但中国幅员辽阔,各地差异大,且自古以来民众即有浓厚的乡土情结,因此,民生新闻的出现正好从微观上弥补了央视所无法顾及的罅隙。换言之,央视营造的是民族共同体,民生新闻要打造的则是地域共同体——"关注、反映某一地域的百姓生活,其巨大的亲和力和感染力带给观众的不仅仅是收视上的愉悦,也让观众找回了自己特定生活区域的'方位感'和'认同感'"④。

---

① 张志君:《民生新闻在区域价值认同重构中的地位和作用》,《中国广播电视学刊》2004年第 7 期,第 29~30 页。
② 宰飞:《"京片子"越来越少,北京话也需要像上海话一样保护?》,上观新闻,2017 年 8 月 7 日。
③ 转引自王晖:《城市电视台民生新闻发展趋势的思考》,《新闻传播》2013 年第 3 期,第 214 页。
④ 石长顺:《"民生新闻热"的冷思考》,《节目》2004 年 11 月号,http://blog.sina.com.cn/s/blog_54f83ed90102z5n6.html。

其次,建构新型城市精神有助于推进中国社会的转型。网络时代的来临,极大地改变了人们的阅读习惯——速读、读图、碎片化阅读、浅阅读……民生新闻不追求深度和理性,专注于消除受众的不确定感;不追求宏大叙事,专注于地域生活;不追求传道和说教,专注于资讯的丰富。这种传播模式契合了"芸芸众生的好奇心理和求知欲望,契合了市场化条件下媒体对观众'眼球经济'的消费定位"①,更重要的是,它始终关注地方观众和城市文化,引导观众建构城市精神。

而且,民生新闻的报道内容多集中于市井生活、风土人情甚至家长里短。这些话题看似微小,却折射出民情和民意,显示了传统文化与人文关怀,而这正是道德伦理形成的基础所在。因此,建基于传统道德之上的舆论监督才有了厚实的底蕴,也正是在这一前提下,民生新闻所倡导的舆论监督才能与中国社会的转型相合拍。

《第7日》主持人元元在该节目中说过一段话:"但凡这个问题好解决一点,我们都不待在这儿和您多说什么了,不如戴上手套,拿上工具,早早把树砍了也算是帮荣先生解决了一些实际困难,毕竟他待在只有三面墙的家里苦熬岁月,问题是我们都没有这个技术。荣先生说,如果房漏了要自己铺瓦,地沟堵了要自己疏通,树长高了也要自己砍的话,那么管理部门干什么?我们说,他们也没闲着,他们得开会,研究呀!"这段话听上去既亲切自然,又暗含机锋,可谓是温情与犀利兼备,观众听来也觉得春风化雨,酥到了心里。

进言之,在节目形态和叙事策略上,民生新闻注重把握草根精神与民间文化,注意从普罗大众的文化心理和审美兴趣出发,去设计和包装节目样态,它对家庭纠纷的调节、对消费纠纷的关注、对社区问题的聚焦和对涉及民生的公权力的监督,"它采用'主持公道'的调解模式,是对民间'原型'洞识后的高度提炼,从而获得了受众的普遍认同,使之成为民生新闻节目中的佼佼者"②。所谓"原型",意指中国人的"清官情结"——受害者多寄希望于青天大老爷的出现。这是因为,报纸进入中国之前,由于缺少必要的舆论工具,"被侮辱和被损害的"的事实往往呈碎片化状态,最终也多是以私下处理而结束。但是,具有现代化意义的大众媒体进入中国以后,为民众表达诉求提供了一个空前便捷的传播平台。

反映民情、关注民心,民生新闻通过一条条民生新闻引导市民,进而重塑城市文化。以《新闻现场》的一则报道为例。2007年7月6日,节目报道了因为患病而被铁链锁了十几年的任元勇的故事。按照一般的理解,这个故事可以提炼出"虐待""医疗保险""社会救助"等关键词,并围绕上述关键词制作一则涉及多方的批评性报道。但是,节目并未按照常规的方式来处理。他们一方面全面报道这一事件,另一方面通过追踪报道唤起社会对当事人及其家庭的关注。报道活动持续了6

---

① 刘志杰:《警惕民生新闻的"唯民众化"》,《青年记者》2005年第6期,第18页。
② 谭云明:《民生新闻:中国电视节目的"本土化"追求》,《当代传播》2006年第2期,第34页。

天，直至 7 月 11 日节目组织募捐活动方才结束，任元勇的问题最终得到了妥善的解决，关注此事的观众也最终放下了心。

此事本是一则负面新闻，但是，通过媒体的处理，剧情向着正面的方向发展，这恰恰是"框架论"的一个极好例证。新闻框架的建构主要涉及三个变量：主题、关键词和消息源。从首次报道开始，节目就对主题——后续报道的方向做了规定：化负为正。接着，节目将事件的关键词提炼为"扶弱"和"扬善"。在具体报道过程中，节目始终盯住相关部门而非街头巷议以获取线索。通过主题、关键词和消息源的组合，节目最终确定了该报道的框架——任元勇的问题应该解决，而且可以妥善地得到解决。"电视民生新闻栏目能以这种步步为营的方式有计划、成规模地引导市民的社会责任感的发生及强化，进而提升市民整体积极向上的价值观念体系及城市文化整体的精神气质。"[1]

在具体操作上，民生新闻将自身定位为观众的舆论平台，借此来塑造新型城市精神。

首先，适合但不迎合。民生新闻与传统电视的不同在于，前者的表现形式非常亲民。基于"讲述老百姓自己的故事"这一理念，看节目如与老友对谈，受众与媒体"零距离"。与之相对应的是，随着城市化进程的加快，小城镇建设的推进，人与人之间的关系越来越疏远，亲密交流成了一种稀缺品。而民生新闻恰恰提供了这么一种代偿的机制。当然，民生新闻关注的是市井生活和升斗小民，这极容易使其滑向庸俗化和娱乐化的边缘，那么，塑造城市精神、培养市民责任可以为避免节目"跑偏"提供保障。《纽约时报》的办报宗旨是"刊载一切适合刊载的新闻"（All the News That's Fit to Print），这同样可以给电视人一个启示："迎合"只会使自己沦为"商品拜物教"的奴隶，而"适合"才是新闻报道的正途所在。

其次，低头而非仰头。民生新闻的镜头应该保持平视，因为芸芸众生才是荧屏的主角，草根的生活才是节目的消息源。观众获得了心理上的认同感和满足感，节目也有了吸引人的情感基础，从而为营造观众共同的地域感、价值观和思维认识打下了基础。可见，低头才能让节目立于不败之地。换言之，民生的情怀、以人为本的价值取向都应该是新闻人的方向，也是转型时期对新闻报道的时代要求和理性认知。

最后，温情但不煽情。在民生新闻的语境里，观众并不只是一个冷漠的旁观者。前述，民生新闻推倒了"第四堵墙"，因此，观众既是观看者，更是亲历者，还是参与者。所谓"观看者"，是指观众通过收视节目来获取信息和资讯；所谓"亲历者"，是指节目以平民为报道对象，市民生活即是报道范围；而"参与者"则是指，媒体报道我们身边的事情，使我们对身边事建构起了"共同记忆"，这样，大家就跨越了城市化带来的疏离感，在媒体这个平台上找到了自己的圈子。既然如此，温情足矣，何须煽情？

---

[1] 叶冲：《电视民生新闻与舆论监督》，上海社会科学院硕士学位论文，2007 年，第 21 页。

一言以蔽之，在城市精神的重塑过程中，观众与媒体一道在成长：媒体为观众提供信息、事件和解释，观众给节目以回应、反馈和建议。媒体展示市民的生活、文化和精神，观众为媒体提供线索、素材和动力。在这样一种双向互动中，一种新型的城市精神被建构起来了。

三、监督的内容

（一）公布政府信息

新闻媒体公布政府信息，满足了受众的知情权。

"知情权"这一概念是由美国合众通讯社总经理肯特·库珀（Kent Cooper）于1945年首先提出的。后来，他在1953年出版的《人民的知情权》一书中对概念做了阐释："知情权是指民众享有通过新闻媒介了解政府工作情况的法定权利。"[1] 我国学者也对此做了阐发："（知情权）主要是指公民知悉国家、社会的公共事务的政治权利。"[2] 而且将知情权分成消极权利和积极权利两种形态来细说。前者"是指对自然存在的信息，公民可以自由地寻求、获取，国家、社会、他人只是承担了（消极的）不予干预、妨碍的义务"；后者"是指有关信息本来是应该让公众知悉的，但是现在它被控制在特定单位或人士的手里，知情权必须借助他们的积极行为才能实现。也就是说，特定单位或人士负有向公众公开信息的义务"[3]。

知情权对人的重要性不可谓不大。马斯洛有言："你不知道的事不会伤害你。这根本是胡说八道，因为事实恰恰相反，你不知道的事正是为害最甚的事，它剥夺了你面对事实的机会。"[4] 知情权的意义表现如下："①知情权是公民行使一切民主自由权利的根本前提；②知情权是现代国家宪政民主的基础要素；③知情权是信息化社会中公众必然拥有的一项社会权利和政治权利；④知情权的满足能有效地防止政府滥用职权行为的发生"（王军）[5]。

知情权与信息自由是一枚硬币的两面。知情权是从公民权利的角度来表述，而信息自由是从国家义务的角度来表述。因为内涵一致，只是出发点不同，所以在实践中有时会出现交叉使用的现象。1946年，在第一次联合国大会上通过的第59（1）号决议有如下表述："信息自由是一项基本人权，也是联合国追求的所有自由的基石"；而《世界人权宣言》（1948）和《公民权利和政治权利国际公约》（1966）则把"信息自由"具体解释为"寻求、获得和传递各种信息和思想的自

---

[1] 转引自胡兴荣：《新闻哲学》，新华出版社2004年版，第219页。
[2] 魏永征：《新闻传播法教程》，中国人民大学出版社2006年版，第56页。
[3] 魏永征：《新闻传播法教程》，中国人民大学出版社2016年版，第27页。
[4] 杨保军：《新闻真实：民主社会信息安全的内在要求》，《现代传播》2007年第2期，第42页。
[5] 展江：《中国社会转型的守望者——新世纪新闻舆论监督的语境与实践》，中国海关出版社2002年版，第144页。

由",并且将"信息自由"纳入表达自由的范畴;《美洲人权公约》《欧洲人权公约》把信息自由确立为基本人权。① 除了个别国家将"知情权"直接写入宪法,其他国家多采纳《国际人权公约》"寻求、获取和传播信息的自由"的提法,不少国家虽然没有将"知情权"写入宪法,却以单行的信息自由法对知情权予以保障。2016年由国务院新闻办颁行的《国家人权行动计划(2016—2020年)》(以下简称《计划》)中,继续明确了公民拥有知情权、参与权、表达权和监督权等四种权利。②

所谓"知情权"的"情",主要是指政府信息。"据统计,现在80%的社会信息资源掌握在政府手中"③。可见,要满足人民的信息自由,前提是公布政府信息,而这一任务的完成非大众传媒不可,也只有大众传媒最适合。那么,对大众传媒而言,其满足受众知情权的手段就是新闻报道了。因此,有人说,"从法制意义上保障人民知情权的东西就是新闻"(李幸)④。

满足知情权是新闻报道的题中应有之义。具体到舆论监督,知情权是舆论监督的理论前提,而舆论监督是知情权得以实现的媒体行为,这是因为,知情权(信息自由)是表达权(表达自由)的基础。没有信息自由,就没有表达自由的产生,无表达自由(舆论)的产生,又谈何新闻舆论监督?换言之,没有大众传媒的新闻舆论监督,公民的参与权、表达权和监督权也都无从落实。"现代社会由于其运作的极端复杂性,客观上已经造成了无限责任政府的终结。要使社会分担责任,在有限责任政府治下的良性社会,一定是一个公共信息资源充分共享的社会。在这个意义上,新闻是人民的眼睛,是社会得以理性选择、辨别判断和承担责任的前提。"⑤

《计划》提出:"发挥报刊、广播、电视等传统媒体监督作用,加强传统媒体与互联网等新兴媒体的互动,重视运用和规范网络监督。依法保障新闻机构和从业人员的知情权、采访权、发表权、批评权、监督权。"媒体推动政府实行信息公开,客观上满足了人民的知情权,进而为参与权、表达权和监督权等其他三种权利的实现打下了基础。"现代社会由于其运作的极端复杂性,客观上已经造成了无限责任政府的终结。要使社会分担责任,在有限责任政府治下的良性社会,一定是一个公

---

① 徐明、魏永征:《建立政府信息公开制度的方向与距离——由"哈尔滨停水事件"引出》2005年第五届"新闻舆论监督研讨会"论文集。
② 党的十七大报告明确提出了"保障人民的知情权、参与权、表达权、监督权",在《国家人权行动计划(2009—2010年)》和《国家人权行动计划(2012—2015年)》中,上述四项权利被列入公民权利和政治权利,显示了中国在国内法的立法上与国际法的《公约》保持了衔接——作者注。
③ 魏永征:《新闻传播法教程》,中国人民大学出版社2006年版,第58页。
④ 转引自陈科羽:《中国电视民生新闻现象研究——2004年成都电视民生新闻现象观察与批判》,四川大学硕士学位论文,2005年,第2页。
⑤ 喻国明:《第一天职与新闻立台——关于安徽经视〈第一时间〉的价值思考》,《现代传播》2004年第4期,第46页。

共信息资源充分共享的社会。在这个意义上,新闻是人民的眼睛,是社会得以理性选择、辨别判断和承担责任的前提"①,这是各国的共识。加拿大政府于1982年颁布《信息近用法》(Access to Information Act),规定个人可以接触政府档案中的非个人资料,这是因为,"公众辩论的透明度,对于那些影响政策制定的社会集团来说是至关重要的。否则,他们几乎不能对政策制定的过程施以任何影响"②。无独有偶,美国学者费姆 – 邦茨(K. Feam-Banks)也认为:"一个有效的传播不仅能减轻危机,还能给组织带来比危机发生之前更为正面的声誉,而低劣的危机处理则会损伤组织的可信度、公众的信心和组织多年来建立起来的信誉。"③

然而,中国在信息公开方面的实践还存在不尽如人意的地方。其实,天灾人祸本身是一种客观事实,公开或不公开,并不能影响它的存在,更不可能改变已经发生的事实。但是,公开或不公开,却会对后续的发展造成影响。"那些不知内情的普通民众,往往会受到伤害却不知伤害来自何方,更谈不上什么提高警惕、用心防范了。这样视而不见的警情,其实有点像疫情,如果没有必要的防范,往往会蔓延开来,对民生造成更大的伤害。"④

媒体的舆论监督是在代表公众行使知情权。通过媒体的信息披露,对公权力造成巨大的舆论压力,使之公开披露涉及公共利益的信息。同时,对乱作为或不作为者,媒体的舆论监督行为还会迫使对方不得不采取措施或行动来满足公众的意愿或平息公众的情绪,最终实现社会对国家的制约与抗衡的目的。

(二)监督权力和职能部门的作为

关于舆论监督的主体认定,曾有人认为是新闻媒体。这个说法可以理解,但是不正确。我们经常见到媒体在实施舆论监督行为,因此误把媒体作为监督主体,事实上,没有任何一部法律法规明确过媒体有这一功能。

舆论监督的权利主体是公众,这是有法律依据的,源出宪法赋予公民的言论表达权和批评建议权。至于媒体,它不过"是实现公众舆论监督的手段"(王军)⑤。

关于舆论监督的客体,"是对公共权力的监督,主要是对执政党和国家机关及其工作人员的公职行为的监督"⑥。具体说来,它主要包括两大类:对政府的决策

---

① 喻国明:《第一天职与新闻立台——关于安徽经视〈第一时间〉的价值思考》,《现代传播》2004年第4期,第46页。
② [加]迈克·喀什尔:《作为公共空间的文化政策:加拿大的经验》,转引自袁军:《面向21世纪的传播学研究》,北京广播学院出版社2000年版,第190页。
③ 转引自廖为建、李莉:《美国现代危机传播研究及其借鉴意义》,《广州大学学报(社会科学版)》2004年第3卷第8期,第20页。
④ 大林:《从民生视角看警情通报》,《工人日报》2003年11月7日。
⑤ 展江:《中国社会转型的守望者——新世纪新闻舆论监督的语境与实践》,中国海关出版社2002年版,第143页。
⑥ 魏永征:《新闻传播法教程》,中国人民大学出版社2016年版,第41页。

过程和决策执行情况的监督与对相关人员的职务行为的监督。

在西方,媒体被视为"第四权力",究其原因,是因为立法、司法和行政都是公权力,它们是国家力量的实体来源。而舆论,作为一种"软实力",既是监督公权力的利刃,也是保卫自身权益的盾牌,即"以权利对抗权力"。对此,有人总结了权力与权利博弈的运动轨迹:"从权力对民众的漠视、对舆论的敌视开始,然后舆论逐渐在某些事件上聚焦,形成有代表性的价值倾向,形成让权力认真对待的力量。此时,妥协形成了,权力开始还给公众某些权利,社会也形成局部和暂时的平衡。接下来,舆论、权力又会以新的形态出现在新的局部,于是舆论监督在这样的循环中成为社会的正常因素和合理成分。权力和权利的博弈虽然永远不会停止,但随着舆论监督的正常化和合理化,我们也看到了许多往往看不到的现象。"①

从理论上讲,大众传媒并非产生舆论的唯一因素,但在现代社会,它无疑是最有力且最有效的舆论生成工具。从这个意义上讲,媒体被比喻为"第四权力"是对的。

以下以湖北台的《经视焦点》节目的子栏目《经视大调查》为例具体说明(见表3-6)。

表3-6 《经视大调查》开播一周年监督类报道(2013年10月—2014年10月)

序号	报道
1	神秘公务员求"包养女大学生"调查
2	新化村支书开色情店调查
3	长沙"方记虾尾"被曝"口水啤酒"重上餐桌
4	长沙知名"伍氏猪脚"内幕大起底
5	长沙三元母猪肉变包子馅大起底
6	长沙"硫酸亚铁"臭豆腐大追击
7	衡阳四名小学老师吸毒被拘
8	踢爆"美国联邦波尔美"丰胸连环陷阱
9	六旬老人倒在医院,医护"见死不救"
10	"水果月饼"竟是冬瓜加香精
11	追击被农药催熟的南瓜,省农业厅全省规范"乙烯利"催熟
12	纠风在行风:公务员作风大整顿
13	长沙假"羊肉串"真相揭秘
14	长沙"一元醋"化学勾兑的惊人内幕
15	"百度烤肉"惊曝"口水调料"回收乱象

---

① 王梅芳:《舆论监督与社会正义》,武汉大学出版社2005年版,第87页。

续表 3-6

序号	报道
16	省民政厅"阳光行动"全面清查违规低保
17	焦亚硫酸钠加工"毒黄花菜"大起底
18	长沙"拆骨肉"黑作坊的惊人内幕
19	衡东工商局干部开公司上班揽业务
20	揭曝日均万斤死虾流入"洞庭虾尾"
21	"特训学校"乱象调查
22	长沙"卤牛肉"造假流入知名超市
23	"越大油脂厂"潲水油流向大追踪
24	长沙"天价驴奶"的真相
25	头发哪里去了？——毛发酱油大调查
26	7名烟花工人突然失明调查
27	医院带血手术服竟与酒店床单混洗
28	药水浸泡"毒莲藕"流入长沙大追踪
29	医疗垃圾专卖变餐具大起底
30	记者卧底踢爆长沙地下"借卵""代孕"黑色产业链
31	醴陵村干部贩卖女婴调查
32	全省户籍资料大纠错
33	腐败牛骨头做"胶囊""钙片"跨省大追踪
34	猎枪手滥杀野生保护动物惊险实录
35	长沙工业盐假冒"雪天"食用盐大追击
36	婚介所"天价会费"的秘密
37	长沙"蓝带"啤酒生产日期遭批量涂改
38	狙击流向餐桌的"毒狗肉"
39	长沙病死鸡鸭流向大揭秘
40	知名"德茂隆"从地摊进货贴牌大起底

从表3-6可见，《经视大调查》的监督范围比较广泛，既有权力机关和职能部门，也有工商业界。而深究起来，后者的问题也常常可以归结到前者的不作为或乱作为。这恰恰佐证了孟德斯鸠的那句名言："一切有权力的人都容易滥用权力，这是万古不易的一条经验。"[①]

---

① [法]孟德斯鸠：《论法的精神》，彭盛译，当代世界出版社2008年版，第76页。

当然，在实践中，政府并不愿意成为被监督的对象，这一点古今中外概莫能外。因此，在实践中，常常会出现媒体在实施舆论监督时遭遇阻力的现象，有些地方甚至出现了所谓"防火防盗防记者"的说法。

具体到民生新闻，从其舆论监督实践来看，对事业单位的批评多于政府部门。原因在于，事业单位往往和人民生活息息相关，民生问题更多地出现在这一领域。当然，更深层的原因在于，"与同为公共机构的政府权力部门相比，事业单位毕竟是较易触动的地方。对权力的监督是体现舆论监督程度最重要的指标"①。所以，有人讽刺电视民生新闻是"只打苍蝇，不打老虎"。

下面我们以2007年1月26日《南京零距离》的两则报道为例。

停车费涨价

主持人导语：最近，南京市交通规划研究所正在研究一个新课题，为解决闹市区的停车问题，将大幅提高闹市区的停车费。

采访决策者：说明涨价理由和原因，阐述涨价方案的细则，介绍西方国家的操作办法。

画外音：介绍目前南京市的汽车上牌数量，说明决策者的忧虑是事实。

街头采访：出租车司机、市民。

画外音：也有人表示忧虑，单靠停车费并不能缓解交通压力，反而会增加一些车辆乱停乱放现象。

街头采访：出租车司机、市民。

采访决策者：实现公共汽车专用道的办法，客观上也可以减少小汽车的使用。

主持人评论：涨价会不会起到效果，这事还不能下定论。解决停车问题，我就先把停车费涨1倍，看1个月。效果不明显，就涨5倍。再不明显，就涨10倍。我涨它20、30倍，看看能不能解决问题。春运压力大，我就涨价，我总能涨到我满意的地方……

在线调查：提高停车费能否解决交通拥堵？观众拨打热线，参与调查。

这是一则典型的对政府决策过程的监督。首先，媒介公布了政府的决策过程——停车费将涨价，并采访决策部门予以证实和说明。接着，记者上街采访，了解市民的反应。采访中，为保证客观公正，记者对正反两方的意见予以报道。然后，主持人对此进行点评，并一针见血地指出停车费涨价背后所隐藏的玄机——涨价的真实目的不在于解决交通拥堵，而在于有些部门借此捞取好处。最后，节目还开通热线调查，吸引观众参与此事的讨论。

---

① 胡黎明：《"焦点现象"研究》，新华出版社2004年版，第226页。

校服里子是塑料薄膜

主持人导语:家长反映,有些学校的校服面料质量太差,孩子回家衣服都是湿的,来看看记者的调查。

采访学生:穿这种校服的感受。

画外音:学生的校服里子全是塑料薄膜,一撕就破。(展示这种校服的画面)

采访家长:家长的担心和烦恼。

画外音:学校为什么用这种校服?记者试图采访学校,但没人愿意接受采访。据学生介绍,老师说这种校服每套收125元钱,所以,成本必须控制得很低,因此,选择面料的时候,只能选择低价位面料。便宜当然就没好货。

采访学生:其实每年交纳的校服费是二三百元。校服每天得穿,不穿不让进学校。

权威部门检验:这种里子就是塑料薄膜,严重违反国家标准。有关部门将对全市的校服进行抽检,确保学生穿上放心校服。

主持人评论:到现在为止,我没有看到教育主管部门有规定中小学生必须要有校服。那为什么学校对校服那么感兴趣?塑料薄膜是干什么用的?大棚蔬菜!南京×中能不能告诉我们,这套衣服多少钱?把钱给我,我一定能买到不是塑料薄膜做的校服。一定要学生每天都穿,不穿还要扣什么分。一个要面子的事,到最后连里子都没了。

和上一则针对政府机构不同,这则报道针对的是事业单位。学校虽然不是权力机关,但是它们涉及社会公共事务,因此也是新闻舆论监督的对象。这则报道有三个特点,首先,它的消息来源是观众的报料,对电视民生新闻而言,观众报料现在已成为最重要的消息源。其次,通过记者与权威部门的联系,不仅揭示了校服质量低劣的事实,更重要的是还警醒了职能部门。江苏省质量监督局在检验了记者送检的校服之后,当即表示将对全市的校服进行抽检。最后,主持人的评论依旧出彩,他直接质问当事人南京×中,学生花钱为什么只能买到这种质量的校服?其言下之意已经是呼之欲出了。

(三) 曝光工商业界的违法不良行为

在西方,媒体经常以"看门狗"(Watch Dog)自喻,即媒体就像一条凶狠而尽责的看门狗,在采访公共事务时,密切关注公众人物的言行,掌握社会机构的运作,随时揭发任何可能的舞弊、贪污、掩盖等行为,以维护大众的知情权。一个典型的案例就是《华盛顿邮报》与"水门事件"。

基于这种认识,那么,媒体对社会的"守望",主要还是针对那些可能会对社会发展和公众利益带来损害的问题和现象,通过媒体的披露和评论以引起相关部门和广大群众的关注。因此,报道负面消息,正是媒体应尽的职责。

媒体对工商业界的行为进行监督有其法律依据。《消费者权益保护法》（1993年）第六条规定："国家鼓励、支持一切组织和个人对损害消费者合法权益的行为进行社会监督。大众传播媒介应当做好维护消费者合法权益的宣传，对损害消费者合法权益的行为进行舆论监督。"《反不正当竞争法》规定："国家鼓励、支持和保护一切组织和个人对不正当竞争行为进行社会监督。"《价格法》第三十七条规定："新闻单位有权进行价格舆论监督。"

因此，媒体对工商业的监督是可能的，当然也是有效的。首先，媒体与企业之间基本上不存在明显的利益关系，即使一家企业与一些媒体的关系非同一般，它也不能收买所有的媒体，因此，媒体的独立性得到了可靠的保障。其次，媒体拥有敏感的嗅觉、究根寻源的职业习惯、无处不在的信息优势和强大的民意基础以及法律赋予的一定的权力，这些都为媒体有效监督企业创造了条件。

有人担心，对工商业界的监督会影响媒体的广告收入。对不成熟的媒介来说，这的确是个问题，但对于具有品牌效应的栏目而言，这并不成为问题。"如果是因为我批评了它，就不来做广告，其实对它是一个很大的损失。它到我这儿来选择我的广告时段的话，一定是对它整个的广告效果有好处的。它一定选我的名牌栏目，收视点比较高的。它不能拿这个来要求我不批评，如果是这样的话，我是损失了，它的损失则更大"①。

以《南京零距离》为例。据统计，在2007年1月26—31日这6天，节目共播出17条针对工商业界不良行为的曝光新闻，平均每天近3条。从内容上看，涉及食品卫生、商家欺诈、青少年保护、乱收费、倒买倒卖、动物保护、医患矛盾等诸多方面，基本上都是和老百姓利益息息相关的问题。黑心商贩用变质食品牟利、垄断行业（水厂、邮局）违反规则胡乱作为、游戏机业主损害青少年身心健康等问题，通过媒体的曝光，警醒了世人，也促进了相关部门的作为（见表3-7）。

表3-7 《南京零距离》曝光新闻统计（2007年1月26—31日）

时 间	新 闻	所涉问题
26日	调查变质鸡翅	食品卫生
27日	注水牛肉	食品卫生
	饭托现形	商家欺诈
	调查赌博机	青少年保护
	活杀鲜真相	食品卫生
	河豚上餐桌	动物保护

---

① 郭镇之、赵丽芳主编：《聚焦〈焦点访谈〉》，清华大学出版社2004年版，第109～110页。

续表 3-7

时　间	新　闻	所涉问题
28 日	电工体检走过场	违规行为
	水厂涉嫌乱收费	乱收费
	广发银行乱发卡	行业黑幕
29 日	快速贷款让人快速上当	金融诈骗
	"黄牛"倒卖火车票	行业黑幕
30 日	车站便利店，过期食品多	食品卫生
	调查老虎机	青少年保护
	调查赌博机（追踪报道）	青少年保护
	拆迁公司焚烧垃圾，造成大量烟雾	环境保护
	医院误诊，孕妇流产	医患矛盾
31 日	邮局不到下班时间就关门	乱作为

（四）披露公众人物的情况

"'公众人物'的概念出现在西方是 1964 年。……（它）是指文化、体育名人；政治人物，自愿或不自愿地成为公众人物的人"①。

西方对"公众人物"的认识，源自 1964 年那场著名的官司——沙利文案。那年，美国亚拉巴马州蒙哥马利城警察局长沙利文状告《纽约时报》，因为该报在 1960 年 3 月刊登了一则呼吁读者关注黑人民权运动的政治广告，其中涉及警察驱赶抗议学生的情景有部分失实，为此，沙利文要求该报进行名誉赔偿。这场官司最后打到联邦最高法院，大法官布伦南提出："错误的陈述也有'呼吸的空间'，故也需要保护。如果仅是事实错误，并不得抑制言论自由。"那么，对于涉及公共事件或公众人物的报道错误，控告人必须"明白无误地和令人信服地"证明媒体明知故犯或严重失职，否则不能算是诽谤。法院最终判决沙利文败诉。此案是西方传媒史上具有里程碑意义的案例，它确立的两个要点——报道对象是针对公共事件或公众人物和是否具有实际恶意，结束了所谓的"煽动性诽谤"的陈旧观念，并进一步确立了言论表达自由这一宪法权利，这被人们总结为"沙利文原则"。当然，"沙利文原则"中所谓的"实际上的恶意"，不能狭隘地理解为故意，它还包括媒体对报道内容不加核实就轻率发表这种情况。新闻媒介在批评应当置于公众监督之下的官员和公众人物时也不能没有一点起码的核实程序，至少发表时主观上要"信以为真"。②

---

① 展江：《中国社会转型的守望者——新世纪新闻舆论监督的语境与实践》，中国海关出版社 2002 年版，第 181 页。

② 王强华：《舆论监督与新闻纠纷》，复旦大学出版社 2000 年版，第 390 页。

获得了法律支持以后，美国的媒体在针对公共事件和公众人物的报道活动时底气更足了，这一点在涉及越南战争和"水门事件"的报道中表现尤为突出。

1971年，美国高等法院将"沙利文原则"确立为适应于任何有关公共利益的对个人报道的范围。"沙利文原则"从政治、军事报道向"商业报道"延展，即消费者因批评产品质量而引起的企业名誉诉讼。在美国，"'公正人物'"概念的出现意味着确立了一种'新的宪法性的诽谤法'"（徐迅）①。

除了名誉权，媒体针对公众人物的侵权还有隐私权。在西方，法律对公众人物的隐私权保护要弱于普通人，其依据有三："①公众兴趣和公共利益的需要；②舆论监督的需要；③从利益比较的角度看，也是公平的，能促进社会权利义务对等理念的形成"②。这种理解其实是有实际意义的，因为公众对官员或名人的好奇是人之常情，媒体满足这种正常的欲望也是合情合理的。

在中国，"公众人物于20世纪80年代末、90年代初被介绍进来"③，它是中国新闻纠纷频发的产物。作为一种舶来品，与其他概念一样，它也经历了一个中国化的过程。对于官员，媒体的报道多集中在他们的政务活动和发言讲话，较少涉及后者的私生活。这当然是党的新闻事业管理制度所规定的，"对领导干部的点名批评要从严控制，确需点名批评的，稿件要送被批评领导干部的上一级党委审阅，并经媒介主要负责人批准"④。换言之，新闻舆论监督，首先要坚持党的领导。这不仅是指新闻舆论监督必须符合党的指导思想、路线和方针政策，必须接受党的新闻宣传主管部门和所隶属的党组织的领导，而且，由于新闻批评涉及特定政治组织或官员的负面评价，故而必须在组织上符合党的原则和程序。

"平民视角、民生内容、民本取向"，这是电视民生新闻的三大特色。它的镜头多瞄准普通百姓和基层群众，它报道的内容多为老百姓自己的故事，它注重的是百姓的切实利益，因此，它较少报道政府领导干部的政务活动，对领导干部的发言讲话也是择其要者而用之。

我们以2007年1月26—31日这6天的《南京零距离》为例。6天中，节目共报道了7条领导讲话。从内容上看，涉及教育、市政、就业、卫生等多个行业（见表3-8）。我们不难看出，民生新闻择其要者之"要"，就是选择领导讲话中那些与百姓利益有密切联系的内容。从这一点来看，民生新闻与《新闻联播》之类的"时政新闻"有着明显的区别。

---

① 展江：《中国社会转型的守望者——新世纪新闻舆论监督的语境与实践》，中国海关出版社2002年版，第25页。
② 洪伟：《大众传媒与人格权保护》，华东师范大学出版社2005年版，第227～229页。
③ 徐迅：《中国新闻侵权纠纷的第四次浪潮——一名记者眼中的新闻法治与道德》，中国海关出版社2002年版，第25页。
④ 魏永征：《新闻传播法教程》，中国人民大学出版社2006年版，第74页。

表3-8 《南京零距离》领导讲话报道统计（2007年1月26—31日）

26日	27日	28日	29日	30日	31日
省政协副主席：农民子弟免收义务教育学杂费	省委书记：发展的成果要惠及百姓，让老百姓的日子越过越好	人大代表：食品安全		南京市妇联主席、南京市副市长：关心外来务工者	
省委书记：在入学、社保、看病、就业等群众实际利益问题上，坚决不搞面子工程	南京市长：完善河西等一城三区的配套建设，进一步解决老百姓关心的问题			栖霞区委书记：兴建惠民医院，解决看病问题	

至于名人，由于民生新闻不同于娱乐新闻，因此，在文化、体育名人的报道上，关注度就更低了。

四、监督的范围

开展异地监督，是国内媒体既现实又无奈的选择。就前者而言，本地监督的难度很大，原因有三：①地方政府对本地媒体的舆论监督不快是主要原因；②本地媒体监督本地常常遭遇人情的干扰；③出于经济利益的考量，媒体对本地的监督常常投鼠忌器。

相反，异地监督可以规避上述这些矛盾。"跨地区监督有利于冲破地方保护主义的阻挠，而且异地媒体一般不会因顾及事发当地的广告、发行市场而使报道受到限制，受人情的干扰程度也会降到最低，有利于新闻舆论监督达到比较全面、客观、真实和深入的水准"（孙旭培）[①]。这里最为典型的就是《南方周末》。

但是，我们目力所见，民生新闻的监督基本上还是瞄准本地，原因何在？

首先，地面频道的定位决定了它的监督范围。民生新闻大多属于非上星频道（北京卫视的《第7日》除外），在信息来源、覆盖范围和目标受众方面，都只能局限在本省或本市。因此，在民生新闻里，我们可见外地的奇闻逸事、风土人情，但是少见舆论监督和负面报道。

当然，各省均有上星频道并在全国大中型城市落地，但是，它们的节目内容几乎都是本省经济和社会发展的成绩，至于舆论监督，则缘悭一面，即便这些节目在

[①] 展江：《中国社会转型的守望者——新世纪新闻舆论监督的语境与实践》，中国海关出版社2002年版，第8页。

当地有着很高的收视率和不错的口碑。究其原因，它们视上星为一个橱窗，"家丑"岂能"外扬"？在此心理作用下，这些上星频道几乎成了"报喜台"。

其次，党和国家的法规政策所限。目前，我们对新闻事业的管理主要基于党的政策和相关法律法规。对于异地监督，各地宣传部门常常保持着高度警惕。

当然，本地监督也未尝不是一件好事，它有助于节目的本土化，即"依据中国的特殊国情，立足中国的社会现实，按照中国电视媒体自身的运作规律，遵循中国电视观众的接受习惯与实际需要，组织、制作与传播具有中国民族特色、气派、风格和口味的电视节目"①。从这个意义上讲，民生节目还是可以有所作为的。

五、监督手段与特色

（一）鼓励观众参与，多方搜集线索

民生新闻是新闻业转型的产物，电视人力图通过赋予受众一定的传播权和话语权来推进转型。因此，重视观众参与，成为民生新闻的一大特色。

此外，对于地方电视台来说，报道资源的匮乏也是其重视观众的原因之一。前述，地面频道面临的对手有二：以央视为代表的中央级媒体和上星的卫视频道。相比而言，后两者获取资源的能力（也包括政策扶持的力度）远大于前者。因此，民生新闻发动群众提供线索就成了首选之道。

民生新闻的线索来源主要有以下几种：①观众报料；②观众贡献内容（User Generate Content，UGC）；③其他媒体的启发；④相关部门提供；⑤记者观察；⑥媒体策划。以下重点介绍前两种。

民生新闻普遍重视观众提供线索，它充分利用新技术和新媒体来扩充线索渠道。比如，设置专门的报料电话，24小时有人接听；鼓励观众用手机短信的方式，为节目提供新闻线索；许多栏目还开设官方网站、新浪微博和微信公众号，同时，主持人也开通个人的"两微一端"，观众不仅可以在上面提供线索，反映问题，还可以对节目进行评价，并与主持人在线交流。此外，对于有价值的线索，节目还会给报料人以一定的报偿，如石家庄电视台的《民生关注》节目就专设了"民生爆料王"板块。

除了鼓励观众报料，节目还借鉴互联网的 UGC 经验，鼓励观众向节目输送内容，其中最突出的就是"百姓 DV"。

"百姓 DV"这一形式是一个颇具创意的想法。所谓"受众"，并非他们真的只能够且只愿意接受信息，其实他们不乏传播的渴望，但囿于技术的限制，这种"表达欲"被压抑。新媒体时代的来临以及新传播技术的普及，沉淀在观众心里的那种欲望被激活了，于是，他们拿起手中的摄像机或智能手机，记录身边的生活，讲述别人的故事，拍摄不文明的城市现象，并在电视上播放，从而完成了自我意识的

---

① 胡智锋：《电视的观念：胡智锋自选集》，北京广播学院出版社 2004 年版，第 107 页。

"公共表达"。《第一时间》节目设有"随手拍"板块,宣传语为"第一时间随手拍,您拍视频我来播",而《经视直播》则拥有数十位注册的"百姓摄像师"。

当然,"随手拍"也存在一定的问题:选材雷同、新闻价值低、主题不集中、内容碎片化、缺乏提炼、过多的自然主义手法、假丑恶的坏新闻多……这些内容过多过滥的话,也会削弱民生新闻的品质和品位。针对《第一现场》的专家评议意见里,就有"太过重视群众的作用"的说法。

有的栏目,如《南京零距离》,会在每期节目里专门挑选一个话题,鼓励观众通过短信或电话的方式参与讨论,在此基础上,根据观众选择的结果来确定下一次故事的"续篇"主题。这个做法既大胆又新颖,因为"观众和手机短信这些通常新闻叙事以外的异质元素的导入,使一则一般意义上的软新闻转变为一次关注公共领域状况的大演练,是一次名副其实的'新闻推动进步'的真正实践"[①]。

民生新闻走的是"平民视角、故事模式和受众本位"的路子,传播的是"市民话语"。但是,历史经验告诉我们,一个消费着商业媒体和流行娱乐方式的、见多识广的市民公众的存在,它总会以自己独有的方式去争夺掌握社会精英手里的话语权。比如,"在20世纪中国,集体情感主义被证明是一种有力的、然而没有保障的、对于威权主义统治的解药"[②]。相比哈贝马斯所谓的西方市民社会及其以理性为核心的沟通方式,中国人更重视情感的力量,并以之来驱动民众的政治参与。因此,政治话语被商业话语所取代,甚至为后者所绑架,这并非一种乌托邦式的哲学想象,而是基于历史经验的逻辑推论。

回到民生新闻,"媒体把话语权从党政官员手中转移到了市民手中,赋予了全体市民参与公共决策的权利,让民众的意见被政府所关注,转而以政府意志出现,最大程度地实现了民意的公共价值"[③]。

有的栏目重视在节目过程中的互动。这一点,西方同行有如下表述:"民生新闻中心(Pew Center for Civic Journalism)的执行总监詹舍佛(Jan Schaffer)先生认为,民生新闻是鼓励市民参与报刊与电视媒体的新闻采编,生产及播报活动的过程,其更为深远的意义在于鼓励市民发展与维护自己的社区。以反映矛盾、冲突等作为新闻报道主题的民生新闻旨在突出问题的解决、领导及变革等积极的侧面。民生新闻运动的倡导者认为,主编及新闻总监没有解决本社区问题的答案,这需要由广大居民的参与及帮助。"[④]

《媒体大搜索》(东方卫视)主持人常常是一边播新闻、一边检索信息平台,

---

① 何国平:《电视民生新闻文本的叙事学分析》,《山东视听》2005年第6期,第15页。
② 林郁沁:《施剑翘复仇案:民国时期公众同情的兴起与影响》,江苏人民出版社2011年版,第228页。
③ 彭焕萍:《中国电视新闻的平民化进程》,《当代传播》2005年第5期,第74页。
④ 苑京燕:《美国地方电视新闻及"民生"特质》,《节目》2004年11月号,http://blog.sina.com.cn/s/blog_4b2c5f5a010006qn.html。

第三章 电视民生新闻的传播角色

对观众提出的问题在直播期间就作出回应;《1860新闻眼》的"特别关注"邀请观众选择追踪调查方向。既然方向是观众选定的,因此,观众的参与性也自然被调动起来,他们会主动为节目提供相关信息。《嘎汕胡》干脆把观众请进演播厅,主持人和观众一道来完成节目的播出。

(二)运用隐性采访,强化节目实感

关于隐性采访,代表性的解释是:"记者隐瞒记者身份或采访目的,用偷拍偷录等隐蔽手段对事件或人物进行的采访"[①]。"广义是指不显示记者身份的采访,狭义是指在采访受到拒绝或者估计会受到拒绝时,隐瞒记者身份,以至伪装其他身份进行的采访,采访的手段不只是观察、记录,还包括拍摄、录音,即所谓的偷拍、偷录"[②]。由此,我们可以总结,隐性采访的特征主要有两点:不显示记者的身份,也即人们常说的"暗访";使用隐蔽的观察、记录方法,包括偷拍偷录。

民生新闻普遍重视隐性采访,表3-9是《南京零距离》在2007年1月26—31日之间在隐性采访方面的表现。

表3-9 《南京零距离》隐性采访统计(2007年1月26—31日)

时间	26日	27日	28日	29日	30日	31日
使用次数(次)	2	4	3	2	2	2
总新闻数(条)	12	7	11	11	15	10
所占比例(%)	17	57	27	18	13	20
新闻内容	老何讨工钱；调查变质鸡翅	注水牛肉调查；害人的赌博机；活杀鲜真相	劣质校服调查；电工体检走过场；广发银行领奖难	"黄牛"倒卖火车票；银行发卡不审核	赌博机调查；医院误诊,孕妇流产	电信赠送拨号器；调查车站黑车

从比例上看,隐性采访的使用还是比较频繁的。1月27日,共有4条新闻采用了隐性采访,占当日新闻总数的57%。从内容上看,也是涉及百姓衣食住行各个方面。

"暗访"这一做法,各国新闻界都在使用,并不构成法律问题,但是,偷拍偷录却是一个模糊地带,也易引起纠纷。因此,说隐性采访要谨慎使用,更多的是指

---

① 甘惜分:《新闻学大辞典》,河南人民出版社1993年版,第137页。
② 展江:《中国社会转型的守望者——新世纪新闻舆论监督的语境与实践》,中国海关出版社2002年版,第34页。

125

偷拍偷录技术的运用。但吊诡的是，媒体多青睐隐性采访。如何理解这一现象？我们从新闻工作、法律规定和受众兴趣这三个角度入手。

从新闻工作的角度看，偷拍偷录的作用不可谓不大：它满足了人们的知情权，加大了舆论监督的力度，补充了正面报道的不足。尤其是对不受法律保护的人及行为的偷拍偷录，大大增加了舆论监督的力度，成为报道中的精彩片断。

学界关于记者偷拍偷录的合法性讨论主要是从采访程序、采访内容和采访目的等三个方面来理解。首先，从采访程序看，要符合以下两个要求：记者的身份必须是合法的；记者所从事的活动是职务行为。其次，从采访的内容看，必须排除以下几种现象：是否涉及国家机密、国家安全；是否涉及商业机密；是否涉及侵犯个人隐私；是否进入法律不允许的场合进行采访。最后，从采访目的看，记者是出于公心。

从法律的角度看，2004年4月1日施行的《最高人民法院关于民事诉讼证据的若干规定》第七十条第三项指出，在民事诉讼中，"有其他证据佐证并以合法手段取得的、无疑点的视听资料核对无误的复制件，对方当事人提出异议但没有足以反驳的相反证据的，人民法院应当确认其证明力"。以往，以偷拍偷录方式取得的录音录像资料并不能作为民事诉讼的证据。现在，按照新规，偷拍偷录所获得的资料，不在于"偷"的行为本身，而在于是否构成非法。

从受众兴趣的角度看，受众对隐性采访是欢迎的。因为记者偷拍偷录的客体，主要是各类"假丑恶"现象，这些现象往往对公共利益构成侵害。现在，记者站出来，以隐性采访的方式将之披露给社会，即便行走在法律与道德的边缘，也能得到社会的宽容和理解，而这正是记者偷拍偷录的民意基础。

进言之，在中国，新闻采访尚不能得到充分的保障，尤其是针对公权力的监督，往往遭遇各种阻力。那么，求真相、用暗访就成了有效的利器，而且，暗访所形成的报道，在现场感、真实感和震撼力方面远强于传统上那种由于"采播分离"所造成的"声画两张皮"现象。

当然，记者在使用隐性采访时，也应谨慎使用，毕竟它不是主流的采访方式。以《南京零距离》2007年1月31日《电信赠送拨号器》为例，小何2次开通宽带，获得2只拨号器。他认为，2只拨号器有些多余，便退还1只给电信。但电信不接受，非要他收下这只拨号器，双方产生了争执。《南京零距离》在陪同小何前往电信公司交涉时，采用偷录的方式，记录下小何与电信人员之间的理论。应该说，对于这种"人民内部矛盾"，其实根本没有必要使用偷录的手法。此外，《南京零距离》在播放自己的偷录画面时，也未在画面上做任何提示，这也是值得质疑和推敲的地方。当然，有些栏目在这方面还是比较注意的，比如《非常新闻》，他们在播放偷录画面时，总会在画面上打上"非正常拍摄"的字样，这是对观众负责的表现。

一言以蔽之，记者在隐性采访时，应注意以下三个问题：①报道的客体涉及公共利益;②避免侵犯被访对象的合法权益;③采访要有道德底线。

"谨慎选择采访方式,将会使中国媒介避免重蹈某些西方的覆辙;而严格的行业自律,也会为新闻界自身开拓更为广阔的报道空间。"①

(三) 报道生活资讯,发挥服务功能

新闻的本质是一种信息,而服务功能是信息的题中应有之意。因此,加强资讯报道,是体现媒体服务社会的功能体现。

在民生新闻出现以前,电视媒介并非没有服务意识。比如,20世纪80年代,央视的《为您服务》就是一个颇受全国观众喜爱的节目。但是这种节目太少了,远远无法满足观众对信息的渴望。

作为板块式的电视新闻杂志,民生新闻节目一般由"社会新闻、生活资讯和投诉建议"这三个基本板块组成,其中"生活资讯"体现出了新闻信息的服务性。

表3-10是《南京零距离》在2007年1月21—27日的7天内发布的生活资讯的数量。

表3-10 《南京零距离》生活资讯报道统计(2007年1月21—27日)

时间	21日	22日	23日	24日	25日	26日	27日
数量	4条	3条	3条	6条	3条	4条	5条

从表3-10中可以看出,它们少则3条,多则6条。具体到内容上,既有关系物质生活的水、电、煤气等信息,也有涉及精神生活的晚会、旅游、电影等项目。这些信息都以滚动字幕的形式出现在电视屏幕下方,既利用了空间,也不影响画面新闻,体现了电视民生新闻信息量密集的特色。

民生新闻播报生活资讯,首先是由节目定位所决定的。一档栏目的内容定位是指栏目的宗旨、性质、文化品味、地方特色等,栏目的内容定位是一档栏目立足于传播目的和受众需求而做出的媒介产品决策。民生新闻的目标受众是市民,而后者对信息尤其是涉及生活的方方面面的资讯有着强烈的渴求,而电视恰恰满足了受众这一信息需求。

其次,民生新闻着力于生活资讯,有助于提升其竞争力。传统的新闻理念强调,内容决定一切,这一说法并不完善。在"内容为王"的理念指引下,媒体的操作流程是搜集新闻—编辑组版—打包销售。但是,处于激烈的市场竞争中,仅仅靠内容不能确保受众对媒体的忠诚,因为可替代的太多了。那么,在海量资讯的基础上,精选并提炼出有价值的资讯并传递给受众,显然会更吸引后者。"如果你的这种服务是有某种独特的延伸和附加的服务,也就是说把内容的这样一种服务延伸到

---

① 徐迅:《中国新闻侵权纠纷的第四次浪潮——一名记者眼中的新闻法治与道德》,中国海关出版社2002年版,第269页。

内容服务之外的环节里去，我们就有更多的空间、更多的作为，而我们的价值会越大"①。以《第一时间》为例，该节目自创办以来，大打"公益牌"，想尽办法为观众提供有价值的服务，以彰显节目的人文关怀精神和社会责任感。该节目的一大特色是，将舆论监督与生活服务相结合，为群众解决了许多实际问题。从关注"进城务工人员讨薪"到关注"特困大学新生"，从"寻访好心人"到"合肥拆违"，从煤电、房产到交通、天气，把"人本"思想发挥到了极致，当地的观众亲切地将《第一时间》称为"新闻110"。

再次，媒体播报生活资讯的同时，也是一种生活理念的传播。民生新闻立足本地，面向城市，要想接地气，就要贴近受众，那么，挖掘本土特色，引导生活理念，进而重塑城市精神，也就是一种必然。换言之，新闻内容的价值就不仅体现在对受众知情权的满足上，还表现在其具有的生活服务、消费引导等意义上。2018年9月29日，《零距离》的子板块"欢乐送"联合南京市城市管理局一道走进板桥街道永安花苑小区，以"垃圾分类管理"为主题，组织社区居民开展现场有奖问题活动，对回答正确的观众，向他们发放大米、食用油等生活物资，这样，一方面科普了相关知识，另一方面也活跃了社区氛围。再如《南京零距离》的生活资讯，不少是消费信息，它们既满足了受众的求知欲，还诱发了观众的消费欲，发挥了信息的服务功能，体现了新闻的增值效应。有了这个认识，民生新闻的工作范围将得到大大拓展。

最后，要在服务中与观众互动，在互动中提升服务质量。前述，20世纪90年代央视推出的一档《为您服务》节目很受观众喜爱。现在回过来看，这个节目还是有它的问题，即它所坚持的理念是："服务性就是要教观众做点什么"。时至今日，这一观念显然和时代不合拍。

民生新闻初创之时，一些节目盲目效仿《南京零距离》，刻板模仿后者的模式。虽然它们也设置了类似"生活资讯"这样的服务类板块，但深思下来，它们或者是缺乏互动意识，或者停留在低水平的互动层面，遵循的还是《为您服务》所使用的"要教观众做点什么"的所谓服务意识。所以，有人尖锐地批评道："没有服务意识的互动只会沦为节目的促销工具，而没有互动的服务，则变成了节目一厢情愿的热情。"② 即便是某些节目鼓励观众提供线索或者参与节目播出过程，也是浅层次的所谓"互动"，只是一种形式主义的"互动"。

随着电视人对民生新闻认识的深入和新闻实践的日益丰富，部分节目开始朝"深度互动"发展。有些节目不做"一次性生意"，而是做追踪报道、系列报道；有些节目摒弃"我播你看"的模式，而是让"观众出题、媒体答题"；有些节目采

---

① 佚名：《聚焦都市生活 培育城市文化》，《珠江时报》2006年5月29日。
② 杨姣：《民生新闻节目的核心竞争力初探——以〈民生关注〉和〈都市条形码〉为例》，http://blog.sina.com.cn/s/blog_4ab67d7c0100077m.html。

用非线性编排模式,在节目进行过程之中,随时调整节目顺序或临时插播重要资讯;更有甚者,有些节目根据竞争对手的实时表现,随机调整自家的播出内容。

上述这些大胆而新颖的做法,体现了以受众为本的现代新闻理念,也赢得了观众的好感。同时,它还提高了节目的附加值,实现了从"可看"到"好看"再到"必看"的转变。

(四)追踪事件发展,落实监督效果

从传播过程看,报道事件的处理结果,是原来报道的自然延续,是一个有始有终的整体。如果只是拼命渲染事件本身,而对事件最终的解决情况充耳不闻、装聋作哑,也是对客观事实的割裂,这种行为应该是严肃的媒体所不齿的。就受众而言,一个事件被披露以后,他最关心的也正是这件事的下文如何,因此,重视反馈,不仅是媒体的社会责任和应有道义,也是作为一个传播媒体的技术要求。

我们以《南京零距离》"劣质校服事件"为例。

2006年1月26日,根据家长提供的线索,《南京零距离》向公众披露,南京×中的校服里子是塑料薄膜。通过实地走访,记者发现,这种校服既不保暖,也不透气,是典型的劣质产品。而且,由于学校要求学生每日必须穿着校服上学,长此以往,必然有损学生的身心健康。随后,记者向江苏省质监局反映了这一问题,对方表示将在近期内对南京市的校服进行一次专项抽检。

2006年1月28日,节目播出了此事的追踪报道——"业内人士称×中校服根本不值100元钱"。通过对生产厂家的暗访,记者指出,这种以薄膜做里子的校服成本不到50元。因此,学校收取学生100多元的校服费是不合理的。记者还补充采访了存在类似问题的另一所中学南京×中。最后,节目播出了一位曾经从事过校服生意的知情人的电话报料,证实了学校存在高额收取学生费用却卖给学生劣质校服的问题,同时,知情人还进一步揭露:这种校服的出现,未必是学校的原因,而是教育主管部门的授意。

2006年1月31日,《绝对现场》(在《南京零距离》前面播出,一起形成长达一个半小时的民生新闻)播出了当事人——南京×中的说法:"×中校服的价格是经过了物价局批准。而且,要求学生穿校服,可以杜绝学生的攀比。"对此,孟非评论:"经过物价局的批准,就能否定它乱收费的性质吗?而且,仅仅靠校服,就能杜绝学生的攀比吗?"

"劣质校服问题"这类事件,牵扯面广、社会影响大,具有较高的新闻价值,因此适合进行深入调查和追踪报道,以凸显栏目在舆论监督上的深度和力度。然而,在大量的市民投诉中,比较多的是涉及个人的小问题。对于这些小问题,《南京零距离》则采用滚动字幕的方式,向观众报告事件进展。表3-11便是该节目在2007年1月26—31日通过流动字幕的方式反映的追踪反馈。

表3-11 《南京零距离》追踪反馈统计（2007年1月26—31日）

时间	26日	27日	28日	29日	30日	31日	总计
追踪反馈	1次	1次	1次	1次	1次	1次	6次

及时客观地反馈事件进展，对于提高栏目在观众中的知信度有着不可低估的影响。

央视的《焦点访谈》也很重视事件的追踪报道，但是，由于时间的缘故，他们往往时隔几个月甚至半年后，专门拿出一期来向观众报告事情结果和反馈意见。很明显，这样做有其局限性。

民生新闻的节目时长多在半小时至1小时，应该说，时间上是不成问题的。因此，民生新闻有条件也有必要加强对事件的追踪和意见反馈，这对栏目影响力和公信力的形成有着不可替代的作用。

（五）设置合适议程，引导舆论走向

1963年美国政治学家科恩在形容报纸的作用时说："报纸或许不能直接告诉读者怎样去想（what to think），却可以告诉读者想些什么（what to think about）。"①这句话言简意赅地概括了议程设置理论的内涵。1972年，美国传播学家麦库姆斯和肖在《舆论季刊》发表了《大众传播的议程设置功能》，他们认为，大众传播具有一种为公众设置"议事日程"的功能，传媒的新闻报道和信息传达活动以赋予各种"议程"不同程度的显著性的方式，影响着人们对周围世界的"大事"及其重要性的判断。也就是说，媒体对某个事件关注得越多，该事件在公众心目中越重要。②

与以往的效果理论相比，议程设置理论的特殊性在于，它研究的不仅是媒体对受众产生了多大的作用，而且是研究媒体的报道力度与受众关注程度之间的对应关系，一般来说，它们是成正比的。"记者对新闻事件的评判很大程度上影响了公众关注与该事件有关的议题"③。

有人认为，民生新闻的发展方向是向"公共新闻"演进。比如，2003年10月28日，《1860新闻眼》宣称走一条比民生新闻更为宽广的道路——"公共新闻"：我们用公众的眼睛关注国计，我们以人文的精神关注民生，我们创造公共新闻话语，我们搭建社会和谐的公共平台。

"公共新闻"（Public Journalism），也称"公民新闻"（Civic Journalism），它肇

---

① 转引自孙苗：《自媒体时代：媒体人的选择》，《青年记者》2011年第35期，第59～60页。

② ［美］丹尼斯·麦奎尔、斯文·温德尔：《大众传播模式论》，祝建华译，上海译文出版社1997年版，第84～85页。

③ ［美］沃纳·赛佛林、小詹姆斯·坦卡德：《传播理论：起源、方法与应用》，郭镇之译，华夏出版社2000年版，第268页。

始于 20 世纪 90 年代的美国,"是指大众传媒以组织者、行动者的身份参与社区事务,倾听市民心声,寻找共同关心的问题并发起讨论,以各种方法吸引公众广泛参与,同时进行高强度、大规模的报道,争取对社会各界产生最大程度的影响,以实现某个良好的愿望或解决某个社会问题的媒体行为"①。

民生新闻能否走向公共新闻,学界尚有争议。但是,不论是民生新闻,还是公共新闻,传媒的公信力却是一个必不可少的要件。影响公信力的变量很多,大到栏目的定位、节目的编排、主持人的表现,小到一则报道、一篇评论,甚至一张照片、一个标题、一个错别字,林林总总,都与公信力息息相关。但是,"如果一个媒体的议程设置出现偏颇可能对媒体公信力的降低会远远超过这些方面的失误,有时面对一些与受众密切相关的议题视而不见或故意歪曲,甚至会对媒体公信力产生致命的伤害"②。反过来说,如果媒体能有效运用"议程设置"手法,对公信力的提高倒是善莫大焉。在信息时代,人们对信息的依赖到了"不可一日无此君"的地步,因为他们常常把媒体所营造的"拟态环境"误解为真实的客观环境。这种心理基础,"使得大众媒介实施大规模舆论控制具备了必要的前提。媒介通过制造信息环境诱导舆论是默默进行的,不仅是毫无痕迹,而且效果惊人"。而议程设置正是实现舆论控制的有效手段之一。③

传统的电视新闻在议程设置上多采用"我播你看"的方式,不大重视观众的反应。而民生新闻更多地采用"软设置"的模式,鼓励观众与媒体一道设置议程。比如,有些节目采用短信或电话的方式,鼓励观众提供线索和话题,同时,在节目播出过程中开展民意调查,并在节目结束前公布民调结果。从统计学的角度说,这种所谓的民调,并不具备科学的意义,它更多的是一种象征手法,即"通过调查这一形式带动观众参与节目,增强节目的交流感,结果只反映一种趋势,是'软'的,供'大众参考'。'软'的表达,反映了媒体传播理念上受众意识的增强"④。

以《南京零距离》为例。它采用在线投票的方式,在每期节目中选择一则新闻,作为观众参与的话题。他们将意见分为正反两类,鼓励观众电话投票表态。在节目的进行当中,他们在屏幕下方的左右角,用两种不同颜色的柱状图,即时显示投票的进展情况。当节目进入尾声时,主持人宣布投票结束,并对最终结果进行解读。

表 3-12 是 2007 年 1 月《南京零距离》在四次节目中的在线调查。

---

① 李青藜:《美国的公民新闻事业》,《国际新闻界》2004 年第 1 期,第 36 页。
② 陆高峰:《议程设置与框架建构偏颇对媒体公信力的影响》,《青年记者》2005 年第 3 期,第 84 页。
③ 王梅芳:《舆论监督与社会正义》,武汉大学出版社 2005 年版,第 252 页。
④ 张丽琴:《电视"民生新闻"现象探析》,《正德职业技术学院学报》2005 年第 1 期,第 29 页。

表 3-12 《南京零距离》在线调查统计（2007年1月26—31日）

时间	26 日	27 日	28 日	31 日
话题内容	停车费涨价能否解决交通问题	是否赞成注水牛肉明码标价	单位自建房能否抑制南京房价	是否赞成烟花燃放"面开点禁"的做法
节目倾向	否定	否定	否定	肯定
正方	841 人次	902 人次	2049 人次	2599 人次
反方	2465 人次	1665 人次	1707 人次	1394 人次

从内容上看，话题的选择涉及交通（停车费）、食品安全（注水牛肉）和居家生活（自建住房、烟花燃放）等问题，显示了民生新闻的"民生"特色。从调查结果看，我们发现正反双方的意见相差甚大。造成这种现象的原因有二：

首先，节目的舆论导向，影响着观众的意见。在"停车费涨价"问题上，记者的采访基本遵循了客观公正的原则：真实报道新闻信息，走访决策部门，了解政策出台的原因，提供相关背景资料，对持不同看法的市民进行采访……但是，主持人的评论却带有明显的倾向性。孟非指出："停车费涨价，其实和以往的春运涨价是一样的，都是借涨价扩大部门利益。"可见，主持人的言论对最后的结果起到了一定的干预作用。

其次，话题内容的选择也影响了最后的结果。比如，"是否赞成注水牛肉明码标价"。食用注水牛肉，必然损害身体健康，这是生活的常识。本应属于加大力度予以查处的东西，何来明码标价、挂牌出售？这个问题过于简单，不必等到最后，一般人也能猜到结果。由此观之，媒介在话题选择上，不能为调查而调查。这种随意轻率的做法，无疑是对宝贵的电视资源的浪费。

在"单位自建房能否抑制南京房价"的问题上，节目的倾向和观众的意见出现了反差。应该说，对此问题，节目表现出了一定的理性。通过对专家的采访，他们指出，单位自建住房可能会进一步加剧社会的不公平，因为效益好、有土地的单位，可以借机增加自己的福利，这对于没有土地、效益差的单位来说，是不公平的。观众并不是缺乏理性的思考，他们表现出与节目相反的意见，恰恰反映出大多数人面对飞涨的房价的无奈。因此，这是一个很值得深究的话题，媒介完全可以紧抓不放，深入调查，从而体现出新闻背后的意义。但是，很遗憾，节目在最后只是公布了调查的结果，并未对此作出任何的评论。

如果说，节目的态度是一种"本质叙事元素"的话，那么观众参与就是"异质叙事元素"。不同的叙事元素掺杂到节目中，既大大扩充了节目的信息容量，还为节目带来许多不可预测的变化，丰富了节目的内涵，并加强了节目的吸引力。《1860 新闻眼》曾报道了一则"有人骑马进闹市"的新闻。故事讲完以后，记者走访有关部门和专家，了解到并没有法律法规禁止街上骑马。于是，他们设置了一道问题：马究竟能不能上马路？1万多名观众通过短信参与进来，63%的观众认为不可以，37%的观众认为可以。短信成了新闻的延续与深入：法律没有禁止的就是合法的吗？闹市骑马是否侵犯他人的公共空间？观众还查阅有关法律文件，试图找出骑马者合法或不合法的根据。立法部门则开始研讨，有无必要将之写入法规。这样的节目既新鲜有趣，又给观众传播了新知，而且为相关部门的立法提供了素材，值得鼓励。

关于议程设置，我们对它做狭隘的理解，即，只要议程在媒体上得到呈现，就表示议程设置的成功。媒体议程能否成功地转换成公众议程，不仅取决于媒体对议程的呈现方式，更取决于公众的兴趣、接受水平和当时的社会环境。有鉴于此，有人建议，民生新闻可以从以下五个方面来选择议程：民间舆论，安全，社会现象，社区，家庭故事。①

此外，民生新闻还要学会处理好两种形态的报道：负面报道与正面报道。对于这两者的区别，一般人的理解是，前者以批评为主，后者以表扬为主。事实上，这两者并不能截然分开。负面报道当中，可以隐含正面的内容，同样，正面报道当中，亦可挖掘批评的元素，对于后者，有人将这种现象称为"舆论监督对正面报道的渗入"②。比如，下面这两则刊于《人民日报》的报道就是很典型的例子：《铁道部长"托运"彩电被敲诈　丁关根搞"火力侦察"获实证》（1986年10月22日）《安徽省委书记李贵鲜严斥某些领导干部撕破脸皮伸手要官》（1987年12月9日）。正所谓"惩恶必先扬善"，扬善的本身就有惩恶的意味，更何况上述报道所弘扬的正气，无一不是直接指斥歪风邪气的正面批评。③进言之，舆论监督并不能狭隘地理解为批评性报道，"舆论监督作为政治体制和意识形态的重要组成部分，其对社会的价值指导作用超出其对现实生活的批评宣传作用"④。

（六）尊重受众心理，合情合理监督

调查性报道滥觞于西方，是一种专门用来揭露社会阴暗面的报道形式，因此，人们又将其称为"揭黑幕报道"。

历史上，因调查性报道而声名鹊起的报纸和报人不在少数，最有名的当数《华盛顿邮报》和罗伯特·伍德沃德、卡尔·伯恩斯坦这两位调查记者，他们在"水门事件"中的杰出表现最终使得尼克松总统狼狈下台。"调查性报道"的战斗力可见一斑，所以，有人将其喻为"大刀"——"揭露官员的腐败是西方调查性报道的重头戏——用大刀，总统、部长统统在刀口注视之下"⑤。这一点，央视的《焦点

---

① 张福欣：《民生新闻之我见》，https://max.book118.com/html/2017/0607/112298171.shtm。
② 侯军：《疲软的舆论监督》，中国妇女出版社1989年版，第83页。
③ 侯军：《疲软的舆论监督》，中国妇女出版社1989年版，第84页。
④ 王梅芳：《舆论监督与社会正义》，武汉大学出版社2005年版，第27页。
⑤ 张威：《调查性报道的都市关注：以南京〈晨报〉为例》，《今传媒》2006年第4期，第55～56页。

访谈》有类似的表现,其权威性之强、火药味之浓、杀伤力之大,是其他节目所不能比肩的。

"水门事件"百年难遇,生活中更多的还是衣食住行等民生问题,用"大刀"显然是不合适的。事实上,民生新闻在实施舆论监督的过程中,更多的是用"匕首"——尊重受众心理,合情合理监督,以体现出节目的亲和力。

民生新闻选择"匕首",与其节目定位有关。它的目标对象是市民,这些人占有的社会资源较少,话语权一般也不掌握在他们手里。换言之,他们的声音总是被排斥在主流空间之外。他们需要表达、获得重视并证实其存在感,这是民生新闻得以立足的民意基础。吊诡的是,尽管他们的话语权微弱,但是,他们拥有文化资本。"文化资本是强化和提高社会阶级地位的一种手段。与区域亚文化紧密相连的或者说最需要使用这类文化资本的,往往是那些占有社会各类资源最一般的普通市民"①。可是他们又没有意识到自身所具有的力量,而且也不知道如何有效地调动这份资源。因此,民生新闻的出现,使得这种潜藏的力量被激发起来了。

首先,民生新闻用说新闻的模式来拉近和受众的距离。"说新闻"的方式被称为"亲昵体裁"(Familiar Style)——"摆脱了用社会等级和社会世俗来对待听众、受话人,不论官阶"②。方言新闻就是一个最典型的例子,如《拉呱》《阿六头说新闻》《新闻坊》等,主持人直接用方言播报;再如,鼓励观众出镜,让后者获得存在感;又如,拍摄时讲究"原生态"呈现,尽量减少后期剪辑,体现了对被访者的尊重。这些都是亲昵体裁的不同表现。

其次,努力让新闻"热起来"。以往,新闻给人的感觉总是冷冰冰的,适当加入一些娱乐元素,使新闻"升温",可以让观众更易于接受。比如,《南京零距离》播报过这么一则新闻:两位外地朋友来到南京,分别遭遇一好一坏两个"的哥"。得知此事后,节目模仿流行歌曲《东北人都是活雷锋》,做了一期《南京人都是活雷锋》的节目,并请南京艺术学院的老师为之谱曲并在节目里面播放。节目播出后,它立刻成了街谈巷议的话题,并启发观众思考什么是真善美。

最后,加强对新闻的解读。"新闻是对于事实的报道。新闻不是评论。发现事实,描摹事实永远是第一位的,离开了事实,再好的议论也变得无价值;如果我们把新闻比作水,把评论视为引水之渠,那么,离开了水,评论便不过是那些七横八纵的干涸的河床。"③

2003年6月15日《南京零距离》报道一条新闻:一位大学教师对工商银行多

---

① [法]皮埃尔·布尔迪厄:《文化与权力》,转引自戴安娜·克兰:《文化生产、媒体和都市艺术》,赵国新译,译林出版社2001年版,第2页。
② [日]北冈诚司:《巴赫金:对话与狂欢》,魏炫译,河北教育出版社2002年版,第194页。
③ 喻国明:《第一天职与新闻立台——关于安徽经视〈第一时间〉的价值思考》,《现代传播》2004年第4期,第46页。

收贷款利息不满，交涉无果，一怒之下到该行开了100本1元的存折以报复银行。新闻之后，孟非说："大凡事出有因，我们要在这个'因'上下功夫。"一句话表明了媒体的态度，站在维护群众利益的立场上，但对该储户的报复行为显然是不赞成的。这种"心疼老百姓""为百姓代言"的言语在民生新闻中是比较多见的。

相反，面对违反党纪国法、损害群众利益的行为和人员，民生新闻主持人的评论却是毫不留情。《直播南京》的主持人东升在评价一家损害群众利益的单位时，直言不讳地说："对这种单位，我送他们四个字'厚颜无耻'！"应该说，这种评论的确能给人以"解气"之感。

大量报道负面新闻和批评性报道，也是民生新闻反映民生民情的做法之一。表3-13是2003年11月28日南京地区六档民生新闻栏目的负面报道情况。①

表3-13 南京地区六档民生新闻负面报道统计（2003年11月28日）

报道比例＼栏目	南京零距离	服务到家	法制现场	直播南京	1860新闻眼	标 点
负面新闻比例（%）	81.8	78.6	71.4	50	28.6	26.9
批评揭露类新闻比例（%）	50	14.3	50	33.3	7.1	7.7

民生新闻在反映社情民意、代言民生民情上发挥了其应有的作用，极大地增强了百姓维护自身权益的信心和勇气。现在，百姓们用本土方言和本阶层的语汇，在镜头前大胆地发表看法，表达诉求。他们与强势群体周旋时，以弱胜强的机智与勇气，不屈服于现今弱势地位的挣扎与抗争，其观点在民生新闻的舞台得到了充分表达。一个有力的例证是："在南京本地的民生新闻中，有这样一个多次出现的新闻场景、一个已成为表征符号的'新闻聚像'（news icon）：由于某种历史渊源与文化特色，南京市民对南京的树一直保有一种特殊的情感。每当建筑商要消灭一棵古树时，新闻镜头中总会出现操着南京方言的大妈（或是老大爷），他们或是单枪匹马地出现，或是成群结队的聚集在一起，熟练地操着南京方言反复与资本与权力——管理部门与建筑商在镜头前理论、较量，直到事情圆满解决。"②

可见，相比《焦点访谈》，民生新闻的风格更为温和。但是，温和只是一种风格，它不能替代节目内容本身。凡事皆有度，尊重受众心理，不能滑向流于迎合的泥淖。所谓受众心理，应该是"以符合社会中正当风俗或占主流地位的道德准则为

---

① 《2004年1月全国18城市CSM电视节目收视TOP》，《中国广播影视》2004年第3期，转引自李沫：《对城市电视新闻变革突围的策略思考》，《西部广播电视学刊》2004年第3期，第29页。

② 路璐：《电视民生新闻：作为一种文本的深度解读》，http://www.zijin.net/get/lecture/2005_08_15_9264.shtml。

标准，参照社会的习俗与公约"①，而非一味满足受众恶意的好奇心。在法国，法官一般认为，如果报章做出的报道采取了哗众取宠的形式，足以显示有力求引起公众恶意好奇心的意图，就不能以满足读者知情权为辩护理由来解除一份报章的责任。② 因此，媒体要把公众的合理兴趣界定为：符合社会中正当风俗或占主流地位的道德准则为标准，并参照社会的习俗与公约，而不是那些逐奇猎异的恶意。

（七）重视行为监督，轻视决策监督

"舆论监督的方式，按学术界公认，分为批评和建议两类。正面的意见就是建议，负面的意见则是批评。建议一般是针对决策提出的，具有决策监督的功能。批评有针对决策的，但大量是指向具体的人和事的，具有行为监督的功能。"③

由此看来，决策监督的意义显然是远大于行为监督。对前者而言，媒体要做的，是全面报道决策过程并使人民群众及时了解决策内容，并通过专家咨询等方式，提高决策的可行性；同时，对决策过程中的违法违规现象予以曝光和批评，从而保证决策的合情、合理、合法。

但是，考察民生新闻的监督实践，结果是行为监督多，决策监督少。表3-14是2007年1月26—31日的《南京零距离》的舆论监督情况。

表3-14 《南京零距离》舆论监督统计（2007年1月26—31日）

时间 内容	26日	27日	28日	29日	30日	31日
画面新闻数	12条	9条	11条	11条	15条	10条
行为监督	6条	5条	4条	4条	5条	5条
决策监督	2条	0条	0条	1条	1条	0条
决策监督内容	1. 停车费涨价 2. 公厕改革	0	0	公厕选址	进城务工人员子弟学校何处去	0

从表3-14来看，涉及决策监督的新闻数量上明显少于行为监督。一些民生新闻节目意识到了这个问题，并进行了有益的尝试。

以《1860新闻眼》（以下简称《1860》）为例。2006年10月23日《1860》播出一则现场新闻：马能不能上马路？正午时分，一个男人骑着枣红色的高头大马，在闹市的人行道上得意地溜达。在他身体一侧的铁栏杆外是滚滚的车流。警察拦住他，告诉他不能在街上骑马，《道路交通安全法》规定马车不能上马路。男子振振有词："可我这是马，它没拉车，你规定了马车不能，可没规定马也不能。"市容部

---

① 洪伟：《大众传媒与人格权保护》，华东师范大学出版社2005年版，第224～225页。
② 朱国斌：《法国关于私生活受尊重的法律与司法实践》，《法学评论》1999年第3期，第134页。
③ 魏永征：《新闻传播法教程》，中国人民大学出版社2006年版，第72页。

门接到了举报,匆匆赶到现场,他们的武器是《城市市容和环境卫生管理条例》。"市区内不能养家畜",他们如此告诫骑者。没想到这招根本没有用,"它不是家畜,我也不让它干活,它是我的宠物。怕它随地大小便,我还给它屁股上带上了兜兜"。

乍一看,这是一则滑稽新奇的社会新闻,其实不然,它是《1860》精心策划的一次活动,目的是促进城市管理制度的完善。因为10月22日江苏省人大常委会审议通过了《江苏省道路交通安全条例》,这是全国第一部地方性交通安全法规,而闹市能否骑马还是法律的"真空"地带。

在这次活动中,尽管媒介是策划者和组织者,但他们没有唱"独角戏",而是发动市民讨论,组织各种活动,寻求解决对策。百姓,或者说公民,成为推动事件进展的重要力量。

由上例可知,行为监督与决策监督的意义不在一个层面。行为监督重在提醒社会管理者关注某件事或某一社会现象,这种就事论事的特点,使得行为监督显得过于琐碎,所以,社会管理者也常常把它看得若有若无,甚至排斥、拒绝。决策监督则不然。它报道决策过程,公示专家论证结果,让群众知晓决策的可行性,对决策过程中的违规行为进行批评。在这种"探照灯"式的观照下,权力机构与人物不得不小心行事,仔细斟酌,而不敢轻举妄动,肆意妄为,从而保证了决策的科学性、民主性和透明化。进言之,行为监督往往关注某些个人或个别事,这种报道常常流于琐碎,难以引起相关方——管理者的重视,后者也多视行为监督为无足挂齿的小事,甚至对之排斥和拒绝。

民生新闻刚出现时,观众们对传统电视还保留着较强的刻板印象,觉得它们宣传味重、说教性强,因此,民生新闻让他们眼睛为之一亮。但是,初期的民生新闻追求短、平、快的风格,这是一种"短跑"。要让自己具备"长跑"的素质,就不能简单地停留在吸引读者兴趣的层面,而应该向深处挖掘。在报道具体的人和事的同时,将镜头转向具有全局意义的决策过程。这样,一方面,节目的品质得到了提升,另一方面,观众的理性思维也得到了锻炼,更重要的是,科学的决策有助于人民群众的生活改善,民生就不再是停留在媒体的口号上,而是落到了实处。

2004年9月27日,《1860》首先对江苏省发改委副主任的"公推公选"进行直播,这次直播取得了重大的社会效益。"电视直播的方式将对选拔干部的人和被选拔的人都起到监督和促进作用。候选人竞职演说展示在观众面前,评委给其评分就要更加慎重和负责;一个竞职演讲演砸了的候选人,如果评委给了高分,组织者和评委都要承受社会舆论谴责的巨大压力"(江苏省委党校刘长江教授)。

同样,它在市民中也引起了震动,几个主要广场的大屏幕尽管没有声音,还是吸引了大量的市民驻足围观。1000多名各地观众通过短信参与了直播,或点评演说内容,或对选举程序提出建议,几部直播电话的铃声就没停过,几乎被打爆。

此后,《1860》还对其他场次的"公推公选"进行了录播。

概言之，舆论监督不是也不能只停留在具体的事情上，"它也不是游离于社会政治秩序、文化秩序之外的装饰性的行为"[①]。舆论监督本身就是民主文化环境的产物，因此，它的基因带有民主的特征。它随时随地代表社会成员以平等的姿态向社会发问、向社会吁求，以平等的姿态干预社会的进程，促使社会各个部分协调共处、平衡发展。因此，要发挥舆论监督的社会平衡功能，从行为监督上升到决策监督，是民生新闻未来的必由之路。

---

① 王梅芳：《舆论监督与社会正义》，武汉大学出版社2005年版，第92页。

第四章　电视民生新闻的传播效果

第一节　两个效益双丰收

据统计,"全国省级台地面频道及各城市电视频道所拥有的民生新闻类栏目约300个（不含县级台）",它们占全国电视新闻类栏目的60%以上,其中江苏、浙江、辽宁、山东、安徽、河南、湖北的民生新闻栏目的数量位居前列。这些栏目"每年广告创收约40亿~50亿,约占全国电视广告总收入的约7%~8%"。[①] 此外,它们在社会效益上同样取得了较好的成绩。在电视民生新闻出现后不久,根据央视索福瑞对2003年6月—2004年5月全国电视栏目收视状况统计数据,中国广播电影电视集团主持评比了全国观众最欢迎的百家电视栏目,最终有来自37家电视台的100个栏目入选,而民生新闻节目与纪实纵深类节目平分天下,占电视栏目总数的30%,[②] 其中,《阿六头说新闻》《直播南京》《天天630》《都市一时间》等民生节目榜上有名。

一、带动栏目收视率

对一档栏目而言,受众是否得到满意的服务,是栏目生存发展的关键因素。作为对传统电视的反动,民生新闻出现伊始,便受到了受众的欢迎。从开设投诉热线,到帮忙节目,从上门服务,到为民维权,民生新闻向受众展示了热心公益的态度和服务市民的热情。许多不入传统新闻法眼的琐事,在电视民生新闻那里都得到了应有的展示,经常遭遇各种困难的弱势人群,在电视民生新闻那里获得了难得的尊重。因此,电视民生新闻栏目创造了一个又一个的收视率神话,也带来了丰厚的广告收益。

以下是一些栏目在创办初期的收视情况:

南方电视台的《今日一线》自2003年10月1日开播后,节目播出一周之内就跃升至广东普通话新闻收视第一的位置。

广东电视台珠江频道的《今日关注》自2005年3月21日开播后,当年6月收视超过香港亚视和无线电视两档新闻。

[①] 胡智锋:《中国电视民生新闻发展报告2011》,中国广播电视出版社2011年版,第1页。
[②] 周小普:《民生新闻:内容与形式的创新表达》,《中同广播电视学刊》2005年第2期,第13页。

深圳广电集团都市频道的《第一现场》于 2002 年 12 月 2 日开播。在 2006 年上半年，平均收视份额达到 21.5%，成为当时深圳最有影响力、最有观众缘的电视节目。

东莞电视台新闻综合频道的《今日莞事》，2006 年 1 月 1 日开播时的平均收视率为 2.6%，而到了当年 10 月则上升到 19.6%。

天津电视台都市频道《都市报道 60 分》自 2005 年 4 月 7 日改版以来，收视率最高时达到 10.2%，成为天津媒体中最受观众喜爱的栏目。

天津电视台新闻频道《都市热播一小时》于 2008 年 2 月 13 日开播。2009 年 7 月份以来，平均收视率达到 2.41%，与上半年相比，增幅达 29%，与 2008 年相比，增幅达到 60%。2009 年全年平均收视 2.12%（索福瑞数据），位列全台自办栏目第八位。2008 年还获得天津电视台首届十大创新奖。

兰州电视台新闻综合频道的《兰州零距离》自 2004 年 5 月开播以来，成为本地平均收视率最高的节目，收视率最高达 10.8%。

安徽电视台的《第一时间》自 2003 年 7 月 28 日开播后，合肥地区的最高收视率达到 28.64，瞬间最高收视率达到 30.6；在安徽地区的最高收视率也达到 9.46，超过了同时段电视剧的收视率。

海南电视台综合频道的《直播海南》自 2004 年开播以来，收视份额一直保持在 20% 以上。

云南电视台都市频道的《都市条形码》于 2004 年 2 月 6 日开播。2008 年昆明地区的收视率始终排名第一，市场份额最高达到 29.8%，当年每月平均 22.52%。

吉林电视台都市频道的《守望都市》于 2001 年开播，曾在长春地区创下了收视率 40.74%、市场份额最高 60% 的收视奇迹。

时至今日，不少民生节目依旧保持着强劲的收视优势。以《新北方》为例，辽宁省级媒体中，电视节目主要分为新闻、文艺栏目和电视剧三类，前二者以民生新闻、当地特色娱乐节目为主，后者以王牌频道的剧集节目为主。从 2016 年辽宁省级媒体收视率数据看，《新北方》等栏目类节目表现出了较强的领先优势（如图 4-1）。再以广东为例，2001 年广电总局先后批准凤凰、华娱、星空、MTV 和香港无线电视的翡翠、明珠，亚洲电视的本港、国际 8 个频道在珠三角落地。根据 AC 尼尔森的调查数据，在广州地区，2001 年境外频道总共占有 64.3% 的市场份额，境内频道只占 35.7%。[①] 3 年以后，AC 尼尔森统计显示，从 2004 年 9 月—2005 年 3 月，境内频道的市场份额持续超过了境外频道。以广州电视台为例，其新闻栏目《新闻日日睇》开播不久，便迅速升至黄金时段第四名，而《广州电视新闻》收视率稳定在 10% 以上，2005 年的收视率曾高达 15.78%，成为广州地区同类节目的收

---

① 侯迎忠：《媒介与民生：电视民生新闻的理论与实践》，中国传媒大学出版社 2008 年版，第 55 页。

视冠军。① 广东电视台珠江频道的《今日关注》，2005 年 6 月的收视率超过香港亚视和无线电视两档主打新闻，最高收视率在广州地区达到了 8%。② 深圳广电集团都市频道的《第一现场》，2006 年上半年平均收视份额达到 21.5%，当年 6 月，都市频道月平均收视率超过香港翡翠台，成为深圳地区的冠军频道。③

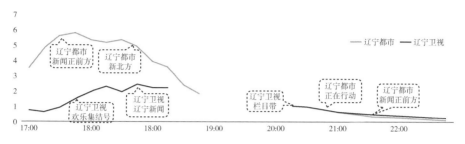

图 4-1　2016 年辽宁省省级媒体 4+省网栏目收视率（%）

资料来源：《2017 年全国媒体环境分析》，http://www.doc88.com/p-4773875767091.html。

除了收视率的上升，市场份额也得到了提高。以《第一时间》为例，开播以后，全省的市场份额最高达到了 22.1%。从 2004 年 3 月 21 日起，首次突破 50%，5 月最后一周的周平均市场份额达到 59.7%，最高峰值达到 78.1%（出现在 5 月 31 日晚 18：45）。在当时已有 40 余个频道激烈竞争的形势下，《第一时间》用了不到一年的时间，在全省打下 1/5 的市场，在合肥拿下 1/2 以上的份额。发展至今，节目的收视率和市场份额依然位居前列。根据 2016 年 2 月 28 日—3 月 5 日安徽省网统计显示，其省网平均收视 2.38，合肥市场份额 9.87%，位居地面频道第一位；市网平均收视 4.78，市网份额 17.59%，位居全频道第一位（见表 4-1）。与《第一时间》同台的《帮女郎帮你忙》也取得了不俗的收视效果。根据 2016 年 2 月 28 日—3 月 5 日安徽省网统计显示，其省网平均收视 1.62，市场份额 16.95%，合肥市网平均收视 1.95，市场份额 15.05%，省网、市网排名均位列全频道第一位。

表 4-1　《第一时间》收视率和市场份额数据

时　　间	收视率（%）	市场份额（%）
2002 年 11 月—2003 年 7 月	1.05	2.8
2003 年 8 月—2004 年 4 月	14.13	36.2
2016 年 2 月—2016 年 3 月	2.38	9.87

---

① 谭天：《2005 中国电视新闻面面观》，《新闻记者》2006 年第 2 期，第 46 页。
② 郭光华：《民生新闻：经济效益与社会责任双重探索的一个范本》，《现代传播》2009 年第 5 期，第 48～50 页。
③ 侯迎忠：《媒介与民生：电视民生新闻的理论与实践》，中国传媒大学出版社 2008 年版，第 55 页。

再以河南省郑州地区的民生节目为例，收视率同样表现不俗（见表4-2）。

表4-2 河南省郑州地区电视民生新闻栏目（2009年数据）

栏目名称	播出频道	播出时间	收视率（%）	市场份额（%）
都市报道扩大版	河南都市频道	18:45—19:25	4.29	17.47
都市报道	河南都市频道	19:25—20:09	3.70	11.27
民生大参考	河南三套	19:25—20:25	2.30	6.87
DV观察	河南八套	21:00—22:30	1.53	4.94
小莉帮忙	河南三套	18:45—19:25	1.29	5.24
法治现场	河南四套	20:20—21:30	1.19	3.30
郑州大民生	郑州一套	17:58—18:58	0.65	3.72
郑州夜线	郑州一套	21:50—22:25	0.46	1.71
有啥说啥	郑州二套	18:30—19:00	0.57	2.79
法治时空	郑州五套	20:55—21:15	0.42	1.16
郑州法治报道	郑州五套	19:30—20:05	0.31	0.94

高收视率带来的是满意的广告收益。统计显示，"全国民生新闻栏目每年广告创收约40亿～50亿。2009年，全国电视广告收入675.82亿，民生新闻栏目约占全国电视广告收入的约7%～8%"①。《南京零距离》在2004年的广告时段买断价格突破一亿元，创国内地面频道广告收益的纪录，此后，节目连续多年保持该纪录。2008年，节目所属频道城市频道的全年广告收入突破2.2亿元，其中一半的收益来自《南京零距离》；2009年，云南都市频道的年广告收入为1.4亿元，其中，《都市条形码》的广告创收近6000万元；2008—2009年，福建新闻频道的《现场》节目连续两年广告收入超5000万元；2010年《新北方》广告创收一个亿，成为辽沈地面第一个单体创收过亿的自办电视节目。不仅如此，有些节目在成功之后还"反哺"了台里。如东方卫视借《嘎汕胡》节目经常为台里即将播出的电视剧"打广告"，同样，《零距离》也经常为当晚的后续节目进行"预热"。再以《天天630》为例，根据AC尼尔森数据显示，其收视率在全国12个大城市电视新闻栏目收视率排行榜中持续排名第一，2006年、2007年、2008年3年栏目广告收入均达到1亿元，2009年被评为全国十佳电视栏目。

下面，我们以《南京零距离》《第一时间》《拉呱》《第七日》等四档节目为例进行说明。②

---

① 胡智锋：《中国电视民生新闻发展的三大问题》，https://wenku.baidu.com/view/5e741546be1e650e52ea9979.html。

② 以下数据除特别说明外，其他均来自各栏目官网。

(一)《南京零距离》

作为国内较早开办的电视民生新闻栏目,节目从一开始就处于高位发展的态势。节目开播第2周,即进入AC尼尔森南京地区排行榜;到第6周,进入排行榜前15名;到第28周,居排行榜前列,列所有电视新闻栏目排行榜第一名。从2002年9月开始,《南京零距离》在南京地区一直保持尼尔森收视率排行榜第一名。[①]开播第一年,广告收入近5000万元。

2003年1、2月,除央视春节、元宵节晚会,该节目连续位列排行榜第一名;周平均收视率为16%,继续保持排行榜第一的成绩。2003年1—4月中旬,节目的平均收视率为9.2%,而在其开播前4年,江苏城市频道同时段的平均收视率却只有1.5%左右。2004年,节目广告以1.088亿元的价格被买断而成为国内身价最高的电视新闻栏目。2005年11月,其广告招标仍拍下了1.069亿元的天价。再从其广告单价来看,开播初该时段价格为7000元/30秒,2003年价格为12000元/30秒,2006年价格则升至187000元/5秒,无怪乎福布斯和史坦国际联合将其评为"中国最具投资价值媒体"。"从2004—2010年,《南京零距离》连续7年广告创收突破1亿元;2008年,江苏城市频道全年广告收入突破2.2亿,超过全国部分卫星频道广告经营收入,成为全国第一地面强势频道,这其中《南京零距离》的创收贡献无疑最大。……据无形资产评估机构评估,(孟非)个人身价达7000多万元,创下了当时全国地面电视主持人的最高身价纪录"[②]。

(二)《第一时间》

作为安徽电视台一档家喻户晓的民生新闻品牌栏目,自2003年7月28日开播以来,该栏目的收视率在合肥地区屡创新高,最高超过30%[③],甚至超过了一些电视剧和综艺娱乐节目。2004年第一季度,其广告、栏目冠名1800万元。2014年,年创收达历史新高1.2亿元。

(三)《拉呱》

作为国内最早以方言播报新闻的电视栏目,它自2005年10月31日开播之后,带动了一大批方言新闻栏目的出现。主持人小么哥以仗义执言而闻名,成为栏目的标志之一。2006年,《拉呱》在济南地区收视率达到全年平均23%,最高31%的惊人高度。[④]而其市场占有率,在济南地区也达到80%之高。

[①] 王永新:《电视民生新闻的竞争优势与差异化趋势》,《理论界》2008年第5期,第250~251页。

[②] 胡智锋:《中国电视民生新闻发展报道2011》,中国广播电视出版社2011年版,第8页。

[③] 方永明:《与时间赛跑 与时代同步 与民生为伴——解码〈第一时间〉十五年收视奇迹》,《新闻世界》2018年第12期,第26页。

[④] 央视索福瑞全国电视收视市场分析数据,转引自叶冲:《电视民生新闻与舆论监督》,上海社会科学院硕士学位论文,2007年,第33页。

(四)《第7日》

作为民生新闻的探索者(1999年4月开播),该栏目已经成为北京卫视的品牌节目。主持人元元以其俏皮可爱的语言风格、犀利尖锐的评论特色和亲切祥和的精神面貌,成为北京市民"最想邀请到家的客人"。《第7日》放在北京卫视上星频道中播出,因此,节目的品牌号召力覆盖了全国。2006第三季度,栏目收视率平均4.9%,最高达到7.6%。2006年全年广告收入为1.38亿元。

二、有问题找记者

民生新闻是新闻平民化的产物,因此,充当观众的生活代言人就成了节目自发的选择。

在过去,发生在生活中的一次不合理的收费、邻里间的小小纠纷、偶然的交通事故,几乎难入媒体的"法眼"。但是,作为新闻本土化的产物,在受众本位思想越来越占主导的时代,民生新闻以其平民化、娱乐化与服务性倍受观众青睐。民生新闻以平民视角关注平民百姓,"百姓生活中发生的点点滴滴需要新闻从业人员有足够的耐心来记录、表现,需要媒体有足够的热情来提供一个可以倾倒苦水的话语平台"①。

民生新闻节目反映的都是生活琐事:房屋渗水、看病就医、买菜购衣、就业上学、物价上涨、好人好事、服务态度、消费意识……它们为广大群众提供了参照标准和行动坐标。其中舆论监督类节目尤其吸引观众,因为观众悟到了一个窍门:有事就找记者。

当然,电视人也欢迎观众的求助。民生新闻的火爆,带来了业内的恶性竞争。以南京地区为例,竞争最激烈的时候,每晚的黄金时段有六档不同的民生新闻同时播出。激烈的同城竞争,使得一些节目不得不一再将首播时间提前。如,《直播南京》为超过《南京零距离》,其首播时间竟比后者早40分钟。再以海南为例,每晚18:50—20:20的90分钟时间,有《夜线》《直播海南》《热带播报》《新闻现场》《第一民生》等五档同类节目播出。这种白热化的竞争态势,迫使从业者必须尽其一切力量去争取受众,因此,拓展媒体的职责范围,帮助观众维权,也就成了他们的竞争策略。

(一)《小强热线》

它是浙江教育科技频道旗下民生新闻节目《走进今天》中的一个子栏目。自2004年开播以来,该节目一直秉持"大事小事,有事您说话"的原则,以"服务百姓"为宗旨,将镜头对准老百姓生活中最实际的困难,展现原生态的民生疾苦,开创了浙江省民生新闻类的先河。

---

① 陈龙:《新闻本位、舆论监督、人文关怀:民生新闻的公信力要件》,《中国电视》2004年第6期,第47页。

它的内容涉及多个方面：房屋问题，公共卫生，公共财产安全，未成年人或者老年人利益保障，拖欠进城务工人员工资以及产品、服务质量问题……它着力关注突发事件，从市民生活、本土文化入手，尽量做到贴近民生，从而获得较好的收视效果。浙江观众口中的"小强"足以与《南京零距离》的孟非比肩。

2010年，该节目进行了全新改版，力推大容量直播。目前，该节目旗下设有"小强气象站""小强留言板""小强卫星站""小强实验室"等子板块，节目宣传语是：热点事件有小强追踪到底，公众话题听小强独家评述，大事小事找小强帮你解决，喜怒哀乐看小强个性演绎。

在舆论监督方面，节目的特色有二。①以小见大，在维护小权益中体现人文大关怀：在浙江，小强已经成为"为百姓做实事"的象征。在日复一日的维护人民基本权益、体现传媒人文关怀中寻找节目价值。②树立权威，在追踪曝光中理性引导社会舆论：节目题材直接将视角对准群众普遍关心的社会热点问题，关注和引导群众关心的社会热点，有较高的权威性。

（二）《守望都市》

它是吉林广播电视台旗下的一档节目。从2001年开播至今，经过四度扩版，发展到目前每天早中晚三个时段、180分钟滚动直播。

该节目的播出时间是长春地区竞争最为激烈的黄金时段，但它仅用了两个多月便稳定了在该时段的绝对优势，收视率节节攀升，连续四次以第一名的成绩被评为省台自办优秀节目，其收视水平在全国同类节目中位居第三。它是长春观众心中最可信赖的新闻媒体，也是唯一可与电视剧媲美的新闻节目，它所创立的收视高峰打破了数年来自办栏目收视率难敌电视剧的神话。

目前，《守望都市》的固定收视群体平均忠诚度高达97.9%，这与其节目定位有关：它秉承关注民生、反映民情、传达民意的宗旨；以弘扬社会新风、鞭挞不良现象为定位；以现场直播为特色，及时报道城市中每天发生的新闻事件。同央视的《焦点访谈》一样，在《守望都市》的门外也有两支队伍，一支是提供新闻线索的观众队伍，一支是找关系的说情队伍。也正是这个原因，它成为吉林省内覆盖最广、开播时间最长、收视率最高、影响力最大的民生新闻节目。

观众视节目报道为法院判决，对媒体来说，这实为一把双刃剑。往好了说，是媒体的传播力和影响力的一个实证，说明他们的努力得到了社会的承认；往反面说，则是一种巨大的舆论压力，即社会的期待与自身的能力之间的差距，这是一个不争的事实。

东升，《直播南京》节目的子板块"东升工作室"的主持人。该板块一直是南京地区最具权威的舆论监督节目，也是《直播南京》节目中收视最高点，"有困难，找东升"成为南京市民的一句口头禅。

东升以"仗义执言"而闻名南京："蓝领工人式的南京口音，挥拳撸袖、大声咆哮的台风，必要时可以拍桌子骂娘，有时甚至其与听众、观众的对话也很不斯文有礼。但是他显得非常草根，所以享有直言者的威望：市民希望他骂人，他骂了，人们就喜欢他。"① 电视界有人调侃道："东升工作室一开始，有关部门就要开始忙了。"但是，也有网友尖锐地指出："东升也做了不少的好事，不能一棒子把他打死，他其实也想做得更好，但他也受到很大的压力，他不能把自己的命搭上了和人拼吧，我只是希望他以后不要做得这么明显就是咯。""在电视上他有一副貌似救世主的脸，但他是什么他最清楚，有一定辨别力的人也清楚。他的行为其实和大家一样，混口饭而已！东升改变不了的。"网友的评价多少道出了当下民生新闻的生存境遇，东升后来的遭遇，为民生新闻提供了一个极端的注脚：2015 年 9 月，"东升工作室"停播，其本人退出荧屏，转为幕后工作。

当然，有些栏目这方面做得比较妥当。比如《经视直播》，据总制片人陈剑介绍，他们每天安排两个编辑值班，对接到的报料进行分类，新闻价值较高的，列入公开报道的一类。剩下的那部分，他们以公函的形式反馈给问题涉及的各部门，然后处理职能部门的反馈，在屏幕上滚动播出。如果遇到职能部门置之不理，他们就坚持一次、两次、三次，最长的坚持了三个月。在这种坚持下，现在所有涉及的职能部门，尤其是教育系统、卫生系统，都积极主动配合解决问题。

三、栏目影响力扩大

从媒体的角度看，其影响力的扩大源自其公信力。

公信力是媒体长期形成的信誉度、权威性和影响力，它来自媒体对事实的客观、真实、全面、平衡的报道。作为衡量媒体受众亲和力、市场竞争力和社会影响力的重要指标，公信力有助于媒体发挥舆论引导和整合资源的作用。

对电视节目的影响力评价，主要基于收视率、广告收入和观众忠诚度等几项指标。中国特殊的媒介管理体制，决定了大众传媒的权威度，尤其是作为党和政府喉舌的主流媒体，而接待人民来信来访、维护弱势群体利益也就成为媒体重要的工作内容。作为国内较早出现的民生新闻栏目之一，《南京零距离》开播后，其影响力大有取代当地 110、119 之势，"有事快找零距离"是南京人的口头禅。我们从《南京零距离》所获荣誉便可见一斑：2003 年度"江苏省十佳电视栏目"；《南风窗》将 2003 年度"为了公共利益"新闻奖授予《南京零距离》；新浪网"2003 年中国十大电视栏目"评选，《南京零距离》名列榜首；主持人孟非在"全国十大优秀电视节目主持人"网上评选活动中得票数位列第二位。

再从受众的角度看，媒体"抚慰功能"② 是民生新闻受青睐的重要原因。

---

① 佚名：《再见东升，南京最后一个在电视上"骂人"的主持人》，《扬子晚报》2015 年 8 月 7 日。

② 周玉黍：《媒介抚慰：一种弥合阶层落差的方式——南京市民收视民生新闻行为与动机调查》，《学海》2005 年第 6 期，第 174 页。

首先，受众从民生新闻中获取人际交流的"亲切感"与社会的"尊重感"。在詹姆斯·凯瑞看来，传播不仅仅是对信息的传递，更多的是对情感的维系。民生节目大量报道涉及百姓衣食住行的社会新闻，还让市民出镜，而且采用故事化的播报模式，这种由媒介构造的"拟态真实"使观众常常产生错觉，误以为是"生活真实"。因此，观看民生新闻，观众自然产生了亲切感。

其次，受众从民生新闻中获取参与公共事务的虚拟满足感。民生新闻的电视评论多以大胆泼辣、犀利尖锐为特色，如《南京零距离》的孟非、《第7日》的元元。以元元为例，有观众这么评价道："元元说的是咱百姓的事、百姓的烦恼，说的是咱老百姓爱听的话，元元那嘴皮子利索，说话解气、赶劲，说到了百姓的心窝子里。"因为元元说的话触动了人们心中最柔软的那个角落。有一位老大妈甚至表示："如果可能的话，我想请元元到我家里给我说上两个小时，不为别的，就是爱听她说的话。"可见，听他们的评论，观众感觉自己的心声被表达了。尽管是主持人在说，但观众心里把他们当成自己的代言人，于是产生了参与公共事务的虚拟满足感。

再次，受众从民生新闻中获取虚拟的心理依靠。社会地位低的观众，常常遭遇生活的不公，因此，当看到电视里出现恃强凌弱、以大欺小的事件时，他们会产生强烈的共鸣与触动。此时，电视媒介就像行侠仗义的剑客，在别人最需要帮助的时候，及时出现并排除困难。面对此情此景，观众因现实生活的不公带来的心理落差得到了及时的平衡和弥补，对媒介的信赖与依靠也陡然上升。尽管电视媒介为自己营造的这种高大形象对解决老百姓的实际问题并无多大帮助，但是，至少在心理上，老百姓感觉自己多了一条出路。

最后，栏目公信力的扩大也增强了频道的影响力。综观中国的地面频道，民生节目、综艺和影视剧构成了频道的主要营收来源。影视剧基本源自外购，综艺节目是外购和自制相结合，而民生节目则全部为自制。众所周知，原创内容是提高媒体公信力的最有力途径。影视剧常常会出现"多台同播"的同质化竞争，而综艺节目也经常面临被复制的问题，民生节目则不然，它关注本地民生，面向本地市民，节目内容一般都是原创，且无法被他人复制，因此比较容易成为频道的独特优势。实践证明，"大多数民生新闻栏目已经成长为所在频道的品牌栏目，在当地都有着较高的影响力和公信力，为所在频道成长为地面强势频道发挥了重要推动作用"[1]。

---

[1] 胡智锋：《中国电视民生新闻发展报告2011》，中国广播电视出版社2011年版，第6页。

附：

《经视直播》与《新闻在线》网络论坛上的部分投诉
(2007年3月9日)

《经视直播》①

1. 武汉市第三职业教育中心今年滥收费
2. 变相收费一元餐具
3. 怎样才能找到肇事者
4. 住院不到24小时竟收费1000多
5. 关注青山区内黑的
6. 武汉电动自行车为何不准过桥
7. 油烟扰民
8. 黄冈市内赌博机猖獗
9. 员工的权益何在
10. 武汉翠微路中学初三补课

……

《新闻在线》②

1. 广西贵港市石卡镇西山圩街道像是垃圾场
2. 南宁一中学外教侮辱学生
3. 农民不给养猪，谁来养农民
4. 南宁公交车连警车也敢撞
5. 黄姚古镇发生黑帮群体械斗
6. 学生补课

……

第二节 受众权益得到满足

一、满足观众的知情权和求知欲

2005年5月2—7日，南京大学周玉黍就南京市民收视民生新闻行为与动机这一问题，对524名居民进行了调查（以下简称"调查"）。以下根据该调查报告提

---

① 资料来源：http://www.wuhan.cc/hbetv/report.asp。
② 资料来源：http://www.gxtv.cn/bbs/index.asp?boardid=54。

供的数据进行分析。

根据使用与满足理论,"受众的社会及心理的基本需求,会引发他对大众传播媒体或其他来源的期待,而导致其对不同形态的媒体使用与从事其他活动的行为,从而获得需求的满足或其他非预期的结果"①。城市新闻和社会新闻是民生类节目的主要内容,通过收看电视,观众得以了解本地的动态、变化和发展,满足了自己的知情需求。调查显示,在市民的收视动机中,"了解南京大事"成为第一动机(65%),接着是"获得实用信息"(55.3%),然后依次是"了解社会是否安全(45.4%)","为了学习知识(45.4%)","为了获得一种亲切交谈的感觉(37.8%)"。

对受众求知欲的满足,则体现在"生活资讯"这个板块上。

前述,对市民的收视动机的调查结果显示,受众选择"获取实用信息"的占比达55.3%。再从市民的内容偏好来看,其中,偏好最高的前三类为生活资讯新闻(均值3.93)、主持人评论(均值3.86)、民事刑事新闻(均值3.82)。观众视民生新闻为"学习知识""获取生活的建议"的主要信息渠道,而媒体播报大量的实用资讯满足了观众的求知欲。

我们再以"知沟理论"做进一步解释。

1974年,在一系列实证研究的基础上,蒂诺奇提出了"知沟理论"——由于社会经济地位高者通常能比社会经济地位低者更快地获得信息,因此,大众媒介传送的信息越多,这两者之间的知识鸿沟也就越有扩大的趋势。

应该说,在民生新闻出现之前,传统的电视节目在消除"知沟"上的效果并不明显,这固然与电视机的普及、城乡二元差别等因素有关,但更重要的是,电视人一开始并没有意识到"以民为本"的节目理念的价值。这一切直到民生新闻的出现才有所改观。民生新闻以"民本"为节目取向,消除了电视与受众之间的距离,给后者以被尊重的感觉。并且,媒体采取通俗易懂的方式介绍生活资讯,使普通百姓可以轻松愉悦地接受,不会感受到因无法理解媒介信息而产生的尴尬和被歧视。

上述努力有助于填平社会阶层分化所带来的知识与信息鸿沟。我们从调查中也能找到相应的依据。调查结果显示,受众的社会地位与对节目的期望存在着负相关关系,换言之,社会地位越低的受众(学历越低,收入越低)对民生新闻的期望越高。

出现这种情况,可以从媒体、受众双方来思考。

首先,社会地位低的受众,在生活中往往会遭遇更多的困难,而且他们也经常得不到别人的理解与尊重。他们这种强烈的心理失衡需要有人来给予补偿。"媒介期望反映了受众文化、心理、社会的认知,同时也包含了某种接触传媒内容的'实

---

① [美]沃纳·赛佛林、小詹姆斯·坦卡德:《传播理论:起源、方法与应用》,郭镇之译,华夏出版社2000年版,第320页。

际'经验,这些是决定人们想从媒体获得自己想要的满足的主要信息成分,从而影响媒体行为"(菲利浦·帕尔姆格林)。① 调查显示,社会地位越低、对民生新闻期望越高的受众越将收看民生新闻视作日常生活的一种习惯,更希望从中获取一种亲切交谈与被社会重视的感觉,并且他们注重通过民生新闻学习知识与寻求解决生活问题的方法。②

其次,民生新闻打着"平民视角、民本取向、民生内容"的旗号,一反以往电视人高高在上的姿态,以亲民爱民、为民服务的面貌示人,因此,当弱势群体面对民生新闻时,好感也就自然产生了。这种好感带来的是对民生新闻的强烈期望,并表现为较高的收视频率。而且,由于民生新闻栏目开设的热线投诉,为弱势群体提供了求助的渠道,因此,当他们遇到困难时,他们当然会更多地求助于电视。

二、促进当事人与部门的作为

根据周玉黍在 2005 年的调查,社会地位低的受众往往对民生新闻存有"包青天"的意识依赖。受访者认为,"民生新闻能够切实帮助老百姓解决困难","民生新闻代表老百姓利益"。从对内容的偏好来看,他们更喜欢案件及家庭邻里新闻。相比其他人,这些地位低的受众更易遭受社会的不公,对利益被侵也更为敏感,进而对公平、正义更为渴望。然而,遗憾的是,他们的维权能力与资源储备太弱、太少,所以,每当遭遇侵权,他们往往会陷入巨大的无助之中。

民生新闻本来走的就是"民生""公益""平民"之路,如果再主动开展舆论监督,那么,这些受众在生活中缺失的公平感、满足感与幸福感便能通过收看电视而获得补偿;并且,从电视里所讲述的民生故事中折射出来的维权方法也起到了传授技能、普及知识和开阔视野的作用,当受众面对自身遭遇的不公时,民生新闻为他们奋起抗争和大胆维权提供了信心和勇气。至于受众乐于观看家庭矛盾和邻里纠纷的节目,这是因为节目在涉及这类题材的报道时,并不会止于事实的叙述,而是以"家和万事兴""远亲不如近邻"等传统美德为脉络,来组织行文、编排布局。受众在收看这类节目后,自然也能获得情感和心理的补偿。"信息就是一种按摩"③,民生新闻为受众提供了一种虚拟的心理依靠,展示了其作为媒体所具有的"抚慰功能"。

"社会正义是一种引导人类生活和谐化、完美化的价值向度,亦即舆论监督的

---

① 转引自周玉黍:《媒介抚慰:一种弥合阶层落差的方式——南京市民收视民生新闻行为与动机调查》,《学海》2005 年第 6 期,第 174 页。
② 周玉黍:《媒介抚慰:一种弥合阶层落差的方式——南京市民收视民生新闻行为与动机调查》,《学海》2005 年第 6 期,第 176 页。
③ [加]马歇尔·麦克卢汉等:《媒介即按摩:麦克卢汉媒介效应一览》,何道宽译,机械工业出版社 2016 年版。

价值向度。"①

处于转型期的中国社会,民生问题就像一面镜子,折射出转型背后的利益纠葛和阶层矛盾。"随着我国现代企业制度以及户籍、住房,医疗、教育等一系列制度的改革,加上农村城市化进程的加快,越来越多的农民离开土地涌入城市,社会关系变得更为复杂。从前单一的工农兵学商社会人的关系定位,又演变出了更多的社会角色,分工也越来越细,人的社会角色定位有了很大的变化"②。社会的变革转型,不单单造成了人的社会角色的转换,更主要的是人们的思想道德观念和情感都会发生变化。生活问题摆在了民众的面前,从过去单纯依赖政府转变到依靠自己,民众有时会惶惑、会不安,这是一个痛苦的过程。以往由政府承担的住房、教育、就业、医疗等福利都削弱了,变成要由单位或个人自己承担了,这个压力不言而喻,他们的诉求也会因此增加。

作为站在国家这艘航船上的瞭望者,记者肩负着监视舆情、反映民声、表达民意的职责。从解决温饱到奔小康,一系列带有时代特征的问题层出不穷,这些问题有的涉及个人,有的遍及社会,需要国家通过不同的措施来解决。在此过程中,媒体的作用既重要又必要。媒体不能仅仅是一个观察员、记录者、传播人,更应该是参与者。对于以受众为本位的民生新闻而言,引导民众关心国家和社会的发展、维护和实现社会公平、营造良好的社会氛围、形成和谐相处的人际环境,本是其题中应有之义。"行车难和停车难、教育乱收费、下岗失业、外来进城务工人员、社会保障、医疗保险……"这些民生问题,通过民生新闻的报道、传播和解读,往往也得到了更快、更有效的解决。以《零距离》为例。2011 年 6 月 3 号、10 号和 13 号,南京市因周边焚烧秸秆导致重度雾霾,当地报纸《现代快报》对此做了报道后,15 日,南京市环保局通过微博向市民道歉,公开表示"我们改"。6 月 17 日,《零距离》子板块"孟非读报"以上述事件为对象展开评论。

当然,不可否认的是,民生新闻对民生问题的关注并非仅仅出于道德与正义,也有对自身利益的考虑。媒体需要新闻源,诸如群众住房、医疗、就业、就学等问题,丰富了报道的素材。或许可以这样讲,媒、受双方必要的需求,使得民生新闻走到了前台,唱起了主角。

我们以山西科教法治频道《都市 110》的"大同事件"报道为例。

案情始末:

> 2006 年 12 月 10 日,凌晨 1 点 45 分,大同市东大街特莱维美容院,1 名歹徒踹门,冲进后将 16 岁打工妹小芳(化名)强暴。
>
> 2006 年 12 月 10 日,1 点 45 分,小芳打 110 报警。在歹徒施暴的 1 个多小

---

① 王梅芳:《舆论监督与社会正义》,武汉大学出版社 2005 年版,第 2 页。
② 尹佳:《论新中国的政府传播及其创新》,湖南大学硕士学位论文,2007 年,第 2 页。

时内，始终不见民警到来。

2006年12月10日，1点53分，3名民警到现场，发现美容院玻璃门完好，向内喊话，无人应答。经指挥部同意，收队。

2006年12月10日，2点50分，小芳被120急救车送往医院。

2006年12月10日，3点，民警再次出警，发现小芳已被送往医院。

案发后，大同市公安局成立专案组，向社会公开嫌疑人画像，并发出协查通报，同时，悬赏3万元征集线索。

大同市城区人民检察院渎检科成立专案组，对3名当班民警展开调查。

2007年1月21日，犯罪嫌疑人韩登兵在内蒙古包头市被抓获。

2007年1月，3名当班民警被刑事拘留，并转捕，山西省公安厅在全省范围内有针对性地开展了队伍教育活动。

对于这件骇人听闻的惨案，《都市110》除了表示对受害人的同情，还对案件中民警的表现提出了质疑：110是否出警？110是否出警及时？警方是否做过仔细的现场勘查？警方为何第一次出警时与受害人联系不上？……

为解决这些疑问，记者先后对大同市公安局指挥部政委、当班民警赵晋苏、大同市公安局宣传处处长（暗访）、大同市城区人民检察院等相关人员和部门进行了走访。

从2006年12月14日至2007年1月30日，在《都市110》的追踪报道中，对110出警的质疑始终是报道的焦点。正是在他们的持续关注下，才有了最后对三名当班民警的处理。犯罪嫌疑人的落网，当班民警被处理，这对受害人而言，多少是一个宽慰。

"铁肩担道义，辣手著文章"，明代政治家杨继盛的这句名言用在媒体人身上也不为过。的确，今日中国的道义担当历史地落在了媒体人的肩上。

三、提升观众的民主意识

布尔迪厄认为："通俗文化和新技术与新媒介的结合将是革命性的，它促进了文化的民主化进程。"[①] 民生新闻，尤其是其开展的舆论监督活动，培育了观众的民主意识以及参与公共事务的热情。

美国的"揭黑幕运动"是一个很典型的例子。当一件件耸人听闻的事件被媒体披露出来以后，民众由震惊而觉醒，社会舆论开始激活。同时，媒体又与政界、商界和知识界的进步力量一起，通过舆论引导和推动立法等手段，有效地整合了社会秩序，从而"抑制社会达尔文主义思潮，避免可能出现的社会失序，进而巩固社会

---

① ［法］皮埃尔·布尔迪厄：《关于电视》，许钧译，辽宁教育出版社2000年版，第2页。

生产力和精神文明发展的成果"①。

美国的"揭黑幕运动"之所以取得成功，前提是人们具备一定的公民意识、民主观念和参政意愿，这也是舆论监督顺利开展的重要保障。

前述，2005年的"南京调查"显示，社会地位低的观众对"民生新闻"更为信任，但是，他们极少在收看节目时参与到节目中去，"在对收视行为动机进行进一步研究时，发现很少有受众选择'参与节目'这一收视动机（4.9%），也很少有受众真正参与到讨论节目中去（经常参与：2.7%）"②。他们只是在自己权益受到威胁或侵犯时才会想到向媒体求助。相反，社会地位高的观众对公共事务的关注度更高，也更愿意参与节目的制作过程，"社会地位越高的受众对公共事务的关注热情越高（收入/热情：$p=0.023$），他们参与节目的行为也越偏正向（收入/参与：$p=0.018$）"③。当然，他们也更有热情付诸行动。因此，鼓励弱势群体的参与意识，培养他们的公民意识，是摆在电视人面前的一个重任。

新闻舆论监督的客体，主要是公权力，但是，其产生的影响和效应却是针对全社会的。那么，民生新闻如何提升观众的民主意识和参与公共事务的热情呢？有人形象地以三部曲来描述："现在，民生新闻成了收视率很高的节目，是因为社会发展太快，头绪太多，大众们更关心身边的生活，所以大受喜爱。民生新闻一定有很多后续报道，多半会与一些公平、纠纷、利益、伤害之事连在一起，民生新闻一播等于社会曝光，有利于问题的解决，这样一来就会培养出大众们的维权意识，有了维权意识就提升了法律意识，产生公共领域，人们的社会生活更加正常，这很像生态系统，逐渐循环。再往下推论，维权靠什么来保证，靠法律，而法制社会的基础……"④

我们经常可以看到，观众一旦发现违背道德、法律的行为，就会主动与电视台联系。应该说，在某种程度上，是民生新闻唤醒了他们的民主意识，因此，他们自觉地充当城市文明的监督员。这种自觉维护城市文明形象的意识，为电视民生新闻更好地为民服务和新闻维权提供了强大的精神动力和力量源泉。

在民生新闻出现之前，传统的电视节目在提升观众的民主意识方面并不如意。尽管早在20世纪80年代央视就推出了《为民服务》节目，但是，这类服务性节目的定位很不清晰。"民"为何物？无论将之理解为"人民"这种政治学概念，还是"民众"这种社会学概念，它都是一个集合性的概念，所以，这种节目的存在更多

---

① 展江：《中国社会转型的守望者——新世纪新闻舆论监督的语境与实践》，中国海关出版社2002年版，第12页。
② 周玉黍：《媒介抚慰：一种弥合阶层落差的方式——南京市民收视民生新闻行为与动机调查》，《学海》2005年第6期，第176页。
③ 周玉黍：《媒介抚慰：一种弥合阶层落差的方式——南京市民收视民生新闻行为与动机调查》，《学海》2005年第6期，第177页。
④ 佚名：《民生新闻三步曲》，http://blog.sina.com.cn/s/blog_54f83ed90102z5n9.html。

的是一种象征意义,不具备很强的实际价值。也正因如此,生活中才会出现"我是为人民服务的,但不是为你服务的"这种荒唐的逻辑悖论。究其原因,中国社会的传统里缺乏以个体状态出现的独立的社会主体。因而,"舆论监督——作为一种理解世界、对待世界的方式——与中国传统价值观最根本的观念冲突就是:一个承认个人的社会主体地位;一个否定个人的社会主体地位"①。

由此观之,有效的舆论监督,其前提是独立的社会个体。一个缺乏公民意识和民主意识的社会是不会有真正的舆论监督的。人的现代化是社会现代化的起点、终点和先决条件。"人的现代化是国家现代化必不可少的因素,并不是现代化过程结束后的副产品,而是现代化制度与经济赖以长期发展并取得成功的先决条件","把人作为注意的中心,特别是普通人"。②

"舆论监督既从外部检验和监督社会评价的科学化程度,同时本身又作为社会评价的一种形式从内部推进整个社会评价体系的科学化进程。"③ 民生新闻的媒体实践,为受众营造了一个美好的拟态景象,一方面,受众在现实生活中的心理失衡得到了补偿,另一方面,它还培育了受众联系社会、适应社会的能力,客观上弥合了社会分层带来的信息和知识鸿沟。

---

① 王梅芳:《舆论监督与社会正义》,武汉大学出版社 2005 年版,第 81 页。
② [美] 阿列克塞·英格尔斯:《人的现代化》,殷陆君译,四川人民出版社 1985 年版,第 8 页。
③ 王梅芳:《舆论监督与社会正义》,武汉大学出版社 2005 年版,第 133 页。

第五章　电视民生新闻的内部不足

第一节　题材内容的碎片化

一、"唯民众化"与有闻必录

如果说过去的电视新闻对民众的关注不够，现在，民生新闻却走向了唯民众化。举凡停水停电、垃圾问题、噪声扰民、交通事故、邻里纠纷、质量投诉、水管破裂、夫妻矛盾、被盗被骗……大量的生活琐事充斥荧屏，媒体对民众生活过于敏感，于是民生新闻成了现代版的"清明上河图"，市民生活成为民生新闻的主角。

例如温州电视台《第一时间》在 2006 年 9 月 7 日播出的内容：《一桩生意，惹来一滩粪水》《小狗横穿马路遭车撞主人拦车撒气不予放行》《踩三轮踩出"婚外恋"打架打到派出所》《电压惹祸电器遭殃》《清晨高速公路接连发生两起交通事故》《乐清：盐盘工业园区发生一起火灾》《小小自行车惹来大纠纷》《昨晚南亚花园惊现巨蜥》。① 再看乌鲁木齐电视台的《大事小事》节目，在 2015 年 4 月，关于"下水道堵了"的新闻达 16 条之多，占当月报道总数的 4.3%，平均两天就有一条；关于"房屋漏水"的新闻有 11 条，占比 3%，平均 3 天就有一条；关于"路面冰雪"的新闻有 7 条，占比 1.9%。

"一叶而知秋"。不难发现，"唯民众化"有如下表现：①题材雷同。综观各家民生新闻节目，其题材大同小异，不外乎衣食住行等生活问题。②事无巨细。节目的选材近乎"眉毛胡子一把抓"，节目中充斥着许多并无太大价值的市井故事。③编排随意。媒体没有对内容分层和选择，以至于一些细枝末节的东西被过度包装。

前述，舆论监督的客体应该是公权力，但是，从民生新闻的表现来看，它们把镜头对准了市民生活，究其原因，还是在于电视人对"民生新闻"的理解有误。

对某些电视人而言，"关注民生"的内涵就是"讲述老百姓的故事"，因此，只要是百姓故事就有价值，就可以放之于荧屏而传之于四海，而不考虑故事是否具有典型性和传播力。辽宁的《新都市》有一个子板块"走街串巷"（周播），"主持人要在其中讲述这一周来他'街访'的见闻。可是由于这位主持人视野比较狭窄，所以他很难发现能引起感悟、服务生活的事。于是就只能在节目中'絮絮叨叨'，像谁家为什么养狗不养猫，谁家的塑钢窗为什么是绿不是蓝，为什么逛街还穿高跟

---

① 刘艳丽：《民生新闻热辨析》，《青年记者》2006 年第 9 期，第 82 页。

鞋……都逃不掉他'如来'的掌心"①。显然，这种节目内容并不是理想中的民生新闻。

"唯民众化"的后果之一是误导观众。媒体连篇累牍地报道市民生活，不遗余力地着眼在表象，疏于挖掘新闻背后的新闻、事故背后的故事，这会让观众误解，以为只要是自己身边的事情，就可以"上电视"。"把生活中无数卑微的细碎一一混进他们切身所处的文化经验里，使那破碎的生活片段成为后现代文化的基本材料，成为后现代经验不可分割的部分"②，詹明信此处所言正是后现代社会的一个重要特征——价值虚无主义。当媒体流连于文本的游戏和差异，却对真理、意义的构建无动于衷时，媒体在解构社会的同时也解构了它自己。一个典型的例子是，媒体聚焦在市井琐事上，且让受众相信这就是新闻，那么，那些真正值得关注的民生问题反而被忽视，而后者正是舆论监督的素材来源。

"唯民众化"的后果之二是降低媒体的品质。对世俗民情的过度关注和包装，致使民生新闻逐渐走向庸俗、低俗甚至恶俗。"最有收视效果的社会新闻取代了电视的文化品味和政治功能"③。而且，民生新闻节目的时长多在一个小时左右，可矛盾的是，市民生活并无太多值得上电视的故事。因此，为了填充内容，不少节目只好采取"装到篮子里就是菜"的办法，再不济，也比"开天窗"要好。

下面是《成都全接触》的一位记者在博客的自述④：

> 昨天下午17:30，这是一个即将开始直播的时间。630总串单出来了，没有亮点；650档的总串单，空了一半，也就是说，今天的主档新闻可能要开天窗。900档的总串单，一片空白。我们每天需要40条以上有质量的新闻，到18:00，只做出来一半，质量更是别提。天，我们真的出现了松懈！
>
> 所有在台的记者，全部重新编组，一队队开出去，出去抢打点新闻。昨天史无前例地做了24条打点新闻，昨天19:20的时候，还是差点出现新闻断档，昨天让人一头的冷汗。

无独有偶。《直播哈尔滨》每日播出时长90分钟，有时到了节目开播前素材还没有凑齐。为了救场，编辑只好紧急从微博、微信等新媒体上找一些热议话题。事实上，这种现象并非上述两个栏目所独有，不少民生节目里都存在。

"唯民众化"的后果之三是对社会发展不利。有人将其概括为四点："1. 它鲜

---

① 张译心：《民生新闻主持人："零距离"还有多远？》，http://flyzyx.bokee.com/2870221.html。
② [美]詹明信：《晚期资本主义的文化逻辑》，陈清侨、严锋等译，生活·读书·新知三联书店1997年版，第425页。
③ [法]皮埃尔·布尔迪厄：《关于电视》，许钧译，辽宁教育出版社2000年版，第12页。
④ http://blog.sina.com.cn/s/blog_5483ed90102z6sq.html.

明地突出了讲述对象,暗示讲述者与被讲述者的一致,巧妙地规避了问题的关键——谁讲述、怎样讲述;2. 它构成了一部由小人物写成的历史,但这部历史被镶嵌到更大的以成功人士为核心的历史叙述中,因而无助于老百姓真实生活的表达;3. 它提供了老百姓'观看'自己的空间,生活中的种种不平、屈辱和压迫,在'表现'的过程中,往往被赋予有意义的、可理解的甚至乐观向上的形式,让人自觉地以此种意义理解生活;4. 它努力隐去摄像机的存在,营造真实的现场感,这是电视运用各种技术和艺术手段制造的'超级真实',注释和改写着溢出轨道之外的真实,催生出一种真实的幻觉,似乎所有的表演者都在自由地言说,其实不然。"①

解决"唯民众化"的途径有以下几条:

首先,电视人要改变对"民生"一词的狭隘认识。新闻舆论监督要求整体观照、宏观视角,而非局部放大、个人视角,着眼于公权力才是正途。当然,有一些矛盾看似与公权力无涉,但深究下去,不少还是源于公权力的不作为或乱作为。

其次,媒体不应过多聚焦在民众的个别行为上。尽管有些个人行为也会涉嫌违反法律和道德,确实有报道的必要,但是它们的发生毕竟是偶然的,对社会的危害是有限的,影响范围也是局部的。民生新闻过多地聚焦在这类问题上,不但无法体现舆论监督的意义,还要冒着涉嫌侵犯公民权益的危险,这么做无异于"捡了芝麻丢了西瓜"。

最后,要学会精选信息素材,深挖新闻背后的新闻。从信息论的角度看,民生新闻追求长时段和大容量,看似信息量大,但是,"很奇怪,似乎是我们得到的信息越多,我们就越难做到消息灵通。做出决策成为难题,而且我们的世界也使我们更加糊涂。心理学家称这种状况为'信息超载'。这个巧妙的临床术语背后是'熵定律'。发出的信息越多,我们可吸收、保留和利用的信息就越少"②。媒体提供了大量参照信息,试图帮助人们了解这变化多端的世界,但参照系太多,也就最终失去了参照的意义。海量的信息容易使人们产生晕眩感,那么,媒体的公信力又如何树立呢?与之相反,一些看似平常的生活琐事,只要勤于思考,我们同样能淘到真金。新闻是什么?新闻是"为读者、听众和观众提供关于重要事件的知识和理解,不仅有助于提高他们的理解力,还有助于增加他们判断和行动的能力"③。有些民生节目也意识到了这个问题,如《民生大参考》(河南都市频道)虽然选题上未能免俗,也有不少市井新闻,但是,"在对新闻的解读上,他们侧重于开掘新闻的深度,对问题重在推动解决和执行,以避免出现市井新闻那种逐奇猎异的倾向"④。

---

① 王冰:《"百姓"叙事的迷途》,《南方电视学刊》2004年第6期。
② [美]杰里米·里夫金、特德·霍华德:《熵:一种新的世界观》,吕明译,上海译文出版社1987年版,第155页。
③ [英]大卫·麦克奎恩:《理解电视》,苗棣等译,华夏出版社2003年版,第99页。
④ 陈宏坤:《以民为本,建构民生新闻的精神内核——〈民生大参考〉实践与思考》,《中国广播电视学刊》2004年第9期,第9页。

二、权威消息少,线人报料多

在民生新闻里,线人报料多、权威消息少是普遍现象。从两位电视工作者的自述中我们可以看出端倪:"我们每天都很担心今天的新闻够不够,我们尤其害怕下雨、害怕周末。"① "这个栏目(衢州电视台民生新闻节目《黄金九点半》,作者注)的新闻线索基本上都是热线支持,但我一直在想,要是没了热线,他们还怎么办?但愿我是杞人忧天!接到电话后,记者们事无巨细皆向责编汇报,责编说'准!'他们便飞一般地拎着机器然后消失得比蒸发还快,责编说'不行',他们便窝在办公室继续聊天看电视,玩电脑。"②

另外,对《天天630》和《第7日》的调查显示:"以2004年11月15日、16日、17日的三期《天天630》节目和9月19日、9月24日和10月10日连续三期的《第7日》节目的综合调查统计为例,平均每期《天天630》节目中由市民提供线索或资料报道市民的亲身经历和生活的新闻占新闻总数的40%,而由记者发现并采访报道、节目组进行策划的反映城市环境、发展建设、各类事故以及揭露社会不良现象等题材的社会新闻占新闻总数的60%。而《第7日》节目的这两项比例均为43%。"③ 同样,《民生大参考》节目,"百姓直接通过热线提供新闻线索已经占到我们新闻线索来源的一半多"④。

(一)媒体重视线人的作用

首先,受众报料有助于新闻工作。它第一时间向媒体提供线索,大大减轻了记者的工作量,有时,一些重大、特大事件还是得之于受众的报料。因此,早在20世纪90年代,媒体就通过各种手段来鼓励受众报料。比如,1999年,在"南京报业大战"中,一条线索的报酬从"起步百元"一路上扬到"最高千元";《南昌晚报》在一版设置"读者热线",其中,一等奖3000元,一般线索也有30~50元;郑州的《大河报》设置了50元、100元、200元等不同的奖金额度;《东方今报》在报头下打出"新闻热线,我发现四个灵:反应灵 投诉灵 服务灵 答谢灵"的话语。同样,电视业也是如此,成都33频道(经济电视台)首家推出"600元重奖新闻线索"的广告。

其次,客观性报道的需要。"客观的新闻是对看得见的东西及人们的言行进行

---

① 《成都全接触》记者的博客《喜悦的背后》,http://blog.sina.com.cn/s/blog_54183ed90102z6sq.html。
② 李啸:《我对衢州电视台办民生新闻的几点看法》,http://chinapm.bokee.com/2483143.html。
③ 《我对民生新闻栏目的思索》,https://wenku.baidu.com/view/8025451155270722192ef722.html。
④ 《百姓无小事——〈民生大参考〉》,http://douleilei.bokee.com/375356.html。

的报道"①。既然新闻报道要坚持客观性原则,那么,就必须交代信源。2005年,在设计中央情报局特工身份泄露事件中,《纽约时报》记者朱迪恩·米勒拒绝透露消息源,最终被送入监狱。《时代周刊》记者马修·库珀也因同样的指控面临入狱之虞。不过,由于库珀征得了消息源的同意,可以披露后者的身份,他才得以逃避牢狱之灾。尽管如此,但常识告诉我们,即便交代了信源,也不能当然地保证信息的真实性。

最后,媒体市场化的结果。我们用"支票簿新闻"来解释。所谓"支票簿新闻"(Check-book Journalism),是指媒体为采访而向消息来源付费的做法。媒体以及其从业人员通过付费获得有价值的信息,消息来源依靠自己所掌握的信息得到经济和物质上的回报。"支票簿新闻"一般指向"职业线人",而不是普通的受众。"新闻源分为主动新闻源和被动新闻源"②,线人显然属于主动新闻源。对媒体来说,它需要线人的"输血";对线人来说,他依赖媒体的酬金。"在这种互相依赖的关系中,新闻媒介与新闻来源构成了一个新闻生产场"③。在这个场域里,双方都希望对方能加深对己方的依赖,同时减少自己对他人的依赖,唯如此,才能使自己获得更多的话语权。我们用麦克马纳斯的"交换理论"来解释,他认为,市场化媒体要在四个市场上争夺资源:投资者、新闻来源、广告商和新闻消费者。与职业线人相比,政治家可以提供"免费"的信息,因为他在意的是声望的扩大;但对职业线人而言,他只想要现金,而"支票簿新闻"的流行显然有助于实现他们的诉求。④

(二)过度依赖报料人的后果

首先,报料人提供的线索真假难辨。他们缺乏新闻专业能力的训练,在判断信息和事实的真伪方面往往凭借直觉。而媒体为追求时效性,常常又无暇对线索做认真的核实,这样就为假新闻的出现埋下了伏笔。2003年《纽约时报》记者杰森·布莱尔的造假丑闻被披露,它使美国的新闻界尤其是严肃的高级媒体在公众中形象遭到动摇。民调显示,美国公众对新闻媒体的信任度已从1989年的54%降至当时的36%。⑤

其次,报料人供稿会导致报道内容受限。媒体缺乏具有"独立知识产权"的线索,大量依靠线人"输血",那么,报道内容和倾向也就自然跟着后者走,甚至完

---

① [美]梅尔文·门彻:《新闻报道与写作》,展江译,华夏出版社2003年版,第63页。
② 王强华:《舆论监督与新闻纠纷》,复旦大学出版社2000年版,第105页。
③ 谢静:《认同危机与"新闻场"的重构——有关付费采访的媒介批评话语分析》,《新闻大学》2006年第3期,第89页。
④ 转引自田秋生:《市场逻辑如何影响新闻生产——麦克马纳斯市场新闻业理论再审视》,《新闻大学》2011年第4期,第12~16页。
⑤ 转引自梁庆婷、陈伟:《论商业化语境下网络媒体道德规范的构建》,《新闻界》2009年第4期,第56页。

全被动地成为一个信息的转发者。《新闻现场》节目曾被人诟病，说它的内容充斥着负面消息。出现这种情况显然是受报料内容的影响。由于报料者关注的都是负面事件，而媒体又"有闻必录"，自然就出现了上述结果。进言之，线人报料还造成媒体的内容同质化。前述，线人看重的是媒体的酬劳，而有些人为了利益不惜一稿多投，造成多家媒体在内容上的雷同。而且，依赖线人还会降低记者的专业能力。《成都全接触》的记者对此非常担忧地说："我们发展了一些线人，但我们构建新闻线索网络的努力是不理想的。名义上，我们的线人超过了 3 万，谁知道这里面有多少是抄名片抄出来的，我们许多记者甚至退化到了只能等热线的地步，他们已经丧失了发现新闻的能力。万一哪一天，作为生命线的热线出了故障，后果将不堪设想。"[①]

再次，报料人有可能利用记者。除了职业线人，有些是当事人报料。但是，当事人作为利益矛盾的一方，其叙述的真实和言论的正义需要记者小心甄别与核实。如果记者出于责任感，仅凭一家之言就跟进报道，有可能使自己陷入利益博弈的漩涡之中，甚至成为某些人利用的工具，这类似于娱乐界所谓的"粉丝害死明星"。历史上，这种事情并非没有发生过。1983 年第 1 期《民主与法制》"道德法庭"专栏，刊发了记者沈某夫、牟某霖撰写的《二十年"疯女"之谜》的通讯。文中指称，据妇女狄某诉说，其丈夫杜某为达到从武汉调回上海工作的目的，采用各种不人道的手段，诱逼狄某装疯，两度将其送往精神病院。杜某回上海后，因害怕私生活问题为狄某所知，再次将其送入医院，致使狄某顶着"疯女"的帽子长达 20 年。此事见报后，杜某于 1985 年 1 月向上海市长宁区人民法院提起对两位记者的诽谤罪刑事自诉。后经法院审理后判决，涉讼稿件内容纯属虚构，记者沈某夫、牟某霖的行为构成诽谤罪，判处沈某夫剥夺政治权利一年零六个月，牟某霖剥夺政治权利一年。[②]

此外，职业线人还有可能拖累媒体。一些线人为获得高额奖金，常常会铤而走险，采用各种非正常采访（拍摄）技术。这种手段本身就游走在法律和道德的边缘，线人时刻都处于危险的境地，一旦出现问题，媒体往往也被牵连进去。2013 年，因报道世界奢侈品协会（以下简称"世奢会"），《新京报》被对方告上法庭。《新京报》在报道中多次引用报料人"唐路"（化名）的说法，对世奢会的违法行径予以披露。此事被曝光后，世奢会以名誉权被侵为由将报纸和写稿记者告至法院。在法庭审判阶段，为保护线人安全，报纸拒绝透露线人的身份。2014 年 2 月，法院一审判决报纸败诉。一审败诉后，报社不服判决，提起上诉。二审中，报社向

---

① 《第二次创业》，资料来源：《成都全接触》的记者博客，http://blog.sina.com.cn/s/blog_54183ed90102z6sq.html。

② 魏永征：《二十年"疯女"之谜诽谤罪案回顾》，《青年记者》2014 年第 22 期，第 80～83 页。

法院补充了对化名"唐路"的线人的采访录音和速写文本,以及线人的工作名片、身份证复印件、书面证言和公证视频,以表明报道内容有真实的消息来源。线人的现身,使案件走向发生了逆转。11月9日,法院二审判决认定,一审判决结果不当,撤销原判,报纸最终胜诉。①

最后,对报料线索的大量采用还会降低官方的权威。既然媒体不以政府的权威发布为主要消息源,那么,官方的权威性自然也在受众的心里下降了。

(三)避免过度依赖报料的手段

首先,对报料人的线索应多从新闻专业主义的角度予以核实。报料人的线索是否有新闻价值,这是第一考虑的要义;接着,再追问线索的真伪。有人总结了核心消息源的三个注意事项:"①司法机关以及相关文书没有认定的事实不可妄下结论;②正确行使特许权,即根据1998年的司法解释,根据国家机关依职权制作的公开的文书和实施的公开的职权行为所作的报道,其报道是客观准确的,不应认定侵害他人的名誉权。③正确运用平衡原则。"②

其次,正确理解新闻传播活动的社会价值。媒体报道问题的旨归是解决问题,而非为报道而报道。前述,媒体既是信息传播工具,也是意见交流的平台,它是横亘在国家与社会间的桥梁。记者的使命不在于济世救民,更多地在于排忧解难,而要实现这一点,就不能眼睛只盯着"地窖"(民众),还要抬头看"阁楼"(政府)。理解了这一点,那么,不仅要学会对报料人的线索细加核实,哪怕是面对政府发布的"权威意见",也应细加考量政府决策和施政过程中是否出现有违公共利益的情况。贴近性与权威性将是未来对民生新闻两个最大的考验:贴近受众,以平民化的视角制作有力度的新闻,同时,树立权威,发布客观真实的新闻,让电视民生新闻具有更高的公信力。

三、娱乐化倾向、视觉化呈现

有人将民生新闻的内容概括为"腥、星、性、奇、特、新"六个字。以某城市的民生新闻节目在某一日的播出内容为例,当日,该节目播出了如下内容:①肇事司机逃逸,伤者雨夜中死亡;②砸车偷包太猖狂;③开门红热心观众大搜索;④七旬老人猝死家中;⑤还我120块钱;⑥"酒壮鼠胆把警打翻"追踪;⑦吃人窨井差点吃掉小孩命;⑧119急救被卡车司机(现场直播)……

窥一斑而知全豹。目前,一些民生新闻节目的内容就是这样。下面我们从内容和形式两个角度来理解。

从内容上,民生新闻常见的题材有进城务工人员讨薪、消费纠纷、交通肇事、

---

① 《"世奢会"起诉媒体案深思:拿什么保护新闻线人》,http://www.china.com.cn/legal/2015-11/18/content_37095589.htm。

② 胡黎明:《"焦点现象"研究》,新华出版社2004年版,第198~199页。

业主与物业矛盾、街头争斗……在这些题材中,有些并无太大的新闻价值,如街头争斗、交通肇事等。这些题材除了提供市民茶余饭后的谈资(对媒体来说,是拉动收视率),并无更多的意义。更有甚者,有些节目对暴力、色情事件颇有兴趣,热衷于跟踪报道扫黄打非、凶杀火并、婚外情、同性恋等题材,以至于出现了"公鸡生蛋""大树流血""老妪怀孕""公关先生私生活探密"等血腥、暴力、惊悚甚至色情的新闻内容。

从形式上看,它们常常以自然主义的手法呈现出来。有的涉案报道反复宣扬刑事作案人残忍的手段,公安民警破案过程的侦察思路、手段和技巧,不明真相的旁观民众的不负责的言论,等等。有的交通肇事报道强调视觉冲击力,"见血见尸见原形"成为拍摄目标,有的台甚至有这样的内部规定:"车祸没死人,不用出现场。"有些生活报道故意将故事神秘化,通过预告片、宣传短片等手法进行炒作,吊起观众的胃口。苏州的某档节目为曝光地下色情场所见不得人的勾当,竟然前往现场偷拍脱衣舞表演,而且只是在表演者即将赤裸的一刹那,才将要害部位打上了马赛克,整个过程都充满了悬疑感和色情味。女主播的评论是:"这有什么好看的?我看了就觉得恶心!"此时,男主播立即作应和状,说:"是啊!我从来都不看!"可问题是,脱衣舞的过程都被电视曝光了,主持人的评论意义何在呢?再如,为曝光脱衣舞表演,南京的一档节目竟分派五路记者,并出动卫星直播车。这种所谓的"曝光",实在难以和舆论监督联系在一起,它不过是以舆论监督之名行煽情主义之实而已。

除此之外,硬广告和软文的大量植入也是一个问题。以哈尔滨的某档节目为例,该节目每日播出时长是90分钟,然而,硬广告和软文加起来的时长就有30分钟之多。统计显示,"广告部的硬广占20分钟左右,公益梦娃系列30秒,每天的软文2~4分钟(平均一天2分),广告部有时给的口播占30秒~1分,《美食大探索》口令红包1分;福彩30秒。每天广告、片花以及导视占用整体节目长达30分钟以上"[1]。

上述现象的出现与媒体间的同质化竞争以及社会的娱乐化趋势有关。

从媒体竞争来看,各地都有民生节目,甚至一个城市就有好几档同类节目在播出。"事业单位,企业化管理"的定位,决定了媒体必须自己去找市场。相比主旋律,负面报道显然更有吸引力,于是,"跳楼自杀""大学生当街示爱""女大学生要嫁给乞丐为哪般"等耸人听闻的标题,加上停水停电、垃圾问题、噪音污染、商品投诉、车祸肇事等市井琐事也就粉墨登场。当这些"花花绿绿"的社会新闻现身荧屏时,大家看得过瘾,听得解气,这进一步刺激了民生新闻这种趋势。

"新闻和娱乐之间的界限消失了,以至于在西方出现了一个新的概念——infor-

---

[1] 董颖:《电视民生新闻节目〈直播哈尔滨〉的转型研究》,黑龙江大学硕士学位论文,2018年,第28页。

taiment，明眼人一望而知，这个词是 information（信息）和 entertainment（娱乐）的合成，它预示了电视在收视率诱导下的发展趋向：娱讯。"①

在中国，早在民生新闻出现之前，"娱讯"就已经风生水起。"《快乐大本营》《欢乐总动员》干脆摒弃了感觉酝酿、积累时的那份体验，直接地在你面前触动你的所有的官能"②。民生新闻产自媒体人的新闻实践，自它诞生起就缺少学理意义上的概念界定。由于"先天缺钙"，各台按照自己的理解去实践，那么走入误区也就很自然了。

低俗化带来的后果表现为三点：

首先，它会引起观众的反感。从心理学的角度看，根据弗洛伊德的理论，人的需求和动机受到三个"我"的支配：本我、自我和超我。"本我"（完全潜意识）代表欲望，受意识遏抑；"自我"（大部分有意识）负责处理现实世界的事情；"超我"（部分有意识）是良知或内在的道德判断。如果媒体的报道出现诱逼观众产生某些不合道德人伦的需求时，大多数人会启动"超我"，将其抑制下去。比如，2002年10月20日，香港杂志《东周刊》以某女艺人被辱照片作为封面，引起社会各界的强烈抗议，虽然《东周刊》连夜道歉，但仍未能平息众怒。愤怒的市民走上街头，焚烧该杂志并进行大规模游行。11月2日，在一片谴责声中，《东周刊》停刊。民生新闻的出现，很大程度上是基于观众对传统电视的审美疲劳，但是，如果民生新闻追求低俗，短时间内的确会让观众眼睛一亮，但长此以往，它只会制造出新的"审美疲劳"。

观众会产生激烈的反应，这也是可以理解的，因为电视既没有给观众"想要的"，也没有给他们"应该要的"，对此，布尔迪厄有过一段非常辛辣的讽刺："记者们——应该说是新闻场中人——在社会生活中之所以举足轻重，是因为他们事实上垄断着信息生产和大规模传播的工具，且凭借这些工具，他们不仅控制着普通公民，还控制着学者、作家、艺术家等文艺生产者进入人们常说的'公共空间'，也就是说大规模传播的空间（无论是作为个人还是任何一个协会或集团的成员，若要大规模地传播一条消息，就不可避免地会碰上这种垄断）。尽管他们在文艺生产场所地位低下，被人统治，但却行使着一种极为罕见的统治形式：他们控制着人们公开表达自己的观念，公开存在，为公众所认识，赢得'知名度'（对于政治家或某些知识分子来说，这是他们的主要资本）的手段。这使记者们（至少是他们中间最强大的那些人）总能获得与他们的精神业绩成正比的尊重……他们甚至可以部分利用这种神圣的控制力，为自己牟利（记者们偶尔能统治其他的文化生产者，如知识分子和政治家——但他们恨不得能跻身到知识分子和政治家的队伍中去——可与他们相比，哪怕是最有名的记者，就其地位而言，本质结构上还是低人一等，这一事

---

① [法] 皮埃尔·布尔迪厄：《关于电视》，许钧译，辽宁教育出版社2000年版，第13页。
② 夏骏：《目击历史——新闻调查幕后的故事》，文化艺术出版社1999年版，第160页。

实恐怕有助于说明他们为何总是倾向于反智性主义)。"①

其次,误导观众的审美倾向。"当代视觉文化的一个意味深长的特征是将'物'转化为'物'的形象。"② 一位电视制片人的采编心得是这样的:"现在的观众,一般的杀人案件已经看得厌倦了,非要看到尸块、血迹;一般的强奸案件已经不感兴趣了,奸淫幼女的才会看上几眼;一般的情感故事已经审美疲劳了,同性恋题材才会多看几眼;一般的奸情丑闻已经不爱看了,老妻少夫的组合,他们才会锁定频道——制片人的采编心得,听上去有些危言耸听,但我知道,那都是有收视率依据的,他是用收视率的数据说话!"③ 在人们的日常生活中,对象的功能性质在某种意义上已不再是首要的,那些游离于具体功能之外的对象的视觉效果日益成为人们享受日常生活的体现。在民生新闻那里,除了一些具备视觉传达效果的事件,很多"本身非视觉化的东西"④,比如,邻里矛盾、消费纠纷,也被电视人给"视像化"了。不具可视性事物的大量图像化表明,视像化利用各种场合千方百计扩张着自身的吸引力和冲击力。而与视觉视像化塑造密切相关的"景象已成为当今社会的主要生产"⑤形态,我们就是生活在这些超现实的"理想躯体"形象之中,生活在这些形象所构筑的符号域中。正如福柯在《性史》中指出的,"性话语的大量增值并非带来性的解放,而是相反,带来的是社会对性的控制"⑥。同样,媒体报道"腥、星、性、奇、特、新"等内容,并不能使观众产生积极的反应,而是相反,带来的是后者对上述内容"上瘾般"的进一步痴迷,即"最有收视效果的社会新闻取代了电视的文化品味和政治功能"⑦。

最后,解构社会的主流价值。"西方的大众消费文化的研究者发现,在文化流通领域存在'格雷欣法则',即价值不高的东西会把价值较高的东西挤出流通领域。"⑧ 所谓"格雷欣法则",简言之,即劣币驱逐良币,将之应用于新闻传播学领域,则是"坏东西会赶跑好东西,因为它更容易理解和欣赏"⑨。从传播学的视野看,由媒体塑造的环境是一个"拟态环境",它既有别于真实的现实环境,也不同

---

① [法] 皮埃尔·布尔迪厄:《关于电视》,许钧译,辽宁教育出版社2000年版,第53~54页。

② 梅琼林:《视觉文化转向与身体表达的困境》,《文艺研究》2007年第5期,第94页。

③ 朱永祥:《城市电视新闻去向何方》,《新闻实践》2006年第6期,第41页。

④ [美] 尼古拉·米尔佐夫:《什么是视觉文化》,《文化研究》第3辑,天津社会科学院出版社2002年版,第3页。

⑤ [法] 居伊·德波:《景象社会》,《文化研究》第3辑,天津社会科学院出版社2002年版,第59~66页。

⑥ [法] 福柯:《性史》,姬旭升译,青海人民出版社1999年版,第219页。

⑦ [法] 皮埃尔·布尔迪厄:《关于电视》,许钧译,辽宁教育出版社2000年版,第12页。

⑧ 周宪:《审美文化的历史形态及其变异》,《文学评论》1995年第1期,第103页。

⑨ D. MacDonald. A theory of mass culture. in B. Rosenberg and D. White (eds), *Mass Culture*. Glencoe: Free Press, 1957, p.61.

于受众头脑里设想出来的外部环境，它居于其中，为受众建构对现实的想象提供依据，"把各种信息按照社会新闻的模式来处理和表现，这一做法的直接后果乃是信息垄断和排斥，因为大多数人是通过电视来接收信息"①。如果媒体充斥的都是上述那些低俗内容，那么，受众对环境的认识必然也就朝着那个方向走。"记者如果要为他的产品找到市场，他就必须诉诸千百万人的本能，追求耸人听闻的效果，描写琐碎的事情，尽量避免他的读者在阅读时费脑筋，……这一切都可能使他的写作平庸浅薄乃至低劣。"② 媒体将自己对社会的理解施之于观众，换来的却是对社会主流价值的解构，而且是一种隐蔽的解构。"当媒体积极地为受众寻找戏剧性的新闻素材的时候，对政治现实的最后一道监督也消失了"（W. 兰斯·班尼特③）④。

近年来，形形色色的跳楼事件频频出现，媒体也大量报道了此类事件。播报这些新闻本无可厚非，但如果过多涉及此事，等于放大了社会的不足，有可能误导观众对社会主流的认识。与之相反，媒体还热衷于对权贵富豪生活的报道，从对各种富豪榜的报道解读，到"人体宴""黄金宴""人乳宴"，大款们骄奢淫逸、纸醉金迷的生活细节逐一被媒体记录并传播。这与其说是媒体的舆论监督，毋宁说是媒体对金钱和权势的崇拜。"解构主义也有其与生俱来的思维罅隙，特别是当其一味流连于文本的游戏和差异，却对真理、意义的构建无动于衷时，就会有滑向价值虚无主义的危险"⑤。也就是说，"媒体通报和教育公众的义务正在慢慢消失，取而代之的是一种弱化的责任感，把媒体的作用理解为'提供人们想要的'"⑥。

阐释学理论告诉我们，提供给受众的信息，应该和后者原有的知识储备、道德水平、美感层次以及其他价值观相契合，然后再在此基础上提升。正如尹鸿说的："当我们建立一个品牌的时候，我们就构成一个基本的标准，在以后我们的生产中，基本要在这个标准上徘徊，才能建立起品牌信任度。"⑦ 对于民生新闻而言，要学会深挖事件的多层意义，抽取受众关心的要素，交给受众去审视、判断。

---

① [法] 皮埃尔·布尔迪厄：《关于电视》，许钧译，辽宁教育出版社2000年版，第12页。
② [德] 卡尔·雅斯贝斯：《时代的精神状况》，王德峰译，上海译文出版社1997年版，第117页。
③ W. 兰斯·班尼特，美国华盛顿大学政治传播学教授，著有《新闻：政治的幻想》——作者注。
④ 转引自朱永祥：《城市电视新闻去向何方？》，《新闻实践》2006年第6期，第41页。
⑤ 蔡骐、全燕：《后现代法则与电视新闻》，《现代传播》2004年第4期，第72页。
⑥ 朱永祥：《城市电视新闻去向何方？》，《新闻实践》2006年第6期，第40页。
⑦ 转引自王颖：《平民视角亲民形象——民生新闻节目主持人的角色定位与发展》，《传媒》2008年第7期，第73页。

第二节　表达方式的片面化

一、硬新闻少，软新闻多

"讲述老百姓的故事"，是民生新闻的起跑线，也是区别于传统电视的利器。然而，"成也萧何，败也萧何"，它后来遭人诟病的也是这点——老百姓的故事讲得太多、太滥了。很多节目充斥着诸如街头争斗、家庭矛盾、感情纠纷、被盗被骗、交通肇事等市民琐事与奇谈怪闻，这不能说不是民生新闻，但其范围狭窄、价值不高，给人以街头小报之感。即便如此，媒体还常常出于"原生态报道"的原则，不去探究事件产生的原因与背景，只是将事件和盘托出罢了。据统计，"（某民生节目）在平均每天20来条的新闻中，至少有13条为这样自然主义的'原生态'展示'本土'社会负面形象的新闻"①。

概言之，在节目编排上，民生新闻的"去政治化"做法有四个特点：

首先，范围狭窄，题材重复。今天甲地某人摔跤，明天乙地水管破坏，后天汽车撞人，大后天垃圾无人清扫……类似的新闻天天出现，难免使人生厌，给人以"电视小报"之嫌。

其次，小新闻多，大主题少。"民生"意为"人民的生计"，而现在民生新闻的内容很难体现出"人民的生计"这个大主题。

再次，新闻源单一，节目单调。线索基本靠观众报料，工作比较被动，观众报什么，电视播什么，根本谈不上深度报道，采访缺乏主动性。

最后，热闹有余，理性不足。车祸、暴力、灾难、怪事等内容充斥其中，荧屏成了戏台，新闻成了小品。

"软新闻"大行其道的结果是时政新闻被排除在节目之外：观众报料取代了传统信源；市民呼声取代了官方表态；街谈巷议取代了权威发布……即便播出了一些时政新闻，媒体也有意抽离其严肃的主题与内涵，其目的不过是为了娱乐化包装和视觉化呈现的方便。以某栏目为例，"在其初创时期，为了尽可能淡化新闻的政治色彩而不惜出位，以肤浅琐碎的新闻噱头来取悦观众，致使一些未经证实的市井传闻、鸡毛蒜皮的邻里矛盾甚至百无聊赖的猫狗打架都曾一度堂而皇之地步入新闻殿堂"②。从长远来看，这样做有损节目的可持续发展。"根据英国的权威媒体总结表明，任何一个媒体如果消除了政治宣传的功能，那么它在群众中的公信力和权威

---

① 张曦伯：《民生新闻热中的冷观察——民生电视新闻传播误区浅析》，《淮南职业技术学院》2007年第4期，第115页。

② 蔡骐、全燕：《后现代法则与电视新闻》，《现代传播》2004年第4期，第72页。

性,以及在行业当中的竞争能力将大大下降。"① 不少电视人坦承,节目的观众基本上是中老年人,青年观众难以被吸纳。统计显示,"从 2011 年上半年至 2015 年上半年,55~64 岁观众人均每日收看电视时长基本稳定持平,65 岁以上观众人均每日收看电视时长呈上扬趋势,但 45~54 岁的电视观众收看电视时长出现了明显萎缩。同时,年轻受众仍在以不可遏制的趋势在持续流失"②(见下表)。虽然说中老年人是当下的忠实观众,但是,青年观众如果在现在无法对节目产生好感,那么,即便他们步入中老年,他们也不大可能对节目提起兴趣。

表 45 岁以上观众在三档民生节目的收视人群中的占比(%)

时间 栏目	2013 年	2014 年	2015 年
新北方	68.1	67.8	67.1
生活导报	71.1	66.7	65.8
大海热线	—	63.4	75.9

回顾民生新闻的历程,软新闻对其发展之力不可谓不大。斯时,央视和各省上星频道几乎垄断了国内市场,并使得其他地面频道生存弥艰。为摆脱前者的双重挤压,后者以"民生新闻"之名,大行软新闻之道,硬是闯出了一条新路。"如原本弱势的广州电视台新闻频道和成都电视台公共频道分别以民生栏目《新闻日日睇》和《成都全接触》撑起一片天空,频道收视都是原来的 10 倍以上"。它们的成功,不仅使自己在电视市场上获得了话语权,甚至还对前两者构成倒逼——"一些城市新闻主频道……对硬新闻(政经新闻)的报道分量全面收缩,也开始以琐碎甚至搞笑的新闻节目和专业频道一决高下"③,这是民生新闻时至今日以软新闻为主要内容的历史背景。这种情况并非只在中国产生,一项针对美国地方电视新闻的调查显示,在被调查的 102 家电视台中,40% 的新闻是"犯罪、灾难、战争或恐怖主义事件",25% 的内容属于"毫无价值"的东西,包括"毛发文身、啤酒浴、走失的狗自己找到回家的路以及加利福尼亚一匹陷入泥浆的马最终获救"。④ 对此,调查者评论道:"报道那些成本低廉、难度较小的事件,像名人的生活、法庭审理的案件、犯罪事件和枪击案件,这类事件不仅报道和播放成本低廉,而且不会陷入与母公司

---

① 王雁语:《新媒体生态下的电视新闻转型分析》,吉林大学硕士学位论文,2017 年,第 11 页。

② 转引自李大公:《在竞争与融合中重构:新媒体环境下中国电视民生新闻的发展策略》,吉林大学硕士学位论文,2016 年,第 25 页。

③ 朱永祥:《城市电视新闻走向何方?》,《新闻实践》2006 年第 6 期,第 39 页。

④ [美]罗伯特·麦克切斯尼:《富媒体穷民主:不确定时代的传播政治》,谢岳译,新华出版社 2004 年版,第 63 页。

制作的'硬新闻'冲突之中。"① 美国同行的考虑与中国的情况何其相似乃尔！

受众构成也是民生新闻主打软新闻的原因之一。"电视新闻报道的总是那些能激起普通人的好奇心，不需要具备任何特别的能力尤其是政治能力就能理解的东西。社会新闻造成的后果就是政治的空白，就是非政治化，将社会的生活化为轶闻趣事和流言蜚语"②。

央视-索福瑞2006年的一项调查显示，当年，1—4月，杭州收视率最高的两档民生新闻，高中以下学历的样本人群占总收视样本人群的86%。③ 再细察之，民生新闻的播出时间多集中在黄昏时分，在这段时间有暇收看电视的不外乎老人和主妇，可见，民生新闻的观众构成是以中低端人群为主。作为民生新闻的收视主体，在媒体普遍以广告收益为主要盈利模式的今天，他们也是电视媒体收益创造的主体，但是，受教育背景、社会地位和经济收入的限制，他们能长期、持续地为电视供血吗？

改变民生新闻"去政治化"，可从以下三个角度入手：

首先，体察受众的心理需求。根据马斯洛的需求层次理论，人的需求有五个层次：生理、安全、社交、尊重、自我实现。要保障上述五种需求的实现，信息的作用不可谓不大——"信息是用来消除随机不确定性的东西"（香农）④。大众传媒作为信息传播工具，恰好可以帮助受众消除他们头脑中的不确定性，受众也正是在这个意义上选择并使用大众传媒。根据使用与满足理论（The Uses & Gratifications Approach），人们对媒介的使用依循以下过程：个人需求与动机→对于媒介的期待或选择其他活动→使用类型→满足→反馈。⑤ 照此公式推演，民生新闻仅凭软新闻显然无法满足受众的心理需要，换言之，硬新闻的作用不应该被忽视。君不见，民间流行一句话"天不怕，地不怕，就怕政策起变化"，这典型地说明了上至国家，下至省、市、地区的时事政策对老百姓的日常生活和心理的影响之大。《南京零距离》制片人时统宇说过："实际上中国老百姓更关心的是市长的活动和市长的想法，因为市长的想法和做法与他们生活关系更紧密，不要把中国老百姓定位在只是关心谁家打架了、着火了、第三者插足了，这是不对的，是对中国电视资源的一种封杀。"⑥ 同样，湖北经视频道《经视直播》的总制片人陈剑也有类似的表达："主流

---

① 转引自姚吟月：《网络舆论监督的现状、问题与对策——一种新闻法学的视角》，南京师范大学硕士学位论文，2011年，第12页。
② [法]皮埃尔·布尔迪厄：《关于电视》，许钧译，辽宁教育出版社2000年版，第59页。
③ 朱永祥：《城市电视新闻走向何方？》，《新闻实践》2006年第6期，第41页。
④ 转引自[美]E. M. 罗杰斯：《传播学史——一种传记式的方法》，殷晓蓉译，上海译文出版社2001年版，第467页。
⑤ 陈龙：《大众传播学》，苏州大学出版社1997年版，第283页。
⑥ 《为百姓办事　替政府分忧——大型新闻栏目〈民生直通车〉暨民生新闻运营发展研讨会》，《山东视听》2005年第10期，第24页。

化的目的并不是要有一个好名声，或争取一个名分，而是要使我们的新闻节目在更好的舞台和空间中、在社会发展中起到积极作用，这是我们努力的前提。"①

其次，挖掘时政新闻中的民生要素。一般而言，人们总是把政治、经济、军事、外交、文化等领域的大事件定性为"时政新闻"，除此之外的则以"社会新闻"概之。

根据后现代主义大师福柯的说法，在人的认知机制中，有一个二元对立范畴：真/伪、善/恶、理性/疯狂、正常/反常、科学/反科学等。这种区分是一种认可与排斥的对立，真的、善的、理性的、正常的、科学的是被认可的，对立的范畴则是被排斥的。②照福柯所说，在电视人的眼里，时政新闻/社会新闻便是一个二元对立范畴。以往，我们尊前者为主流，视后者为末流，现在，随着民生新闻的兴起，这两者的关系发生了颠覆。

有些电视人认为，节目里出现了领导人、会议、政策等内容，就不能体现民生新闻主张的节目理念——讲述老百姓自己的故事，甚至害怕因此而导致观众流失，这种认识是狭隘的，它和此前的观念恰好构成了两个极端。

克服上述二元对立机制的前提是实现二元间的"融合"。面对时政新闻，民生新闻不能简单地将其照搬至自己的版面，而应深挖其中所蕴含的民生要素，一方面，吸纳时政新闻的深厚内容，另一方面，发扬民生新闻的传播优势，实现两种新闻间的融合。

当年，央视的《焦点访谈》节目深受全国观众喜爱，原因正在于它坚持走"时事追踪报道，新闻背景分析，社会热点透视"之路，大量涉及民生的问题在节目里出现，如取消农业税、治理教育乱收费、推进医疗体制改革等。这些选题思想意蕴丰富，话语空间广阔，很适合社会各界广泛参与。有些民生节目也一直在进行类似的尝试，青岛电视台《生活在线》栏目在党的十六大期间，播发《你说，我说，小康社会》系列节目，让各行各业的人畅想美好的明天；在世界反法西斯战争胜利 58 周年纪念日前后，播发了《劳工血泪》《毛子埠屠村血案》等新闻故事，同样引起了市民的关注。③云南电视台《都市条形码》栏目探索时政和寻找、经济等社会发展的主流问题与昆明百姓生活的切入点，把时政和经济新闻转变成民生新闻，形成有主流新闻意识的本土民生新闻。④

最后，提高社会新闻的门槛。新闻是"为读者、听众和观众提供关于重要事件

---

① 武兴芳：《民生新闻为何广受欢迎》，http://hn.rednet.cn/c/2006/11/08/1024567.htm。
② 杜小真：《福柯集》，上海远东出版社 1998 年版，第 143 页。
③ 胡智锋：《城市电视新闻节目需要处理的十种关系——从〈南京零距离〉〈生活在线〉等栏目说起》，《北方传媒研究》2005 年第 7 期，http://www.360doc.com/content/11/0419/11/5928726_110717092.shtml。
④ 刘悦：《对"滇味"民生新闻不足和发展趋势的探讨》，http://blog.sina.com.cn/s/blog_54f83ed90102z5nb.html。

的知识和理解,不仅有助于提高他们的理解力,还有助于增加他们判断和行动的能力"①。要优化新闻内容结构,不是说要从一个极端走到另一个极端,而是要着眼于当下,对现有的节目编排进行调整。

软新闻要不要?要,因为它具有可看性、贴近性和服务性;但是,它要改。媒体要力求在前瞻性、贴近性、服务性上为市民提供全方位的资讯解读和更多、更广、更深的资讯视野。报道内容不应简单地停留在引起观众兴趣的表层上,而应该引发受众的理性思考,让老百姓看了不仅知道是什么,还要知道为什么,今后注意做什么、不做什么,并以此改善本地群众的生活和生存境况,只有这样的新闻才能真正满足市民对信息的需求和对知情权、话语权的渴求。

一言以蔽之,民生新闻应运用其受众面广、影响力强的优势,发挥它对社会生活的主动性介入和引导作用,从而成为更多阶层的人群可以信赖的信息库,以及可以演说的舆论场和提供决策的参考地。

附:

"新闻航母"将观众"一网打尽"

2006年11月1日《浙江广播电视报》　记者　章敏　楼亮

今年1月1日开始,许多关注浙江电视台民生休闲频道《1818黄金眼》的观众发现,原本21:45开始的《1818黄金眼》重播节目变成了另外一档全新的《1818黄金眼》公众版。区别于18:18播出的《1818黄金眼》民生版,公众版将一些原本并非主打的国内国际大事有选择地搬上了荧屏,推出了一个"大民生"的概念。民生休闲频道的节目部主任赵林非常有信心地说,"大民生新闻"和"小民生新闻"有着不同的市场需求,而《1818黄金眼》想要做的,就是打造一个新闻航母,把这两个群体一网打尽。

作为民生休闲频道的一档品牌电视民生新闻节目,自2004年1月1日开播以来,《1818黄金眼》一直颇受广大观众和老百姓的喜爱。但随着电视媒体"小民生"新闻节目竞争的日趋激烈,《1818黄金眼》虽然一直以强劲的势头稳步前进,但是市场的角逐还是迫使他们不断寻求自身的突破和创新。

《1818黄金眼》公众版以浙江人的视角看问题,把和浙江有关的大事件加工,全新推出"浙江与世界相遇"的口号。赵林认为,当大家都往"小民生"扑过去的时候,他们必须做出新的尝试,"更多的生机在于创新,而并非模仿。"显然,和教育科技频道推出《拨拨就灵,就灵就灵》的目的一样,在《1818黄金眼》民生版基础上诞生的公众版也是电视界对民生新闻个性化品牌打造的一种尝试。

---

① 史文静:《地方民生新闻故事节目的特色实践——以黑龙江都市频道"故事天下"为例》,《中国记者》2011年第5期,第99页。

二、批评性报道多，建议性报道少

新闻舆论监督的方式，分为批评和建议两种。在民生新闻里，批评性报道比较多，而建议性报道较少见。统计显示，"（通过）对南京、成都、广州、沈阳等地的民生新闻节目内容分析表明，负面社会新闻占70%以上，事关民生的实用资讯只占极少数"①。

对观众而言，通过新闻报道获得对事实的了解，只是满足了他的"信息欲"；如果能进而受到启示和引发思考，才能满足他的"知识欲"。"一条条具体的新闻只是一块块砖头，它可以有不同的组合拼搭，从而形成形状各异的建筑。如果缺少宏观真实的要求，这些砖头也许是真实的，但拼建出来的建筑可能与整个社会面貌不一致"②。所以，对媒体而言，新闻理念比新闻事实可能更重要。

民生新闻"讲述老百姓自己的故事"，与过去相比，这固然是一个理念的进步，但是，现在"最为明显的就是报喜不报忧或报忧不报喜"③。

民生新闻之所以"报忧不报喜"，首先是出于收视率的考虑。毋庸置疑，批判性报道容易吸引观众的注意力。其次是受节目的本土化定位所限。前述，民生新闻的受众构成主要是中低端人群，于是，本着"反映市民生活、体现本土文化"的原则，大量充满世俗味和市井气的报道粉墨登场。

一项针对《零距离》的调查显示，"（2016年）平均每天近30条的新闻里，本土社会负面形象的新闻内容占了一半以上"④。可见，"报忧不报喜"的代价是，其他更为重要的事件被排除在媒体的视野之外，其结果，一方面，节目的视野受到限制，新闻资源被浪费，另一方面，还"转移了公众的视线，……造成受众接受错误的'媒介现实'，完全不能真实地反映社会现实状态，也误导了人们对现实问题的理解和判断"⑤。

事实上，观众对信息的需求并不是一成不变的，而是一个动态发展的过程，它与社会环境、自身经济政治地位、价值取向等因素相关。20世纪90年代，《焦点访谈》等调查性节目的出现，有其特定的历史背景；如今，时代发生了变化，人们不仅需要战斗力强、火药味浓的批评性报道，也需要权威的信息、有用的建议和愉悦的体验。

当然，有人肯定会提出这样的疑问：增加建议性报道会不会影响收视率？我们用事实来回答。

---

① 丁玲华：《电视民生新闻将成历史概念》，《现代传播》2010年第6期，第156页。
② 黄旦：《新闻传播学》，杭州大学出版社1997年版，第249页。
③ 黄旦：《新闻传播学》，杭州大学出版社1997年版，第249页。
④ 金璟：《电视民生新闻的麦马劳化：以〈直播南京〉为例》，南京航空航天大学硕士学位论文，2016年，第30页。
⑤ 朱永祥：《城市电视新闻走向何方？》，《新闻实践》2006年第6期，第40页。

《南京零距离》在 2005 年"十运会"期间,摒弃负面报道,最后结果证明,收视率并未出现太大波动;《天天 630》自开播以来,坚持只做正面报道,但栏目的收视率始终高位稳定。后来,为加强正面报道的力度,他们还增加了《重庆好心人》《请让我来帮助你》等栏目。2006 年"第三季度的平均收视率为 14.9%,据悉,重庆市约有 500 万电视用户,按每户 3.5 人,15% 就是 200 多万人在看。重庆每天出版的报纸加在一起不过 100 万份左右,《天天 630》的关注程度是重庆所有报纸关注程度的两倍以上"①。《社区新闻》(广州电视台)一直坚持做批评性报道,但收视率始终在低位徘徊,对此,时任广州电视台副台长的涂布说:"去年(2004年,著者注)和前年(2003 年——作者注)我们很多新闻专题发表了很多篇批评报道、负面报道,反而收视率上不去,相反,有一些主流新闻、对老百姓有用的信息发布一条两条,收视率明显上扬。"②

批评性报道本身并没有错,但如何让新闻为百姓接受,有赖于我们的正确认识。要么报喜不报忧,要么报忧不报喜,这种两极分化的现象,都源于我们在认识上的误区。对建议性报道来说亦是如此。

过去,囿于决策的公开化、民主化程度较低,我们缺乏对国策广泛讨论的社会氛围,因此,在媒介上也难以看到议论纷纷的舆论现象,甚至在一些关键问题上,官方意见、媒介态度和反映在新闻媒介上的民间舆论都是高度一致的。但是,随着决策的透明化进程的推进,人民群众参与国家事务与社会事务的渠道日渐增多,这为建议性报道提供了良好的外部环境。因此,能否做好建议性报道,关键在于我们是否具有创新意识和开拓精神。

三、重问题解决,轻事件反思

开展舆论监督,合理的过程是批评揭露—解决问题—引起深思,它遵循了是什么—为什么—怎么办的思路。然而,当下的民生新闻在"批评揭露"方面做得比较扎实,有些问题也得到了解决,但是在引起深思方面却存在不足。

前述,民生新闻里大量出现批评性报道,却不多见"新闻背后的新闻"——隐藏在事件背后的深层原因。众所周知,舆论监督的客体是公权力,但是,很多节目只是停留在展示问题的层面,却没有触及问题背后的制度化因素,于是,市民个体倒成了被监督的对象。

当下的民生新闻多采用"说新闻"的方式,即新闻报道+主持人评论。由于忽视对事件的反思,因此,主持人除了发泄情绪外,似乎找不到更多话题来表达。比如,某档节目里播出"黄牛"倒卖票被抓现行的新闻,主持人除了说"可恶"以外就没话了,最后只能开玩笑地说:"真想揍他一顿。"再如,某电视台生活频道的

---

① 武兴芳:《民生新闻为何广受欢迎》,http://hn.rednet.cn/c/2006/11/08/1024567.htm。
② 涂布:《做好老百姓爱看的主流新闻》,《中国广播电视学刊》2005 第 11 期,第 50 页。

一个生活类节目，专注于食品安全问题，强调一期只说一个问题，但是，他们也坚持一个原则：不质问监管部门，原因是这样会树敌太多。对此，身为民生新闻主持人——《现场》节目主持人的杨建刚都表示了困惑："现在我们国内流行的民生新闻，仅仅是停留在现象的层面上的展示，这很危险！这就是民生新闻吗？""比如说公交是一个很大的话题，长途客车失事，仅仅报告一下死伤人数和情况，这就是民生新闻，我就很迷惑。"①

出现这种情况，还是得从民生新闻自己身上找原因。

前述，民生节目的受众构成以中低端人群为主。作为社会的中下层，生活给他们的重压往往超过了他们的承受能力，因此，他们天然地具有追求解放和非理性的色彩。同时，阶层所属也决定了他们的视野大小，他们更多地倾向于浅层化、平面化的思考，追求视觉影像带来的感官刺激，对于事件背后的背景，他们不愿也无力去深思。

受众既然如此，媒体也保持着同样的节奏。君不见，一些记者耳闻消费者投诉，立马就给商家扣上"假冒伪劣、无良商家"的大帽子，而不是去找双方进行核实；见到弱势群体即哀其不幸、怒其不争，而不是去探讨如何从根本上解决他们的问题；对于居民纠纷，常常以和稀泥的方式，用"冷静""协商"等大而无当的漂亮词汇糊弄过去；碰到市民反映水电煤气等问题，立刻想到职能部门的"官僚主义"，而不是客观分析问题的症结出在哪里……

2017年11月，海南某节目策划了一个关于"刮刮乐"的系列报道。所谓"刮刮乐"，是一种具有赌博性质的博彩产品，它多出现在小学附近，不少小学生沉溺其中，把父母给的零用钱全部用在这上面，有的甚至偷钱或者借债去玩。应该说，这是一个非常有现实意义和教育意义的好选题，节目组也派出了多路记者前往采访。但遗憾的是，虽然记者奔赴不同的学校，但他们几乎采用了同一个套路来采制信息：首先，某小学门口的小卖部叫卖"刮刮乐"，引来小学生的争相购买；接着，采访小卖部老板，指责其为牟取暴利而不顾孩子的身心健康；最后，邀请有关部门对小卖部进行罚没。从表面上看，这个系列报道虽然场面大，声势惊人，但效果并不尽如人意：首先，从画面上看，一些店家其实并没有意识到自己的所为有那么大的危害，媒体一通劈头盖脸的痛骂未必能让他们真正认识到问题的严重性；其次，仅对曝光的店家的"刮刮乐"进行收缴，却不追根溯源，查清进货渠道，怎么能杜绝这类事件将来死灰复燃呢？最后，节目缺少对学校、教育主管部门和家长的采访环节，这又如何保证孩子们将来不重蹈类似的覆辙呢？

对此，有人将这种现象喻为"泡沫化的舆论监督"，即"新闻监督稿件追求情绪的宣泄而忽视理性的思考，追求文学的犀利而忽视思想的深刻，从而陷入一种盲

---

① 阿灿：《"民生新闻主播"的冷暖人生》，《新周刊》2004年11月，http://www.people.com.cn/GB/14677/21966/36358/2933990.html。

目批判境地的现象"①。媒介的使命不在于放大受众的声音，而在于站在高处，引导大家思考解决问题的办法。遗憾的是，电视人似乎更重视自己帮观众"解气"，却忽视为观众"解惑"，而这种"解气"的行为有时非但不能有助于问题的解决，反而可能激化了矛盾。

著名主持人东升曾经说过，他接到过数万个投诉电话，为了农民兄弟的利益，他愿意下跪。东升说，在他的呼吁下，数万个投诉电话里有80%得到了解决，这固然是好，但是，还有20%呢？东升的这种精神令人感动，但是，批判的武器不能代替武器的批判。

有人总结了民生新闻的三个问题："缺乏对新闻主题深度的阐释和挖掘，缺乏理性思辨和批判的力度，缺乏对类型现象规律性的把握和核心化剖析。"② 我们现在要警惕的就是以非理性话语替代客观性追求。

对民生新闻而言，仅止于批评揭露和解决问题是不够的，帮助大家提高认识、推动社会进步才是最终目标。因此，报道民生问题时，"赋予其一定的情感、意义和判断，倡导一种社会理智、社会观念、社会秩序、社会道德和社会风尚，以期推动全民共建社会规范体系"③。2006年，上海发生一起"瘦肉精"中毒事件。在报道此事时，上海当地一档著名电视栏目的评论是："我们提醒消费者，今后买东西要多长个心眼。"主持人的善意提醒并没有错，但是，这种猪肉能够经过重重关卡的检验，并最终出现在正规市场上，这里面的问题不值得我们深思吗？仅仅是一句"买东西长个心眼"就够了吗？换言之，有关职能部门的责任才是问题的关键。相比之下，《东方早报》的报道就很到位。他们在报道中辛辣地指出："出事的摊贩已经不见人影，但市场小黑板上仍挂着'×××天无事故'的字样。"

对事件反思，W. 兰斯·班尼特从三个层面进行总结："这种反思以事件（信息）为载体，既要产生平常意义的反思（即对新闻事件的反思），还要产生深层次的反思（即社会意义的反思），更要产生质的飞跃层面上的反思（即推动经济、社会和人的全面发展进步的反思）。"④ 的确如此。理想的新闻体系的前景应该是更加公共化，信息更具分析性、更有深度、更有批判性、更能反映问题，只有这样，人们才能"更好地理解社会问题，并能更积极地参与问题的解决"⑤。

---

① 尹辉：《防止媒体舆论监督的泡沫化》，《青年记者》2002年第9期，第41页。
② 王贵平：《提高民生新闻质量之策》，《新闻前哨》2005年第12期，第41页。
③ 王贵平：《提高民生新闻质量之策》，《新闻前哨》2005年第12期，第40页。
④ 转引自易前良：《新闻规制下的革命幻象——电视民生新闻与新闻改革》，《视听界》2009年第6期，第127页。
⑤ 转引自易前良：《新闻规制下的革命幻象——电视民生新闻与新闻改革》，《视听界》2009年第6期，第127页。

第三节　与主流价值的疏离

一、对弱势群体缺失真诚之心

所谓"弱势群体",是指"在社会经济发展的一定历史阶段,由于社会机构的变化和社会关系的失调,以及自然的或者个体自身的某种原因,在物质生活条件、权力和权利、社会声望、竞争能力以及发展机会等方面处于社会分层结构中最底层的一个特殊群体"[①]。弱势群体的外延很广,可以包括城市下岗失业者、进城务工人员、农村贫困群体、残疾体弱者、儿童、老年人和妇女等。

所谓"民生新闻",重在"民生"。有人从"民"和"生"两个角度来解释"民生"的内涵。"民"指报道对象是民生新闻的受众,所有具有公民权利的自然人都可称为"民",包括城市市民和农村农民;"生"概括为四点:生活(衣食住行)、生存(生存权利)、生计(国计民生)、生命(尊重生命,人文关怀)。[②] 此说有一定的新意,但值得商榷。在民生新闻的语境下,"民"的外延应该是指生活在城市里的居民,它包括城市的原住民、获得城市户口的新城市人以及进城务工人员。至于生活在农村的农民,不能列入民生新闻的目标受众行列,因为"民生新闻"本身就滥觞于城市,并且以城市新闻作为其主要的传播内容。

理解了这一点,那么,在民生新闻语境里,"弱势群体"主要指的是城市贫民和进城务工人员。从媒体实践来看,电视对后者的忽视大于前者,我们以进城务工人员为例。

应该承认,民生新闻拿出了不少版面和时间来关注进城务工人员的问题,诸如反映进城务工人员需求、提供就业指导、改善生存环境、展示进城务工人员辛劳、声援进城务工人员讨薪、批判虐工事件……从表面上看,电视的确在帮助进城务工人员适应城市生活,但是,进城务工人员最核心的诉求——他们是否具备合法的市民身份,却始终没有得到媒体的响应。相反,在某些报道中,进城务工人员的形象总是与愚昧、粗野、无知、无法等标签捆绑在一起。比如,每逢春节前夕,不少节目就会提醒广大观众:春节临近,大批进城务工人员即将返乡,请广大市民小心家中财物,加强安全防范意识。从表面上看,媒体是出于善意提醒市民,但是,其话里话外却是将进城务工人员与违法犯罪联系在一起,其"妖魔化"的意味可谓昭然若揭。"人物的形象通过人物与特定事件的联系表现出来。在这种联接过程中,刻

[①] 陈吉学:《新时期我国社会弱势群体问题研究》,南京大学硕士学位论文,2013年,第9页。

[②] 李逵:《让民生新闻真正反映民生实质》,《新闻前哨》2010年第5期,第52页。

板印象得以形成。对某些人群的正面描述和对另一些人群的负面描述，使优势人群的形象得以强化，并进一步主流化。而边缘人群的形象在刻板印象的再现中变得更加边缘化"①。理解了这一点，就可想而知，前述媒体对进城务工人员诉求的呼吁，其目的更多的是出于城市发展的客观需要，而非博爱精神的自然体现。

弱势群体在媒体上的"边缘化"有其深刻的社会原因。弱势群体的出现，是中国社会转型的结果和代价。

市民也参与了对弱势群体"边缘化"的合谋。媒体是一个镜像，通过它，受众得以反观自己，进而找到自己的社会定位。我们以俄国小说家契诃夫的一段话来做比较：

> 我们所看到的，是人们上市场采购食品，白天吃饭，夜里睡觉，他们说着自己的生活琐事，结婚，衰老，平静地把死去的亲人送到墓地。可是我们看不见那些受苦受难的人，听不见他们的声音，看不见幕后发生的生活中的种种惨事。一切都安静而平和，提出抗议的只是不出声的统计数字：多少人发疯，多少桶白酒被喝光，多少儿童死于营养不良……这样的秩序显然是必需的；显然，幸福的人之所以感到幸福只是因为不幸的人们在默默地背负着自己的重担，一旦没有了这种沉默，一些人的幸福便不可想象。这是普遍的麻木不仁。真应当在每一个心满意足的幸福的人的门背后，站上一个人，拿着小锤子，经常敲门提醒他：世上还有不幸的人；不管他现在多么幸福，生活迟早会对他伸出利爪，灾难会降临——疾病、贫穷、种种损失。②

将这段话拿来审视民生新闻，真有振聋发聩之感。记者是社会的"守望者"，本应成为那个拿着小锤子的人，但是，他们失职了。"缺少精英的沉默多数当代中国社会的政治、经济、文化精英出现合谋的趋势，弱势群体的话语空间越来越小，农民缺少代表本群体说话的精英，没有声音引起民生新闻的注意。"③

媒体对收视率的追逐，也是造成弱势群体被"边缘化"的原因。"事业单位，企业化管理"的媒介体制，迫使媒体必须以广告收益为指挥棒。弱势群体处于社会的底层，他们一般不为广告商所注目。以进城务工人员为例，他们多聚集在城中村或城郊地区，那里是假冒伪劣商品的集散地、小业主的根据地以及手工产品的原产地。在这些地方，经济形态陈旧，消费观念保守，购买能力低下，他们既不需要通过投放广告来宣传自己，也不欢迎电视广告里所宣传的产品和服务。其实，不仅是

---

① 转引自杨姣：《民生新闻节目的核心竞争力初探——以〈民生关注〉和〈都市条形码〉为例》，http://www.ilf.cn/Theo/107022_4.html。

② [俄] 契诃夫：《醋栗》，《契诃夫短篇小说选》，汝龙译，人民文学出版社2003年版，第275页。

③ 任中峰：《民生新闻与农民话语》，《新闻爱好者》2005年第2期，第13页。

进城务工人员，包括城市平民，都不是电视媒体所中意的目标受众。既然如此，他们在新闻报道中被"边缘化"也就是顺理成章的事情了。

当然，不能否认的是，民生新闻也的确拿出了不少版面和时间投给弱势群体。但是，有趣的是，媒体的关注总是有选择的，它们常常聚焦于某几个领域——春节前的讨薪、开学前的进城务工人员子女上学难。这种"运动式"的媒体聚焦行为给人以煽情、做作之感，而不是真正的人文关怀。"这是经过合成加工的文化'产品'，属于媒介制造而不是平民创造，在现代传媒的精致包装下失去了原生态。传媒在力图贴近平民的同时，实质上正在脱离平民，靠近一个面目模糊的'大众'（mass），与其说它反映了平民生活，不如说它给大众生活提供了谈资和消费的新选择"①。

关于弱势群体的"边缘化"的后果，社会学家和经济学家都表示了忧虑。美国制度经济学家道格拉斯·诺斯提出了"生产性努力"和"分配性努力"的概念。在他看来，由于长期缺失话语权，弱势群体失去了对社会和生活的信息与热情，觉得自己每增加一分投入到生产（即"生产性努力"）中却没有多得到一点相应的回报；相反，有些人只把精力放在企图从社会已有的生产成果中分得更多的份额（即"分配性努力"）却能够得逞。这个时候，更多的人将不愿意将精力放在生产上，而是转投到对分配的追逐。②当越来越多的人卷入财富的争夺之战后，那么，社会也就越来越不稳定，相应地，社会对防止犯罪和治理违法的投入也就越来越大，从而拖累了经济发展的步伐。

前述，进城务工人员的大量涌现，是中国城市化进程中一个不可避免的结果。但是，这批来自乡村的进城务工人员显然不能迅速融入城市生活，相反，他们原有的生活习惯、价值理念和精神信仰使得他们在新的环境里显得突兀而孤立。不仅如此，他们与城市原住民之间的文化冲突以及因争夺生存空间而带来的利益冲突，使得城乡二元对立较之过去变得更加激烈、明显和复杂。"然而大众传媒却像一堵看不见的墙，通过屏蔽农民话语将农民和市民两个群体隔离开来，农民常常被置于传媒注意力的边缘，他们很少有机会成为民生新闻的叙事主体"③。

媒体的报道行为带来的市民与进城务工人员之间的隔膜，虽然颇具隐蔽性，但是，其后果却是严重的。信息是一种权力。作为城市原住民，他们在面对进城务工人员时，本来就具有较强的优越感；现在借媒体之功，他们的自信心进一步被增强。与之相反，对进城务工人员来说，进城前他们就是信息匮乏者，进城后，这种信息鸿沟非但没有被填平，反而被进一步扩大。其中亦有媒体之过。在媒体上的失

---

① 姜红：《新闻秀——平民的还是大众的?》，《新闻记者》2004 年第 12 期，第 20 页。

② ［美］道格拉斯·C. 诺思：《经济史中的结构与变迁》，陈郁、罗华平等译，三联书店上海分店、上海人民出版社 1994 年版，转引自姚先国：《经济增长方式转换的制度条件》，《浙江社会科学》2005 年第 4 期，第 4 页。

③ 任中锋：《民生新闻与农民话语》，《新闻爱好者》2005 年第 2 期，第 13 页。

语，即是在社会上的缺位，他们最终沦为"沉默的大多数"。

民生新闻虽然高扬"平民视角"的旗帜，但是，囿于媒体资源有限，他们不可能（事实上也不愿意）"普度众生"。在媒体上呈现一批人和一些事的同时，另一批人和另一些事被隐藏起来了。进言之，哪些人和事被选择，其背后既有节目理念的考量，更有主流意识形态的把控。

统计显示，"2017年农民工总量达到28652万人，比上年增加481万人，增长1.7%，增速比上年提高0.2个百分点。在农民工总量中，外出农民工17185万人，比上年增加251万人，增长1.5%，增速较上年提高1.2个百分点；……在外出农民工中，进城农民工13710万人，比上年增加125万人，增长0.9%。"①（如图所示）

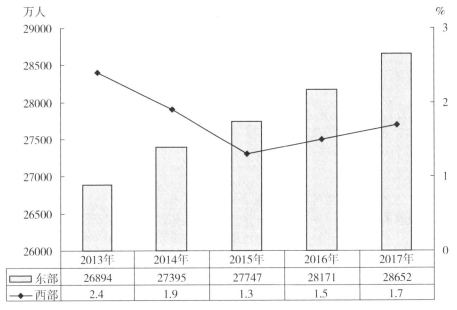

图　2013—2017进城务工人员总量及增速

资料来源：国家统计局《2017年农民工监测调查报告》，2018年4月17日。

由图可知，农民进城务工是中国社会的一个基本趋势。农民进城，看中的是城市优于农村的社会资源。有人将进城务工人员的心态分为"想做城里人而不得"或"暂时做稳了城里人"两种类型②。因此，这种大规模的人口迁徙是一种单向的不可逆的流动，它将深刻而长远地影响着未来的中国社会。对这一宏大而复杂的社会现象，电视人必须保持清醒的认识。

---

① 国家统计局：《2017年农民工监测调查报告》，2018年4月17日。
② 戴元光：《都市化冲击下的当代电视》，https://max.book118.com/html/2018/0603/170423304.shtm。

当下，民生新闻首要解决的是报道的偏颇。这一点，西方同行的经验值得借鉴。他们认为，受众最不满意的就是媒体的"倾向性报道"（偏见报道）。为此，他们提出了七点注意事项：①避免因个人的人际关系而有损公正；②必须自觉地"将意识形态与报道隔离"；③对事件有强烈个人观点的记者，应定期"温度检查"，确保各方受到公平对待；④编辑时常提醒记者报道的平衡；⑤批评性报道，不仅要说明问题，还要做横向的比较；⑥编辑版面安排上做到公正；⑦编辑必须和作者就作品中存在的不公正坦率交谈。①

以成都的两个节目为例。针对一起某进城务工人员欲在闹市区跳楼的事件，A节目在报道时着眼于"是什么"，重点放了对现场场景的描摹，而且主持人的评论是调侃的、娱乐化的；B节目着眼于"为什么"和"怎么办"，他们对此事展开深入调查。原来当事人遭遇老板欠薪，而其妻又重病在床，他多次讨薪而不得，寻求相关部门帮助亦无果，无奈之下才选择了以跳楼的方式来吸引社会的注意。理清了事情的来龙去脉之后，B节目走访了事件的相关人员，问题最终得到了解决。相比A节目，B节目不仅解决了"这一个"的问题，而且借媒体之力将一个普遍的社会问题揭示出来，从而有助于"这一批"问题的解决。"同样一件事，因为报道角度的不同，却是两样的效果。到底该冷眼旁观还是热切关注，这不仅是民生新闻报道的视角问题，更是民生新闻的价值取向问题。后者才是我们应当选择的主流民生新闻的报道形式。"②

二、对受害人缺乏悲悯之情

郭镇之指出："中国新闻媒介的批评报道目前主要存在两个方面的问题，一方面，舆论监督不力，特别是对上监督不力的问题，另一方面是对下侵犯公民权益的问题。"③ 在民生新闻里，侵犯公民权益的事情也时有发生，比较典型的，是对受害人造成"二度伤害"。

有节目报道市民陷入水坑，主持人非但没有同情之意，反而打起快板表演起了说唱；成都某记者守候在无盖窨井边，把骑车人翻车、摔倒时的痛苦状搬上荧幕；更有甚者，有记者在跟随公安机关冲入卖淫场所后，对着当事人就是一通狂拍，全然不顾对方当时赤身裸体时的狼狈；有的节目在采访弱势群体时，抱着"不流泪不算好镜头"的观念，追问一些让对方难堪的话题，甚至不顾对方的抗拒强行要求他们摆拍……

---

① ［美］罗伯特·海曼、埃夫·韦斯廷：《最佳方案——公平报道的美国经验》，郭虹、李阳译，汕头大学出版社2003年版，第61～62页。

② 川戈：《地方台电视新闻的路在哪里？》，http://blog.sina.com.cn/s/blog_5d2fdf350100bdhc.html。

③ 转引自展江：《中国社会转型的守望者——新世纪新闻舆论监督的语境与实践》，中国海关出版社2002年版，第40页。

凡此种种，都在民生新闻中出现过。如，某些记者为迎合一些观众的低级趣味，将表现百姓生活的新闻变成对百姓个体隐私的爆料，将电视媒体变成都市逸闻趣事集散地，将百姓新闻变成了市侩们的电视围观，无视当事人的感受与尊严，不惜对当事人强行曝光。在这里，电视成了满足少数人"窥私"欲望的工具，屏幕成了供大众围观的舞台，而镜头则成了伤害当事人的凶器。

高度商业化和娱乐化媒体的运作模式是造成"二度伤害"的一个重要原因，对此，李希光将其称为"尖叫原理"。"尖叫原理"追求的就是通过煽情的故事和炒作名人及其丑闻，抓住受众的眼球。因此，"二度伤害"的直接原因正是记者出于对"尖叫刺激"的追求。

前述，媒体创造的是一种"拟态环境"，这种环境与现实环境的不同在于：媒体因其强大的传播力而具有广泛的号召力，同时，媒体因其"探照灯"式的聚焦方式，使其传播效果具备"舞台化"的效应。换言之，媒体对当事人愈加渲染，被报道对象的"戏剧化"形象就越明显。如果媒体对当事人不做任何技术处理，就以"原生态"手法将之呈现在大众眼前，那么就会构成一种类似鲁迅笔下的"看/被看"的二元对立模式。处在这种模式中，被看者是极其尴尬的，特别是当他们原有的角色行为与社会期待相冲突时，这种尴尬会更加强烈，除非他们改变自己的角色行为。以"贫困生报道"为例。在记者采访时，贫困生对媒体总是持抗拒之心，因为他们也有尊严。"一个人之所以需要保持一个较好的名誉，其主要原因就是希望得到社会给予其一个良好的评价，并因为这一评价而得到精神上的满足。"[1] 加之记者们为了达到提升报道感染力的目的，常常安排被访者做出各种姿态（摆拍）以达到煽情的效果（这一点，电视记者表现尤甚）。可见"二度伤害"对当事人之伤害之深。

"二度伤害"不仅有违道德，还有违法之嫌。在上述贫困生报道中，很多当事人都是未成年人。根据《中华人民共和国未成年人保护法》第三十条，"任何组织和个人不得披露未成年的个人隐私"，进言之，即便是未成年的犯罪嫌疑人，我们也不能侵犯其应有的权益。第四十二条规定："对未成年人犯罪案件，在判决前，新闻报道、影视节目、公开出版物不得披露该未成年人的姓名、住所、照片及可能推断出该未成年人的资料。"有记者这样感叹："采访对象挺可怜的，落到我们手里就任我们蹂躏了。""那一份别过头去想悄悄落泪、低下头去想忍住眼泪的含蓄和矜持被我们推上去的镜头撕扯得干干净净。"[2]

同样，关于妇女权利，中国也有专门的法律。《中华人民共和国妇女权益保障法》第四十二条规定："妇女的名誉权、荣誉权、隐私权、肖像权等人格权受法律保护。禁止通过大众传播媒介或者其他方式贬低损害妇女人格。"第五十九条规定：

---

[1] 洪伟：《大众传媒与人格权保护》，华东师范大学出版社2005年版，第51页。
[2] 夏骏：《目击历史——新闻调查幕后的故事》，文化艺术出版社1999年版，第168页。

"违反本法规定，通过大众传播媒介或者其他方式贬低损害妇女人格的，由文化、广播电影电视、新闻出版或者其他有关部门依据各自的职权责令改正，并依法给予行政处罚。"遗憾的是，媒体上以妇女为弱者的题材太多了：残害妇女、抛弃妇女、妇女为情而伤害他人或者自杀……在一项以"女性与大众传媒"为主题的调查中，81.96%的受访者认为"传媒在一定程度上存在对女性的偏见"。大多数受访者认为，"警醒妇女不一定非得通过血泪斑斑的案件和事实，采取积极向上的宣传同样可以达到目的"，16.18%的人表示，"过多炒作类似题材，会强化女性的弱者地位"，还有10.88%的人对此类题材"很反感"，因为让人觉得"生活毫无保障和安全感"[①]。某台曾报道一智障女被拐卖且被强迫卖淫的故事，报道中，媒体不仅让对方完整地讲述其悲惨遭遇，而且对其面部形象也未做任何遮挡，使其完全曝光在荧屏上。

1960年"沙利文案"的法官指出，必须保护新闻界有"喘气的空间"，它不是指媒介可以任意纵容自己的行为，而是让媒介在责任和权利之间找到平衡点，既抨击不法行为维护公众利益，又保护个人的名誉权免受不法侵害。[②]

2006年7月10日，河南电视台女记者曹爱文放弃现场采访而亲自抢救溺水女童的事迹受到各界好评，并被众多网友誉为"中国最美的女记者"。可见，面对具体的事件，公共利益是媒体权衡的尺度。若无涉公共利益，那么，即便事件再有轰动效应，媒体也有必要保持沉默，"有时候，不推（镜头）也是文明行为"[③]，而沉默也是一种报道。

当然，也有人会为"二度伤害"做辩解：为了满足受众的知情权并给他人以警醒，必要的伤害是在所难免的。对此，西方媒体早已形成共识——受众和当事人就像天平的两端，他们与对方抗衡的资本分别是知情权和隐私权。那么，作为天平的操纵者，媒体该倾向哪一边呢？公共利益，它就是一枚重要的砝码。换句话说，媒体报道的凭据，是看报道是否对公共利益有所帮助。

三、对悲剧事件缺少反思

悲剧性事件是民生新闻的热门话题：偷盗抢劫、打架斗殴、车祸流血……诸如此类的题材，在荧屏上俯拾皆是。

应该说，这类事件本身具有一定的戏剧性，于是，部分节目也就走上了戏说悲剧的道路。媒体一方面热衷于对悲剧事件做"现场秀"式的表演，另一方面对事件以及当事人做不合时宜的调侃甚至挖苦。这股低俗之风已与有偿新闻、虚假报道、

[①] 邓小兰：《众说纷纭话传媒——关于〈女性与大众传媒〉的问卷调查分析》，http://www.xici.net/d6313658.htm。
[②] 转引自胡黎明：《"焦点现象"研究》，新华出版社2004年版，第195页。
[③] 夏骏：《目击历史——新闻调查幕后的故事》，文化艺术出版社1999年版，第168页。

不良广告一道，被列为传媒界的"四大公害"。因此，有人这样总结某些媒体的风格："绯闻顶替了事实，娱乐覆盖了文化，低俗代替了端庄。"① 民生新闻表现出的这种恶习不是一家所独有，近年来，全球新闻业都出现了这种习气。但是，在民生节目里，"文字猥琐浅薄，内容极其渲染，版面轻佻流俗，格调鄙陋低下"②，这也是不争的事实。

"哪个电视人不想新闻立台呢？哪个电视人不想做得品位高点呢？但地方电视台做不到。"③《晚间新闻》（湖南）的制片人如是说。我们能理解他话里隐含的一种无奈，也相信电视新闻的低俗化对媒体公信力的戕害。但是，我们也要反过来想一想，"如果一个民族分心于繁杂琐事，如果文化生活被重新定义为娱乐的周而复始，如果严肃的公众对话变成了幼稚的婴儿语言，总之人民蜕化为被动的受众，而一切公共事务形同杂耍，那么这个民族就会发现自己危在旦夕，文化灭亡的命运就在劫难逃。"④

事实上，还是有媒体在进行艰苦的探索。2004年8月8日，《生活新闻》（江苏）记者接到37名工人集体投诉，说他们被职业介绍机构骗了，不仅支付了高额的中介费，而且进厂后实际到手的工资也与一开始承诺的相去甚远。经过记者的暗访，该说法得到了证实。在记者亮明身份后，中介提出，只要不曝光，他可以退回所有的中介费。这对记者来说算是出了个难题：不曝光，受害人的权益得到了维护，但记者的工作量无法完成。经过权衡，节目最终选择不曝光。"新闻记者不应该仅仅是报道新闻，新闻记者的工作还应该包含这样的一些内容：致力于提高社会公众在获得新闻信息的基础上的行动能力，关注公众之间对话和交流的质量，帮助人们积极地寻求解决问题的途径，告诉社会公众如何去应对社会问题，而不仅仅是让他们去阅读或观看这些问题"（纽约大学新闻学系主任Jay Rosen教授）⑤。

的确，"坏消息就是好新闻"。但是，凡事皆有度，一味传播负面新闻信息，热衷于披露各种丑闻，文字猥琐浅薄，情节渲染铺陈，版面轻佻流俗，格调鄙陋低下，这些都不符合新闻伦理和职业道德。"大众媒介是一种既可以为善服务，也可以为恶服务的强大工具；总的说来，如果不加以适当的控制，它为恶服务的可能性更大"（拉扎斯菲尔德）⑥。既然如此，对民生新闻而言，如何把握悲剧事件的报道

---

① 杨同庆：《对传媒低俗化的理论思考》，http://media.people.com.cn/GB/40628/3124210.html。
② 邓利平：《负面新闻传播的多维视野》，新华出版社2001年版，第237页。
③ 《湖南卫视，翻新娱乐牌》，《新闻周刊》2004年6月9日，转引自岳琳：《论地方台节目品牌运营策略——湖南卫视运营的成功之道》，《新闻知识》2006年第8期，第60页。
④ ［美］尼尔·波兹曼：《娱乐至死》，章艳译，广西师范大学出版社2004年版，第114页，第202页。
⑤ 蔡雯：《美国"公共新闻"的历史与现状——对美国"公共新闻"的实地观察与分析》（上），《国际新闻界》2005年第2期，第13页。
⑥ 张国良：《新闻媒介与社会》，上海人民出版社2001年版，第72～73页。

尺度？如何传播与实现对弱势人群、受害方的人文关怀？如何平衡节目的商业利益诉求与媒体作为社会公器的职责间的冲突？这些都值得电视人"博学之、审问之、慎思之、明辨之、笃行之"①。

第四节　监督意识的泛化

一、以舆论监督干预司法活动

所谓"媒介审判"，又称"新闻审判"，是指"新闻媒介超越司法程序抢先对案情做出判断，对涉案人员做出定性、定罪、量刑以及胜诉或败诉等结论"②。它一般出现在新闻报道和评论当中，由于它超越了法律规定，最终干预、影响审判的独立和公正。

媒介审判具有如下特征："一是多发生在刑事审判中，被报道对象多是民愤极大、影响深广的'非自愿性公众人物'，被报道者处于绝对的弱势地位，媒体往往打着'顺应民意'的旗号，乐得'落井下石'；二是为体现媒体所标榜的公正的社会立场，对被告一方往往'一棒子打死'，在事实的选取上往往是片面的、夸张的，这就很可能会得出错误的结论来；三是'媒介审判'的事件一般具有重要性和显著性，由于竞争的日趋激烈，一些媒体对此类具有极大影响力和可读性的事件趋之若鹜，对这些事件进行长时间、大容量、一边倒的宣传和炒作，形成一种齐声挞伐的舆论氛围，给公众以错误的印象，使公众服从于这种格调一致的错误认知。"③

在中国，这种现象可谓由来已久。一些轰动全国的案件都得到媒体的高度关注且最终被超值解决，说明媒介审判现象在中国依然存在着，究其原因，与新闻人对舆论监督的错误理解（忽视司法的独立性）和操作不当（精英意识的膨胀）有关，可以说，这是一种不正常的舆论监督形式。

对民生新闻而言，警惕"媒介审判"更有现实意义，原因在于，民生新闻普遍强调"受众为本"的节目理念，所谓"讲述老百姓的故事"和"成为老百姓的代言人"——一切传播活动均随广大受众的意志而转移，完整表达受众意图以及生存状态、提高受众素质成为传播的出发点和归宿。基于这种立场预设，它们在为民服务、替民维权方面常常不遗余力，如果这种预设的立场发展成为先行的主题，那么就有可能滑入"媒介审判"的泥淖，从而遗忘真实、客观、公正、平衡的报道原则。

---

① 《礼记·中庸》。
② 魏永征：《新闻传播法教程》，中国人民大学出版社2006年版，第133页。
③ 徐会展：《从舆论监督到媒介审判》，http://www.110.com/ziliao/article-132684.html。

实践中，我们经常看到，有些节目在接到观众来电来信后，在未对事实和细节做进一步核实的情况下，就匆忙表态。而且，本着"一切为了观众，为了观众的一切"的精神，媒体常常把矛头对准另一方，或大发议论，或匆忙定性。《直播南京》的子板块"东升工作室"火了以后，一时间，南京的广播界纷纷效仿，出现了好几档模仿东升风格的广播评论节目，以至于有专家评价说："东升在电视上咆哮，涉及到了'舆论审判'。"① 这个问题也引起部分新闻人的注意，广东南方电视台卫星频道副总监刘大卫说："不骂不过瘾，似乎批评不犀利，不让百姓听得够劲，就不足以显示民生新闻的力量。"② 对此，梅里特认为："新闻工作者应该带给公共生活领域的是规则的知识……我们必须表现出对其具体的结果没有党派兴趣，只关注它是否是在民主的程序下取得的。"③

根据央视的调查，1993 年，观众最喜欢的是文艺节目，但到了 1998 年，新闻节目上升到了第一位，这说明受众对媒介的需求有了重大的变化。但是，与之相应的是："对于庭审直播我们经验不足，与专业化和职业化要求还有很大的距离。不干预庭审程序与节目的矛盾怎么样解决？庭外的评论把握到什么程度？"（央视副台长孙玉胜）④

在民生新闻节目里，我们常听到"在记者的调解下，×××问题终于得到了顺利解决""在媒体追踪报道下，这份迟来的正义终于来了"等语言，虽然在某个具体问题上，媒体的报道和评论没有偏差，问题也最终得到了解决，但是，媒体的角色错位还是隐患多多：记者本是事件的观察者、记录者和传播者，他拥有的采访权是一种权利，而不是权力。可是，在媒介审判中，权利演化成了权力，这显然不符合法制社会的基本要求。

进言之，即便媒体的干预能高效、快速地解决问题，但长此以往，这种越俎代庖的做法对公众的成长也并非好事。殊不知，公众往往缺乏应有的专业知识，他们需要媒体来引导、形塑。"司法界本来有其自主性，可以用自身的逻辑来抵御常常受表象迷惑，为感情所驱使的司法常识和纯粹为直觉的正义感的干扰，而如今凭司法界的自主性而得到保障和维护的司法成果却因此有可能遭到质疑。人们感到，记者们表达自己的观点、提出自己的价值标准也好，诚心诚意地想当'民情'或'公众舆论'的代言人也罢，总之，他们所施加的压力往往能极有力地左右法官的工作。因此，有的人认为是裁决权的真正转移。"⑤

---

① 张楠：《南京知名栏目〈东升工作室〉将停播历时 12 年》，《扬子晚报》2015 年 9 月 8 日。
② 武兴芳：《民生新闻为何广受欢迎》，http://hn.rednet.cn/c/2006/11/08/1024567.htm。
③ Davis Merritt. *Public Journalism and Public Life*, pp. 94-95，转引自［美］西奥多·格拉瑟：《公共新闻事业的理念》，邬晶晶译，华夏出版社 2009 年版，第 8 页。
④ 徐迅：《中国新闻侵权纠纷的第四次浪潮——一名记者眼中的新闻法治与道德》，中国海关出版社 2002 年版，第 236 页。
⑤ ［法］皮埃尔·布尔迪厄：《关于电视》，许钧译，辽宁教育出版社 2000 年版，第 66 页。

事实上，媒体的报道和判断未必每一次都是正确的，发生偏差的可能性是完全存在的。其实，矛盾产生的背后是利益在博弈，在没有弄清楚真相之前，很难说哪一方就天然地代表着正义。进言之，新闻节目应该满足但不能迎合受众的需要。因此，对民生新闻而言，如果片面地坚持"为民代言"的报道立场，遇事则以煽情来引起一方的同情，甚至以收买人心的方式来激起一方的义愤，这显然不符合现代社会的发展方向。媒体是信息传播工具，更是社会人心的平台，它的功用在于各方能借此交换意见、同频共振。

魏永征总结了媒介审判带来的五个后果："1. 不利于贯彻法治原则，会损害司法尊严；2. 影响司法公正，造成误判、错判；3. 不利于人民群众梳理正确的法律意识和法治观念；4. 新闻媒介有可能要为'新闻审判'付出代价；5. '新闻审判'蕴含着新闻媒介直接同审判机关发生冲突的危险。"① 他还得出结论，"媒介审判"是对法院的审判权和犯罪嫌疑人的公民权利的双重侵犯。

俗话说，"一个巴掌拍不响"。媒介审判的出现，与司法界也有关系。目前，中国的司法水平还有待提高，人民群众对司法公正的评价不高，加之司法队伍的素质参差不齐，司法的独立性和权威性短时间内难以树立起来。当然，法律界的一些人士也意识到了媒介审判对司法活动的负面效应，他们认为，媒体在涉案报道时，常常出于政治考量、部门利益和地方保护，有意制造对己方有利的言论和舆论。一位大法官如是说："一方面是法院大量生效判决得不到执行，另一方面是公民有了利益纠纷和冲突不去寻求司法救济。这实际上表明公民对法律没有信心，对司法机关没用信心。媒体对司法机关的过度贬损对当前在我国社会培育法治意识只会起到副作用。"② 曾任北京市朝阳区人民法院副院长的杨承启建议："新闻界不要火上浇油：1. 客观地、实事求是地报道；2. 不要有明显的倾向性；3. 不要轻易地报道没有什么社会意义的案件。"③ 有些法官则建议加快《藐视法庭法》的立法工作，以避免新闻舆论左右司法判决的情况。

从法理上说，媒体对司法的监督，其合法性依据源自《宪法》以及其他法理所赋予公民的"批评和建议权"，但是，作为党和政府的喉舌，媒体在监督实践中，更多的是依赖行政权力的支持。吊诡的是，行政和司法在宪法架构和政治体制中都是要向人民代表大会负责的主体，双方不存在相互监督的法律依据。因此，媒体对司法的监督遭遇了法统与政统之间的矛盾。另一个值得注意的背景是，党和政府希望推进司法公正以实现依法治国，在此过程中，媒体的力量不可小觑。因此，在涉及媒介审判时，常常是通过所谓的"宣传口径"来调整，而非成文的法律法规。但

---

① 魏永征：《新闻传播法教程》，中国人民大学出版社2006年版，第133页。
② 李修源：《关于舆论监督与司法独立的两个话题》，《人民司法》2000年第8期，第154页。
③ 徐迅：《中国新闻侵权纠纷的第四次浪潮——一名记者眼中的新闻法治与道德》，中国海关出版社2002年版，第27页。

是，上级指令和宣传纪律毕竟是临时性的，有时也存在着内涵模糊、解读不一的问题，其强制力和操作性都比较差。如果媒体真的干预了司法公正，往往也不会遭到司法惩戒，更多的是以道义谴责或行政处分来处置，于是也就出现了"规则越来越严，弹性越来越大"的现象。

如何解决媒介审判的问题？我们从媒体、司法和民众三个角度来解释。

有人从三个层面总结媒体对司法的监督："1. 报道评价司法过程所审理或处理的事实，与司法机关共同对相关事实做出各自独立的评价，借以强化或潜在影响司法机关对该事实的认识。这是浅层监督。2. 品评司法机关及其成员的行为，这是舆论监督最能发挥作用的空间，也是最为理想的实践形态。（当然，也是事故的高发区——作者注。）3. 评价司法的总体状态和运行环境，这是最高层次（并不是所有的媒体都能到达第三层次，但却是能显示媒体专业精神和社会地位的空间——作者注。)"①。

具体说来，媒体为追求时效性，第一时间报道事件，这无可厚非，但是，媒体首先要学会以客观性手法报道新闻，而不是做夹叙夹议的倾向性报道。客观性报道可以保证时效性，而倾向性报道需要时间去核实。其次，对司法活动的报道应该着眼于程序正义和审判作风，对于涉及法律实体的部分要谨慎对待。"司法公正是司法的生命，司法者的独立程度决定着司法者与法律的接近程度。设立法庭的目的就是创造一个与社会保持适度距离的隔离空间，相对隔离各种公共权力、社会势力、社会情绪对法官的指令、干扰和影响"（徐显明）②。

从司法的角度看，对媒体的报道和评论要保持平和的心态。

首先，新闻舆论监督毕竟是一种软监督，它区别于人大监督、党纪监督、司法监督、行政监督等依靠公权力而实施的强制性监督。"新闻舆论所形成的压力是外在的，非强制的，司法官员可以不接受新闻舆论的意见，但应当考虑新闻舆论的意见。司法人员没有理由指责新闻舆论干扰办案"③。

其次，新闻界在法律知识、案件情况掌握等方面远不能与司法界相比，因此，我们不能把审判结果的责任推到媒体身上。进言之，大多数媒体对案件的点评还是集中在案件审理结束以后。既然法院已经做出了判决，那么就应该允许媒体对其"说三道四"。如果媒体言之不当，法院自然可以置之不理，但如果言之有理，而不许媒体发声，等于纵容了不公正的审判。如前文所述，媒体不能保证每一次的报道和评论都是正确的，同样，司法界也不能保证每一次的判决都是正义和公正的。那么，媒体的评论常常可以成为一种独特的司法救济渠道，它"促使司法机关提高裁

---

① 徐寿松：《舆论监督与司法独立》，《新闻大学》2000年秋季号，第15页。
② 王好立、何海波：《"司法与传媒"学术研讨会讨论摘要》，《中国社会科学》1999年第5期，第77页。
③ 谢鹏程：《理顺外部关系，保证司法机关独立地行使职权》，《法学》1999年第5期，第19页。

判水平,推动法学理论的发展,有利于向公众普法,可谓有百利而无一害"①。因此,活跃而健康的传媒对司法公正是有益的。

最后,从受众的角度看,我们也要给司法以一定的宽容和理解。对此,布尔迪厄有一段精彩的论述:"不能不提及法学家的情况,他们以'虔诚的虚伪'为代价,得以永守信仰,相信他们做出判决的依据不是外部的,尤其是经济的压力,而是他们所维护的超验的规范。司法场所并非人们所认为的那样,是一个纯洁的天地,与政治的或经济的需要毫不妥协,但它能成功地让人们承认它的这一形象,这无疑有助于对那些以讲法律为职业的人造成完全现实的社会压力。但是,一旦人人都知道这些法学家——或多或少都还是真诚的集体虚伪的化身,远远没有服从超验的和普遍的真理与价值标准,而是与所有其他的社会代理人一样,受到诸如经济需要的压力或新闻场成功的诱惑,给他们造成的种种束缚,打乱了诉讼程序或等级制度,那会出现怎样的情况呢?"②

2005年4月,《经视直播》推出了系列报道《关注佘祥林》,这是一个具有教科书意义的舆论监督报道。作为一件轰动全国的冤案,面对佘祥林杀妻案重审这一新闻事件,节目并没有像某些媒体那样,大肆炒作,吸引眼球。他们通过佘祥林个人的悲喜剧,对国家沿用了几十年的"有罪推理""命案必破"的办案逻辑进行了反思。他们运用翔实的背景资料、缜密的论述,发掘新闻事件的细节和情节,回溯了佘祥林杀妻冤案形成的前前后后,加以法学界的权威专家、律师的点评,深刻揭示了佘祥林杀妻冤案形成的在偶然中的必然因素,那就是在中国公检法机关中存在几十年的"有罪推理""命案必破"的办案逻辑。随后记者通过对相关专家的采访进一步揭示该事件所引发的思考,呼吁公检法机关确立"疑罪从无""无罪推理"的办案原则。这种从对"行为"的监督上升到对"决策"的建议,似乎让我们又看到了当年"孙志刚案"的监督思路。

节目以点带面、以小见大,从具体到抽象,分析深入透彻,逻辑脉络清晰,论证有力,揭示问题深刻透彻,给人以启迪。节目播出后,栏目接到观众电话反馈200多个,表明了观众对司法改革的热切关注和期望。

节目以组织者的身份介入公众事务中,发起观众讨论,组织各种活动,寻求解决问题的对策,从而提升舆论监督的内涵,这种做法的确值得我们学习。

二、以舆论监督代替行政管理

相比"媒介审判",在电视民生新闻中,更多的是以舆论监督代替正常的行政程序的现象:充当执法部门,实行话语审判;充当职能部门,肆意干涉行政;充当

---

① 徐迅:《中国新闻侵权纠纷的第四次浪潮——一名记者眼中的新闻法治与道德》,中国海关出版社2002年版,第211页。

② [法]皮埃尔·布尔迪厄:《关于电视》,许钧译,辽宁教育出版社2000年版,第97页。

社会中介，策划参与和新闻无关的社会活动……这些都是媒介社会角色错位的表现。

导致这种现象的原因是多方面的。

从媒介来看，民生新闻的目标受众主要是中下层市民，涉及的事件又常常是关系复杂、清官难断的琐事家事。面对处于弱势的采访对象和见仁见智的新闻事件，记者就像一个拥有裁决权的仲裁者，可以"说三道四"，指点江山。在这种情境下，记者很容易迷失自己，出现情绪化、个性化和垄断性的表达，最终"成为一个忙碌的社区义工，或者一个专门为人排忧解难的知心大姐"①。此外，媒体的批评性报道的确能解决一些问题。长此以往，记者往往心生自豪，沾沾自喜，以至于超越权限，做不应该做的事情。

从受众来看，媒体的批评性报道有时候确实加速了事件的解决进程，这会使受众产生错觉——找记者比找政府有效。实践中，我们经常能看到，居民遇到了生活困难，主持人会呼吁"请有关部门关注此事"；消费者碰到假冒伪劣产品，主持人要求"相关职能部门尽快处理"……在这里，记者既是受众的代言人，又像行政部门的管理者。但是，如果媒体对此缺乏应有的警惕，另一种角色错位会应运而生。

以舆论监督代替行政管理，其弊端是显而易见的：

从政府的角度讲，媒体的"越位"会削弱行政机关的工作主动性和权威性。原因在于，如果过于在意媒体的评价，对曝光的事件给予从重从快处理，那么，"有些事件可能因为媒介的放大而导致民愤的放大，最后可能导致政府处理力度和司法惩治力度的不适当加大，而媒体未做报道的事件就永远处于无人关注的角度"（喻国明）②。反过来讲，对某些狂妄的官员来说，如果他们反感媒体"说三道四"，那么，一旦媒体出现"越位"，他们也可能借此"机会"对后者大加挞伐。此外，媒体的越位还会削弱行政机关的权威性。有关行政管理的不少事务常常会涉及政府内部的工作流程、领导决策时所依托的数据和信息以及城市未来规划的蓝图，这些有时候涉及保密，不宜在大众媒体上公开。如果媒体没有意识到这一点，而将得到的信息贸然公之于众，反而会给政府工作带来负面效果。此外，行政工作遵循一定的流程，也需要一定的时间。然而，新闻报道讲究时效性，如果依据行政工作的程序性，必然延滞新闻报道的播出；反之，如果满足了新闻报道的时效性，又会干扰行政工作的效能。

从受众的角度讲，媒体的"越位"会对社会产生误导。在社会生活中，总有一些矛盾和纠纷是不可避免的，它涉及不同利益间的博弈。比如，出租车司机反映加油、加气难，这个问题的实质是出租车公司和油气公司之间如何进行利益协调，对

---

① 刘兴望：《民生新闻应当警惕的几个误区》，http://cztvds.blog.163.com/blog/static/40976152005761121420/。

② 董晓莹、郑直：《媒体曝光政府 政府必须追查》，《北京青年报》2005年5月12日。

前者而言，随时随地能加油加气，这是最理想的；但是对后者而言，随意扩大油气站，无疑会增加己方的经营成本，因此，这是一个市场问题，而非民生问题。换言之，无论是出租车公司还是油气公司，在市场这个大框架中，它们都是平等的经营主体，矛盾也主要应交给市场这只"看不见的手"去调节。但是，在处理类似问题时，媒体常常本能地把镜头对准出租车，认为这是人文关怀、弱者保护的体现，这显然不符合媒体的本分。

从媒体的角度来讲，"越位"会伤害自身的公信力。媒体处处扮演"青天"的角色，对事情未加辨析就匆忙下结论。表面上看，有些问题的确得到了迅速解决，也得到了群众的欢迎和认同，但是，媒体长期从事本不属于职责范围内的事情：反映事件不够客观，不顾新闻事实而盲目地情绪化，将自己的观点表达得淋漓尽致，而鲜有闲暇顾及新闻事实本身……"以一种违法行为来制止另一种违法的行为，不仅在逻辑上是荒谬的，而且在实践中也导致监督成本过高，完全不应提倡"[1]，最终伤害的也是媒体自身的公信力。

更有甚者，个别不良媒体和记者还借舆论监督之名行敲诈敛财之实。如2006年，北京市丰台区的一家医院里发生了这么一件事，一位患者在支付医疗费时发现账单上多写了22块钱的护理费，便去找医院说理，同时还通知了电视台。电视台立即派人到医院拍下了双方的交涉过程。并且，制片人还单独告诉院方，如果你们愿意掏3万块钱，此事就不曝光。否则，你们就等着瞧。[2]

要避免媒体的"越位"，关键是要把握好"度"。"度"的内涵有二：首先，应对民生新闻的价值取向做出界定；其次，应对记者的角色定位进行明确。

关于第一种内涵，作为信息传播工具和意见交流平台，媒体不应该也不能成为政府的下属部门。在面对纠纷和矛盾时，记者既不能是运动员，更不能当裁判员，它应该保持"第三人"的身份，以客观公正的态度去报道事件。有些节目已经意识到了这个问题，如在《都市条形码》节目组，"记者们已意识到新闻媒体仅仅是信息传输和交流的平台，而绝不是政府的某个职能部门，它的作用仅限于表达民意层面，而不是实现民意层面"[3]，这是可喜的。

关于第二种内涵，记者要学会让新闻说话，而非自己现身说法。新闻的本质是事实，而事实是最有说服力的，它足以传达一切必要的信息。那么，记者要做的是将信息与事实呈现出来。这里特别要避免个人英雄主义，不能有这种心态——"我为老百姓说话，难道错了吗？"其实，早在20世纪30年代，法国的新闻业就已经

---

[1] 徐迅：《中国新闻侵权纠纷的第四次浪潮——一名记者眼中的新闻法治与道德》，中国海关出版社2002年版，第254页。

[2] 刘思伽：《透视传媒圈之怪现象：记录新闻成制造新闻？》，《传媒》2006年第9期，第37～39页。

[3] 刘悦：《对"滇味"民生新闻不足和发展趋势的探讨》，http://blog.sina.com.cn/s/blog_54f83ed90102z5nb.html。

注意到了这个问题。1938年颁行的《法国新闻记者职业道德章程》明确写道:"不要将自己(记者)的角色混同于一个警察。"

三、以舆论监督介入私人生活

(一)媒体侵害公众合法权益的原因

在新闻实践中,一些媒体打着舆论监督的名义,介入私人空间,侵害了后者的合法权益,其原因有三:

首先,对"本土化"的错误理解。民生新闻是电视本土化运作的产物。有些人认为,"本土化"即平民化、市井气,于是,他们将镜头大量定格在本地的市民生活中,新闻成了小事、奇事、怪事、丑事的客观记录。

其次,过度追求"原生态"的结果。有些节目一味强调"本色表达""自然呈现",他们采用自然主义的表现手法,在报道中大量展示未经剪辑的画面、同期声和事件过程,以满足观众所谓的"求知欲"(其实是窥私欲)。有时,他们还不惜闯入私人生活空间。"原生态成了部分民生电视新闻自然主义地展示社会负面现象、琐碎小事或者以凶杀、暴力、猎奇来取悦部分电视观众低级口味的理论依据"[1]。这种貌似呈现原生态生活的行为,实际上是媒体以强设议题的方式侵犯当事人的合法权益的表现,"它不仅暴露出部分电视媒体从业人员缺乏必要的新闻职业道德和人文关怀的品格,而且也表现出其业务水平上的不足"[2]。

最后,对"介入式报道"的盲目推崇。"介入式报道"的历史可以追溯到19世纪末20世纪初的美国,当时,《纽约世界报》和《纽约日报》为争夺读者而互打"黄色新闻"牌,它们采用"暗访"的方式来获取以"星、腥、性"为主要内容的素材,然后以煽情主义的手法对上述内容进行包装。其中最有代表性的是1898年《纽约日报》对戈登·索普谋杀案的报道,这个报道打破了新闻专业主义的经典模式,它试图在尊重"客观报道"的同时,凸显记者自身的感受、体验,并以记者的主动参与推动新闻事件的发展。

对于这种报道方式,在当时,以《纽约时报》为代表的一批高级报纸就表示反感并坚决予以抵制。中国的新闻界对此存有争议,一种观点认为:"针对一些生活气息较浓的题材,我们的记者能否更深地融入被采访对象的生活里,成为被采访对象空间里面的一员,增强可信度和真实感。"[3] 但是反对观点也不少:介入式的记者暗访是违反新闻职业规范的,一般情况下不宜采用。央视《新闻联播》内部信条也写道:"无论如何,秘密调查都是一种欺骗。新闻不是欺骗的通行证,我们不能

---

[1] 张曦伯:《民生新闻热中的冷观察——民生电视新闻传播误区浅析》,《淮南职业技术学院学报》2007年第4期,第115页。

[2] 秦中人:《警惕打着"民生"旗号的"新闻暴力"》,《光明观察》,2004年8月17日,http://guancha.gmw.cn/2004-8/17/2267001.htm。

[3] 夏骏:《目击历史——新闻调查幕后的故事》,文化艺术出版社1999年版,第258页。

以目的的正当为由而不择手段。秘密调查不能用做一种常规的作法,也不能仅是为了增添报道的戏剧性而使用。"① 不过,学界对"介入式报道"普遍保持警惕。

但是,随着民生新闻在中国开花结果,电视栏目出现了激烈竞争态势。有的城市同时存在着多档类似节目,且都在傍晚时分播出,同城、同时带来的是同质化竞争的加剧,为争夺观众,有些节目尝试以"介入式报道"来提升自己的竞争力。

2007年1月29日某节目在其专栏《甲方乙方》中播出了一期名为《闪电婚姻的背后》的节目:徐某与妻子黄某闪电结婚后,不到一年的时间妻子便离家出走。在徐某寻找妻子的过程中,记者也频频出镜,帮他一起打听。后在记者撮合下,徐某和黄某终于见面了。见面后,在黄某与徐某的争吵中,她离家出走的真相才慢慢显现出来。

这期节目基本上保留了整个过程的记录,现场感非常强。但是,疑问也就出来了,第一,记者陪同徐某找妻子,是否有这个必要?夫妻不和,这本是当事人双方个人的隐私问题,并不需要借助外在力量加以解决,更无需将其暴露在千万电视观众面前。第二,黄某的离家出走是有个人原因的,记者在不了解真实原因的情况下,极力将两人撮合在一起,是否合适?第三,当徐某和黄某见面后,两人的争吵中暴露了大量涉及个人隐私的内容,而记者将这个过程完整地记录下来并播放,是否有侵害他人隐私之嫌?当然,还有许多细节也值得推敲,如对黄某的脸没有完全遮挡,使用徐某和黄某的真实姓名,等等。

从节目中看,徐某(建筑工人)与黄某(家庭妇女)都是文化程度不高的底层百姓,他们或许没有意识到媒体的介入可能对他们造成的影响,但是,这并不能成为媒体可以随意介入他人生活空间的理由。

媒体介入私人生活,这是一种典型的"电视暴力"。对此,梅罗维茨(Joshua Meyrowitz)从"信息场景"的角度进行了说明,他认为,与物理场地类似,媒体同样可以展示或隐藏某些东西,从而创造出新的"信息场景"。② 这种新的场景与私人空间有两点不同:一是媒体因其强大的号召力,能使其营造的新场景迅速组织起海量的受众,二是媒体有限的容量和对社会"探照灯"式的反应,两者之间存在着一定的张力,这种力量会使信息场景产生出一种"舞台化"的效果。换言之,媒体愈聚焦某事某人,信息场景的"舞台化"就愈强烈,某事某人的象征意义也就越被凸显出来。因此,当私人生活被媒体强制曝光在信息场景之下时,如果被摄者的原有角色无法适应媒体新情境的社会期待,就会感到压力,在这样的压力下,个人或者被迫改变原有角色行为以适应新的期待,或者因无法完成转变而感到窘迫和不安。

---

① 陈力丹:《暗访新闻要谨慎》,《新闻与写作》2006年第12期,第40页。
② [美]约书亚·梅罗维茨:《电子媒介对社会行为的影响》,肖志军译,清华大学出版社2002年版,第7页。

（二）媒体介入私人生活的后果

"电视暴力"也好，"信息场景"也罢，它带来的后果是严重的，表现有四：

首先，民生新闻以"关注民生""舆论监督"为旗号，肆意将受众的个体行为放大为社会行为，有一定的隐蔽性。或许有些人以为，只要目的正当，就可以不考虑手段是否合理合法，这其实是一种歪理。"若干年前，美国的司法界曾存在这么一种讨论：如果警察冒充妓女或嫖客，是否合法？许多人认为，这是一种不可取的做法，因为警察假装妓女或嫖客在某种程度上等于在诱使人们犯罪，有些有犯罪企图而没有犯罪行为的人可能由此真的走上犯罪道路……记者不光在采访，而且是在'参与'，且参与了一种近乎犯法的行动，尽管记者的动机看起来是好的。"①

其次，过度关注私人生活，弱化了媒体的"社会公器"职能。"私人事件不是不能公开，但是媒体逼视却是对私人领域'过度'的关注，这必然导致公共问题的报道量减少，因为媒体的容量毕竟有限，受众在一段时间内接受'议题'的容量也有限。"②有人进行了统计，"某电视台的民生新闻，在平均每天20条的新闻中，至少有13条为这样的自然主义的'原生态'展示'本土'社会负责形象的新闻"③。

再次，大量集中报道此类事件，会误导观众对社会的判断。我们以沃尔特·李普曼的"舆论三角模型"来做一分析。李普曼认为："对舆论进行分析的起点，应当是认识活动舞台、舞台形象和人对那个活动舞台上自行产生的形象所做的反应之间的三角关系。"④所谓"活动舞台"，意指舆论得以产生的社会基础；"舞台形象"，是指媒体的相关报道以及基于报道所形成的舆论；"反应"，则是指媒体报道所产生的社会影响。由此观之，"活动舞台"就是当下处于转型期的中国社会；"舞台形象"则是指因民生新闻参与并建构起来的民众生活图景；"反应"则是因媒体报道而形成的社会影响。由于民生新闻过多关注一些其实并不具备新闻价值的"人民内部矛盾"，长此以往，这种"舞台形象"带给观众的"反应"便是，后者会误以为这就是生活的主流和实质，"有些民生新闻为了迎合一部分观众的低级趣味和不太健康的心理需求，将表现百姓生活的新闻变成对百姓个体隐私的爆料，将电视媒体变成了都市逸闻趣事集散地，将百姓新闻变成了市井的电视围观"⑤，这不是在推进社会发展，反而会进一步撕裂社会。

最后，对私人生活的介入，有可能侵犯当事人的权益。某节目报道了一起智障

---

① 白马：《冒充采访》，《北京青年报》，1995年12月31日。
② 陈力丹：《"舆论绑架"与媒体逼视——论公共媒体对私人领域的僭越》，《新闻界》，2006年第2期，第25页。
③ 张曦伯：《民生新闻热总的冷观察——民生电视新闻传播误区浅析》，《淮南职业技术学院学报》2007年第4期，第113页。
④ [美]沃尔特·李普曼：《公众舆论》，常江译，上海人民出版社2006年版，第12页。
⑤ 刘红春：《电视民生新闻呼唤理性回归》，《今传媒》2006年第8期，第57页。

女被拐并被强迫卖淫的故事。在叙述故事时，节目并未将重点放在如何打击拐卖妇女的犯罪行为、避免此类悲剧再次发生上，而是将镜头对准当事人。在节目中，观众看到的是该女子一脸傻笑地向记者详细描述她悲惨经历的全部过程以及细节。而且，受害人在电视上出镜，其肖像也未经任何的技术处理。① 在这个例子中，媒体对当事人的权益侵害不止于肖像权，还有隐私权和人格尊严权等。

在"电视暴力"中，对公民权益的侵害主要表现在隐私权领域。

所谓"隐私"，是指"个人与社会公共生活无关的而不愿为他人知悉或者受他人干扰的私人事项"②。关于隐私的种类，计有私人信息、私人活动和私人空间三种。③ 媒体对隐私权的侵犯，主要有两种方式：公布、宣扬隐私；侵入私人空间。可见，民生新闻对私生活空间的介入，就是一种可能侵犯隐私权的表现。

那么，媒体该如何协调新闻报道与隐私保护的关系呢？郭卫华认为："隐私是与社会公共利益无关的个人信息，因此，就必须判断这个信息空间与社会公共利益是否有关。如无关，则新闻媒体的介入就是对个人隐私权的侵害；如有关，就是合法的新闻自由。"④ 具体说来，对某些私人事件，即便有违公序良俗，但只要不构成违法犯罪，媒体应该尊重当事人的意愿，不做过多的介入。对某些涉嫌违法的行为、但是属于刑法规定的一些不自诉案件，比如虐待老人、包办婚姻、轻微伤害等，如果法律主张双方通过和解来解决，媒体也不应该过度聚焦。

相比其他媒介，电视的渗透力和现场感更强，一旦施以"暴力"，其后果显然更加严重。因此，电视人更要协调好舆论监督与新闻报道间的平衡："加强舆论监督，重在提高舆论监督促进和谐的水平。舆论监督的出发点，是与人为善而不是与人为恶；舆论监督的目的，是化解矛盾而不是扩大矛盾；舆论监督的角度，是团结人而不是分离人。通过批评，达到新的团结，永远是舆论监督应当遵循的不变公式。"⑤

---

① 刘红春：《电视民生新闻呼唤理性回归》，《今传媒》2006年第8期，第57页。
② 魏永征：《新闻传播法教程》，中国人民大学出版社2016年版，第146页。
③ 魏永征：《新闻传播法教程》，中国人民大学出版社2016年版，第147页。
④ 转引自展江：《中国社会转型的守望者——新世纪新闻舆论监督的语境与实践》，中国海关出版社2002年版，第194页。
⑤ 吉方平：《构建和谐社会中的媒体责任》，《解放日报》2005年3月14日。

第六章 电视民生新闻的外部挑战

第一节 政治、法律方面的挑战

一、新闻与司法

新闻追求轰动效应,法律追求公正平衡,二者的出发点不同,为彼此的冲突埋下了伏笔。

我们看一个实例。2004年9月22日,南京某节目播出了一则公安机关打击赌博的报道。新闻播完以后,针对个别涉案人员指责抓赌民警的行为,主持人这么评论道:"参加赌博的人员还有什么资格对派出所的公安人员指手画脚呢?"从上述言论看,主持人的确缺乏应有的法律意识和观念。著名主持人主持的节目尚且如此,其他的民生新闻就可想而知了。

陈力丹认为新闻与司法之间存在着较大的差异:"1.媒介的职业特征就是报道动态的东西,超常的事情,而司法对待纠纷的态度是消极的,按照法律规定的管辖全线和程序去消弭纠纷;2.媒介要求尽可能在第一时间内以最快的速度完成报道,而司法审判的时效要宽松得多,以经得起时间考验;3.新闻语言力求标新立异,扣人心弦;司法讲求用词严谨,要求前后的一致性;4.新闻事实是记者的所见所闻或采访所得,而司法事实是指以法律为准绳,有确凿的证据的事实;5.舆论监督缺乏明确的法律地位,而司法代表着国家强制力于终局裁量权。"① 可是在现实生活中,二者经常发生冲突。

从司法的角度讲,司法体制本身的不完善以及司法人员的素质不高导致司法界的腐败现象频发,这是媒体介入司法活动甚至越位的一个诱因。当然,司法活动蕴含了复杂的社会矛盾、激烈的利益冲突和不可预测的结果走向,这对新闻人来说简直就是一个素材的富矿,但是这恰恰为媒体与司法间的冲突埋下了伏笔。前述,媒体追求轰动效应,因此,他们常常从道德和直觉的角度去对事件做出快速的判断。为了所谓的"收视率",还要对事件的"卖点"进行深挖和提炼。对此,法学界也批评道:"虽然我们不能否认舆论对司法界内的腐败行为进行曝光会对司法部门依法正当行使职权形成强大的社会压力,但我们也同时意识到,如果强调新闻舆论可

---

① 转引自展江:《中国社会转型的守望者——新世纪新闻舆论监督的语境与实践》,中国海关出版社2002年版,第128页。

以'监督'法院行使国家权力的审判活动,包括发表错误的评论,那么无疑是以'舆论的平均道德水平和对司法问题的判断能力高于法院',或者'舆论比司法更加公正'来作为前提的,这大可商榷。"①

事实上,客观事实和法律事实是存在差异的。新闻人总以为自己在追求客观事实和客观报道,但是,法律事实讲究的是证据,这需要严谨的理性思考和复杂的技术支持。这一点,很多新闻人并不是很清楚。实践中,不少新闻人常依据其基于社会经验所形成的个人的价值观和道德观,或者是基于社会整体的道德标准和价值体系来做出判断。但是,法律人更多的是把合法性作为判决的基础,这与社会大众(包括新闻媒体)基于合情或合理的判断是有差异的,因此,我们常见各种令人咋舌的"媒介审判"现象。比如,对尚未经法院判决的案件,媒体仅凭借侦查机关的调查结果或检察机关的起诉材料就对案件相对人进行定性,更有甚者,有些媒体在没有任何权威机关的材料支持的情况下,仅凭直觉和本能就对案件说三道四,还美其名曰"舆论监督",这既是对案件相对人的权益侵犯,也是对司法工作的严重干扰。更严重的是,一旦媒体的判断和法院的判决之间产生不一致,足以导致公众的认识模糊,从而降低了媒体和法院的权威,所以说,"媒介审判"是害人害己的事情。

早在1944年,芝加哥大学校长罗伯特·哈钦斯组织成立了"报刊自由委员会",专事调查美国报刊自由及前景。1947年,委员会发布了著名的研究报告《一个自由而负责任的新闻界》,提出了新闻自由处在危险之中的结论,并给出了三点原因:①新闻界的发展降低了能通过媒体表达意见的人的比例;②有能力把媒体作为大众传媒来使用的少数人,并没有提供社会需要的服务;③传媒的领导人经常从事受到社会谴责的活动,这些活动再继续下去,不利于媒体的自由。这就是后来人们说的"社会责任论"的主要精神。应该说,"社会责任论"的提出,是社会各界②给传媒业的一记警钟。媒体本是社会公器,随着传媒业的日益发达及其影响力的扩大,一些违规违法现象也随之增多。"社会责任论"的提出,正是出于把媒体这个"社会的看门狗"关到笼子里去的目的。

应该说,新闻舆论监督司法是有必要的。马克思有言:"权力当中包含着祸害。"③"正是基于对权力可能蜕变的审慎和对权力行使者的不信任,具有开放性、透明性的传媒应该介入具有封闭性的司法,客观公正地展示司法过程,这与司法制度本身要求的审判公开是天然契合的"④。但遗憾的是,国内记者的法律素质不容

---

① 朱古力:《北大法律评论》(第二卷第一辑),法律出版社1999年版,第227页。

② 委员会一共由13名成员组成,但没有一位是新闻学院教授。创立者认为,报刊自由并非新闻理论问题,而是政治、经济、法律、社会、哲学和伦理问题——作者注。

③ 转引自唐光怀:《权力制约下法律价值的彰显——制定我国〈论监督法〉的法理依据解读》,《邵阳学院学报(社会科学版)》,2006年第6期,第53页。

④ 罗昕:《司法与传媒关系的理性思考》,《新闻记者》2000年第5期,第7页。

乐观。1991 年,《中国新闻工作者职业道德准则》正式颁布,但是,迟至 2003 年,"一次全国性的调查表明,有近半数的新闻工作者不知道它的存在,当然也就谈不上遵循它了"①。从社会的管理来讲,媒体理想的表现正如习近平总书记所指出的:"舆论监督和正面宣传是统一的。新闻媒体要直面工作中存在的问题,直面社会丑恶现象,激浊扬清、针砭时弊,同时发表批评性报道要事实准确、分析客观。"②基于这种认识,习近平总书记还指出,新闻与司法的理想关系应该是:"政法机关要自觉接受媒体监督,以正确方式及时告知公众执法司法工作情况,有针对性地加强舆论引导。新闻媒体要加强对执法司法工作的监督,但对执法司法部门的正确行动,要予以支持,加强解疑释惑,进行理性引导,不要人云亦云,更不要在不明就里的情况下横挑鼻子竖挑眼。要处理好监督和干预的关系,坚持社会效果第一,避免炒作渲染,防止在社会上造成恐慌,特别是要防止为不法分子提供效仿样本。"③当然,这是管理者所希望的一种状态。事实上,媒介在电视上监督法院、法院在法庭上审理的现象还是时有发生。

有人总结了媒体在涉案报道时的三种倾向:"上策为站在局外,以一个观察者的身份出现;中策为站在仲裁者一方(所以称为中策,是因为仲裁者也有失衡的时候);下策是站在原、被告一方,记者完全进入'角色'。"④

从报道题材来看,要选择与公众利益相联系且能改善司法质量的事件,避免选择那些是非明确、缺少典型意义的一般性案件。其中,"民事、行政以及集团诉讼案件应当优先入选"⑤。当然,题材的选择本身就是一件极其为难的事情。"小案子的传播价值低,而影响大的案子同时也是复杂的案子,审理时间长,直播成本高"⑥。

从报道时机来看,立案前和结案后,是媒体介入的最佳时机,前者是因为司法程序尚未启动,媒体的活动空间比较大;后者是因为审判结果已经公布,媒体报道不会有干预司法的嫌疑。至于在司法活动过程中,媒体应该限于对事实的报道,目的也只是为了满足受众的"求知欲"。

---

① 陈力丹:《我们需要健全有效的新闻自律机制》,《南方都市报》2003 年 9 月 28 日。
② 刘光牛:《把握历史使命勇于发展和创新当代中国新闻理论——深入学习习近平关于党的新闻舆论工作的新论断新观点》,《中国记者》2016 年第 7 期,第 33~37 页。
③ 习近平:《严格执法,公正司法(2014 年 1 月 7 日)》,《十八大以来重要文献选编》(上),中央文献出版社 2014 年版,第 723 页。
④ 徐迅:《中国新闻侵权纠纷的第四次浪潮——一名记者眼中的新闻法治与道德》,中国海关出版社 2002 年版,第 216 页。
⑤ 徐迅:《中国新闻侵权纠纷的第四次浪潮——一名记者眼中的新闻法治与道德》,中国海关出版社 2002 年版,第 233 页。
⑥ 徐迅:《中国新闻侵权纠纷的第四次浪潮——一名记者眼中的新闻法治与道德》,中国海关出版社 2002 年版,第 239 页。

从报道重点来看，应该着眼于以下三点：第一，对司法人员的职务行为实施监督，重点是围绕程序正义来展开；第二，对司法人员的非职务行为实施监督，重点是围绕司法作风来展开；第三，努力创造一个良好的司法环境，保障司法机关独立自主地开展司法活动。一般来说，媒体对第二点兴趣颇高，因为司法作风问题比较容易点燃受众的"兴奋点"，这也是考虑到了受众的喜好，毕竟媒体追求轰动和司法追求平衡本身就是一对难以协调的矛盾。但是，仅仅为了满足受众口味，显然是不对的。对媒体来说，除了收视率，它还有实现宣传效果和社会效益等多重目标，因此，找到一种兼顾各种目标的传播形式是不容易的。关于第三点，不少媒体都没有引起足够的重视，但是，恰恰是这一点最能发挥媒体影响力和提升媒体美誉度。这是因为，树立司法行为的权威，不仅可以减少媒体干预司法的现象，而且还能提高媒体的舆论监督水平，更重要的是，它有助于凝聚社会人心，落实"依法治国"的法律观念。"在任何情况下，一个国家的司法要给人以希望、安全感和信赖感。如果当事人规模化地找寻记者解决纠纷，这是很不正常的，说明司法和行政功能的某些缺失。……要考虑以某种形式，有系统地报道一些司法公正的正面事例，说明什么是法，司法如何保障社会公正，给媒介受众指出一条通过司法正确解决纠纷的路子，给他们以信心"（陈力丹）①。

再往深处讲，当下，不少人在谈及舆论监督和司法活动间的关系时，主要还是从媒体和法院两个维度去分析。如2009年最高人民法院出台的《最高人民法院关于人民法院接受新闻媒体舆论监督的若干规定》，其主要精神是从法院的角度，规定各级法院要妥善处理好与媒体的关系，以落实公众的知情权、参与权、表达权和监督权。同样，新闻界在论及此事时，也更多的是从新闻舆论监督的角度出发，来论证自己从事监督行为的合理与合法。综观可知，舆论监督只要处理好媒体和司法这两者的关系就可以了。殊不知，外部环境早已发生了变化。随着网络社会的不断成熟，公众在舆论中的作用愈来愈大，他们可以借助网络论坛、社交媒体或自媒体来发声，或设置议程，或凝聚民意，或追踪关注。那么，对司法机关而言，处理好与网民的关系显然比处理好与新闻媒体的关系更为重要。当网民走上前台、与司法机关面对面的时候，新闻媒体反而退到了二线，要么成为司法界发布消息的传声筒，要么跟着网民的声音跑。到了这个时候，讨论舆论监督，就不再是论述新闻与司法间的零和博弈，而是司法、媒体和公众三者之间的角力。

二、权力与权利

媒体的新闻报道和舆论监督行为，其合法性源自宪法所赋予公民的言论、出版自由。《宪法》第三十五条规定："中华人民共和国公民有言论、出版、集会、结

---

① 转引自展江：《中国社会转型的守望者——新世纪新闻舆论监督的语境与实践》，中国海关出版社2002年版，第130页。

社、游行、示威的自由。"第四十一条规定:"中华人民共和国公民对于任何国家机关和国家工作人员,有提出批评和建议的权利。"可见,新闻活动之所以为社会所接受,正是因为媒体行使的是《宪法》所赋予的相关权利。从这个意义上说,媒体和普通个人所享受的权利其实是一样的。公民能享有的,媒体也可以享有;反之,公民不能享有的,媒体也同样不能享有。当然,媒体的影响力远非普通人所能比拟,但这不是源自法律,而是媒体的舆论生产力所致。

至于"权力",在科尔曼看来,权力只能存在于群体中,权力是个人基于利益的权衡与信任——尽管在具体个体上并不总表现如此——而出让对自身一定行动的控制所形成的外部管理约束机制,也就是说个体出于自身利益的考虑,出让自身的一部分利益由他人掌控的一种社会行为。[①] 很明显,权力反映的是管理和被管理的关系,管理者享有特殊的权利——权力。而被管理者与管理者存在监督与被监督的关系,即以权利对抗权力。

不过,法理和学理上的分析并不能消除媒体人对"权力"与"权利"的模糊认识,当然,也不排除有些人是故意装糊涂。从媒体实践来看,传媒的错位现象经常可以看到,这一点尤其表现在舆论监督和涉案报道上。比如,事件尚未进入司法程序,媒体即大张旗鼓、大肆报道,引发社会公议和舆论大波。于是,上级领导迅速做出批示,结果,司法机关从重从快处理此事。再如,事件已经进入司法程序,但媒体的"全程监视"和"贴身防守",使得司法机关不得不加快司法进程,以求安抚民情、平息民意。

出现这个情况,与中国对媒体实行的完全国有的有限商业体制相关。以电视台为例,"(它的)所有权完全属于国有、党和政府的宣传机构、义不容辞地承担着宣传党和政府的重大理论、方针、政策的职责"[②]。事实上,社会对媒体的期待也是如此:新闻舆论监督与党内监督、人大监督、政协监督、司法监督、行政监督、社会监督等一起构成了中国的监督制约体系。[③] 就民生新闻而言,它打着"平民视角"和"人文关怀"的旗号,通过与传统电视不同的节目理念,迅速赢得观众的信任,这是其能在短时间内占领市场的主要原因。为保持核心竞争力,也为进一步扩大市场,媒体必须把观众的好感和自己的能力发挥到极致。"媒介能在多大程度上影响事件的处理,也会使公众对这个媒介产生相应的认可程度"[④]。政府对媒体的功能期待、社会对媒体的能力依赖以及媒体对自身竞争力的追求,使得媒体一次又一次地以"权力"代替"权利"来完成"不可能的任务"。

媒体扮演"青天"的做法是很危险的。这是因为,"国家是由人们指向社会结

[①] 转引自薛阳阳:《从历史变迁看新闻评论话语权的变化——以"星期论文"和"大公快评"为例》,《新闻研究导刊》2015年第16期,第225~226页。

[②] 李良荣:《新闻学概论》,复旦大学出版社2013年版,第222~223页。

[③] 佚名:《中国将强化对权力运行监督制约预防和查处腐败》,《瞭望》2006年第1期。

[④] 徐会展:《从舆论监督到媒介审判》,http://www.110.com/ziliao/article-132684.html。

构和文化的正性情感凝聚而成；与之相反，正性情感和负性情感的唤醒也能够使得国家灭亡或改变。更为重要的是，情感是动机能量中的一个独立源泉，对社会的结构和文化具有重要的效应"①。媒体的"青天情结"便极有可能唤起负性情感。

首先，它会使公众产生一种"迷思"——把本属于错位（越位）的行为当成必然的、应该的功能。

其次，它盲目地追求"为百姓代言"，反而堵塞了政府与民众间的沟通渠道，下情上达与上情下达由媒体居间转达，这显然不利于现代公民社会的形成。

下面是深圳市宝安区电视台《今日播报》主持人陈小敏讲述她在制作《南昌新村电缆被盗断电一周无人处理》节目时所亲历的故事：

> 当我和记者到达现场的时候，身边马上围上来一大班群众不停地向我们诉苦。而在人群当中，其中一位阿姨显得更尤其激动。她大声地对我们的报料人说，对他们说没用的。他们台上次不是派人来过了吗？语气里面充满了不信任。这就是民生新闻的难处，有谁能保证我们曝光的问题就一定能及时得到解决。当两天后收到他们因问题解决而发给我们的感谢短信时，我感觉最深的并不是驳倒了无谓指责的兴奋，反而是一种忧虑。假如报道的问题不能引起有关部门足够的重视，民众对民生新闻的信任程度会降低多少？每天报料平台上上百条的信息，因人手选题等因素没有记者跟踪报道的占了大多数，那这些群众对节目是否也会产生疏离？我们可以利用各种手段去提高一条新闻信息的影响力，但是否这样就足够了呢？②

由此可见，媒体实有其"不可承受之重"。进言之，媒体误把权利当权力，也使自己陷入"违法违纪"的雷区。君不见，"新闻寻租""有偿新闻""有偿不闻"等现象早已不是什么新鲜事了，难怪有人说舆论监督本身也需要"监督"。

或许会有人担心，放弃对权力的依赖，会不会降低媒体的话语权？但是，在阿特休尔看来，媒体发挥舆论监督的前提是，它必须独立于公权力而存在。但历史的经验证明，媒体对公权力的监督"必须以不违背占统治地位的思想信念为限，因此，所谓的'监督性报刊'不过是自夸自封的"③。同理，民生新闻试图将自己扮演成官员、法官、警察甚至神父，这是不合适的，也是行不通的。正如在涉案报道中，媒体不能代替法院，记者也不能替代法官，前者充其量只是司法的一种外在扶

---

① ［美］乔纳森·特纳：《人类情感：社会学的理论》，孙俊才、文军译，东方出版社 2009 年版，第 159 页。

② 佚名：《浅谈民生新闻不能承受之重》，http://blog.sina.com.cn/s/blog_54f83ed90102y63p.html。

③ ［美］J. 赫伯特·阿特休尔：《权力的媒介》，黄煜、裘志康译，华夏出版社 1989 年版，第 84 页。

助,曝光不能解决一切问题。曝光只能在一定程度上使某些问题得到缓解。① 为了民主社会的养成,也为了媒体的健康发展,必须放弃对权力的依附,同时,通过自身的影响力(传播力和影响力)去发挥媒体应有的作用,这才是民生新闻的正途。

三、人治与法治

在第一章中,我们谈到,中国人的"青天情结"既悠久又浓厚。在这种观念影响之下,民众多把对司法的正义诉诸某个明君或圣贤:尚方宝剑和皇帝圣旨是解决问题的最高力量,人治的力量是实现社会公平的不二法门。与之相反的是,"缺乏最起码法律意识的人太多了,不承认法律的尊严和权威的人太多了,这也就说,我们的社会普遍存在着一种法律的思想蒙昧,一种阻碍法律起作用的土壤"②。

对待法律是如此,对待媒体也是如此。以20世纪90年代声名鹊起的舆论监督栏目《焦点访谈》(简称《焦》)为例,"从某种程度上来看,(《焦点访谈》)还停留在'象征'的层面上……在一个健康的社会里,政府、司法机关、律师才是切实公民解决问题的值得信任的力量,其次才是新闻机构。《焦》兼有以上所有部门的职能,既是政府公务员,又是执法人员;既是提供法律帮助的律师,又是社会良心的代表……《焦》充当的其实是受苦受难的人民抓到的'救命稻草'的角色。不管这根稻草是不是真的能够救命,他们也抓在手里,因为他们实在没有别的东西可以依赖了。我们有庞大的各级政府、庞大的公检法系统、庞大的律师队伍,但是人民还是去找《焦》帮忙……《焦》是我们的骄傲,也是我们的悲哀"③。在行政隶属支配一切的政治结构中,解决纠纷最有效的途径是诉诸行政系统,而我国新闻媒介的特殊性质使其成为老百姓在解决问题时的首要选择。"在公民法治信心不足的社会中,公民有了麻烦便会想方设法通过非法的渠道来达成问题的解决,或者虽然已经采用了司法途径,但并不指望严格按照法律的规则来讨回公道,……最终损害的是法治秩序和正常的新闻舆论监督运作规范的形成。"④

人治理念的历史传统,为媒体的错位提供了思想背景,而职能部门的"缺位"则进一步加剧了媒体的越位。

多年以来,在政府机关、事业单位和其他公共服务部门,官僚主义、形式主义和追求部门利益最大化以及地方保护主义等顽症痼疾一直没有得到有效的解决。因

---

① 佚名:《浅谈民生新闻不能承受之重》,http://blog.sina.com.cn/s/blog_54f83ed90102y63p.html。

② 王天木:《试论我国有法必依的三大障碍》,《法律科学》1986年第4期,第8页。

③ 余杰:《仅有"焦点访谈"是不够的》,《第四种权力——从舆论监督到新闻法治》,民主出版社1999年版,http://www.cctv.com/tvguide/tvcomment/special/C11876/20040316/101435.shtml。

④ 傅昌波:《表达自由与参政权利的实现——新闻舆论监督的几个基本问题研究》,中国人民大学硕士学位论文,2000年,第124页。

此，要么是老百姓受了委屈，没人过问，要么是上级机关为维护下级部门的形象而不予解决，要么是伤害老百姓的部门本身恰恰是处理伤害的机构，如公检法。那么，老百姓除了向更高一级的机构申诉以外，恐怕只有向媒体投诉了。因此，当民众找到媒体时，后者如果以"去找相关部门"为由来搪塞，只会让受害者承受"二度伤害"。往小了讲，他对媒体失去信任，往大了讲，则是对社会失望。这种情绪积淀下去，最终将危及社会的稳定。从这个意义上，媒体的作用类似于"减压阀"，尽管这不是它原有的基本功能。

基于上述原因，媒体在实施舆论监督时，常见两种不良倾向：要么在报道时有偏有向，拉一方打一方；要么在报道事实的同时，掺入媒体的意见。对此，有些媒体人还美其名曰"为百姓代言"。

其实，"在程序上，没有任何一个实体的规范能保证媒体的正义性；舆论很可能被金钱所收买，被强权所控制"（李咏）[1]。与之相应的是，人民群众对媒体的态度也走向了两个极端："要么是把媒体看成是政府单纯的宣传工具和粉饰太平的帮闲角色，而对媒体没有信心；要么是产生一种过度期待和过度依赖，认为媒体能包打天下……"[2] 目前，后者——民众对媒体的期望度——是主流。

要解决媒体的错位现象，我们需要从制度建设和管理创新的角度入手。对于新闻媒体，首先应该明确其社会与法律地位，同时，对其权利与义务的内涵做出界定，此外，还应完善相应的司法救助和补偿机制。而彻底解决媒体的越位问题，最根本的方法在于协调人治与法治的矛盾，真正实现"依法治国"的基本理念。当然，在背负沉重的历史包袱的情况下，我们的法治道路是艰难的、漫长的，需要各方的共同努力。

第二节　经济方面的挑战

一、文化工业与媒介产业化

进入社会主义市场经济以来，尤其是随着媒介产业化的推进，媒体成为国民经济体系中重要的产业单元。为了收视率背后的广告收益，媒体会想尽办法去争取最多的受众。

事实上，这一情况在西方早就发生了，也引起了西方学者的注意。阿多诺（亦译阿多尔诺——作者注）认为，"文化工业一方面是资本主义社会中操纵大众意识

---

[1] 转引自展江：《中国社会转型的守望者——新世纪新闻舆论监督的语境与实践》，中国海关出版社2002年版，第138页。

[2] 王梅芳：《舆论监督与社会正义》，武汉大学出版社2005年版，第343页。

形态的工具,另一方面,又是服从于资本主义商品交换逻辑的,总而言之,是为现存资本主义制度服务的"①。文化工业对公共领域的渗透,成功地置换了后者的内涵:曾经是以理性和批判为特征的公共领域,随着文化工业的普及,逐渐变成了一个以消费和快乐为特征的场所,"理性—批判论证也就逐渐被消费所取代,公众交流的网络也就消解为个人接受行为,不过,这种接受方式却是整齐划一的"(哈贝马斯。1989)②。哈氏进一步指出:"报纸的内容由于商业化必然走向非政治化、个人化和煽情,并以此作为促销的手段。"③ W. 兰斯·班尼特批评当今的商业化媒体像一个巨兽,其特点是"个人化、戏剧化和片面化"④。前述"最佳方案"⑤ 的提出人罗伯特·海曼和埃夫·韦斯廷则认为,"最佳方案"虽然是站在受众的角度为记者如何显得更有"人性"而出谋划策,但是商业主义和人文主义的冲突并不是记者所能够化解的。⑥ 印度新闻杂志《瞭望》执行主编泰帕尔认为,在印度,太多的商业、政治利益使得记者无法做他们想做或应该做的事情,究其原因,是因为新闻人和商人的出发点不一样:"记者们会为一个大新闻激动,并且把自己的钱花在报道新闻上。而一个商人则会想着把钱花在能生钱的地方上。"英国学者雨果·德·伯格也持类似的观点:"商业驱动的媒体不同于新闻驱动的媒体,他们相信,报业大王将普通民众可以听到的声音缩小到几个自私的商人乐于接受的范围。"⑦

二、电视媒体与收视率

自电视诞生以来,对收视率的追求就是电视人的目标之一。但是,电视并不只是商业性盈利工具,它还有信息传播、社会协调、文化传承和娱乐受众等功能。

以美国为例。1927 年的《无线电法》规定,"只有在'有利于公众、方便于公众或者出于公众的需要'的前提下'提供公正、有效、机会均等的服务'的电台才能获得执照"。1934 年,根据《通讯法》,成立了联邦通讯委员会(Federal Communications Commission,FCC)。FCC 规定,"国会的政策是要把无线电作为全体公众的言论自由的工具,而不是作为特许经营者纯私人利益的工具"。对于那些未能

---

① [德]马克斯·霍克海默、特奥多·威·阿多尔诺:《启蒙辩证法:哲学断片》,洪佩郁、蔺月峰译,重庆出版社 1990 年版,第 10 页。

② J. Habermas. *The Structural Transformation of the Public Sphere*. Cambridge:MIT Press,1989,p. 161.

③ [法]皮埃尔·布尔迪厄:《关于电视》,许钧译,辽宁教育出版社 2000 年版,第 6 页。

④ 转引自刘效仁:《媒体挑逗贫困歧视的价值取向》,http://news. 163. com/41022/7/139IAO0L0001120S. html。

⑤ 详见第四章第三节。

⑥ [美]罗伯特·海曼、埃夫·韦斯廷:《最佳方案——公平报道的美国经验》,郭虹、李阳译,汕头大学出版社 2003 年版,第 61~62 页。

⑦ 展江:《中国社会转型的守望者——新世纪新闻舆论监督的语境与实践》,中国海关出版社 2002 年版,第 242 页。

履行服务公众职责的媒体，FCC有权拒绝为其更新执照。进入80年代以后，政府逐渐放松了对电视业的管制，"联邦通讯委员会主席马克·福勒主管的放宽管制的政策对广播电视业者十分宽松，允许他们用最少的时间播送新闻和'公益服务'节目，其中可能包括儿童节目、宗教节目和公众服务的报道。联邦通讯委员会则增加了可用于商业广告的时间。福勒曾说过：'电视只是另一种电器，它是有图像的烤炉'"①。特别是1996年颁布的《电信法》，将广播电视业由政府管制转为由市场决定，于是，媒体的经营行为便从过去对收视率等多重目标的追求，变成了"以收视率为导向"的盈利之举，并引发了其后的广播电视业的大规模兼并与重组。

对媒体而言，以收视率为导向是一种安全的经营策略。这是因为"某些电视分析之所以受记者，尤其是对收视率敏感的记者的青睐，是因为这些分析只满足于，以政治的，亦即以全民表决的说法，提出一个文化的生产和传播问题，从而赋予商业逻辑一种民主的合法性"②。收视率不仅为媒体提供了一件合法合理的外衣，而且其隐蔽性也不容易为民众所知。"收视率，是市场、经济的制裁，亦即外部的、纯商业的合法性的制裁，而在文化领域屈服于这一营销工具的苛刻要求，恰正等于在政治领域受制于以民意测验为指导的蛊惑民众术。受制于收视率的电视有助于向假设为自由、清醒的消费者施加市场的压力，消费者们并不像那些犬儒派的蛊惑民众分子试图让人相信的那样，拥有表达清醒合理的集体观点，表达公理的民主手段，具有批评精神的思想家和负有为被统治者利益讲话责任的组织远没有清醒地思考这一问题。这正有助于加强我在上面试图加以描述的各种机制，而且起到的作用还不小。"③美国广播公司的《夜线》主持人特德·科佩尔这么形容电视业的变化："41年前，当我加入ABC的时候，新闻并不是一个商业产品，每年电视台会给新闻部上千万美元，这些钱只是为了制作新闻，不图回报。数年后，有很多观众会看到某一类新闻节目，比如说，CBS的《60分钟》，有成千上万的观众看这个节目，后来这个节目就卖广告时间，从那个时候开始，对于新闻业来说，一个最坏的先例就开始了，这就是让新闻成了商业产品。人们会说，你看《60分钟》在营利，那么别的新闻节目也可以营利。结果新闻行业就被盈利所驱使。从某种意义上，有一些新闻记者做得很好，因为那里有很多钱。同时，由于被利润追逐，有一些新闻变成了垃圾，这就是美国电视新闻的整体情况。"④《60分钟》节目主持人丹·拉瑟认为：早在1981年，《60分钟》就是台里最重要的摇钱树，这说明，电视是可以从严肃新闻里赚钱的。

在经济利益驱动和收视率导向的影响下，作为大众传播工具的电视也日益受到

---

① 时统宇：《收视率导向与收视率歧视》，《广告大观》2006年第6期，第14页。
② [法]皮埃尔·布尔迪厄：《关于电视》，许钧译，辽宁教育出版社2000年版，第91页。
③ [法]皮埃尔·布尔迪厄：《关于电视》，许钧译，辽宁教育出版社2000年版，第79页。
④ 时统宇：《收视率导向与收视率歧视》，《广告大观》2006年第11期，第15页。

一定的影响。

首先,电视的民主内蕴正在慢慢地被侵蚀。在西方,电视成了为富人和权贵等高端人群服务的工具。这是因为他们具有强大的消费能力和购买欲望,足以吸引媒体的兴趣(其实是广告商的兴趣)。"无论过去还是现在,新闻媒介都没有展现出独立行动的图景,而是为那些所有者和经营者的利益提供服务"(阿特休尔)①。在中国,民生新闻的受众主要由中低端人群构成,为高收视率计,媒体更多地采取放低姿态、迎合观众的策略,于是,民生新闻里就常见题材碎片化、表达片面化、疏离主流价值和舆论监督泛化等现象。"电视台使广告商相信,那些具有儿童化特点的节目具有最广大的受众群"②。西方媒体对高端人群的聚焦与中国电视对中低端人群的重视,虽形态各异,但结构相同,都说明了传媒因收视率导向而导致民主色彩的淡化。

其次,经济利益驱动还带来了节目的同质化。"在偏向于生产'新闻'这一没有持久价值的产品的场的特殊逻辑中,争夺顾客的竞争趋向于采取竞夺优先权的形式,即争夺最新的新闻(独家新闻)——越接近于商业这一极就越明显"③。当大家都去追逐独家新闻时,新闻也就没有独家可言了。这是因为,媒体所采用的"抢新闻"的手法是一样的,"为了第一个看到或第一个让人看到某种东西,他们几乎准备采取任何一种手段,但是,为了抢先一步,先别人而行,或采取与别人不同的做法,他们在手段上又相互效仿,所以,他们最终又做同一件事,那就是追求排他性,这在其他地方,在其他场域可以产生独特性,但在这里却导致千篇一律和平庸化"④。在电视民生新闻节目的发源地——南京,有一句流行于当地电视界的话——"如果一个老大爷在马路边摔倒,就会有三四台摄像机同时对准他。"其结果是,观众看到的是近似的或相同的报道。这正是吉莉安·道尔在《理解传媒经济学》一书中所说的:"人们常常认为竞争的好处之一是扩大了消费者可供选择的商品的范围和品种,并同时避免了垄断,因为垄断会导致产品的均一性。然而,电视广播却给我们提供了一个有趣的反例。电视广播公司之间的竞争会促使它们盲目模仿别人的节目制作策略,而生产出比在垄断下会出现的更多千篇一律的节目。……观众兴趣越一致,竞争性复制的趋势就越强。"⑤

再次,收视率驱动还损害了新闻传播的理性内涵。对媒体而言,受众规模的最大化即是广告收益的最大化。因此,制造营销卖点、产生尖叫效应成为媒体屡试不

---

① [美] J. 赫伯特·阿特休尔:《权力的媒介》,黄煜、裘志康译,华夏出版社1989年版,第337页。
② 朱永祥:《城市电视新闻去向何方》,《新闻实践》2006年第6期,第41页。
③ [法] 皮埃尔·布尔迪厄:《关于电视》,许钧译,辽宁教育出版社2000年版,第88页。
④ [法] 皮埃尔·布尔迪厄:《关于电视》,许钧译,辽宁教育出版社2000年版,第18页。
⑤ [英] 吉莉安·道尔:《理解传媒经济学》,李颖译,清华大学出版社2004年版,第52~53页。

爽的手段，只要为观众喜闻乐见即是成功。"由于这一切被制作成现时可见的东西，割断了其前因后果，所以，最终变得荒谬可笑。对那些难以察觉的变化，也就是对所有变化过程（如大陆的漂移，当时是察觉不到，感觉不到，只有随着时间的推移，才能完全看到其结果）的忽视，使结构性的遗忘症后果倍增，加之得过且过的思维逻辑使然，以及不得不将新奇（独家新闻）与重要混为一谈的竞争需要，迫使记者们特别是那些日报的记者们去制造即时性的、前后割裂的世界景象。由于缺少时间，尤其是缺少兴趣和信息（他们的资料搜集工作往往局限于翻阅报道同一主题的新闻类文章），他们不可能将一个个事件置放在事件所处的整个关联系统（就如家庭结构，家庭与劳动市场相关联，劳动市场又与税收政策相关联，等等）中去考察，让事件本身（如发现一所学校里的暴力行为）真正为人所理解；毫无疑问，他们在这方面，受到了政界人物，尤其是政府负责人具有倾向性的支持。反过来，他们又支持政界人物在做决策以及为宣传他们的决策所做的种种努力，利用'广告效应'，把重点放在短期行为上，而放弃不可能立即见效的工作。"①

媒体只为给观众带来情感愉悦、情绪宣泄和感官刺激，放弃了自己作为大众传媒应有的领航社会的责任。"记者们以观众或听众的期待为名为自己的这种蛊惑人心的简单化策略（与提供信息或在娱乐中教育人的意图截然相反）辩解，实际上他们所做的，只是把自己的爱好、自己的观点投射到观众或听众身上；尤其是怕惹人厌倦的这种担心，促使他们重论争轻辩论，重论战轻论证，采取一切手段，突出参与者（尤其是政界人物）之间的冲突，而牺牲的则是各种观点之间的交锋，是辩论的关键所在，如预算赤字，税收的降低或外债等。由于他们的主要能力只表现在对政界的了解，且这种了解又是以关系的密切和隐秘（甚或谣言或流言蜚语）的掌握程度为基础，而不是以观察或调查的客观性为基础，所以，他们总是喜欢将一切都拉向他们所擅长的领域，关心的是游戏者，而不是辩论的本质内容；是讲话在政治场的逻辑（联盟，同盟或个人冲突之间的逻辑）中所起的政治影响，而不是讲话的内容。"②

对媒体而言，协调经济利益与社会责任的平衡是一个重要的话题。若将后者加诸前者之上，历史的经验告诉我们，这条路只会越走越窄。若以前者为重故而淡化后者，又会"使大众媒介权力成为媒介权力者维护其商业利益的工具，导致媒介权力应有的道德正义力量、知识理性力量和实践效应力量不断衰退"③，最终使媒体沦为"权力寻租"的工具。

最后，舆论监督成为"收视率导向"的重灾区。以收视率的高低或观众的喜好

---

① ［法］皮埃尔·布尔迪厄：《关于电视》，许钧译，辽宁教育出版社2000年版，第113页。
② ［法］皮埃尔·布尔迪厄：《关于电视》，许钧译，辽宁教育出版社2000年版，第109页。
③ 赵继伦：《论大众媒介权力的滥用及其社会控制》，《东北师范大学学报（社会科学版）》2003年第4期，第7页。

来策划节目是有风险的。对于舆论监督,我们本应持严肃、认真、理性和细致的态度,这是因为,较之其他报道,它的新闻价值更大。但恰恰是这个原因,有些媒体却对其做有意的炒作,置价值判断、理性精神和道德伦理于不顾,其目的只在于吸引公众的注意力,制造出轰动效应,而所谓的舆论监督最终成为吸引受众的幌子而已。

理想状态下的新闻舆论,应该是社会舆论的真实代表。但是,媒体并非超然于世外,它自身也有独立的利益追求,因此,舆论监督就无法成为一片净土。

在西方,受自由主义思想的影响,媒体总是倾向于保持其独立核算、自负盈亏的主体地位,即人人皆有办报的自由。但这是一把双刃剑。人人办报,却未必人人成功。媒体的生存取决于盈利的多寡,而盈利又受制于广告的收益,至于广告收益的多少,则视受众规模的大小而定。因此,争取最大化的受众人数成为媒体公认的市场法则。基于上述逻辑,媒体的煽情化、低俗化和弱智化也就有了理由和依据。

更为有趣的是,舆论监督因其独特的新闻价值,也成了媒体用以提高收视率的手段。比如,盛行于西方的"揭黑幕报道",既可以理解为媒体承担社会责任的体现,也可以视为追求轰动效应的一个结果。"西方国家新闻媒体的批评报道呈现出这样一种特征:媒体无论大小,它们对政府官员,甚至总统,似乎都敢进行揭露批评性报道,但对一些企业合财团的此类报道就远没有那样大胆。"[①] 进言之,媒体的批评性报道也并非瞄向所有的权贵。这是因为,"新闻媒介实际上是业主和赞助商经济利益的'人质'"(菲利普斯[②],1999)。"现在电子媒体和报刊提供有偏向性的消息,符合私有制的方针及利益,媒体的编撰过分依赖官方和团体来源,其存在的前提是避免得罪有权势者。"[③] 对于因自由主义新闻思想所带来的媒体的失序乱象,西方也提出了"社会责任论"来予以规范,但事实证明,效果并不是太理想。

中国的媒介产业化始于20世纪80年代,并先后经历了市场化、集团化和资本化三个阶段。其间出现了四个互动:"首先,是以跨国公司为代表的外部力量与国内政府政治力量、经济力量的互动。其次,是国内不同政治集团力量的互动,主要是中央和地方的互动。第三,是国内政治力量和经济力量的互动,国有和民间资本将会逐步进入传媒行业。第四,是非媒介产业资本与媒介资本互动。"[④] 在这一过

---

① 展江:《中国社会转型的守望者——新世纪新闻舆论监督的语境与实践》,中国海关出版社2002年版,第57页。

② 菲利普斯(Phillips):领导加州索诺马大学社会系赞助的"新闻检查计划",著有《1998年新闻检查,不是新闻的新闻》一书。http://www.people.com.cn/GB/14677/22100/40528/41358/3027652.html。

③ 胡兴荣:《新闻哲学》,新华出版社2004年版,第197页。

④ 胡正荣:《后WTO时代我国媒介产业重组及其资本化结果——对我国媒介发展的政治经济学分析》,《新闻大学》2003年秋,第7页。

程当中，中国的传媒业正经历着与西方同行类似的市场洗礼，这一点，民生新闻概莫能外。各种资料显示，民生新闻的工作人员依然把收视率当成节目成功与否的重要指标。

有人为民生新闻辩解道："'媒介内容主要受到扩大消费群体这种需求的驱动，而不是传播我们这个世界的真相或表达深层的思想和情感的渴望的驱动。'换句话说，媒体就只是媒体。老百姓需要这些信息，就生产这些信息。媒体并不能承担太重的期待。"①

收视率是重要指标，但不是唯一的指标。对民生节目而言，平民化倾向和本地化经营并不能成为低俗化、煽情化的挡箭牌。媒体有义务、也能够成为社会的"守望者"，这应该从思想的高度上保持清醒的认识。诚然，在实践中，我们看到不少媒体走"雅俗分赏"和"老少分宜"之路，但这只是一种节目编排的策略。换言之，除了"分赏"和"分宜"，我们还要追求"雅俗共赏"和"老少咸宜"，唯有此，才能避免社会的分裂，这才是民生新闻的立台之本。"在面对不同的选择时，记者首先要尽可能谨慎地估量每一种结果，问一问这种选择将对每一个人的生活带来多少好和不好的影响。一旦完成了对所有相关行为的估算，我们在道义上就必然选择获利最大的办法。而有意选择别的行为，则违反了道德原则。"②

目前，我们要做的，首先是协调好主旋律与民生节目间的平衡。前者涉及政治导向，后者关乎经济效益，二者不可分之。而且，对主旋律的认识，不能狭隘地理解为只是满足上级的宣传指令。须知，优质的主旋律报道，"不仅有效提升了节目的权威性和影响力，占据了主流话语的地位，而且开拓了比较好的收视空间，赚取了可观的利润"③。我们以媒体的新闻客户端为例。2016 年 10 月底，澎湃推出《暖闻》专栏，专事报道身边温暖人心的故事。栏目推出以后，受到网民的热烈欢迎。其次要加大对热点问题的引导，发挥媒体的舆论监督功能。2017 年，澎湃推出"问政"频道。在同年发生的九寨沟地震中，频道联手"成都发布""成都高新""最内江""江西消防"等当地和救援部门的问政号，对地震进行滚动报道并及时辟谣，取得了良好的社会效益。2017 年 10 月 17 日，澎湃联合求是网制作 rap 歌曲《砥砺奋进的中国精神》，它以年轻人喜闻乐见的形式向时代致敬，上线以后，在澎湃各平台 24 小时的总阅读播放数达到 3200 万。新闻客户端与电视台一样，均属党的新闻事业单位，它们的做法值得电视人深思与借鉴。

---

① 《浅谈民生新闻不能承受之重》，http://blog.sina.com.cn/s/blog_54f83ed90102y63p.html。
② ［美］克利福德·G. 克里斯蒂安等：《媒体伦理学：案例与道德论据》，蔡文美译，华夏出版社 2000 年版，第 15 页。
③ 胡智锋：《城市电视新闻节目需要处理的十种关系——从〈南京零距离〉、〈生活在线〉等栏目说起》，《北方传媒研究》2005 年第 7 期，http://www.360doc.com/content/11/0419/11/5928726_110717092.shtml。

第三节 社会方面的挑战

当前,贫富差距加大、社会阶层固化是一个突出的问题。

表6-1是国家统计局发布的2003—2013年中国居民收入基尼系数。

表6-1 2003—2013年中国居民收入基尼系数

2003年	2004年	2005年	2006年	2007年	2008年	2009年	2010年	2011年	2012年	2013年
0.479	0.473	0.485	0.487	0.484	0.491	0.490	0.481	0.477	0.474	0.473

由表6-1可知,中国的基尼系数呈先升后降的趋势,但是,11年间的系数均超过了0.4的国际警戒线(黄金分割点是0.38)。另据北京大学中国社会科学调查中心发布的《中国民生发展报告2014》,1995年中国财产基尼系数为0.45,2002年为0.55,2012年则高达0.73,此外,惟道风险研交院发布了《蒙格斯报告》(2018),其中第五份报告《蒙格斯社会公平指数的构建》指出:"2018年我国贫富差距指数预期已超过破坏拐点,贫富差距问题不容小觑。"[1] 财产不平等程度可谓日趋严重。

阶层固化也是阻碍中国社会向现代化转型的障碍之一。根据2010年第六次全国人口普查,国内进城务工人员为26139万人,在10年前的第五次全国人口普查中,这个数字为14439万人,10年间几乎翻了一番。"这主要是多年来我国农村劳动力加速转移和经济快速发展促进了流动人口大量增加"[2]。英格尔斯提出了现代化的10项指标,其中,劳动力中非农业劳动力的占比应达到70%以上,城市人口比重应达50%以上。[3] 但是,限于户籍管理制度,进城务工者始终甩不掉"农民工"的标签,并且也无法享受作为"城里人"所享有的相应的社会保障与社会福利。以深圳为例,目前该市有700万外来务工者,但是城市居民最低生活保障并未惠及他们。

社会的转型需要媒体的参与,但是,中国特殊的管理体制决定了媒体资源的垄断性和有限性,而这又导致了供需间的激烈矛盾。当然,我们没有足够的数据来说明媒体在贫富差距的拉大过程中起到了多大的负面效应。但是,一个不争的事实

---

[1] 惟道风险研究院:《蒙格斯报告之五:蒙格斯社会公平指数的构建》,2018年8月20日,https://www.mongoose.report.com/mgsbg/info_itemid_147_icid_13.html。

[2] 马建堂:《第六次全国人口普查主要数据发布》,http://www.stats.gov.cn/ztjc/zdtjgz/zgrkpc/dlcrkpc/dcrkpcyw/201104/t20110428_69407.htm。

[3] 李强:《中国的贫富差距有多大?》,http://www.360doc.com/content/16/0505/12/14655784_556452634.shtml。

是，媒体资源的结构性紧张显然不利于贫富差距和阶层固化等问题的解决。

2013年，李克强总理提出要"努力使人人享有平等的机会"的政府愿景。但一个无法回避的问题是，庞大的低端人群的存在，正在阻碍着中国的现代化转型。在此过程中，媒体该如何作为？我们以进城务工人员为例，他们多居住在城市的周边地区。"在美国有一个有趣的现象：高尚住宅区附近总会有一个低收入人群集中居住的地方。中国的大城市也存在这样的情况。像北京的大栅栏、上海的城隍庙、广州的许多城中村，都居住着大量低收入的外来移民，他们主要承担着城市所需要的服务。"① 相比城市居民，他们的流动性更大，常常随着工作变更而改变居住地，难以形成稳定的媒体消费习惯；他们选择同伴多依照血缘、地缘等关系，信息沟通和情感交流多限于熟悉的朋友圈；城中村是一个相对封闭的小社会，媒体资源缺乏。可见，底层人群的媒介素养低下，削弱了媒体参与社会进步的活力。

媒体的中产阶级化也是削弱媒体社会参与度的一个原因。民生新闻甫一出现，便引来各方的欢迎，除了其广受观众欢迎的社会效益和促进收视率提高的经济效益，不少人还期待它能助力政治民主化。理由如下：第一，民生新闻坚持"平民视角""受众本位"，这有助于改善媒体与受众的关系；第二，媒体不再单一地视政府为权威，民众成了另一个"上帝"。有人曾说："作为市民话语的民生新闻，它反映的是市民阶层的思维传统和声音，它与商业文明相结合后借着电视的大众文化形式进入整个社会的中心。政治话语被商业性极强的市民话语所取代的结果就是：媒体把话语权从党政官员手中转移到了市民手中，赋予了全体市民参与公共决策的权利，让民众的意见被政府所关注，转而以政府意志出现，最大程度地实现了民意的公共价值。"② 此语虽然有所偏激，因为话语权是一种可以分享的资源，并非你有我无的"零和博弈"，不过，实现话语权的分享却是一个值得重视的问题。但遗憾的是，时至今日，我们回头来看这个预言，上述目标并未得到理想的实现。

媒体的中产阶级化在印度也有类似体现。"印度有世界上最大的中产阶级，也有世界上最大的穷人群体，新闻界在缩小两者鸿沟方面没有起到什么作用。无论是报纸、电视还是网络，都主要与在城市居住的、生活条件良好的中产阶级相关。中产阶级普遍对政治抱有冷漠的态度，这是新闻媒体舆论监督的一大不利因素，而且媒体与智识阶层以外的人比较隔膜也削弱了自己的民意的代表性。"③ 在新闻自由委员会（以下简称委员会）出具的报告《一个自由而负责任的新闻界》里，媒体的使命是成为"一个交流评论和批评的论坛"④。但委员会也指出，无论是政治意

---

① 迟群力：《浅析中国民生新闻之走向》，《新闻传播》2007年第6期，第23页。
② 彭焕萍：《中国电视新闻的平民化进程》，《当代传播》2005年第5期，第74页。
③ 王辰瑶：《从"武器门"事件透视印度舆论监督》，《第五届"新世纪新闻舆论监督"研讨会文集》，http://blog.sina.com.cn/s/blog_54f83ed90102y6x4.html。
④ [美]新闻自由委员会：《一个自由而负责任的新闻界》，展江等译，中国人民大学出版社2004年版，第13～14页。

识形态还是商业意识形态,只要二者居一,就足以使这种新闻理想化为泡影。"如果看家狗一词意味着对主人的忠实,很显然,西方新闻媒体忠实的对象是各种权势,而不是它们所声称的人民群众;是当权者,而不是普通百姓,或许这才是它的真正含义。"① 现在,我们可以在委员会的报告再加上一点:媒体的中产阶级化,也会使这种新闻理论化为泡影。

"舆论监督所追求的第一个目标就是社会公正,即平等——出发点的平等、机会的平等和表达的平等。"② 现在的问题是,如何展示弱势者的生存状态、思想情感与未来理想。

"有效的信息传播可以对经济社会发展作出贡献,可以加速社会变革的进程,也可以减缓变革中的困难和痛苦"(施拉姆)③,这话的确没错,不过,解决民生问题也不能仅仅靠民生新闻。低端人群的话语权不应该也不可能来自媒体的善心,这是因为,既然媒体的运营需要成本,那么,对媒体的使用也是需要成本的。那么,这个工作还是得由政府来主导。"弱势人群话语的重建必须经过大规模的授权运动才能实现,即必须赋予他们相等的'市民权'。这个授权过程不仅包括政府通过推进政治、经济体制改革,从行政管理的角度赋予农民参与国家经济、政治事务的管理权力,还应该包括大众传媒给予弱势群体平等的媒介使用权,媒体资源的分配必须平等地对待包括农民在内的弱势群体。"④ 从这个意义上讲,民生新闻还走在路上。

第四节 文化方面的挑战

一、娱乐文化

(一)娱乐文化与电视媒体

娱乐文化对民生新闻的影响主要表现在硬新闻的软化和软新闻的增加两个方面。就前者而言,是指深挖硬新闻中的娱乐因素,强调其故事感、情节性和人情味,再辅以趣味性甚至煽情化的娱乐手法,以达到吸引受众眼球的目的。就后者来说,则是大量播报甚至炒作奇闻轶事、明星丑闻、灾害事故、暴力事件以及犯罪新闻,在表达方式上采取暧昧暗示、煽情刺激的手法,在传播效果上追求神乎其神、耸人听闻。当然,主持人的风格也同样受到了娱乐文化的影响,有些主持人面对严

---

① 王梅芳:《舆论监督与社会正义》,武汉大学出版社2005年版,第219页。
② 王梅芳:《舆论监督与社会正义》,武汉大学出版社2005年版,第58页。
③ 转引自王莉:《新时期新闻策划的选题特色——以〈南方周末〉和〈广州日报〉为例》,《青年记者》2009年7月,第50页。
④ 任中峰:《民生新闻与农民话语》,《新闻爱好者》2005年第2期,第14页。

肃新闻却采用调侃和戏说的方式来播报，为增强效果，节目还会辅以漫画、动画和声效等其他元素。

电视与娱乐似乎天然就是近亲。"电视主要是一种娱乐媒体，在电视上亮相的一切都具有娱乐性……'严肃电视'这一术语自相矛盾"①，当然，这与电视特有的"声画合一"的技术特性相关。从留声机到电影再到广播电视，越来越好的视听设备走入人们的生活。尤其是电视的出现，它区别于此前电子产品的最大不同，在于其"声画合一"的传播特性。观众享受着电视带来的"视觉冲击"，并在这种感官刺激下，逐渐融入以娱乐为主旨的视觉时代。"传媒的高科技含量正在造就一个新的类像时代，一个由模型、符码和控制论所支配的信息与符号时代，传媒文化以其强大的力量提供了一个差不多无处不在的精神公共空间，媒体的符号制造与传播，与现实的'真实'之间发生了很大的'移位'，符号已不再指涉外在的真实世界，常常仅仅指涉符号本身的真实性。这样，悦耳悦目、声光电色的技术性效应便很容易和受众的感官娱乐呼应接轨。"②

不过，电视具有娱乐的基因，不等于电视只是娱乐的工具。对此，波兹曼一针见血地指出："问题不在于电视为我们展示具有娱乐性的内容，而在于所有的内容都以娱乐的方式表现出来……"③ 也就是说，娱乐性本是电视媒介诸多特征中的一个，但是，它已经上升为"元属性"，过往，基于印刷机所开创并延续经年的"阐释时代"，目下已让位于由电视机开创的"娱乐业时代"。而且，很多人看电视的目的，也不单单把它视为"信息管家""时事顾问"和"意见领袖"，而是更看重它的"消费娱乐"效应。娱乐成了电视上所有话语的超意识形态，那么新闻也就成了市场营销的附属品。对此，议程设置理论的提出者 Mc Combs 认为："新闻从大众传播中区分出来，简而言之是因为它对国家和社区公共生活的健康发展负有责任，而伴随着媒介与大众传播企业的不断扩张，新闻与娱乐之间的界线已经变得模糊不清，这是一个值得讨论的问题。"④

（二）民生新闻娱乐化是重商主义盛行的结果

从商家来看，它们需要媒体的协助以普及消费主义。随着消费社会的日趋壮大，作为大众信息传播工具，媒体不可避免地担当起了鼓励消费和满足欲望的重任。"在相当的意义上，大众传媒是消费社会与娱乐主义的推行者、建构者与同谋者。传媒在满足欲望的同时，又在制造欲望，甚至于人们不再按照自己的需要生

---

① ［英］尼古拉斯·阿克伯龙比：《电视与社会》，张永喜等译，南京大学出版社2001年版，第6页。
② 赵黎刚：《被改写的知觉——"新闻娱乐化现象"透析》，《新闻界》2006年第2期，第59页。
③ ［美］尼尔·波兹曼：《娱乐至死》，章艳译，广西师范大学出版社2004年版，第114页。
④ 转引自蔡雯：《美国"公共新闻"的历史与现状——对美国"公共新闻"的实地观察与分析（下）》，《国际新闻界》2005年第2期，第29页。

活,而是把因传媒诱导的欲望当作自己的欲望,传媒成为欲望的生产机器。"①

从受众来看,他们早已习惯了新闻的娱乐化。新闻娱乐化并非始于民生节目,早在民生新闻出现之前,各电视台就开始力推娱乐化。从湖南卫视的娱乐立台、安徽卫视的电视剧立台,再到海南卫视的旅游立台、广西卫视的女性观众定位,以及大大小小的电视台推出的以综艺、财富、音乐为主打内容的各种节目,虽口号不一,但主旨归一——娱乐。

再从媒体来看,加入娱乐业的队伍,有助于媒体自身利益的实现。受众的喜好决定了媒体的报道方向,传播力和影响力的扩大来源于收视率的稳定和强大。与受众一样,广告商也是媒体的衣食父母,它们对媒体的投入多寡同样取决于后者对受众的吸引力。现在,受众需要娱乐,受众喜欢娱乐,那么,为赢得广告商的青睐,也为了保障自身利益,媒体自觉地走上了娱乐化的道路,它们不仅满足欲望,更重要的是,它们还经常主动且有意地制造欲望。通过精密的选题思考、精细的题材选择、精巧的排版设计和精准的营销传播,媒体像魔法师一样,把各种欲望一样样地从荧屏上拿出来,挖掘、刺激、诱导甚至逼迫消费者接受媒体提供的"欲望菜单"。当观众不再是自发地按照本能去生活,而是根据媒体的安排来描述自己的愿景的时候,媒体便完成了从信息传播工具向"欲望制造车间"的转型。

而且,走娱乐化道路,或者说,硬新闻的软化,也有助于媒体生产成本的降低。众所周知,制作硬新闻,需要更多的人、财、物,对于民生新闻所属的地面频道而言,这显然是吃力不讨好的行为。一位电视人这样写道:"现在城市电视媒体的新闻节目相当一部分由刚刚毕业的新人和滑稽剧团的演员在支撑门面,可谓成本低,而且被市井新闻和负面报道充斥的民生新闻,这些'肤浅的应急形式的——奔跑的新闻主义',只需要足够冲击的画面激发足够的情感元素和娱乐元素,不需要信息的支撑,不需要背景的链接,不需要层层剥笋似的调查,不需要新闻的敏锐和判断,而且收视不低。"② 既然如此,那么,诸多实力不及大台的地方电视台当然选择娱乐化这么一条讨巧的道路。

(三)传媒娱乐化的后果

首先,它腐蚀了人们的精神世界。当媒体把娱乐当成自己最后的也是唯一的目的时,"这些娱乐消遣充斥了整个社会过程……享乐意味着全身心的放松,头脑中什么也不思考,忘记了一切痛苦和忧伤"③。其实到了这一步,人类基本上与动物无异。心理学家威廉·斯蒂芬森认为,传播行为就是一种满足感和快乐感的游戏行为,阅读新闻就是一种没有报偿的"传播—愉快"。人们沉溺于传媒中的凶杀、暴力、庸俗、浅薄等内容,就如同在棋盘上拼拼杀杀,无非也是玩耍,不必为此大惊

---

① 石磊:《传媒娱乐主义解读》,《新闻界》2006年第2期,第55页。
② 朱永祥:《城市电视新闻去向何方》,《新闻实践》2006年第6期,第41页。
③ 邹广文:《当代中国大众文化论》,辽宁大学出版社2000年版,第135~136页。

小怪。① 民生新闻追求腥、星、性、新、奇、特,这种只求感官刺激不问深层原因的报道不过是提供了"受众想要的",却不是"受众应该要的",久而久之,必然造成个人与集体的疏离、个人生活与公共生活的断裂。当社会上的大多数人都持这种心态时,那么,"一个唯一兴趣在于娱乐的阶级一旦造就,它的作用恰如一个脓包,它从实际生活的事物中逐渐吸走了全部情感的能量……社会从疾病的旋涡中心解体了……直到一种新的意识成长起来,它重新对实际生活极感兴趣"②。

其次,它降低了媒体的公信力。相比"信息管家""舆论引导"和"意见领袖"等功能,对媒体来说,走娱乐化道路是一个最经济、最省力的办法。但是,正如俗话所说的,"一分钱一分货"。它的代价表现在:"新闻责任意识淡化,采制重大新闻能力的下降,真正触及公众政治参与、事件深层背景的内容很少;人文精神缺位,公共利益逐渐被商业利益取代,个人生活和公共领域发生分裂……"③ 低成本的节目制作策略,其代价是对新闻价值的颠覆以及对媒介生态的破坏。正如W.兰斯·班尼特所说的:"当媒体积极地为受众寻找戏剧性的新闻素材的时候,对政治现实的最后一道监督也消失了。"④

更严重的是,民生节目的娱乐化还影响了主流媒体。民生新闻的娱乐化道路带来的高收视率,对原有的主流媒体无疑是一个刺激。对主流媒体来说,高收视率未必是它的首要目标,传播主流价值才是重要的。而主流价值的传播同样需要强大的影响力(收视率),因此,我们看到,一些主流媒体也在尝试走娱乐化之路,2003年中国教育电视台不惜重金拿下《还珠格格》第三部首播权就是一个例证。吊诡的是,主流媒体对娱乐化的屈尊俯就,或许赢得了一定的收视率,却失去了应有的尊严和光泽。布尔迪厄这样批评道:"社会新闻,这向来是追求轰动效应的传媒最钟爱的东西:血和性,惨剧和罪行总能畅销,为抓住公众,势必要让这些作料登上头版头条,占据电视新闻的开场,典型的严肃报纸,考虑到自己的面子,一直是把这些类同作料的社会新闻搁置一边或放在次要位置上使用的。但是,社会新闻能娱乐公众。魔术师的看家本事就是把新闻方面表现在把注意力放在能吸引公众的事件上。"⑤

再次,新闻娱乐化带来了节目的同质化。媒体公司利润的上升,导致节目的多样性下降。《南京零距离》创办以后,引来国内同行纷纷效仿:"从报道形式到主持风格趋同,缺乏新意;为增加收视率,一味将新闻软化,娱乐化,甚至庸俗化;

---

① [美]威尔伯·施拉姆、威廉·波特:《传播学概论》,何道宽译,中国人民大学出版社2010年,第21页。
② [匈]阿诺德·豪泽尔:《艺术社会学》,居延安译编,学林出版社1987年版,第102页。
③ 朱永祥:《城市电视新闻去向何方》,《新闻实践》2006年第6期,第41页。
④ 转引自朱永祥:《城市电视新闻去向何方》,《新闻实践》2006年第6期,第41页。
⑤ [法]皮埃尔·布尔迪厄:《关于电视》,许钧译,辽宁教育出版社2000年版,第15页。

只做浅显的事件说明，不做深度报道，不引导事件背后的思考。"① 最终，观众看到的每一档民生节目，从外观设计到内容编排都基本雷同。

最后，新闻娱乐化带来了"反智主义"倾向。"娱乐就是电视上所有话语的超意识形态"（尼尔·波兹曼）②。为达到高收视率，媒体有意将节目泛娱乐化、弱智化甚至低俗化。它使得公共利益逐渐被商业利益取代，使新闻的权威性和公信力受到挑战，新闻的核心价值也被撕成碎片。最终，它所精心塑造的这种平民色彩也会渐渐黯淡，失去活力。

说实话，娱乐文化并非一无是处。"娱乐化的新闻报道是对过去死板的新闻报道模式的一种反叛，也是对长期以来文以载道格式的改良，甚至还体现了新闻民主的真意"③。我们需要的是健康的、有活力的娱乐文化，"娱乐所包含的乌托邦主义同时是对于现实的质疑和代替。尽管娱乐没有明确地对阶级、种族以及等级制度予以批判，但娱乐是一种渴望冲击现实结构的冲动"④。

以受众为本位，并非要把自己拉到和受众同一个水平线上，这是电视人首先应该注意的问题。反过来说，离受众过远，也是不合适的。传统的电视新闻之所以让受众产生审美疲劳，原因正在于此。有些节目已经认识到了这个问题，如湖南卫视的《晚间新闻》，尽管充满了大量的娱乐元素，但节目面貌依然呈现健康积极的特点。曾公开打出"娱乐立台"口号的湖南卫视，在解释如何平衡主旋律与娱乐化的冲突时，概括了自己的经验："晚间新闻在某种程度上实现了没有不能报道的，就看你怎么报道"⑤，这确实值得广大民生新闻节目学习。

二、折中主义

为民服务和电视维权是民生新闻的一个特色，因此，它本应有其严肃性所在。然而，现在的荧屏却出现了软新闻的泛滥和硬新闻的软化，究其原因，与民生新闻奉行的折中主义不无关系，即为了引导社会人心，避免矛盾激化，媒体不与政府为难。

和西方"看门狗"理论倡导的一样，中国的新闻舆论监督也有针对权力误用的内容，但在具体表现上，我们有如下的不同：第一，我们采取了自上而下的监督方

---

① 白双翎：《试析电视新闻传播中的市民化趋势》，http://blog.sina.com.cn/s/blog_54f83ed90102y6cg.html。

② 转引自林勇：《娱乐就是电视上所有话语的超意识形态："非诚勿扰"的叙事机制解析》，《华中师范大学学报（人文社会科学版）》2011年第3期，第91页。

③ 吴飞、沈荟：《现代传媒、后现代生活与新闻娱乐化》，《浙江大学学报（人文社会科学版）》2002年第5期，第81页。

④ 南帆：《双重视域》，江苏人民出版社2001年版，第36页。

⑤ 唐晓煜、王强、朱文峰：《新闻娱乐化趋势之反思》，《新闻前哨》2004年第7期，第56页。

式，这和西方自下而上的监督传统是不一样的。第二，在议程的设置上，党和政府的意见、媒体立场和呈现在媒体上的社会舆论是大致相似的，党和政府的意见常常成为媒体的议程，而后经由媒体的传播与扩散，再变成社会的议程。而在西方，政府、媒体和民意常常是相互博弈、变动不居的。第三，在对舆论监督的功能认识上，我们视其为党和政府自我调解的手段，因此，我们走的是"从党的路线到群众路线"的道路，在"政府关切"和"百姓关注"之间寻找交叉点，这样，既维护了党中央的权威，又维护了人民的权益。而在西方，舆论监督多被视为媒体的一种社会功能，为民众代言成为媒体的社会角色中的重要内容。

对中国的媒体来说，最大的优势是政策，最大的风险也是政策，这是理解中国新闻业的重要背景。

对政府来说，如果放手让媒体开展舆论监督，其风险是不可预测的，那么，硬新闻官方化、软新闻娱乐化显然就是一个能为各方所接受的折中方案。官方微媒体设置新闻议程，辅以娱乐化的包装，这样，政府的压力小了很多。"商业与娱乐活动原本的密切关系，就表明娱乐活动本身的意义，即为社会进行辩护。欢乐意味着满足"①。

当然，完全禁绝媒体的舆论监督，这既做不到也不应该做。这是因为，对民众来说，舆论监督还是他们表达诉求的一个方式。在生活中，除了公权力自身的问题之外，还存在不少涉及公序良俗的社会问题。对这些不良现象，法律难以一一触及，行政机关也没有精力去处理，而新闻舆论显然是一个不错的手段。"新闻媒介以不危及社会根本制度的合法的意见表达方式，为人们提供一个经常性和制度化的对话场所与渠道，使得人们在心理上得到一些缓冲，来削减社会存在的诸多矛盾和冲突。"② 如果说，央视的《焦点访谈》《新闻调查》等节目着眼在具有重大新闻价值和社会影响的事件上，以社会政治的宏大话语去关注过去、现在和未来，那么，各地民生新闻则更多地着眼于"含金量"低的市民生活，通过对日常生活的观照来填补前者留下的空白。

再从媒体来看，接受党和政府给它安排的这个角色，也是一个于己有利的选择。"一家报纸越扩大它的发行量，就越倾向于不会给自己惹麻烦的公共话题，人们总是根据接受者的感知方式来制造东西"③。改革开放前30年，新闻业基本沿袭了战争年代的党报党刊的办报思路，以宣传教育、鼓舞人心作为媒体的功能，电视也概莫能外，更有甚者，电视因其独特的"声画合一"的传播效果，进一步强化了媒体的宣教色彩。进入20世纪90年代以后，随着市场经济体制的确立，中国社会

---

① ［德］马克斯·霍克海默、特奥多·威·阿多尔诺：《启蒙辩证法：哲学断片》，洪佩郁、蔺月峰译，重庆出版社1990年版，第135页。
② 胡黎明：《"焦点现象"研究》，新华出版社2004年版，第6页。
③ ［法］皮埃尔·布尔迪厄：《关于电视》，许钧译，辽宁教育出版社2000年版，第51页。

进入转型期。"1990年代的中国是社会转型加剧的年代,农村经济的萧条、乡镇企业的萎缩、进城务工人员的流动、国营企业的困境、失业人员的激增、外国资本的涌入、国际流动的增加以及都市化的高速发展,这些导致了中国社会围绕经济而出现新的阶级分化与重新整合,带来了中国社会的高度不确定以及人们的焦虑感。"① 传统的说教模式在新时代面前因缺乏解释力而显得苍白无力,相反,民生新闻对诸如交通事故、房产纠纷、家庭矛盾、管理部门的乱收费、弱势人群的无助际遇等现象的观照,使新闻变得又好看还实用,从而得到了观众的喜爱。

尽管折中主义有其存在的理由,但是,从学理上看,它还是存在问题的。

首先,它制造了一种变形的舆论监督。前述,民生新闻大量报道社会新闻和曝光市民不良现象,但是,这种群众生活中的纠纷其实不是理论意义上的舆论监督客体。"大众传播领域中舆论管理技术的发展,强调个人是私人公民而非消费者,但却把这个观念运用于某些利益集团的偏私目的。这样一来,资产阶级公共领域就名存实亡,舆论管理新技术被用来赋予公共权威以某种魅力和特权,这和封建宫廷曾有过的特权别无二致。"② 这其实就是哈贝马斯所说的"重新封建化了","公共性已被转化为管理化的统一原则",③ 即,公众变成一种被管理的资源,他们被排除在公共讨论和决策过程之外,相反,一些利益集团的政治主张得到了合法化。

其次,民生新闻的报道面是片面的。虽然民生节目强调关注百姓、本地定位,但能走到节目中去的毕竟还是少数人。当然,在经过媒体精巧而细致的包装之后,这些现身荧屏的少数平民组成了所谓的"大众",这是一个面貌模糊的"大众",因为它是经过人工合成的文化制品,而非自然形成的生活原生态群体。那么,民生新闻所营造出来的那个拟态环境显然就不能全面而真实地反映出"整个太阳的光辉",它更多的是为观众提供茶余饭后的谈资与话题。"这类新闻节目大多在各种花哨的技巧外衣下隐含着'去教化中心'与'去精英中心'的策略"④,它造成了受众接受错误的"媒介现实",完全不能真实地反映社会现实状态,也误导了人们对现实问题的理解和判断。以《都市条形码》节目为例。通过对节目内容的分析,有人认为,该节目通过对某些人群的正面描述和对另一些人群的负面描述,使优势人群的形象得以强化,并进一步主流化。而边缘人群的形象在刻板印象的再现中变得更加边缘化。其实,不光是这个节目,民生新闻大多存在这个问题。

最后,它不利于社会人心的聚合。布尔迪厄提出了"公共汽车"式的新闻一说,其意为,"新闻不应触及所有人,没有风险,千篇一律,不会产生意见分歧,

---

① 佚名:《从文化层面看电视民生新闻》,http://blog.sina.com.cn/s/blog_54f83ed90102y6bf.html。
② [法]皮埃尔·布尔迪厄:《关于电视》,许钧译,辽宁教育出版社2000年版,第6页。
③ J. Habermas. *The Structural Transformation of the Public Sphere*. Cambridge:MIT Press,1989,p. 257.
④ 蔡骐、全燕:《后现代法则与电视新闻》,《现代传播》2004年第8期,第72页。

第六章　电视民生新闻的外部挑战

让所有人都感兴趣,但采取的做法,便是不触及任何事关重大的东西。社会新闻就属于这种日常的、基本的食粮,是一种信息,它之所以非常重要,是因为它吸引着公众又不造成任何后果,还打发了时间,这些时间原本可以用来阐述别的东西的"①。这类新闻充斥屏幕,造成的后果是,"它们掩藏了弥足珍贵的东西,把电视当成了消息的唯一来源。电视成了影响这很大一部分人头脑的某种垄断机器。然而,只关注社会新闻,把宝贵的时间浪费在空洞无聊或者无关痛痒的谈资上,这样一来,便排斥了公众为行使民众权利应该掌握的重要信息"②。就民生新闻而言,它报道的立场基于主流社会的意志。

对民生新闻区别于传统电视的一些新特征、新功能、新形象,有人给予了较高的期待:"活跃在电视新闻改革中的这场'去教化中心'和'去精英中心'运动实则暗合了后现代的解构之风。因为在当下这种后乌托邦式的平民生活中,在反精英主义情结日益普遍的社会氛围中,人们对深度意义、终极价值、永恒真理等精英话语的灌输已渐生抗拒,他们开始放弃对终极价值的追求,转而开始向衣食住行、饮食男女等生活原生态回归。而在电视新闻节目中,传播语态由教化向沟通的过渡、选材向度由唯上向亲民的转变等等,本身就意味着对传统新闻领域的政治情结与精英情结的一种消解。"③

从表面上看,民生新闻的确存在"去教化中心"和"去精英中心"的表现。但是,这是否就能说明它走的是一条解构主义的后现代之路?从上文的分析来看,与其说它在解构一些传统的东西,毋宁说它在解构传统的同时又再次将其建构。"媒介权力扭曲最引人注目的例子就发生在精心修改传播内容以迎合这种或者那种意识形态的时候……其限度是他们认为维持其权力必须依赖的歪曲限度,即媒介设计传播内容以符合某些人的需要"(耶利内克)④。

进入21世纪以后,尤其是中国加入世界贸易组织之后,西方媒体以各种方式向中国渗透,它们期待着中国也能发生"美国式"的转型——从政党报刊走向专业报刊,但是,这一切并未如它们所愿。中国的报刊坚守住了阵地。

---

① [法]皮埃尔·布尔迪厄:《关于电视》,许钧译,辽宁教育出版社2000年版,第15页。
② [法]皮埃尔·布尔迪厄:《关于电视》,许钧译,辽宁教育出版社2000年版,第15页。
③ 蔡骐、全燕:《后现代法则与电视新闻》,《现代传播》2004年第8期,第72页。
④ 刘燕:《先锋的姿态:耶利内克——诺贝尔文学奖对耶利内克认同理由初探》,云南大学硕士学位论文,2006年5月,第11页。

第七章 电视民生新闻的发展之路

对电视民生新闻转型的理解，是基于传媒产业、电视行业和新闻业的发展的大背景。统计显示，"2014年，我国传媒产业总产值达到11361.8亿元，首次超过了万亿元大关，相较上年同比增长了15.8%"①。目前，受互联网和移动互联网的影响，传媒产业正处于结构性调整的拐点。具体到电视业，电视广告的增长率已经连续两年低于两位数，并首次低于网络广告收入，相反，网络的广告收入超过了1500亿元。再从新闻业的角度看，根据《第42次报告》，"截至2018年6月，我国网络新闻用户规模为6.63亿，半年增长率为2.5%，网民使用比例为82.7%。其中，手机网络新闻用户规模达到6.31亿，占手机网民的80.1%，半年增长率为1.9%"②。进言之，受众从商业媒体和自媒体③上获取信息的比例远高于传统媒体。"在国内重大事件发生时，上海有30.6%的受访者首选几大知名商业门户网站，是首选13家上海主流媒体占比之和13.72%的2.23倍"④。而2015年8月发生的天津港爆炸事件，"微信上相关文章约4.11万篇，总阅读量超过1.17亿"⑤。可见，话语权正逐渐被网络媒体、商业媒体和自媒体所掌控，对传统媒体而言，这是一个巨大的挑战。

这一章，我们将从电视媒体的传播功能、民生新闻的传播理念和宏观环境三个层面阐述电视民生新闻的发展之路。

---

① 清华大学新闻与传播学院：《传媒蓝皮书：中国传媒产业发展报告（2015）》。
② 中国互联网络信息中心（CNNIC）：《第42次中国互联网络发展状况统计报告》，2018年8月20日，http://www.cnnic.net.cn/hlwfzyj/hlwxzbg/hlwtjbg/201808/t20180820_70488.htm。
③ 自媒体（We Media）是一个普通市民经过数字科技与全球知识体系相连，提供并分享他们真实看法、自身新闻的途径。出自谢因·波曼、克里斯·威理斯：《We Media 研究报告》，美国新闻学会媒体中心，2003年7月。转引自董伟健：《自媒体的文化缺失及其传播环境重构》，《中南民族大学学报（人文社会科学版）》2010年第3期，第147页。
④ 转引自李大公：《在竞争与融合中重构：新媒体环境下中国电视民生新闻的发展策略》，吉林大学硕士学位论文，2016年，第27页。
⑤ 《传统广电媒体面临"四个流失"发展困境？》，http://www.iwucai.com/xyzx/ctgdmtmlsg_1.html。

第一节　微观：发挥电视媒体的传播功能

一、新闻传播

（一）信息传播

"新闻媒体影响舆论，最基本的手段是反映事实，最终的目的是引导舆论。通过引导舆论引导人的思想，从而有效地对社会实施控制。新闻媒体可以通过新闻评论等手段直接发表意见，引导舆论。但是，最基本的、最常见的手段还是通过新闻报道来反映舆论、引导舆论。新闻媒体面向大众，以带有强烈倾向的报道与言论，影响公众情绪，塑造公众的思想和观点，把公众的意见引向与媒体的立场相一致的方向，引向与媒体的控制者的立场相一致的方向，最终形成巨大的社会力量，对既定的社会秩序起到巨大的破坏或推动作用。"①

观众对新闻的喜爱是不变的。调查显示，新闻节目的受欢迎度在观众的心里始终稳居前列（见表7-1）。

表7-1　观众最喜爱的节目类型选择比例②

节目类型	国内新闻	国际新闻	内地剧	港台剧	本地新闻	体育新闻	天气预报	综艺节目	港台片	MTV
比例（%）	67.8	60.1	37.3	32	27.2	26.9	24.6	21.1	15.7	14.9

新闻节目之所以受欢迎，源于其时效性强。所谓"时效性"，主要体现在时间和时机两个方面，即发布新闻的时间和事件发生的时间距离越短越好；发布新闻的时机要与形势相契合。

对民生新闻来说，对时效性的重视可以从以下几个方面入手：

首先，反应速度要快。《第一时间》（安徽卫视）节目把"最快的报道"作为口号。2005年"麦莎"台风来袭，节目号召记者拿出"站到麦莎的中央"的精神，用最快的速度向后方发回最及时的报道；后来，"泰利"台风来袭，节目一如既往地发扬"最快报道"的精神。《民生直通车》（山东电视台公共频道）也以对突发事件反应迅速而著称。2005年，安徽疫苗事件曝光后，一些群众对疫苗心存忧虑、不敢注射，对此，节目及时报道了《加大疫苗监管势在必行》等系列报道，追踪事

---

① 廖永亮：《舆论调控学：引导舆论与舆论引导的艺术》，新华出版社2003年版，第26页。
② 2013年上半年索福瑞媒介研究（CSM）。

件的进展和处理结果,同时辅以相关的医学防疫知识,给观众一个明明白白的说法。2011年3月10日,南昌市发生一起公交车侧翻事故。该事故发生在17:50左右,此时距离节目播出时间还有10分钟(节目播出时间是每晚18点整)。记者在第一时间赶到现场后,即时向直播室发回现场画面。最终,这条事故报道(《公交车发生侧翻司机禁止乘客砸窗逃生》)在18:30——节目播出后半小时——得以插播。

其次,强化现场报道。《南京零距离》,在60分钟的时间里要播出25～35条新闻,其中有80%是在24小时之内发生的。2002年,南京发生汤山镇食物中毒事件,该节目是第一时间赶到现场的媒体。《都市1时间》栏目的口号是"突发事、新鲜事、烦心事",在衡阳大火(2003年11月4日)、警方解救人质(2004年1月9日)和废楼坍塌救援伤者(2004年1月3日)等事件发生期间,记者都在现场进行采访。《第一时间》非常注意抓"第二现场",有些突发事件,如交通事故,记者常常无法抢到第一现场,在这种情况下,节目或通过录制同期声和现场声,或通过后期增补音效,努力还原事件发生时的样貌。《绝对现场》将"现场"二字写入节目名称,节目把转播车开到现场,多角度、全方位、全过程地报道事件。根据AC尼尔森的统计,《绝对现场》自2003年7月7日开播后,第一周平均收视点达3.1,瞬时收视值高达7.6,第一周即进入AC尼尔森电视节目排行榜,名列第19位。

再次,采用开放式编排方式。传统的电视新闻以新闻价值的大小来选择素材并安排顺序,而且采用线性方式进行播出,节目一经编排便无法更改。不少民生新闻采用非线性、开放式的方式,那些刚刚制作完成、具有较高价值的新闻节目可以随时插播,并撤下那些价值较低的节目。除了内容的灵活,主持人与记者的互动也是开放式编排的一个标志。民生新闻鼓励前方记者通过卫星连线与后方主持人组成"报道组合":前方是记者在现场介绍事件细节,后方是主持人在演播厅点评事件,这种原生态的现场感受到了观众的好评。2011年7月18日,南京遭遇特大暴雨。《南京零距离》及时发布相关路况信息——《暴雨迅猛南京全城大拥堵》《玄武湖隧道最新交通及积水状况》《南京站被淹高铁临时去南站》《沪宁城际高铁遇雨大面积停运》《南京地铁软件大道站漏水》……由于恶劣天气给信号传输带来了干扰,信息播报不时出现中断。为此,节目采用了更为灵活的编排方式,一方面,由前方记者实时播报现场动态;另一方面,当信号中断时,则播出其他消息,稍后再由主持人将整理好的前方报道门播给观众。同时,主持人还兼顾节目官微上的网友反馈,适时转发网友们提供的自拍照片。最后,节目组还根据网友的照片和信息组合了"南京市积水地图",以飨观众。

此外,高科技助力节目直播。齐鲁电视台早在2004年初即与美国合资成立民意调查公司,方便媒体和观众的交流;江苏广电总台在2007年构建了城市全面微波网和便携式 SNG①，一旦遭遇突发事件，即可将报道发回后方。同时，江苏的广播与电视也实现了跨媒介融合，通过媒体终端系统来运营广播电视节目。《绝对现场》则成为国内第一家电视新闻直播化的机构。

最后，从民生节目走向民生立台。在电视界，以民生定位的栏目数不胜数，但以整个频道来定位民生的做法并无先例。湖南经视成为国内第一家以"民生"立台的电视机构。2005 年 1 月 1 日，中国首个专业民生频道——湖南经视都市频道全新亮相。为此，湖南卫视斥资上千万购置两台 SNG，力求做到零时差——现场新闻现场报以及零损耗——观众所见即记者所见。基于先进装备的助力，频道推出了 9 档风格不同的原味新闻，以打造成具有强大传播力的节目群，它们分别是《都市 1 时间》《警界》《MBA 大讲堂》《SNG 特攻》《直播都市·整点直播》《寻情记》《快活林》《世界大不同》和《民生大搜索》。其中，《都市 1 时间》在 2007 年春节前后，独家策划了大型系列报道《SNG 全国大接力——春运在路上》，实现了北京、上海、广州、成都、台湾、长沙等多地联动的 SNG 直播报道。这次报道充分展示了栏目的强大实力，有效提高了栏目影响力。

(二) 意见沟通

1. 公民论坛是大众传媒的一个政治职能

"在民主制度中，大众传媒的三个核心政治职能是：公民论坛（civic forum）、动员机制（mobilized agent）、监督机制（watchdog）。从舆论的角度考量，公民论坛体现的是舆论的表达和交汇，动员机制体现的是舆论对社会的整合和影响，监督机制体现的是舆论对政府政策的制约与推进。公民论坛是动员机制和监督机制得以发挥作用的前提"（童兵，2005）②。可见，打造公民论坛有助于提升民生新闻的品质。

在这方面，《南京零距离》的表现可圈可点。总制片人张建赓认为，"最重要的是公共平台的内涵。电视新闻节目不仅是公共信息的发布平台，也是公众意见的交流平台。这样，来自政府的声音和社情民意就都有了有表达的空间。相对于传统的单向传播来说，公共平台是电视新闻发展的新形态"③。该节目成立以后，在 50 多个社区建立了工作站，并开通热线，既服务于社区百姓，又传达民众呼声。2003 年 12 月，节目获得了《南风窗》杂志授予的"为了公共利益"新闻奖。在评奖词

---

① 所谓"SNG"，即卫星直播车。它与普通的转播车不同的地方在于，它车型轻巧，真正做到了穿行在大街小巷，而且它可以在 5 分钟之内做好直播的准备，对于突发的新闻完全可以达到第一时间直播的技术支持。转引自《湖南经视将打造中国首个专业民生频道》，http://news.sina.com.cn/0/2004-11-12/22564222959s.shtml。

② 童兵：《网络民主：舆论监督与舆论引导》，2005 年 12 月 16 日，转引自蔡晓琳：《信息时代的政治文明建设》，华侨大学硕士学位论文，2007 年，第 5 页。

③ 转引自张译心：《民生新闻主持人："零距离"还有多远?》，http://flyzyx.bokee.com/2870221.html。

里,评委会这么写道:"《零距离》(《南京零距离》——作者注)在政府和民众之间搭建了一座民主化的桥梁,进而给民意一个畅达的渠道。'长江大桥的收费站该不该拆?'、'南京地铁列车应该是什么颜色?'、'地铁票价多少才算合理?'……他们以一个我们意想不到的方式,赋予全体市民参与公共决策的权力,让媒体真正为公民所享有。"①

公民论坛的意蕴与哈贝马斯所谓的"公共空间"有一定的交叉,但两者的语境并不一致,也不能相互替代,我们试做一分析。

在哈氏看来,所谓"公共领域","是介于国家与社会之间进行调节的一个领域,在这个领域中,作为公共意见的载体的公众形成了,就这样一种公共领域而言,它涉及公共性原则……这种公共性使得公众能够对国家活动实施民主控制"②。要成为公共领域,必须具备三个条件:第一,要具备一种社会交往方式。这种社会交往的前提不是社会地位平等,或者说,它根本就不考虑社会地位问题;第二,公众的讨论应当限制在一般问题上;第三,使文化具有商品形式,进而使之彻底成为一种可供讨论的文化,这样一个相似的过程导致公众根本不会处于封闭状态。③ 由此观之,哈氏所谓的公共领域,更多的是从民主政治的角度强调社会公共领域对改善政治生活的意义,其理论源于由来已久的西方自由主义思想以及国家与社会之间的历史性的博弈姿态。

与哈氏的"公共领域"不一样,"公民论坛"更多地基于中国的政治语境,它表现为媒体话语权的下移、民众呼声的上达以及由此形成的上下间的联通。这是一种自上而下的推进,能否成功,很大程度上取决于政府的宏观政策和领导人的开明程度等因素④。理解了这一点,才能避免因照搬西方模式而造成水土不服的问题。

2. 打造"公民论坛"是社会发展的必然要求

打造"公民论坛",体现了转型期社会对媒体的一种期待。改革开放以来,随着社会转型的推进,不同阶层间的利益冲突频发,新旧价值观念间的矛盾日生,这些问题必须也应该在媒体上得到呈现、讨论和互动。"个人见解可以通过公民的理性—批判论争而形成舆论,它对所有人开放,并独立于文化支配以外"⑤。反过来说,如果"公共领域中的诸种问题没能在公共性的原则基础上积极对待并处理时,

---

① 张译心:《民生新闻主持人:"零距离"还有多远?》,http://flyzyx.bokee.com/2870221.html。
② 转引自汪晖、陈燕谷主编:《文化与公共性》,生活·读书·新知三联书店 2005 年版,第 126 页。
③ [德] 哈贝马斯:《公共领域的结构转型》,曹卫东等译,学林出版社 1999 年版,第 41~42 页。
④ 景跃进:《如何扩大舆论监督的空间——〈焦点访谈〉的实践与新闻改革的思考》,《开放时代》2000 年第 5 期,第 60 页。
⑤ [法] 皮埃尔·布尔迪厄:《关于电视》,许钧译,辽宁教育出版社 2000 年版,第 5 页。

在某种程度上，便失去了其批判的功能，甚至有可能沦为国家权力的合谋者"①。

打造"公民论坛"，是民主社会得以养成的前提条件。俗话说，通往真理的道路只有一条。在过去，由于媒体的高度集中化，这条所谓的唯一道路往往受限于权力等级的约束，因此，国家与社会构成了一种倒置，国家高居于社会之上，而社会则呈萎缩之状。"现代的政治传播关系主要由政府、压力集团、传媒、公民四方面构成。其中，政府具备合法性资源，压力集团具有组织资源，传媒具有影响力资源，而公民的主要资源是社会参与意识、表达能力和民主精神。当前两者利用传媒的能力炉火纯青、而传媒又受商业利益驱动之际，四方关系中处于实际劣势的便是'沉默的大多数'——没有有效组织起来的公民。于是，方便了政府，有益了集团，富了媒介，穷了民主。在很多学者看来，这种公民沟通的危机正在西方肆虐，大众传媒的结构性失灵颇为堪忧。"② 上述分析虽然出自西方学者，但对中国也有借鉴意义。因此，鼓励民生新闻走向"公民论坛"，对建设民主社会是有利的。2005年，陕西电视台策划了"感动我的人"大型活动，他们广泛征集各方意见，让群众推选"感动我的人"③。这种努力是值得提倡的。

打造"公民论坛"，是媒体发展的未来之路。在走向民主社会的过程中，我们常常遭遇观念的多元化、利益的多样化和矛盾的表面化，对此处理不慎，即有可能引发阶层性冲突甚至群体性事件。有鉴于此，媒体的疏导、协调和整合作用就显得非常重要。扬州电视台的《关注》栏目，创办之初即定位为一个"公共平台"，意在沟通、交流、化解各方矛盾。考虑到网络时代的特点，它还建设了一个同名的网站，实现了平台的跨媒体运营。当一些传统媒体苦于找不到新媒体的突破口时，"关注网"却成为少数盈利的新闻网站。④

3. "公民论坛"有助于社会民主的推进

（1）"公民论坛"的形成，有助于培养民众参政议政的意识。众所周知，民众参政议政是否正常，决定了民主政治的实现与否。而实现民众的参政议政，首先需要有一个平台，在这个平台上，各种各样的见解得以充分地表达、呈现和集中，同时，这些不同的观点在平台上实现了交流、碰撞与整合。空间越自由，观点越多样，而观点的多样进一步扩展了空间的范围，人们的议政意识得到了培养，参政能力也得到了锻炼。在现代社会，这个平台显然非大众传媒不可。"民主政治的实质是以舆论监督为基础的民意政治，而民意的集中、平衡与协调是民意政治最基本的

---

① 柳珊：《当代社会文化语境下的公共领域构建——以情景喜剧为个案》，http://blog.sina.com.cn/s/blog_54f83ed90102y6qw.html。

② ［美］皮帕·诺里斯：《新政府沟通：后工业社会的政治沟通》，顾建光译，上海交通大学出版社2005年版，第9页。

③ 卜贺：《关于民生新闻的思考》，http://news.cri.cn/gb/9083/2006/10/16/622@1257899.htm。

④ 王少磊：《"新民生新闻"的意义和出路》，《视听界》2006年第6期，第69页。

前提"①。通过媒体对民意的吸纳、凝聚和散布，舆论转化为新闻舆论，舆论监督转化为新闻舆论监督，最终形成一个"观点的自由市场"——公民论坛。

民生新闻主张"关注民生""关注百姓"，从这一点来讲，它已经具备了走向"公民论坛"的潜质。前述，民生新闻的目标受众多为中低端人群，这些"沉默的大多数"素来缺乏参政议政的意识和能力，通过媒体有意识的引导，这些"以草根形式存在的受众获得了公共话语权，成为新闻叙事的当事人和见证者，实现受众与媒体的良性互动。由此，受众有可能从传播者主宰下的议程设置的阴影中走出来：从被动设置者走向议程的建构者，由媒介神杖下的'乌合之众'变为具有公共意识的现代公民"②。尤其在当前处于急剧变革的社会转型期，唤醒并培育民众的参与责任和话语意识，有助于弥合阶层差异并疏导社会矛盾。

（2）"公民论坛"的形成，有助于政府施政水平的提高。一百多年前，马克思发出了这样的警示："政府只听见自己的声音，它也知它听见的是自己的声音，但它却欺骗自己，似乎听见的是人民的声音，而且要求人民拥护这种自我欺骗"③先贤遗训，言犹在耳。"公民论坛"并非只是"公民"的"论坛"，它对政府同样有益：第一，它有助于政府听到来自民间的真实的声音，了解不同阶层的利益诉求；第二，通过对话和沟通，实现不同群体间的利益协调，规避潜在的社会矛盾；第三，通过媒体传播于己有利的新闻舆论，从而促进社会舆论的融合，使"众意"走向"公意"（卢梭）④。可见，民主的实现并不必然要付诸革命，协商是更为有效、成本更低的一种手段。而在协商民主过程当中，媒体显然可以大有所为。

（3）"公民论坛"的形成，有助于媒体公信力的培养。关于媒体与舆论的关系，马克思认为：报刊是作为社会舆论的纸币而流通的。⑤由此观之，公民论坛本是媒体的内在属性。一项针对第七届全国人大代表和全国政协委员的调查显示，90%以上的人大代表和政协委员认为"新闻媒介应成为人民议政的讲坛"。中国人民大学舆论研究所对首都社会知名人士的调查表明，80%以上的对象认为，新闻媒介应提供园地，让公众公开讨论国家的重要政策及重要的政治、经济、外事和社会问题。⑥

关于媒体的公信力，早期的新闻学人徐宝璜谓之为"报纸的公共化"："所谓公共化者，乃因新闻纸与社会关系愈趋密切而言。夙昔执新闻纸业者，辄以新闻纸

---

① 汪振军：《公共领域、舆论监督与公共知识分子》，《广西社会科学》2004年第7期，第28页。
② 何国平：《电视民生新闻文本的叙事学分析》，《山东视听》2005年第6期，第15页。
③ 《马克思恩格斯全集》第一卷，人民出版社1954年版，第87页。
④ 戴木茅：《从众意到公意：民主的进路——以卢梭的公意论为视角》，《哲学动态》2009年第12期，第37页。
⑤ 陈力丹：《马克思恩格斯列宁论新闻》，人民出版社2009年版，第264页。
⑥ 张国良：《新闻媒介与社会》，上海人民出版社2001年版，第349页。

为其个人私产，此殊失当。夫吾侪献身社会时，即当视此身为社会职所有，遑论其所执业。"① 就徐氏所处时代来看，他所认为的媒体的效用，意指媒体应成为权力机关与民众、权力机关内部以及民众内部间的协调与沟通媒介。从这个意义上说，这已经接近我们现在所谓的"公民论坛"。

4. 民生新闻打造"公民论坛"的对策

首先，开展协商对话。"公共空间的建立与民主的充分实施必须遵循平等、自由、理性、正义和公平的原则"②。舆论未必全是正确的，也有不正确的时候，但是，它们都有表达的需要。以往，媒体总是充当自上而下进行单向灌输和宣教的工具，这不利于社会矛盾的缓和与解决。民生新闻的出现，某种程度上弥补了这一不足，但是，一些民生新闻最终成了市民生活琐事的投诉站，对于宝贵的电视资源来说，这是一种浪费。正确的做法是，媒体为公众提供一个发表意见、宣泄情绪乃至建言献策的平台，使他们有自由表达的意见环境和公共空间，以发挥媒体作为社会"排气阀"的功能。同时，对某项关注的事件不轻易定性，用多数人的讨论来取代过去少数人的结论，于是一件事情便有了许多说法，至于哪种说法更为客观全面，让老百姓自己去判断。"在多元社会中，对与错、是与非的二元维度似乎已很难应对人与人、人与社会之间纷繁复杂的差异与矛盾，因为任何话语只能是在历史视点之内的有限性话语"③。可见，对话未必会带来共识，但是，在此过程中，它实现了人文情怀的传播、情感共鸣的催生，用平和的心态看待矛盾，用宽容的态度面对现实，最终实现了思想的交锋和智慧的碰撞。

其次，鼓励取得共识。尽管对话不能必然带来共识，但是，作为媒体人，我们必须意识到，仅仅摆出问题是不够的。诚然，"公民论坛"是一个多元话语体系，这是其先天属性。但是，如果只是为了表现差异而无视共识实现的可能，那么，所谓的多元话语最终就有可能演变成为众声喧哗。"社会联系的纽带被离断肢解了，有秩序的社会转变成了一个乱七八糟的无序的大众聚合"④。对民生新闻而言，要避免出现这种情况，一个有效的方法是关注重大事件。从简单的消费维权和市民投诉走出来，关注重大问题和公共议题，对民众，尤其是弱势群体的诉求进行提炼，再将其付诸法律法规和社会道德的范围之内予以解决。以往，国家与社会的关系是基于宣传与接受、说教与聆讯、指令与服从的单向模式；现在，在媒体的参与下，可以通过民主对话逐步实现协商民主。

最后，把握国家与社会的平衡。国家发展与社会诉求并不是天然一致的，也不

---

① 徐宝璜：《新闻学》，中国人民大学出版社1994年版，第127页。
② 汪振军：《公共领域、舆论监督与公共知识分子》，《广西社会科学》2004年第7期，第28页。
③ 蔡骐、全燕：《后现代法则与电视新闻》，《现代传播》2004年第4期，第73页。
④ ［英］迈克·费瑟斯通：《消费文化与后现代主义》，刘精明译，译林出版社2000年版，第81页。

可能一致。媒体居于其间，把握好两者间的利益平衡就显得非常重要且必要。

"在现行新闻体制下，媒体的成功，取决于它能否开拓出三意（官意、媒意和民意）合一的公共空间，以及能够开拓出多大的公共空间"①。所谓"官意"，是指党和政府的意志，而民意即为老百姓的心愿，至于"媒意"，则是指媒体自身的利益追求。它们的外在表现分别为官方议程、百姓关注与媒体导向。

从实践来看，目前，官意依然保持着强大的号召力和影响力，但是，民意的力量依然不可小觑。从历史来看，大凡被制造出来的舆论往往都是短命的，这是因为："1. 程序颠倒。正常的舆论应是先在社会中酝酿，由舆情转化为舆论，新闻事业最快不过是同步进行反映，如果走在舆论形成的前头，岂不荒唐？2. 渠道单一，如果舆论是健康发展的话，大众传播工具和人际交流应是交叉进行的。制造出来的舆论则是全由大众传播工具一家承包；3. 口径一致，制造舆论不仅不允许人民私下议论，而且对不同的传播工具进行严密控制，不准有不同的声音，控制消息来源，迫害具有不同见解的人，否则无法制造舆论。"② 反过来讲，如果希望舆论能制造成功，它要具备四个条件："1. 这种社会是一种封闭式的结构；2. 舆论工具被控制在少数人手中；3. 高度的文化专制；4. 老百姓文化水平偏低，缺乏独立思考能力，长期受统治者愚弄。"③

当然，政府对媒体的管理在今后较长一段时间里可能不会有太多的变化，但是，这并不等于说新闻舆论监督就无所作为，相反，行政控制的"镣铐"在特定条件下可以转化成舞蹈的道具，其前提是，舆论监督能取得良好的社会效应，使政府、民众和媒体实现多赢。因此，民生新闻完全可以充分利用环境的宽松度，敏锐把握历史机遇，在官意与民意的结合部开辟一个新的空间，通过精心的选题，将媒介议题、党和政府议题及老百姓议题三者统一，既发挥官方喉舌的功能，又反映民意，同时，在这一过程中实现自身的利益，从而最终使三方"互利"。在这一点上，央视的《焦点访谈》就是一个很好的范例。

（三）社会导向

什么是社会导向？真正的社会导向，应该是将具有普适性的道德理想传播并影响受众。对媒体而言，则是以新闻报道为载体来传播价值观念，从而达到引导受众的目的。如果说，民生新闻在出现伊始，走的是硬新闻的"软处理"；那么，未来的民生节目还应该补上软新闻的"硬处理"这一课。

囿于思想的局限，一些民生新闻在处理社会导向的问题上，常常陷入"左得可怕"或"右得可爱"两种境地，其中又以后者为最。有人描述了民生新闻采制的

---

① 景跃进：《如何扩大舆论监督的空间——〈焦点访谈〉的实践与新闻改革的思考》，《开放时代》2000年第5期，第60页。
② 郑旷：《当代新闻学》，长征出版社1987年版，第117页。
③ 郑旷：《当代新闻学》，长征出版社1987年版，第118页。

一个场景,某年某月某日,某城市一繁华之地,"一只被主人牵出来遛街的小狗不慎从新街口人行天桥上摔下。几乎在此同时,立马一堆人,拨电视台新闻热线的拨电视台新闻热线,拨报社新闻热线的拨报社新闻热线,还有不少人拨打114焦急地询问其他媒体的热线电话……先期而至的甲电视台启用了卫星直播车,记者第一时间从现场发回消息,乙电视台则请来了小狗的主人、主人的邻居和天桥管理部门的领导,辩论谁是谁非,丙电视台在播出相关画面的同时,配发了义正词严的点评。A报次日头版大字标题:《小狗摔伤谁之过?再次问责职能部门》;B报社会新闻版刊出豆腐块:昨一小狗不慎摔下天桥,呼吁市民遛狗注意安全……"① 在描述完场景之后,作者犀利地批评道:"电视民生新闻绝非文盲、法盲、流氓'闪亮'登场,醉鬼、色鬼、赌鬼依次上台,车祸、火灾、自杀、吵架、偷情、捉奸频繁亮相。电视民生新闻不是大姨妈、二姨妈拉家常,也不是对时政、经济等新闻的排斥,更不是主角是衣裳褴褛的才是民生新闻。"②

上述这段精彩的文字,反映了当下部分民生节目的现状。的确,民生新闻要想走得更远,发挥导向之力是一个关键问题。

信息时代的来临,使得"地球村"(麦克卢汉)的实现成为一种可能,人们越来越强烈地感受到"蝴蝶效应"③ 的影响。尽管老百姓依然关注"开门七件事",但是,那些引发"柴米油盐酱醋茶"变化的国际、国内新闻同样让人们揪心。因此,仅仅着眼于城市新闻和本地信息,显然无法满足受众的信息欲。

从电视媒介来看,虽然它拥有其他媒体所不具备的技术优势:"普通的社会新闻,日常的事件或事故可以因此而具有政治的、伦理的意义,足以激起人们强烈的但往往是负面的感情,如种族歧视,排他主义,对异邦异族的恐惧与仇视等,而一个简单的评价,一则通讯报道,一次录音(to record),总能隐含着现实的社会构建,能造成动员性的(或劝解的)社会效果"④,但是,它也有自己的劣势,从传播速度而言,它快不过广播和网络;从思考的深度来说,它深不过书籍和报纸;从细分受众来讲,它的针对性不如杂志。深入到电视媒介内部来分析,我们发现,从其娱乐性和受欢迎度来看,电视新闻不如其他的电视节目,如影视剧或综艺栏目。"电视新闻报道的总是那些能激起普通人的好奇心,不需要具备任何特别的能力,尤其是政治能力就能理解的东西。社会新闻造成的后果就是政治的空白,就是非政治化,将社会的生活化为轶闻趣事和流言蜚语"⑤。再具体到电视新闻,央视和各

---

① 李寅:《聚焦民生百姓关怀——有关电视民生新闻的几点思考》,http://blog.sina.com.cn/s/blog_54f83ed90102y6rg.html。
② 周云龙:《民生新闻的"尴尬"》,香港《大公报》2005年1月5日。
③ 蝴蝶效应(the butterfly effect),是指在一个动力系统中,初始条件下微小的变化能带动整个系统长期的巨大的连锁反应。一个微小的变化能影响事物的发展,说明事物的发展具有复杂性。
④ [法]皮埃尔·布尔迪厄:《关于电视》,许钧译,辽宁教育出版社2000年版,第19页。
⑤ [法]皮埃尔·布尔迪厄:《关于电视》,许钧译,辽宁教育出版社2000年版,第59页。

省卫视的《新闻联播》以及新闻评论类节目已经占据了时政新闻和大事述评等主旋律的播出空间，它们是新闻宣传工作的基本保证，而它们视野之外的地方才是民生新闻可以作为的战场，显然，这个战场是有限的。

有人认为，好新闻应具备三个力：吸引力、公信力和感染力。① 所谓吸引力，即节目能否拿出吸引观众眼球的东西；而公信力，则建立在媒体对事件的准确定性和把握上；有了前两个打底，那么，报道的感染力才会显现出来。就此而言，民生新闻想要在夹缝中透气、拓展生存空间，应该在这三个问题下功夫，最终达到影响观众的感知方式、欣赏习惯乃至话语选择和叙事风格。

首先，媒体要做"社会问题单"的记录者。"一部人类文明史，不过是人类面对自然和社会的挑战而不断应战的历史"（汤因比）②。对媒体而言，它的职责便是关注并记录在挑战—应战的过程中不断涌现的各种问题，深刻地反映人类应对挑战的智慧以及成果，做社会问题单一的记录者。

传统的电视新闻追求时间性，但是忽视了时效性。所谓时间性，是指新闻发布的时间和事件发生的时间差越短越好。重视时间性固然没错，但是，时间性并不能显示新闻报道的社会效果，因此，还要加强对时效性的把握。"时效性指事实发生与作为新闻事实予以报道的时间差（时距），同新闻面世以后及其社会效果的相关量，即新闻产生应有社会效果的时距限度"③。2004年10月31日，《经视新闻》播出了一则报道《杭州：监测反监测，"电子狗"热卖》，反映杭州出现了用于汽车上的雷达反测速设备。在报道之后，节目还加上了一条发生在北京的类似消息《北京："电子狗"上路，引多方关注》，这样，观众就知道了，不仅在杭州，在国内其他城市也有类似情况发生。而且，节目还借主持人之口介绍了其他城市的应对手段。从这个案例来看，节目不仅提供了丰富的信息，体现信息的时效性，同时也拓展了观众的视野，实现了信息的有效性。

在追求时效性上，媒体特别要重视用户体验。20世纪90年代，《东方时空》吹响了电视改革的号角，一时间赢得了国内观众的好评。但是，该节目安排在早晨首播，导致很多上班族无法及时收看，影响了节目的收视效果。这种问题同样也出现在西方，为此，西方学者提出了"三I原则"：information（信息）、interest（兴趣）、impact（影响）。信息用于满足观众的本能需要，兴趣涉及观众的收视习惯，而影响则关乎观众的个人发展。一档时效性强的节目，应该能同时兼顾这三个方面，做到形式上便于观众收视、内容上有助于观众获得新知，这样，用户体验自然就上去了。以《阿六头说新闻》2004年3月1日的节目为例，当日，节目共播出

---

① 童兵：《聚焦都市生活培育城市文化》，《珠江时报》2006年5月29日。

② 转引自张耀铭：《学术期刊的使命与魅力》，《社会科学研究》2009年第3期，https://www.sinoss.net/2010/0319/19578.html。

③ 胡黎明：《"焦点现象"研究》，新华出版社2004年版，第167页。

新闻 8 条，其中，本地新闻 7 条，分别是《超市也要卖药了》《电动"马儿"跑得快 废旧电池处理难》《运河冒白泡 三个部门都推掉》《西荡苑垃圾多 处罚力道不到门》《文保点里麻将响》《一胎生六仔 小老虎要寻狗妈妈》《杨公堤倒下的大树没事体》，上述报道涉及面很广，既有药品问题、废物处理，也有环境治理、居民生活，还有动植物保护等，兼顾了观众各个层面的信息需求。

其次，学会讲民生故事。现代社会对媒体的要求是，它应该成为受众的信息管家、时事顾问和意见领袖。要实现这一目标，媒体先得学会讲故事。

（1）"熟悉的内容陌生化"。民生新闻在多地开花，带来的一个后果是同质化竞争加剧。面对同一题材、多家关注的竞争现状，从不同视角切入事件有助于媒体的错位竞争。比如，电动车被盗一事，媒体可选择如下角度：警方不作为、当事人缺乏警惕性、物业管理不到位……再如政策报道，媒体既可以就事论事，转述消息；也可以评估和审视政策实施环境；还可以监督政策执行情况。正所谓"横看成岭侧成峰，远近高低各不同"，不同的角度得出的面相自然不一样，而这不同的面相恰恰构成了核心信息之外的"附加值"。

（2）"陌生的内容熟悉化"。"在选题的时候，确定调查什么的时候，是不是能更多地把眼光和兴奋点放在我们发现的新闻上，而不是放在已有了的结论的新闻上。"[①] 20 世纪 50 年代，施拉姆提出了著名的"信息选择或然率公式"——选择的或然率＝报偿的保证/费力的程度。其中，"报偿的保证"指传播内容满足选择者需要的程度，而"费力的程度"则是指得到这则内容和使用传播途径的难易状况。对选择的或然率而言，要么降低"费力的程度"，要么增大"报偿的保证"。"陌生的内容熟悉化"正是一个能实现上述两重目标的手段，它包括两个方面：提高信息的有用性和加强信息的针对性，前者是指报道要能为观众所用，后者则是指为受众提供个性化服务。当前，民生新闻在内容上为人所诟病的，主要是指其过于偏向软新闻，注重报道带刺激性的凶杀案、血腥十足的暴力场面、一夜情、婚外恋、同性恋、变性人等。这说明，电视人讲故事的能力还有待提高。

最后，从小题材里挖出大内涵。讲故事还是容易的，讲好故事是不容易的。学会从小题材里挖出大内涵，这是讲好故事的实现路径之一。

相比传统电视，民生新闻从采访视角到题材选择、从栏目定位到板块设置都体现出"小"的特色：视角上的"百姓关心"、题材上的"本地新闻"、内容上的"衣食住行"、板块上的"细化入微"。但是，形式上的"小"，不代表内涵上的"小"。"我们的选题不怕琐碎，关键是看怎样从琐碎的生活中提炼出生活的感悟"（《第 7 日》节目制片人王昱斌）[②]。

如何提炼？"不仅要巧妙地展开事实，铺陈事实，而且更需要下力量去发现与

[①] 夏骏：《目击历史——新闻调查幕后的故事》，文化艺术出版社 1999 年版，第 180 页。
[②] 王昱斌："CCTV 在线系列"《第 7 日》制片人在线精华，2003 年。

捕捉'会说话'的事实,即内含说服力的事实……到大量事实中去分析、比较、再分析、再比较,寻找那些能明确现实主题、表现倾向和立场的事实或事实层面,将它们有机地安排到新闻结构中去,使他们再必须显示观点的地方有板有眼地'说话'"①。换言之,民生节目不能停留在市民琐事和飞短流长这个层面,而应该向纵深拓展,通过"小处入手,大处着眼",来引领观众深度思考和理性思维。民生问题可以挖出大内涵,同样,大内涵里也有民生问题。在现代社会里,"公"与"私"的界限日渐模糊,彼此交叉。"所谓的公共与私属经常交互重叠。但可确定的是公共事务报道的确能影响大众利益。一个机敏的公共事务报道者,尤其要注意那些公私很难明显划分的活动,以免顾此失彼。"② 对电视人来说,对公共事务的报道也可以从民生的角度去切入,从而改进公共事务的报道质量,这是媒体实现社会导向的另一条路径。

二、社会教育

在媒体的新闻实践中,无论是报道新闻还是评论事件,或者是由媒体组织的社会活动,乃至呈现上述内容的各种外在形式,都显现或隐含着是非善恶、黑白美丑的价值判断。媒体支持什么、反对什么,无不给社会公众的价值观形成打上深深的烙印。"媒介传播内容具备的这些特定价值和仪式形态倾向,通常不是以说教而是以'报道事实'、'提供娱乐'的形式传达给受众的,他们形成人们的现实观、社会观于潜移默化之中。这就是'培养分析'的核心观点。"③

(一)培养受众的理性思维

1. 理性思维培养与电视民生新闻

理性思维是形成公民的前提。正如亚里士多德所说:"公民的通常意义是参与统治和被统治的人。不同的政体有不同的公民,但在最优良的政体中,公民指的是为了依照德性的生活,有能力并有意愿进行统治和被人统治的人。"④

电视是文化知识传播的重要工具。通过社教类节目、教育电视台以及广播电视大学等方式,电视向社会普及科学文化知识甚至提供学历教育,这些属于专门知识的教育,但在理性思维的培养上,传统电视没有引起重视,而这正是民生新闻可以填补的。

当下,民生新闻最常见的主题就是纠纷:火爆的场面、激烈的争吵、激动的当事人以及充满悬念的结果,这是媒体传递给我们的最多见的画面。"坏消息就是好

---

① 童兵:《理论新闻传播学导论》,中国人民大学出版社2000年版,第49页。
② 《公共事务报道的新策略》,转引自陈立生:《公共新闻:真的"超越"民生新闻?》,《今传媒》2006年第10期,第13页。
③ 郭庆光:《传播学教程》,中国人民大学出版社1999年版,第229页。
④ [古希腊]亚里士多德:《政治学》,颜一、秦典华译,中国人民大学出版社2003年版,第99~100页。

新闻",这是我们常用来评价西方媒体的一句话,意指其"唯恐天下不乱"的报道理念。但是,现在的国内媒体,尤其是按市场化机制来运作的电视节目,也出现了类似的征兆。诚然,收视率是指挥棒,而纠纷题材有助于收视率提高。

报道纠纷,这无可厚非,这是因为,"尽管负面的事实对于社会是一种威胁和损害,但坏消息的及时报道却是社会警醒和理性化的前提"①。但如何报道,却值得深思。"中国新闻界的通病之一,就是不少记者往往带着强烈的个人喜恶去寻找事实和陈述事实,常常按捺不住地自己站出来对事实大加议论,仿佛不这样做读者就什么都不明白似的。实际上,这既是对公众理解力和判断力的亵渎,也是对自己职业规则的嘲弄……"② 而且,为了赶上日播的播出频率,很多节目常常放弃对内容的深度挖掘,改以短平快的快餐模式来播报新闻。这种节目只是传递了信息,却未能传播知识。

2. 民生新闻培养受众理性思维的原因

(1) 中国文化缺乏理性思考的传统。有人将中国文化的特征概括为四点:①重人道、轻天道的思想传统;②重礼治、轻法治的政治传统;③重群体、轻个体的伦理传统;④重直觉感悟、轻理性思维的认知传统。③ 在这种文化传统的影响下,中国社会普遍缺乏西方人所说的"个体"的概念。表现在现实中,则是公民权利虽然在法律法规中得到了明确,但在日常生活中却常常得不到应有的保障。比如,权利受损时,人们常无处寻找政策或司法的救济与补偿。与之对应的,则是政治权威的无限扩大和法力无边。对民众而言,只要政治权威能有效保护自己的生命、财产安全,所谓个人权利也就无所谓了。进言之,要实现社会公义或索取伤害救济,法律也不是首选的维权途径,而是行政的权威与明理的官员。几千年的濡染和积淀,老百姓对此早已习以为常,安之若素。因此,在近年来国内群体性事件中,民众的抗争方式除了"以法抗争""以理抗争"之外,还出现了"以势抗争"(如"医闹")"以身抗争"(如"自焚")等非理性的现象。更让人揪心的是,"人们在大声谴责着社会不正之风的时候,往往宽容自己在其中的作为"④。经世致用的价值观念,功利主义的文化传统,导致了中国社会理性意识的缺乏。

(2) 受众需要媒体来提升理性思维。汉娜·阿伦特(Hannah Arendt)认为,在面对危机时,人类会产生高度的不安全感,导致渴望出现整顿这个混乱社会的强有力的人或团体。也就是说,在危机四伏的情况下,人民宁愿用自由来换取安全。

---

① 喻国明:《第一天职与新闻立台——关于安徽经视〈第一时间〉的价值思考》,《现代传播》2004年第4期。

② 陈富清:《江泽民舆论导向思想研究》,新华出版社2003年版,第139页。

③ 马敏:《中国文化概论》,华中师范大学出版社2003年版,http://www.360doc.com/content/16/0607/19/2369606_565857895.shtml。

④ 汝信、陆学艺、卓天伦主编:《1999年中国社会形势分析与预测》,社会科学文献出版社1999年版,第54页。

阿伦特的"危机说"是针对集权主义的产生机制而言。事实上，身处现代社会，人们也时时刻刻在遭遇各种"危机"。在西美尔看来，现代社会的大众正在深深陷入一个飞速发展而不可知的世界，人们在铺天盖地的信息面前，已不能完全厘清和接受所有信息，很难对真正的精神价值做出判断。① 李普曼也认为，随着社会的巨大化和复杂化，人们由于实际活动的范围、精力和注意力有限，不可能对与他们有关的整个外部环境和众多的事情都保持经验性接触。②

如何解除民众的"危机感"？李普曼提出：对超出自己亲身感知以外的事物，人们只能通过各种"新闻供给机构"去了解认知。这样，人的行为已经不再是对客观环境及其变化的反应，而成了对新闻机构提示的某种"拟态环境"（Pseudo-environment）的反应。③ 换言之，大众传媒成为公众的感官渠道，成为人们视听、感受和思维的"替代者"，并在相当程度上起着寻找、选择、判断的作用，即"媒体传播什么新闻内容，以及用怎样的形式进行传播，受众就接受相应的新闻内容与传播形式"④，进而潜移默化地造就了受众对现实世界的"感受—认知"方式，乃至塑造受众的为人处世态度和精神价值取向。

回到民生新闻来看，它之所以甫一出现就受到大家的欢迎，一个重要的原因是，人们在生活中遭遇的各种大小伤害终于能在大众媒体上找到相似的镜像，从而实现了一种心理补偿。但是，仅仅做到这一点显然是不够的。媒体是一种有效的民主权利的实现工具，如果民众没有意识到这点，那么民生节目就应该补上这一课。"中国新闻传播业所面对的社会心理需求的主调在20世纪80年代中前期和中期是'解气'阶段，80年代末90年代初是'解闷'阶段，而从1992年建立和发展市场经济至今都为'解惑'阶段。"⑤ 当下，民生新闻为民众"解惑"之"惑"，就应该包括理性思维的培育。

（3）培养社会的理性思维是媒体的社会责任。麦奎尔认为，媒介所生产和提供的这些"知识"，是对集体记忆的储存和社会成员的现实处境与身份的指示，还是社会成员对未来进行定向的材料，它构成了对于社会生活的常态的感知和定义，同

---

① ［德］G. 齐美尔：《桥与门——齐美尔随笔集》，涯鸿等译，生活·读书·新知三联书店上海分店1991年版，第231页。

② 转引自赵建国：《"拟态环境"与人类的认识和实践活动》，《新闻界》2008年第4期，第92页。

③ 转引自赵建国：《"拟态环境"与人类的认识和实践活动》，《新闻界》2008年第4期，第92页。

④ 赵黎刚：《被改写的知觉："新闻娱乐化现象"透析》，《新闻界》2006年第2期，第26页。

⑤ 喻国明：《关于未来五年我国媒介产业发展态势的若干预测》，《媒介的市场定位》，北京广播学院出版社2000年版，第314页。

时是社会标准、模式和规范的主要来源。①

民生新闻是城市化进城的产物,作为信息传播工具,它并不直接服务于经济发展,但这并不影响它在经济社会中的效用。作为文化产业的核心组件,传媒"为整个文化产业的样式提供了深层的前提和理由,现在凡是不被传媒关注的任何文化样式,都将难以生存下去"②。

如果媒体仅仅局限于"能说的",却不敢去触碰所谓的"不能说的",只能说这不是真正意义上的表达民情、反映民意、传递民生的新闻,不过是一种精致的利己主义和圆滑的犬儒主义而已。

3. 培养受众理性思维的对策

(1) 满足受众的求知欲。当下的民生新闻,出于收视率和竞争的需要,常常会做出弃社会道德和职业伦理于不顾的事情。比如,不择手段抢新闻,煽情化地表现悲剧,曝光当事人的隐私,无视受害人的人格,以违规违法手段获取线索⋯⋯短时间内,这些手段的确能赢得一定的收视效果,但就像激素不能根治疾病一样,它无法保证节目能长时间地吸引观众。"受众的需求不会满足于停留在事件表面,既不客观也不科学的批评报道,他们需要的是知情权的进一步满足。因此,他们很快会对当下民生新闻的批评性报道表现出冷漠和厌烦"③,换言之,只为受众传播娱乐和消遣,忽视对后者在认知、理解和思考能力上的提升,不仅使受众日趋平庸,节目也会遭到唾弃。说白了,"观众也许并不拒绝理性,拒绝的是我们表达理性的方式"④。

传统的电视新闻,总是着眼于一个已知的事实,媒体要做的不过是为该事实提供论证与注脚,其内在的逻辑是从已知走回已知,看重的是"结果",这显然不能满足受众的求知欲。民生新闻要做的,应该是从"已知"走向"未知",再走向"新知",它看重的是"过程":媒体用平民的视角探查社会生活,探究事件成因,引导观众一起来探讨各种解决之道,从而做出最佳判断和选择,潜移默化地提高观众的理性思考能力。在此过程中,受众跟随媒体的脚步一步步地深入事件的内部,一点点地消除未知,最终获得了新知。"有关怀,没有解气,甚至没有太多的情绪铺垫,但是,让你看完后总想再说些什么"⑤。

(2) 电视人要率先垂范。当下的民生节目,有些电视人自身都缺乏理性意识:"见到了消费投诉就立刻想到'假冒伪劣、黑心商家'的大帽子,而不愿对其他的

---

① Denis McQuail. *Mass Communication Theory*. 4th edition. Sage Publications Ltd. 2000, p. 164.
② 李良荣:《在"都市化与传媒发展高峰论坛"上的发言》,http://blog.sina.com.cn/s/blog_54f83ed90102y6tx.html。
③ 胡翼青:《建构抑或解构:对民生新闻舆论监督的反思》,http://blog.sina.com.cn/s/blog_54f83ed90102y6tw.html。
④ 夏骏:《目击历史——新闻调查幕后的故事》,文化艺术出版社1999年版,第161页。
⑤ 夏骏:《目击历史——新闻调查幕后的故事》,文化艺术出版社1999年版,第159页。

当事人进行实地采访;见到弱势者只会哀其不幸,而将其不幸的责任一味推给社会;对于市民生活中的水电煤气等方面一些具体生活问题,不是切实地分析解决问题的方式,而是都将问题做以平面化的张扬,忽略由这一问题应该引发的深入采访"①。

在古斯塔夫·勒庞看来,市民本身就是作为社会的"乌合之众"②而存在的,它是一个与精英相对应的范畴,后者是政策的决定者和思想的导航者,而前者不过是政策和思想的受惠人(也可能是受害人)。因此,在信息的了解、知识的掌握、权力的控制上,市民与精英之间存在着巨大的差异。市民天然具备非理性的色彩,表现在媒体选择上,他们更关注感官享受和视觉刺激,不会也不愿对新闻背后的新闻做更多的思考。对此,《南京零距离》的主持人孟非一针见血地指出:"以民为本也不能一味迎合大众对新闻的心理需求,评论切忌矫枉过正,不要把自己扮成为民请命的新闻侠客、屏幕英雄,新闻要保护弱者,更要维护公正;在批评性报道中要避免新闻的'话语霸权',多批评普遍的现象和体制,少批评具体的单位和个人,多提问题,少下结论。"③ 同样,曾任《迈阿密先驱报》出版人的 David Lawrence 也持类似观点:"对新闻从业人员真正的考验不在于是否同情受压迫者,而是能否对异见人士或者自己讨厌的人保持关切和公正。"④ 而布尔迪厄则把话说得更重:"反智性主义是新闻界的一个结构性的长期现象,它促使记者们经常提出知识分子的谬误问题或是挑起争论,能发动的自然只是那些知识分子记者,其存在的唯一理由,是因为这些所谓的争论可以给那些电视知识分子提供机会,在电视上'挖一段时间',得以靠媒介生存。"⑤

对此,美国的经验值得我们借鉴。在告诫记者避免错位和越位的同时,他们提出了相应的"最佳方案":①编辑应该经常提醒记者,有关社区的报道应该丰富、多元化;②发表批评性的报道时,除了报道主要的问题,要能详细说明在同一机构或同一计划内的其他事情获得良好进展,那才是完整的描述;③编辑不仅要经常提醒记者,也需要体现在版面安排上。⑥

(3)着眼社会公共生活。"有勇气在一切公共事务中运用理性,对公共权力担

---

① 李啸:《我对衢州电视台办民生新闻的几点看法》,http://chinapm.bokee.com/2483143.html。
② [法]古斯塔夫·勒庞:《乌合之众》,冯克利译,广西师范大学出版社2011年版。
③ 李思泉:《孟非:民生新闻 本色主持》,http://www.cctv.com/anchor.20040701/101314.shtml。
④ [美]罗伯特·海曼、埃夫·韦斯廷:《最佳方案——公平报道的美国经验》,郭虹、李阳译,汕头大学出版社2003年版,第61页。
⑤ [法]皮埃尔·布尔迪厄:《关于电视》,许钧译,辽宁教育出版社2000年版,第68页。
⑥ [美]罗伯特·海曼、埃夫·韦斯廷:《最佳方案——公平报道的美国经验》,郭虹、李阳译,汕头大学出版社2003年版,第62~63页。

负监察责任"①，康德的这句话，虽然是针对知识分子的，但它同样可以启发我们对民生新闻的思考。

综观当下的民生节目，其触角"从家庭到周边生活的每个角落去捕捉细枝末节的市民话语，话语的深入度越来越接近个人的隐秘之处"②。媒体空间的生活化与生活空间的媒体化，带来的是公共空间与私人空间之间的交叉与重叠。这样，一方面，媒体上的生活图景越来越接近真实，话语体系也越来越多元，另一方面，政治参与、协商民主和社会改良则逐渐淡出电视荧屏，泛娱乐化和庸俗之风充斥节目内外。即便是在某些负面报道中，媒体的处理也常失之于草率。比如，针对事件的评价，主持人常常表现得像一个"愤怒青年"，满嘴都是"不杀不足以平民愤"等"法盲"式的语言。"只听信当事人的片面之词，在没有确切地调查取证之前急不可待地发出报道或是打着人文关怀的旗号，不问青红皂白对当事人大加挞伐，犀利尖锐却缺乏冷静细致的思考，对于事态的解决也往往起着火上浇油的负面效果"③。至于媒体应有的素养，如质疑精神、严谨态度和理性思维则荡然无存。

早在1977年，《世界报外交月刊》编辑部主任克洛德·朱利安就写道："地方媒介无论如何有不可替代的角色要扮演。但这个角色不能局限于对地方事实和问题的描述而忽略信息的'大'手段。不能把城市或街道当作与世隔绝的孤岛来处理；通过纺织厂工人的案例和他们对这件事情的表达，它应该重新找到牵连到他们命运的联系如种植棉花的土地所有者、制造新的合成纤维的工厂、金融赌博和国际竞争。"④

前述，民生新闻并非一个成熟的新闻学概念，它更多的是体现出新时代的电视人对新闻活动的一种重新解读。作为社会转型期的产物，"它充分地体现出中国社会现阶段新闻实践与社会实践的高度契合，也包含了培养公民意识和倡导公共意见表达的积极因素——这些因素正是中国社会民主化进程中的重要基础"⑤。

从这个意义上讲，民生新闻从市民话语（社会新闻）跃入主流话语（公共生活），这是其未来发展的必由之路。它所关注的社会新闻，是经过遴选之后的、"老

---

① 转引自张云龙：《批判与超越：论马克思"完全彻底的人本主义"》，《贵州社会科学》2006年9月，第11页。

② 侯蓉英：《〈南京零距离〉对公众话语空间的建构》，《中国电视》2004年第6期，第53页。

③ 屠晶靓：《从"愤青"到"奋青"——电视民生新闻评论特色的转变》，《青年记者》2005年第6期，第22页。

④ ［法］阿芒·马特拉：《世界传播与文化霸权：思想与战略的历史》，陈卫星译，中央编译出版社2001年版，第215页。

⑤ 陆晔、王硕、侯宇静：《突破从"民生新闻"开始——〈第一时间〉与地方电视新闻发展前瞻》，《现代传播》2004年第4期，第50页。

百姓广泛关注的涉及公共利益和公共安全的社会新闻"①。同时，它也关注时政新闻，但那是"对一些涉及百姓利益的问题的探讨"②。对新闻业来说，推动社会民主进程、鼓励公众参与公共事务是其理想所在。当下，"民生新闻"只是走出了第一步，当然，假以时日，相信它能开拓出一个"通向民生的严肃和新闻的尊严"③的新天地。

（二）提高受众的媒介素养

观众是上帝，这几乎是电视人的共识。但观众真的是上帝吗？这个问题值得探讨。

"观众是上帝"一语，源于对"顾客是上帝"的语句化用。但是，媒体毕竟不能与市场营销领域里的商家等同，因为它还负有信息传播、舆论引导和社会导向等面向精神层面的任务，从这个意义上讲，媒体的角色与使命往往重于受众。可见，"观众是上帝"一说更多的是一种象征意义，表达了媒体对自己的传播对象的尊重。

关于媒体与受众的关系，1976年，德弗勒提出了"媒介依赖理论"（Media Dependency）。在他看来，媒介对受众的影响远大于受众对媒介的影响。尽管我们一直强调观众是上帝，尽管后现代思想强调"解构"和"去魅"，但是，受众对媒介的依赖是始终存在的。换言之，受众的新闻需求是能够培养和创造的，具有可引导性、可培养性和可塑造性，所以有人会说，"有什么样的媒体就有什么样的国民"④。尤其是现代社会，信息是一种资源、一份财富，人们无时无刻不在感受着"信息危机"，如何有效地选择和使用信息，就成为解决危机的首要问题。因此，提升受众的媒介素养就显得很有必要。

西方非常重视受众的媒介素养。在他们看来，媒介素养的提高有助于新闻舆论监督的开展。舆论监督的前提，是民众能够以端正的态度和良好的素养面对各种新闻报道，并做出独立且理性的判断。在感性向理性跃升的过程中，连接两端的是人们的生活体验和社会经验。舆论监督反映的现象，主要作用于中间这一段——生活体验和社会经验。因此，教会受众正确把握自身的生活体验，引导他们用理性来反思自身的社会经验，是媒体的使命所在。

除此之外，西方同行还特别重视"从娃娃抓起"。下面，我们重点介绍国外的NIE工程。

NIE是"Newspaper in Education"的简称，意为"报纸的教育工程"。这是美国报界盛行的一个社会工程，它提倡报纸要"紧密结合学校教育，举办讲座，创办刊物，专门报道学生感兴趣的内容，提供图文并茂的知识，并鼓励教师们在课堂上

---

① 陈玉梅：《新民生　新新闻　新电视》，《南方传媒研究》第一辑，南方日报出版社2006年版，第22页。
② 沈全梅：《民生新闻解读》，《新闻大学》2003年夏季号，第83页。
③ 朱寿桐：《论电视民生新闻理论的可能性》，《中国电视》2005年第12期，第20页。
④ 赵兴鹏：《无中生有　如此媒体》，《中国时报》2014年12月8日。

引入报纸教学,以培养学生们的读报兴趣,培育未来的读者群,扩大报纸的发行量"①。

世界上最早的关于 NIE 的论述,从目前得到的资料看,是 1795 年 6 月 8 日刊登在《东波特兰先驱报》上的一篇文章。作者认为,报纸是大有裨益的"书",也是容量最大价格最低的"书",是家长能送给孩子的最好礼物。因此,他呼吁报纸和家长都能重视并发挥报纸的作用。②

NIE 走入实践始于 20 世纪 30 年代的美国,当时,纽约市的一些教师考虑到教科书内容陈旧过时,便向《纽约时报》建议把报纸送进课堂,以便孩子们了解外面世界的动态。这一建议得到了后来被称为"现代出版业之父"的《纽约时报》发行人沙兹伯格夫人(Iphigene Ochs Sulzberger)的大力支持。一开始,人们把这种做法称为 Newspaper in Classroom,简称 NIC。但是,到了 70 年代末,随着报纸的教育作用从课堂向社区延展,人们便把 NIC 更名为 NIE,并沿用至今。目前,美国有超过 76.5% 的日报开展了 NIE 工作。"据美国报纸协会 2002 年统计,2000 年全国有 950 家日报定期开展 NIE 工程。这些报纸向全国 106000 所学校提供报纸,有 381000 位教师在课堂上使用报纸提供的内容辅导学生,当年美国日报的学生读者达 1450 万"③。

当然,这一做法并不仅限于美国。"据世界报业协会的调查显示,1997 年全世界至少有 35 个国家开展了 NIE 工程,到 2001 年就至少有 52 个国家开展了此项工程,其中有 21 个国家已将 NIE 写入相关法令,或作为正式教学计划的重要内容来实施"④。

《迈阿密先驱报》(以下简称《迈》)是开展 NIE 工程的报纸中效果较好的一家,它采用多种手段来保障并落实 NIE 的顺利实施:

第一,发布课程计划,配合课堂教学。《迈》把课程计划与报纸的报道内容相结合。在公布报道计划的同时,列出相应的课程计划和细节问答。对师生而言,报纸的报道内容是课本,课程计划是一份详细的教案,细节问答则是随堂测验题。由于三者之间可以互相链接,这样,学生既学到了知识,又了解了外界变化,实现了现实课堂与网络课堂的有机结合,课内教学与课外学习的资源共享。

第二,加强与学校的沟通,缩短报纸和师生的距离。《迈》从不同学科的角度,为师生介绍了多达 100 种利用报纸进行教学的办法;为了帮助教师正确有效地使用

---

① 祝寿臣:《美国报业扫描》,《参考消息》2004 年 12 月 9 日。
② 转引自全媒派:《〈纽约时报〉的免费生意经:将权限开放给学生后,会得到什么?》,https://xw.qq.com/cmsid/20200502A0A87G00。
③ 辜晓进:《走进美国大报》,南方日报出版社 2002 年版,转引自叶冲:《网络时代下的美国 NIE 工程——以〈迈阿密先驱报〉为例》,《岭南新闻探索》2007 年第 1 期,第 66 页。
④ 叶冲:《网络时代下的美国 NIE 工程——以〈迈阿密先驱报〉为例》,《岭南新闻探索》2007 年第 1 期,第 66 页。

报纸，《迈》提供了形式多样的教师培训项目：上门组织座谈会，记者编辑和教师结对子，组织教师参观报社……《迈》还开设 Fast Track to FCATS 专栏，指导孩子们攻克对他们将来升学有重要影响的全州统考。鉴于 FCATS[①] 对写作的偏重，《迈》每周邀请一名编辑撰文传授孩子们写作知识。

第三，重视德育教育，重视亲子教育。佛罗里达州的种族冲突一直比较严重，为帮助孩子们树立正确的种族观，《迈》有意识地加强这方面的报道。同时，策划各种公益活动，鼓励不同种族、肤色和民族的孩子一起完成一项集体活动。此外，《迈》还特别重视亲子教育，通过各种手段培育和谐的家庭文化。

第四，开展新闻学"希望工程"。《迈》面向对新闻工作感兴趣的学生，开展了一项名为 Teen Speakers（少年演说家）的希望工程，以培养未来的新闻工作者；从 2003 年开始，《迈》每年举办一次新闻职业日（Journalism Career Day），邀请学生来报社参观，并向他们介绍新闻工作的特点，帮助他们了解媒体、熟悉媒体。

第五，积极挖掘社会资源，利用社会力量办教育。《迈》与学校师生联手向社会募资以助力教育。它充分发挥媒体的宣传优势，通过议程设置和舆论制造来吸纳社会力量投入 NIE 工程，同时，向捐赠人承诺，如果想在《迈》上刊登产品广告，报纸将提供优惠的广告价格。

根据该报的总结，NIE 对媒体和教育起到了双赢的效果。

从教育界看，它提高了孩子对周围世界和所处社区的认识，使孩子对学校、社区和其他事务产生了积极影响；相比那些依靠传统教材的学生，受惠于 NIE 的学生在社会研究、语言艺术、数学和阅读技巧以及独立研究能力方面有明显的进步。[②]

从媒体看，它丰富了报纸的多种经营渠道，增强了自身的创收能力；提高了报纸的美誉度和影响力，有助于媒体的品牌建设；为报纸培养了未来的忠实读者，不少孩子在成年之后，很自然地就把该报作为首选的家庭订报；在为社会育才的同时，也倒逼了报纸不断锐意革新、追求进步。可见，NIE 在客观上实现了经济效益和社会效益的双丰收。

美国报界的经验值得中国电视人仿效。我们不妨创办一个 TIE（TV in Education），来推进民生新闻在教育中的作用。具体说来，它包括以下几个方面：①电视人要树立提高受众媒介素养的责任意识。要时刻记住，荧屏就是教材，记者和编辑就是新闻战线上的教育工作者。②设立 TIE 板块，并在合适的时间播出，比如周末；同时，重视"两微一端"（微博、微博和客户端）上的推广，让青少年既能看电视节目，又能在线上阅读、互动。③在内容上，选择适合青少年身心成长的信

---

① FCATS is the Florida Comprehensive Assessment Test（佛罗里达州统一性评价考试）的简称，对象是全州 3～10 年级的学生，在每年的 2—3 月上旬举行，类似于中国的全省统考，它对学生的毕业升学均具有较高的权威度和可信度。

② 资料来源：《迈阿密先驱报》网站。

息、知识和新闻。在美国，NIE专版上的文章都是由获奖记者或资深新闻人来撰写，有时还会邀请教育专家来加盟供稿，这一点值得我们学习。

回到开头所说的，既然观众不是上帝，那么，媒体该如何摆正与观众的位置呢？有人提出了"跨半步"的说法，即"媒体应站在受众的前半步，如果站在受众前一步就意味着脱离大众，如果和受众站在同一条线上就意味着落伍"①。这个形象的比喻为我们把握媒体的"度"提供了启示。

三、文化娱乐

"电视集视听手段于一体，通过影像、画面、声、字母以及特技等多方面地传递信息，给受众以强烈的现场感、目击感和冲击力；它不仅是人们获得外界新闻和信息的手段，而且是丰富多彩的文化生活和娱乐的主要提供者。"②

（一）满足受众的休闲需求

从诞生的那一刻起，电视就和休闲娱乐就结下了不解之缘。1936年11月2日，BBC在伦敦以北的亚历山大宫的演播室里，以一场大型歌舞开始了电视节目的正式播出，这也是世界电视业的产生标志。早期的电视节目时间短（每日2小时，周日除外），内容以戏剧、音乐、体育和游戏为主。迟至1937年5月12日，BBC播放了英国国王乔治六世的加冕实况，这是世界上第一条电视新闻报道。

电视新闻的魅力是从20世纪60年代开始的。肯尼迪竞选、人类登月、绕地飞行、马丁·路德·金遇刺……电视具备的现场报道优势，使其逐渐摆脱了对广播模式的模仿，走上了一条独立发展的道路。到90年代，电视越来越受到商业逻辑的侵蚀，其突出表现之一就是以收视率为导向，即无论什么节目都以收视率为指针。它带给电视新闻的影响是，新闻的外延被扩大了，除了传统的严肃新闻，大量的服务、娱乐、休闲信息涌入了电视新闻，以至于我们在称呼电视的时候，不再简单地将其命名为"新闻传媒"，而是"大众传媒"。

追求收视率的后果是，"电视从五十年代注重文化品味向九十年代的媚俗倾向转变"③。它具体表现在两个方面：煽情与炒作。

煽情之风并非产自电视媒介。在哈贝马斯看来，早在19世纪中后期，这股风气就已经在报刊上出现了。斯时，大众化报刊正逐步取代传统的主流媒体——文学刊物和家庭杂志，后者多刊载"延期报偿新闻"——公共事务、社会问题、经济事件、教育和健康类内容，而前者则以"即时报偿新闻"——腐败、事故、灾难、漫画、体育、娱乐、社会新闻和人情味故事为主。在这个置换过程中，精英受众的批判精神逐步让位于消费者受众的"品味与爱好"，于是，"文化批判公众"变成了

---

① 电视文艺课，http://blog.sina.com.cn/s/blog_54f83ed90102y6ul.html。
② 郭庆光：《传播学教程》，中国人民大学出版社1999年版，第119页。
③ ［法］皮埃尔·布尔迪厄：《关于电视》，许钧译，辽宁教育出版社2000年版，第11页。

"文化消费公众"——被操纵的公众,这样,文学公共领域消失了,取而代之的是文化消费的伪公共领域或伪私人领域。①

"现代的通讯手段在今天这个时代,为充分利用那些原始的感情提供了可能性"②。电视拥有的声画合一的技术手段,特别有利于媒体"制造"事件,呈现"真实"并"控制"观众的理解,煽情就是一种手段。有人总结了媒体上的六股风:"豪华风、滥情风、戏说风、聊天风、竞猜风和案件风"③。这些情况在电视上比比皆是,而且,与报刊等平面媒体相比,煽情之风尤烈。"社会新闻一旦为蛊惑术(自发的或精心策划的)加以野蛮的炒作,就足以引起人们普遍的关注,如以绑架儿童之类的事件和能激起民愤的丑闻,来刺激人们最基本的冲动和情感,甚至以儿童谋杀案或犯罪集团挑衅滋事等新闻来达到某种形式的群情总动员,煽起公众的怜悯或愤慨,这种种形式的情感总动员具有国际性,接近于象征的私刑处死行为。"④一条普通的社会新闻经由电视的包装和渲染,就可成为一件充满某种政治价值或伦理意义的大事,从而激发起观众的同情或愤怒,最终达到煽情和动员的目的。更有意思的是,尽管媒体制造了这些事件,但是,当公众的情绪被点燃后,媒体又第一个站出来揭露或谴责公众的非理性或无主见,从而使自己在道义上获得美誉。

除了煽情,炒作也是电视媒介追求收视率的一个手段。

"九十年代的电视为了能尽可能地招徕最广大的观众,竭力地迎合并利用公众的趣味,给群众提供一些粗俗的产品,典型的脱口秀,生活片段,赤裸裸的生活经历曝光等,往往很过分,勇于满足某种偷窥癖和暴露癖(人们为了一时露脸,都热衷于参与电视游戏,哪怕只是作为普通观众)。"⑤在节目内容上,社会新闻和体育新闻等软新闻取代了政治经济、军事外交等时政要闻;在节目编排上,黄金时段给了软新闻和娱乐节目,而文化教育节目则被放到深夜。媒体不惜以牺牲公共事务的核心价值为代价,来迎合中低端受众的情感、娱乐和消闲需要。

炒作之风的盛行,不仅与媒体相关,也和受众有关。民生新闻的观众多为中低端人群,受知识水平与媒介素养的约束,他们喜爱社会新闻、时尚节目和奇闻轶事,对严肃话题、时政要闻和文教节目有抵触情绪,这最终影响到电视媒体在内容选择、节目编排和主持播报上的安排。

炒作之风与观众有关,同样,后果也得由其来承担。大量真假难辨、良莠不齐

---

① 转引自展江:《哈贝马斯的"公共领域"理论与传媒》,《中国青年政治学院学报》2002年第2期,第126页。
② [法]皮埃尔·布尔迪厄:《关于电视》,许钧译,辽宁教育出版社2000年版,第8页。
③ 徐迅:《中国新闻侵权纠纷的第四次浪潮——一名记者眼中的新闻法治与道德》,中国海关出版社2002年版,第302页。
④ [法]皮埃尔·布尔迪厄:《关于电视》,许钧译,辽宁教育出版社2000年版,第60页。
⑤ [法]皮埃尔·布尔迪厄:《关于电视》,许钧译,辽宁教育出版社2000年版,第11页。

的信息混入电视新闻之中，观众不得不自己去鉴别信息的可信度，甚至需找其他证据来证实或证伪。"我们再也不能期望新闻界为昨天发生的事件给我们一个明确的报道"（《纽约每日新闻》专栏作家耐尔逊）[①]。

满足受众的休闲需求，这是应该的。但是，如何避免煽情和炒作呢？

梅尔文·德弗勒认为："从系统的观点看，理想的内容应能够获取受众成员的注意力，说服他们购买货物，同时又保持在道德准则和趣味范围之内。"[②] 由此观之，选择什么内容并不重要，重要的是如何表达内容，就像有人评价《南京零距离》那样，"某种程度上，看《南京零距离》'怎么说'比'说什么'更吸引受众，评价方式成为栏目卖点"[③]。

再以观众喜爱的娱乐新闻为例。事实上，在传播学的语境里，追求对娱乐欲望的满足是推动大众传媒发展的重要动力。"19世纪末，西方大众报刊的产生与发展几乎伴随着'黄色新闻'的盛行。留声机和电影的出现，产生了以'记录'和'复制'为主要特征的传统音像业，'在场娱乐'变成'传媒娱乐'，人们不需直接出场通过传媒获得娱乐。广播电视的出现，意味着'在线传媒娱乐'，人们可以通过在线实时收看节目。而计算机、互联网和数字技术的出现，开启了'互动式传媒娱乐'的新时代。方兴未艾的手机、移动电视等新媒体，使娱乐变得更加便捷。电子传媒从二十世纪八十年代以来，推动着世界范围内的一个显著变化就是视觉形象（包括图像和活动影像）在传媒内容表达和受众吸引中起着越来越重要的作用，当代文化正在变成一种'视觉文化'，传媒文化的视觉转向为娱乐主义的盛行推波助澜"[④]。因此，尼尔·波兹曼会说："娱乐是电视上所有话语的超意识形态。不管是什么内容，也不管采取什么视角，电视上的一切都是为了给我们提供娱乐。"[⑤]

如果说娱乐是一个中性词的话，那么娱乐化也就无可厚非。对民生新闻而言，它不过是传统新闻节目的一种延伸和补充，而且电视新闻的宣教功能目前仍然由传统的新闻节目来承担。因此，民生新闻加大娱乐、休闲内容，并不会造成受众所接受的严肃新闻的比例下降。正如布尔迪厄所说："不过，我并不赞同某些人一味留恋昔日那种教育人的、家长式的电视，因为我认为它和民粹派的自发主义和蛊惑蛊惑的手段一样，与大众的趣味，与真正民主地利用大规模的传播工具，是背道而驰的。"[⑥]

[①] 转引自李希光：《新闻自由与思想控制》，《国际新闻界》1999年第3期，第198页。
[②] ［美］梅尔文·德弗勒、桑德拉·鲍尔-洛基奇：《大众传播学诸论》，杜力平译，新华出版社1990年版，第150页。
[③] 于丹：《一种新闻态度的表达——"南京零距离"样本解析》，《中国广播电视学刊》2003年第11期，第45页。
[④] 石磊：《传媒娱乐主义解读》，《新闻界》2006年第4期，第55页。
[⑤] ［美］尼尔·波兹曼：《娱乐至死》，章艳译，广西师范大学出版社2004年版，第114页。
[⑥] ［法］皮埃尔·布尔迪厄：《关于电视》，许钧译，辽宁教育出版社2000年版，第55页。

当然，娱乐、娱乐化与泛娱乐化并不是一回事。承认娱乐的正当性与娱乐化的合理性的同时，我们要警惕的是"泛娱乐化"的出现。"娱乐有两个基本特性：一是它以不干预实际生活为前提，只在于自身情感（压抑的、多余的、无聊的）的释放与调节。一个人在这里投入的时间越多，他的精神关注便会离现实越远。二是它在人类创构的文化大厦中处于最基础的部位。这虽然是人们保持和焕发旺盛的精力、刺激和加强活动能力所必需的一种休闲方式，但所给予人的刺激，主要集中在心理和生理的层面，也就是说，它所沟通的是人类精神心理之最底层的那一部分，即远离人类在长期进化发展中创造和积累起来的优秀文化的那一部分（那正是人类赖以安身立命不断向着更高阶梯攀升的精神根基），而这里正好是人与动物的临界之地。人们可以由此走向高尚与文明，也可以从这里陷入庸俗与堕落。关键在于是否有积极健康的精神文化注入。倘若人的追求仅是停留在这一层次，或者由此进一步往下滑落，那就无异于自毁家园，也就与一般动物相去不远了。"①

这一点尤其表现在悲剧事件之中。"美国公众觉得，报纸好乘人之危，特别针对那些突然成为新闻人物的普通人和缺少媒体应对经验的人，他们对这些事主强烈同情，并对记者做法十分不满。公众也不同意记者用镜头'追捕'悲伤或神情惊惶的人。"② 对此，有人提出了相应的解决方案：①采编人员应该请专家教记者如何提出"好问题"；②因为突发危机或悲剧而成为新闻人物的人应该获得照顾，有别于政客、官员和其他经常与媒介打交道人；③儿童易受伤害，要加以保护；④对于跟媒介打交道缺乏经验的人，记者应赋予特权，让其修改内容甚至撤回原话。③

对民生新闻而言，在满足受众的休闲需求时，要开辟受众深层探求的文化空间，引导受众文明健康的生活方式，构建受众雅俗共赏的审美价值观，进而引发受众对生活的深挚热爱、对未来的美好憧憬、对人生的理性思考。2015 年 5 月，BBC 推出了一款文字冒险游戏：《叙利亚逃亡之旅》。该游戏基于叙利亚内战这一背景而展开，通过扮演叙利亚难民，用户可以体验难民的逃亡过程。它有效地实现了新闻与游戏的结合，实现了媒体与受众间的互动。国内的网易也有过类似的尝试，如"习近平和奥巴马是这样夜游中南海的"这个新闻游戏，通过 VR（虚拟现实）技术，将中美两国领导人的会晤形象地呈现出来。这种寓信息传播与娱乐受众于一体的新闻游戏既健康又新颖，值得提倡。

（二）提高受众的审美水平

很多人不理解公众利益和公众兴趣的区别，媒体实践中也常出现把二者相互混

---

① 汤学智：《娱乐的泛滥与文化的悲哀》，http://www.literature.org.cn/article.aspx? id = 10372。

② ［美］罗伯特·海曼、埃夫·韦斯廷：《最佳方案——公平报道的美国经验》，郭虹、李阳译，汕头大学出版社 2003 年版，第 41 页。

③ ［美］罗伯特·海曼、埃夫·韦斯廷：《最佳方案——公平报道的美国经验》，郭虹、李阳译，汕头大学出版社 2003 年版，第 41 页。

渚的现象。进言之，即便是公众兴趣，也分合理兴趣与低级兴趣。

所谓合理兴趣，是符合社会中正当风俗或占主流地位的道德准则，并参照社会的习俗与公约的趣味。比如人都有好奇心和求异心，媒体在不违反公序良俗的情况下满足观众的猎奇心，这是可以的。

低级兴趣则不然，它常常与人的本能有关，比如快感、性爱甚至嗜血。清水几太郎认为：这样的兴趣就是人的"原始兴趣"，它表现出强烈的非社会性特征。①

提倡合理兴趣，反对低级兴趣，这是全世界的共识。在法国，"法官一般认为，如果报章做出的报道采取了哗众取宠的形式，足以显示有力求引起公众恶意好奇心的意图，就不能以满足读者知情权为辩护理由来解除报章的责任"②。那么，我们如何避免哗众取宠呢？"至于什么是受到公众合理关注的事，则要参照习俗与公约；归根到底，什么是适当的行为是一件有关社会道德观念的事。当公开发布的信息已不是公众有权活动的信息时，其行为就失去了正当性，而成为一种单纯的对私生活的病态的、哗众取宠的窥探。"③

对民生节目来说，首先要警惕"电视暴力"的出现。电视暴力是"媒介暴力"的一个子概念，它是指"对于以下内容的公开描述：对肉体的实实在在的威胁或旨在伤害动物或种群的既成武力运用。还包括对活生生的人或群体的肉体被伤害后的结果的那些描述，这个后果是由一些不可见的暴力手段造成的。因此，实实在在的威胁、行为的表现和受害的结果是暴力描述的三种主要类型"④。电视暴力有显性与隐性之分，前者是指那些被媒体定义为不合法、不正当的行为，比如校园欺凌、家庭暴力等；后者是指那些被媒体合理化以后的行为。一般来说，人们对显性暴力比较敏感，也容易把握。但对隐性暴力却常常容易忽略。举个例子，某栏目有一期节目报道了一则社会新闻：某醉汉全身只着一条内裤在街头撒野，后来跑进一家饭店，在用于洗菜的水池里小便。节目中，这位神志不清、近乎赤裸的男子的特写镜头多次出现。这种画面出现在荧屏，看了着实会让人忍俊不禁，但其实这也是一种暴力伤害，尽管它不为人所感知。正如布尔迪厄所批判的："在电视时事报道中，自然灾难占有很重要的位置，因为这是新闻界的传统做法，且不说是惯例，特别是因为这非常容易覆盖，而且不需要大的资金投入。至于其受害者，并不会比火车脱轨或其他事故造成的灾难更能激起纯政治性的声援或反抗。就这样，新闻界的逻辑

---

① 转引自绳师叔猫：《字母圈里的"含眯量"》，https://www.douban.com/note/709364540/。

② 朱国斌：《法国关于私生活受尊重的法律与司法实践》，《法学评论》1999年第3期，第134页。

③ ［美］唐纳德·M. 吉尔摩：《美国大众传播法：判例评析》（上），梁宁译，清华大学出版社2002年版，第236页。

④ D. Kunkel, B. Wilson, E. Donnerstein, D. Linz, S. Smith, T. Gray, E. Blumenthal, W. J. Potter. Measuring TV Violence: The Importance of Context. *Journal of Broadcasting Electronic Media*, 1995 (39): pp. 284-291.

以竞争所具备的特殊形式和不容分说强加于人的思维习惯及陈规陋习，制造了一种具有历史哲学的世界景象，仿佛历史就是一系列荒谬的灾难，人们对它毫不了解，也无能为力。"① 在民生节目里，类似的暴力镜头俯拾皆是，诸如凶案现场、街头斗殴、交通肇事等。

电视暴力的出现，是媒体追求高收视率的结果。当媒体把是否吸引受众作为新闻选择的标准后，它们也就混淆了适合与迎合的界限，"投身于'大规模生长场'的生产者，常常以丧失其场所的自律性为代价去迎合公众，这里，生产者和消费者是不同群体"②。同时，电视暴力的出现，观众也难辞其咎，这一点在当下中国表现得尤为明显。处于转型期的中国社会，国民心态也发生了急剧的变化："具体表现在国民心态的物质化、粗俗化、冷漠化与躁动化倾向上。这四种消极变化既是作为一种社会道德、价值观念领域内的越轨出现，同时，又是导致其他各种形式的越轨行为产生的社会心理原因。"③ 基于这种心态，当电视里出现各种暴力时，我们看到的不是"千夫所指"的谴责，反而是"众生喧哗"的狂欢。"象征暴力是一种通过施行者与承受者的合谋和默契而施加的一种暴力，通常双方都意识不到自己是在施行或在承受"④。

对民生新闻而言，提高受众的审美水平，要从以下两个方面入手：

首先，明确新闻的核心价值。"一个具有'卖点'的传播产品，应该具有'好看'、'有用'、'重要'三个基本要素，'好看'是躯壳，'有用'和'重要'才是构成传媒市场竞争力的灵魂。"⑤ 好看、有用、重要，这是一则好新闻的三个导向量度。基于这种考虑，新闻一要能"示美"——好看。正所谓"言之无文，行而不远"。二要"有用"。它应该与观众有利益关联。在报道事件时，情节未必是最重要的，而造成事情发生的原因以及该事件可能带来的后果更重要。刺激性的情节展示和轻佻的评价调侃，只会削弱事件本身的价值，理性严肃的态度和有理有据的处理才能带给受众"有用"的信息。三应是"重要"的：或抨击了丑恶现象、弘扬了社会新风，或推动了矛盾解决、促进了社会稳定，或传播了科学知识、促进了社会进步，或提倡了健康情趣、满足了审美愉悦。

其次，保持媒体应有的自尊和体面。"新闻媒介的局限性表现在新闻手段无法主动选择和接触对象；相反，使公众选择它……新闻媒介由于害怕失去一部分读者，而不敢反映另一部分读者的意见和要求，或者为了赢得某些读者而故意夸大地

---

① [法] 皮埃尔·布尔迪厄：《关于电视》，许钧译，辽宁教育出版社2000年版，第114页。
② [法] 皮埃尔·布尔迪厄：《关于电视》，许钧译，辽宁教育出版社2000年版，第15页。
③ 胡黎明：《"焦点现象"研究》，新华出版社2004年版，第46页。
④ [法] 皮埃尔·布尔迪厄：《关于电视》，许钧译，辽宁教育出版社2000年版，第14页。
⑤ 喻国明：《试论受众注意力资源的获得与维系（下）——关于传播营销的策略分析》，《当代传播》2000年第2期，第18页。

宣传这些读者的意见和要求,在这种情况下,舆论监督的力量就会削弱"①,舆论监督是如此,其他方面也是一样。我们既不能因为一部分受众的流失,而不敢大胆、直率地表明媒体的态度;也不能为了吸引一些受众,而故意夸大他们的意见和诉求。历史的经验告诉我们,一味地追求低级趣味的满足,并不能带来个性的释放,相反,只会使个性更遭禁锢。正如福柯所言:"性话语的大量增值并非带来性的解放,而是带来社会对性的控制。"② 因此,一个有社会责任感的媒体,不能迎合受众的口味,而应该更多地考虑怎样满足受众自我发展、自我实现的需求。这方面《南京零距离》做过不少尝试,他们在公益活动中加入娱乐元素,比如,国庆期间,邀请低保家庭的孩子与明星一道过节日。

四、舆论监督

处于社会转型期的中国,各种社会矛盾频发,不同群体利益纷争。身处这种语境,民众对媒体的期待也就水涨船高,他们希望媒体能在维护民众权益、实现法治公平、整合社会资源、构建集体共识等方面发挥应有的功能和作用,而舆论监督正是实现上诉目标的一个利器。进言之,传统媒体还有着与网络商业媒体不一样的比较优势——公信力与权威度。因此,传统媒体的舆论监督,与网上的"爆料"和"围观"相比,更能激起人们的关注。

(一) 依法开展舆论监督

1. 媒体的错位及其表现

在现代社会,媒体是舆论得以呈现、凝聚和展示力量的重要平台。

众所周知,舆论能对政治和法律产生重大影响,用卢梭的话说:"舆论并不是铭刻在大理石上,也不是铭刻在铜表上,而是铭刻在公民们的内心里:它形成国家的真正宪法;它每天都在获得新的力量;当其他的法律衰老和消亡时,它可以复活那些法律或代替那些法律,它可以保持一个民族的创新精神,而且可以不知不觉地以习惯的力量代替权威的力量。"③

或许是出于这个原因,在媒体实践中我们常看到记者错位的现象。比如"在记者的调解下,某某问题得到顺利解决",诸如此类的话经常被媒体人挂在嘴边并引以为傲。综观媒体的错位表现,比较突出的是在行政和司法领域,其中又以对司法的干预为最。

造成这种局面的原因,不外乎司法、媒体和受众这三个因素。

2. 媒体错位的原因

从司法的角度看,法律和新闻之间存在着职业伦理的差异。司法实践是一项职

---

① 侯军:《疲软的舆论监督》,中国妇女出版社1989年版,第35页。
② 福柯:《性史》,姬旭升译,青海人民出版社1999年版,转引自陈旭红:《视觉文化传播中的审美化身体形象批判》,《湖北社会科学》2009年第4期,172页。
③ [法] 卢梭:《社会契约论》,何兆武译,商务印书馆1980年版,第271页。

业化程度很高的活动,它要求司法人员具备严谨的理性思维、遵循规定的操作规程并依照预定的法律程序来开展司法活动。这种对司法活动的严格安排,是为了使其做出的结论能经受住逻辑的推敲和历史的考验。正因为如此,司法中所表现出来的对程序正义的追求,常常与一般人所看重的实体正义产生悖逆。但是,媒体是大众传播工具,它更多的是秉持道德化立场,从社会人情和传统人伦的角度出发去评判一个涉法事件,表现为对实体正义的追求。出于双方对正义的理解的不一致,司法界和新闻界的矛盾也就在所难免了。

从媒体的角度看,目前,舆论监督主要存在以下三个误区:"1. 为保证司法公正,必须接受新闻舆论监督。这一误解的实质是假定了舆论监督本身是公正的这么一个前提……很不幸,这一'前提'是虚假的或是不可靠的。2. 接受新闻媒体的报道就是接受新闻舆论监督,也就是人民的监督。实际上,由于我国新闻媒体的特殊性以及法律法规的缺失,新闻媒体所传播的意见往往与人民的实际相去甚远。3. 把接受新闻舆论监督作为革除司法不公正顽疾的济世良方,其他行使的监督都不灵,甚至把舆论监督作为司法制度改革的重大内容之一来对待。"[①]

上述三种误区广泛存在于新闻工作者的思想里,这是舆论监督错位的主要原因。如果再深究下去,它们的出现与中国特殊的媒介管理体制不无联系。中国的媒体有着迥异于西方同行的独特背景,具体表现在:政治色彩浓厚、行政力量强大以及地方利益导向。因此,一旦出现媒体与司法间的矛盾,媒体就会把政治因素、部门利益乃至本地民情植入其报道活动中,从而直接或间接地干预司法活动,这也可以解释。从20世纪80年代开始,"新闻官司"出现在神州大地后,一些新闻界人士百思不得其解,甚至有意加以抵触。这是因为他们长期生活在行政权力的羽翼之下,无法接受"记者走上被告席"[②]这个事实。

从民众的角度看,受传统习惯的影响,他们习惯于"有困难,找政府",而长期以来的"大政府、小社会"的中国国情,使本应独立于行政权力之外的司法活动一直没有得到充分成长,因此,媒体作为党和政府的"耳目喉舌",老百姓自然而然地会向媒体求助。

司法欠缺独立、媒体逾矩越轨、民众轻视法治,这三者纠缠在一起,使得对问题的处理常常流于简单而粗暴。

对司法而言,媒体的随意干预并不能彻底解决司法公正的问题,反而会使问题乱上加乱;就媒体而论,其天职本是报道事实,随意干涉司法活动超越了其本职属性;对民众来说,他们受媒体的影响,一方面对舆论监督的作用会产生过高的期待,另一方面也干扰了他们对司法乃至政府的功能和作用的正常判断,最终影响了

---

① 傅昌波:《表达自由与参政权利的实现——新闻舆论监督的几个基本问题研究》,中国人民大学博士学位论文,2000年,第115页。

② 魏永征:《走上被告席的记者》,上海人民出版社1994年版,第1页。

民主法治的进程。

3. 解决媒体错位的对策

"解铃还须系铃人。"我们继续围绕司法、媒体和民众这三个角度来探讨问题的解决之道。

对司法而言,需要注意以下几个问题:

首先,媒体之所以关注司法活动,源于后者独特的社会价值。司法活动常与矛盾、纠纷、事故、冲突有关,其间还缠绕着法律知识、传统道德、社会人伦、逻辑自洽等各种复杂的因素,这是很吸引人的,因为它暗合了新闻所主张的基本价值属性:重要性、显著性、时新性、接近性、趣味性。所以,"司法过程所蕴含或展示的内容以及司法过程本身所显示的刺激性,对于媒介来讲具有永恒的魅力"[①]。

其次,司法活动的社会化是一个不可避免的趋势。随着依法治国理念的深入,人们对司法活动的依赖性越来越强,并视司法为解决矛盾的基本的、也是最后的合法化手段。媒体作为重要的信息传播工具和舆论生成平台,关注司法活动也就是题中应有之意了。

再次,媒体的监督有助于司法的公正。前述司法活动的社会化,并非司法界一家努力所致,"还有着行政机关作用在舆论监督下的相对弱化以及行政主体对敏感问题的顾虑而形成的有意回避"[②]。随着行政力量退隐幕后、司法力量走上前台,司法界正面临着加大推动司法进程公正的良机。在此过程中,一方面要尊重司法独立以保障司法公正,另一方面也不可小觑媒体的作用。这是因为,通过媒体客观地展示和评论司法过程,法院借助公众和媒体的关注来排除其他试图干预法院依法裁判案件的力量的介入,由此可见,"传媒通过客观地展示和评论司法过程在更大程度上保障了司法公正"(陈力丹)[③]。

复次,舆论监督有助于司法界内部的净化。从终极价值来看,媒体和司法本无根本性矛盾,它们同为民主政治的产物,都以实现正义为旨归。但是,当下的司法界,其内部腐败并不鲜见,以至于常常激起群众非议。正如培根所言:"犯罪是无视法律,好比污染了水流,而不公正的审判好比污染了水源。"[④] 从司法的角度看,一方面,要提高办案水平。所谓"打铁还须自身硬",恪守法律程序、坚持独立办案,是司法界防止外界力量干预的最好方式。另一方面,遵守公开审判制度,所谓"阳光之下无罪恶"。同时,应积极倡导一种活跃而健康舆论监督,以利于司法界的纯洁。

---

① 徐迅:《中国新闻侵权纠纷的第四次浪潮——一名记者眼中的新闻法治与道德》,中国海关出版社2002年版,第272页。

② 郭卫华:《当前媒介生态和法院的互动与社会正义的实现》,《法学评论》2008年第1期。

③ 转引自展江:《中国社会转型的守望者——新世纪新闻舆论监督的语境与实践》,中国海关出版社2002年版,第8页。

④ 佚名:《审判不公毁法就好比污染水源》,《生活日报》2014年10月29日。

最后，司法界要主动推动媒体和司法的积极互动。一方面，要为媒体的舆论监督行为创造宽松的表达环境，包括为舆论监督提供实际支持、保证正常的舆论监督行为不受追责以及主动为舆论监督的法治化提供司法指导。另一方面，要平衡好公民权益保护与媒体监督权利间的矛盾，通过公正断案、依法审判、司法建议等多种手段，发挥司法在社会活动中的导向作用。

对民众而言，需要注意以下问题：

依法治国不是一个技术层面的活动，它是一场深刻触及文化心理和价值观念的思想革命。受传统习惯的影响，人们对义务与权利、政策与法律、道德与逻辑、权利与权力等基本问题存在着相当程度的模糊观念和错误认识。根据一项基于2017年在北京市通州区开展的社区居民法律意识调查所发布的报告，关于"是否注意运用法律手段进行维权"的问题，有78%的受访者表示很少或没有注意运用法律手段进行维权；关于是否运用过法律手段解决纠纷的问题有63%的受访者表示没有运用过法律手段解决纠纷。由此可见，人们的法制观念和法律意识仍有待提高。[1] 与之相反的是，依法治国的理念要求我们，不管是公民、媒体还是法院，都应具备基本的法律精神和司法常识。可见，理念的先进性和法治观念的滞后性之间存在着一定程度的断裂。因此，民众首先要树立起遵纪守法的基本观念，主动破除那些有违民主法治精神的陈旧思想和错误认识；同时，对新闻舆论保持正确而清醒的态度，既要看到舆论对社会活动的控制作用，但也不能对其存有过高的期待，更不能冀望于以舆论来干预司法。

在司法、民众和媒体这三种角色之间，媒体的重要性不言而喻。我们从理念和操作两个层面来探讨。

媒体应该树立正确的舆论监督理念。《宪法》第三条规定："国家行政机关、监察机关、审判机关、检察机关都由人民代表大会产生，对它负责，受它监督。"可见，不管是行政机关还是司法机关，它们只对人民代表大会负责，换言之，它们之间是彼此平等的法律主体。那么，媒体又何来监督司法的权力呢？《宪法》第四十一条规定："中华人民共和国公民对于任何国家机关和国家工作人员，有提出批评和建议的权利；对于任何国家机关和国家工作人员的违法失职行为，有向有关国家机关提出申诉、控告或者检举的权利，但是不得捏造或者歪曲事实进行诬告陷害。"可见，《宪法》赋予我们的是"权利"，而非"权力"。换言之，即便媒体有权监督司法，那也是一种权利。这种权利不是绝对特许权，而只是相对特许权，即"公正准确、所报道的事实应当与公共利益有关和不具有恶意"[2]。理解了这一点，我们自然会得出如下结论："对司法公正和司法尊严的特殊保护是必要的，这绝非

---

[1] 林琳：《社区居民法律意识调查分析——以北京市通州区典型社区为例》，《城市管理与科技》2017年第6期，第50页。

[2] 洪伟：《大众传媒与人格权保护》，华东师范大学出版社2005年版，第140页。

法院或法官的行业利益,而是依法治国的必须"(徐迅)①。

在监督司法活动时,媒体要制定自己的操作规范和应对预案并严格执行。以下几点是制定规范时应有的基本精神:

首先,重视立案前和结案后这两个时间节点。一般来说,从立案以后到结案之前,这是案件受理的主要阶段,此时媒体不宜说三道四。但是,此前和此后却是新闻评论的大好时机,也是满足受众求知欲的最佳时间。法律是一个极为复杂和精细的专业领域,在涉案报道时,媒体常常因法律知识的有限而捉襟见肘。因此,不少节目尝试使用嘉宾律师,以此来实现记者和律师的共同维权,这样,媒体能发挥其新闻舆论的影响力,律师能发挥其法律知识的专业性。台州市电视台的《大民讨说法》栏目,首创律师陪伴采访的模式。每次采访,记者带着律师找到双方当事人,让他们面对面地讨论问题、解决问题,并严格根据相关法律规定客观地采写报道。节目播出以后,受到了广大观众的欢迎,成为浙江省的知名栏目。②

其次,对于正在进行中的司法活动的评价,要限定在程序违法和执法作风上。如果发现司法人员确实存在贪赃枉法的行为,媒体可加大监督力度,以保障司法的公正。这方面《焦点访谈》做得比较好。节目自开播伊始,就公开宣称"我们不是法官",这既是对社会的庄严宣告,也是对自己的严格自律。在监督过程中,节目组小心翼翼地回避与案情要件有关的东西,比如定罪、定性、赔偿数额等,而是把重点放在程序正义和司法腐败等行为上。由于节目组始终坚持上述原则,因此,节目播出以来受到社会各界的普遍欢迎。对此,时任央视台长的杨伟光这样评价道:"《焦点》中许多舆论监督的事例之所以搞得好,原因就在于这种监督所依据的是法律的规定,而不仅仅是一种义愤。也不仅仅是电视工作者的社会责任感。我们就是要从发扬社会主义民主和健全社会主义法治的高度去理解'喉舌'、认识'喉舌'、充分发挥喉舌的正常功能。"③

最后,在题材上,避免选择那种案情简单、是非清晰的案件,而应选择涉及公共利益、具有典型意义以及有助于民主法治进步的案件,以达到示范群众或警示后人的作用。对于一些通过司法手段得到妥善处理的事件,可多加报道,既树立司法的权威和信度,也为受众普及法律知识。以《南京零距离》为例,在其初创时期,因为对媒体与司法的关系理解不到位,出现了不少脚踩法律雷区的现象。后来他们意识到了问题的存在,一改过去那种只从媒体出发不顾社会反响和当事人感受的做法,在节目制作阶段,加强客观、理性的精神,而且高度重视节目的社会效益,比如在节目最后安排律师点评环节,这样,既普及了法律知识,也提高了媒体的公信

---

① 转引自展江:《中国社会转型的守望者——新世纪新闻舆论监督的语境与实践》,中国海关出版社2002年版,第183页。
② 马雅楠:《电视民生新闻的责任担当》,《记者摇篮》2010年第11期,第44页。
③ 杨伟光:《中国电视论纲》,中国广播电视出版社1998年版,第7页。

力。对此,时任江苏广电总台城市频道总监的李响这样总结道:"不过分就是自己的分寸感。媒体只是一个媒介,如果要解决问题的话,不是凭借深入报道或者强烈倾向来做,首先要调查,在搞清楚事情前不应该主动介入,告诉别人这个问题应该这样办,那个要那样办,这样要我们的那些职能部门干什么呢? 我们应该分清楚自己的角色,明白什么事情应该什么部门干,即使这件事情解决好了也不是媒体介入的结果,而是职能部门的工作,只有这样才是一个良好的社会运作机制。现在可以追究政府的'不作为',这就是媒体的权力。我们不能'越',不能过分,但我们也做了很多不该干的事情。我们搭建了一个城市资讯平台,成为老百姓的万事通,这才是它发展的一个方向。媒体应该充分意识到自己的责任感。我们严守导向,这是栏目的生命线。导向出错,别的经济效益、社会效益都一票否决,这对我们来讲是最重要的。"①

(二) 营造以人为本的监督氛围

当下的民生新闻,我们常常能见到过度的现象发生,给人以偏执甚至狂热的感觉。比如,只依据爆料人或当事人的一面之词,在缺乏其他证据的情况下,便急急忙忙发出报道或做出评论。虽然言辞犀利,场面火爆,但是,由于缺乏必要的准备和冷静的思考,对事态的发展也只是起到火上浇油的效果。

首先,过度的舆论监督,与新闻媒体的价值取向有关。"在新闻领域里,没有哪个问题比新闻道德问题更重要,更难以琢磨,更带有普遍性。事实上,如果新闻工作一旦丧失道德价值,它即刻便成一种对社会无用的东西,就会失去任何存在的理由"(约翰·赫尔顿)②。新闻工作是一项公共事业,不仅承担着新闻传播的基本任务,而且还负有舆论监督与社会导向等职责。民生新闻"以民为本"的节目定位,决定了媒体在报道和评论时的视角。

其次,"过度"的舆论监督,与媒体的历史积淀有关。长期以来,媒体被视为党和政府的"耳目喉舌",甚至具备一定的行政功能,在这种语境下,新闻工作者难免会产生"精英意识""权力意识""青天意识"。著名主持人东升坦言,当他外出采访时,只要一说"我是记者",立马就会把对方给震住。在西方,媒体被誉为独立于行政、立法和司法之外的"第四权力",在中国,媒体被视为党和政府的外在化身。尽管三者都有强大的社会影响力,但其内在的驱动力却是不一样的。

再次,舆论监督的过度与舆论监督的传统有关。传统电视一直在加强舆论监督的力度,也产生了诸如《焦点访谈》《新闻调查》等优秀的节目。但是,细察这类节目,我们发现,它们存在一个通病:在节目里,我们看到的都是媒体(记者和主持人)在说,而不是社会上的各种利益相关方在说。话语主体的缺席(不在场)

---

① 余跃:《今天,我们该怎么做新闻——访〈南京零距离〉主创人员》,http://blog.sina.com.cn/s/blog_44cde12a010000e5.html。

② 王梅芳:《舆论监督与社会正义》,武汉大学出版社2005年版,第351页。

是这类节目的通病。进言之,所谓的媒体在说,也并非媒体在说,而是隐藏在它们后面(新闻话语)的威权者借媒体之口在说,恰恰是这个原因,才使得这类节目获得了其存在的合法性。但必须承认的是,诸多制约舆论监督的政策性因素并没有因之消失,这些因素同样波及后来居上的民生新闻。因此,有些节目所表现出来的偏执与狂热,某种程度是电视人内心的一种反抗和宣泄,而且,这样做的确给人以解气、泄恨之感,也容易达到舆论监督的效果。

最后,"过度"的舆论监督是媒体追求高收视率的结果。传统电视里四平八稳、空洞无物的说教节目,早已令观众审美疲劳。因此,民生新闻异军突起,且风格完全与以往不同,自然会迅速赢得受众的注意力。

台湾记者协会会长卢世祥曾感慨地说:"道德规范早已存在,其实践总是知易行难。"① 用激情做节目,可以暂时换来一城一池的收获,它使得媒体对不正之风的揭批更彻底更痛快,带给受众的冲击力和震撼力也更大更猛。但是,舆论监督毕竟不是政治运动,也不是军事战争,基于运动思维或战争模式的节目注定走不了太远。一个明显的例证是,不少地方视记者为"洪水猛兽",甚至喊出"防火防盗防记者"的口号。某些官员也逐渐养成了自己的"媒介素养",在与媒体打交道时,他们比过往更加小心,更加隐蔽。关于这一点,早在20世纪30年代,鲁迅在《论"人言可畏"》一文中就犀利地指出:"新闻……对于强者它是弱者,对于更弱者它又是更弱者。所以,有时它会忍气吞声,有时仍可以耀武扬威。"② 南京某民生节目接到爆料,说位于江宁区的某技校内藏有KTV。校内竟有KTV?它提供什么服务?服务者是否会是女生?带着这些疑问,记者前往该校暗访。在现场,记者并未看见所谓的"女生服务",但是他并不死心,而是反复向对方询问此地是否有"特殊服务"。尽管对方没有明确回答上述问题,但记者最终的发稿却是《学校里藏有KTV 女学生提供色情服务》。稿子发出以后,媒体遭到了涉事学校的严正抗议,该校多名女生也聚集在电视台门口,要求恢复名誉。

现有的媒介体制在短时间内不会有太大的变化,而社会环境又变得比过去更复杂,那么,媒体的舆论监督就必须牢牢地接地气。

一是要学会借力。各级政府、现行法律、兄弟媒体都是可以征用的资源,以保障舆论监督的顺利开展,同时也保护新闻工作者自己;二是要掌握适度调控原则,包括党性原则、法律原则、道德原则、自律原则等。

舆论监督是一项永久工程。对媒体来说,要面对"对国家政治民主和法制建设的持续而系统的关注,以及如何阻止在娱乐性的报道越来越多的情况下,硬新闻和

---

① 胡兴荣:《新闻哲学》,新华出版社2004年版,第59页。
② 本文最初发表于1935年5月20日《太白》半月刊第2卷第5期,署名赵令仪。

调查性新闻被逐步'边缘化'的趋势"①。具体到民生新闻,在进行舆论监督的时候,应该始终秉持反映民众心声、维护社会安宁、呼求社会公平和正气的意识,通过深入的采访、认真的调查和细致的分析,用真实的镜头、完整的叙述和精到的点评,在充满人文关怀的氛围中,达到新闻传播应有的效果。

"什么时候大家都能用法治的、理性的心态看待舆论监督,什么时候全社会都能意识到舆论监督是公民参与社会活动,保证社会公正的不可缺少的手段,那时,我国的舆论监督便真正走上了正轨。"②

(三)对舆论监督进行"监督"

舆论监督出现乱象,这是世界性的通病。这是因为,任何一次监督行为的执行都需要由具体的人来完成。然而,人性的复杂极易使监督走样变味。为此,西方各国普遍采用制定严格的职业纪律、加强内部的监督机制等措施来规避舆论监督的失序。

中国的媒体同样存在上述问题,"媒介审判"就是一个例子,此外还有新闻寻租、话语霸权等。

概而言之,舆论监督的乱象主要有与利益团体勾结、与权力机关合谋以及只监督自己不监督他人等几种表现。下面分而述之。

大众媒体既是具有意识形态属性的上层建筑之一,也是具有以盈利为目的的经济基础的组成部分。社会主义市场经济体制的建立,拉开了媒体产业化进程的序幕。应该说,产业化运作对媒体的发展是有益的,它使媒体能以更独立的姿态来面对市场的竞争,客观上也有助于其摆脱源自各种利益团体的干扰。但令人遗憾的是,现实的情况却与我们的理想相距甚远,"电视人一方面揭露了某些社会不公正,同时又在为自己捞取象征资本和名望"③。这是因为,作为商业企业的媒体,其运行离不开其他企业的广告投放,因此,实现与企业的良好合作关系就成了各家媒体的生命线。与自己关系好的商家,媒体或有闻(好事)必报,或有闻(坏事)不报,有的甚至还充当"打手",助力对方的市场竞争。正如布尔迪厄所批评的那样:"如今的电视制作人,就其所处的工作条件而言,与广告人是越来越近,确实,必须对民众的'抵抗'力(不可否认,但却有限)坚信不移,才会以所谓的'后现代的'某种'文化批评',认为电视制作人的犬儒主义,他们的目标(追求最广泛的观众,也说是不放过'一丁点儿利',以便'卖得更好')及其思维方式会在观众积极的犬儒主义(观众转换频道,跳过广告节目就是突出的证明)中得到限制或被消解:若认为人们有普遍的能力,可以加入到对'我知道你知道他知道'之类的

---

① 王辰瑶:《从"武器门"事件透视印度舆论监督》,http://blog.sina.com.cn/s/blog_54f83ed90102y6x4.html。

② 陈力丹:《论我国舆论监督的性质和存在的问题》,《郑州大学学报(哲学社会科学版)》2003年第4期,第9页。

③ [法]皮埃尔·布尔迪厄:《关于电视》,许钧译,辽宁教育出版社2000年版,第13页。

策略性游戏的反思与批评高潮中去，有能力以第三层次或第四层次的'阅读'去抵挡电视制作人与广告人操纵性的犬儒主义所制造的'讽刺性和元文本信息'，那无疑是陷入了经院式幻想最有害的形式——民粹主义的形式之中。"①

与权力机关的合谋，这也是世界性通例。布尔迪厄在论及电视的时候这样说："一方面电视把一切事件都非政治化，另一方面，它又可以把非政治事件政治化，这种双重功能使电视成为民主社会一个危险的符号暴力。"② 具体到中国，则因中国特殊的媒体管理体制而进一步加剧了这种现象。由于新闻媒体都有官办身份，"传媒的职业权利常常具有了党政权力的色彩。不仅普通人有这种错觉，新闻工作者也常常会迷失自我"③。因此，我们常见到一些地方媒体主动或被动地为地方政府"站台"，尤其是涉及重大利益的事件，如土地拆迁、单位改制、公用事业费用上调等，民众的亲身感受与媒体的新闻报道相距甚远，以至于人们会指责媒体在"睁眼说瞎话"。

除了与商家、权力机关合谋，最严重的是媒体只监督别人、不监督自己。这一点，连西方学者也颇为不满。"以批评社会为己任的新闻媒介上唯一缺席的就是对其自身的批评"（Brown and Lee，1974）④。诚然，媒体也会自我批评，但是，"对于新闻媒介上有关媒介自身的批评的研究显示，媒介的自我批评即使有，也大多是策略性的"（Lule and Jack，1992）⑤。对此，布尔迪厄一针见血地指出："电视所扮演的角色恰恰就是他在别处强调的一种'命名权'，通过广泛命名来获得好处，排斥异己，取得自身的合法化。"⑥ 当然，媒体这样做也给自己留下了风险。以"璩美凤事件"为例。她后来惨遭偷拍，固然令人同情，但是，回顾她任记者期间的所作所为，其手法与后来她自己所遭受的如出一辙。她曾偷拍女同性恋酒吧，并因涉嫌侵犯他人隐私权受到台湾新闻评议会的批评。璩美凤从施害者变成受害者，这充分说明，"新闻场的控制致使进入政治场的代理人越来越屈从于最大多数人的期待和要求所产生的压力，这些要求和期待有时是一时的冲动，没有经过深思熟虑，但往往通过得益于新闻界的表现手段，形成具有动员力量的情愿。"⑦

舆论监督之所以出现各种乱象，与媒体的阶级属性、社会生态环境和媒体的自我认知有关。

---

① ［法］皮埃尔·布尔迪厄：《关于电视》，许钧译，辽宁教育出版社2000年版，第115页。
② ［法］皮埃尔·布尔迪厄：《关于电视》，许钧译，辽宁教育出版社2000年版，第13页。
③ 陈力丹：《我们需要健全有效的新闻自律机制》，《南方都市报》2003年9月28日。
④ Lee Brown, *Reluctant Reformation: On Criticizing the Press in America*. New York: David McKay Company, Inc. p. 11.
⑤ Lule Jack. Journalism and Criticism: the Philadelphia Inquirer Norplant Editorial. *Critical Studies in Mass Communication*, 1992, Vol. 9, pp. 91–109.
⑥ ［法］皮埃尔·布尔迪厄：《关于电视》，许钧译，辽宁教育出版社2000年版，第14页。
⑦ ［法］皮埃尔·布尔迪厄：《关于电视》，许钧译，辽宁教育出版社2000年版，第95页。

前述，媒体是一种具有意识形态色彩的上层建筑的组成部分。作为占统治地位的领导成员之一，媒体的言论尺度总是以主流阶级的意志为出发点，而且，随着人们对媒体所提供的信息越来越依赖，由媒体所制造、凝聚和展示的舆论也就越来越具有影响力。这种影响力之大，有时甚至会反过来干预主流社会的走向。"新闻场的控制致使进入政治场的代理人越来越屈从于最大多数人的期待和要求所产生的压力，这些要求和期待有时是一时的冲动，没有经过深思熟虑，但往往通过得益于新闻界的表现手段，形成具有动员力量的情愿。"① 具体到中国，媒体不仅具有强大的意识形态色彩，还具有浓厚的党政权力背景。居于这样的大背景下，媒体人稍有不慎，就有可能发生权力寻租的现象，而所谓的"舆论监督"则成了用以寻租的手段。一个反面的例子就是，报端常见到"假记者事件"。一些人披着"记者"的外衣，打着舆论监督的旗号，行敲诈勒索之实。尽管他们制假造假，但不少人还是屡屡得手，究其原因，还是人们对党政权力的畏惧和敬畏之心所致。

社会生态环境对舆论的影响表现在舆论的来源构成和舆论监督目的的改变上。传统上，舆论的来源总是与重大的历时性事件有关。但在网络时代，一件看似微小的事情或突发事件就会引发起共时性的舆论风暴。舆论生态的变化，使得媒体的作用显得既重要又微妙，各种利益攸关方纷纷视媒体为重要的社会资源，力求将符合自身利益的信息塞进媒体的议程中。一个典型的例子是，近年来出现了大量的"网红事件"，如"天仙妹妹""奥巴马女郎""最美清洁工"，其背后都有推手在运作。受此影响，舆论监督的目的也发生了改变，"舆论的本源产生舆论是冀望于舆论能以公意的性质迫使对立者屈服，从而解决问题"②。现在，随着利益攸关方的多样化，舆论的主体也随之发生分化。主体的分化带来的是内容的多元化，我们也不能简单地把舆论监督的目的归为正义的实现，换言之，"表达正义的要求只是当今舆论中的一部分舆论的表现"③。

媒体在自我认知上的偏差也是导致舆论监督乱象的一个原因。舆论监督到底是媒体的一种功能还是一种效果？学界对此有争议，本书倾向于后者。从本质上说，媒体就是一种信息传播工具，其在发挥自己的传播功能时，客观上会达到舆论监督的效果。然而，实践中，不少媒体人却常常模糊了这两个概念，他们站在一种看不到自己的境地，借着手里的舆论工具，将自己的价值观念和议题清单倾泻到社会，社会上没有了大众的声音，只听到媒体的喧哗，通过这种努力，媒体牢牢地将话语权掌握在自己手里。一个典型的例子就是，每到岁末年终，各家媒体都推出自己的年度排行榜，但实质上是各家媒体借年终评选之机推销自己的价值体系和评价

---

① ［法］皮埃尔·布尔迪厄：《关于电视》，许钧译，辽宁教育出版社2000年版，第95页。
② 陈尚秋：《反思舆论监督的后现代性现实——析被终结的现代性的舆论监督和知识分子》，http://media.people.com.cn/GB/22114/44110/55469/4753880.html。
③ 陈尚秋：《反思舆论监督的后现代性现实——析被终结的现代性的舆论监督和知识分子》，http://media.people.com.cn/GB/22114/44110/55469/4753880.html。

标准。

解决舆论监督的乱象，可以从以下几个方面入手：

首先，加强对媒体的法律监管。正如人性是复杂难测的，同样，媒体也并不天然具有正义感。"正义是有良知的媒体重视的一个价值，但和媒体的本质无关"（李咏）[1]。传统上，对媒体的要求更多的是基于道德和伦理的价值，但实践证明，这种做法有时会流于虚空。早在1997年，中国人民大学舆论研究所进行了一项名为"中国新闻人"的调查，结果显示：新闻人有四个问题值得重视："接受被采访单位或个人的招待用餐、为自己的版面或节目联系赞助、为自己的单位联系广告业务以及接受新闻来源单位赠送的礼品"[2]。时至今日，媒体的产业化进程已经走过20多年，所谓在商言商，上述问题非但没有消失，反而有愈演愈烈之势。可见，媒体与其他的社会单元无异——大家一道"共享"着各种问题与缺点。

以往，我们对媒体的管束主要是依靠宣传部门设定的政治导向和纪律规范。而在法律层面，相关规定散见于全国人民代表大会及其常委会制定的各种法律法规、国务院颁布的行政法规、国家新闻出版广电总局颁行的部门规章以及地方人大及政府发布的地方性法规等。由于缺乏顶层设计，上述各种规范之间存在着大量的空白点，因此，有必要将其整合起来，以便形成合力。

其次，减少媒体对权力的依赖。前述，中国的新闻媒体都有官方背景，因此，它们实施舆论监督，也常常是在党和政府的领导下进行的，这样做的好处是，舆论监督往往比较有效，既能快速引发社会反响，同时问题也能得到妥善的解决。但是，舆论监督本身把双刃剑。媒体的这种权力背景，使得它所发表的言论往往成为官方的表态象征，而且老百姓也养成了从媒体上揣测和判断官方意见的习惯。这种"政治敏感"带来的后果是，媒体的监督表现出浓厚的权力色彩，而非"权利意识"——媒体挟意识形态之威，成为社会权力结构中具有强大影响力的一部分。

从学理上讲，报道事实才是媒体的本职，评判事实是在前者基础上的衍生品。当然，借媒体平台之力与传播技术之功，媒体本可以在报道和评判事实的基础上，突破政治的藩篱与文化的限制，成为一支相对独立并参与社会控制的权力单元，这是其内在逻辑发展的自然结果。在中国，媒体的表现并未遵循学理的逻辑，反而成为现有权力框架中的一员。因此，回归到学理的道路上来，是媒体得以健康发展的必由之路。"媒体的力量应当在于它自身的影响力。减少传媒对权力的依附，只以自身的影响力和自身组织的功能来实行监督，可以在相当程度上减少这方面的腐败发生"[3]。

---

[1] 展江：《中国社会转型的守望者——新世纪新闻舆论监督的语境与实践》，中国海关出版社2002年版，第138页。

[2] 胡黎明：《"焦点现象"研究》，新华出版社2004年版，第269页。

[3] 陈力丹：《我们需要健全有效的新闻自律机制》，《南方都市报》2003年9月28日。

最后，加强媒体自律。自律是一个再强调也不过分的要求，这是因为，对媒体的监督，无论是法律监督还是行政监督，都是外在的干预。要保证传媒业的健康发展，根本还是在于其对自身的认识和自我的约束。要"能实现对传媒行为的约束，又不伤及新闻自由等制度性权利的实现，因而建立相应的以'行业自律'为主要内容的约束机制或体系是比较现实的选择"①。

有人认为，对媒体的约束可以从四个层面来理解："1. 职业层面（个人的专业考量和认证）；2. 组织层面（传媒个体制定自律性'组织规则'）；3. 行业层面（传媒行业建构伦理评议组织，制定行业规范和准则）；4. 制度化层面（国家以法律和相关的制度性规范形式体现社会对传媒的自律要求）。"② 从这四个层面来看，目前亟待改善的是三个层面，即强化在行业层面的自律性要求，如英国的报业评议会、我国台湾地区的新闻评议会。除此之外，还要在第一个层面——职业层面加强对记者个人的教育，这也是当下极为缺乏的一个空白，"尽管早在1991年就有了《中国新闻工作者职业道德准则》，但是一次全国性的调查表明，有近半数的新闻工作者不知道它的存在，当然也就谈不上遵循它了"③。

第二节 中观：重塑电视民生新闻的理念

一、内容与话语权

内容和话语权是一对矛盾：优质的内容有助于话语权的争夺，反过来说，话语权的控制又体现了内容的优势。一言以蔽之，内容的优质与否决定了话语权的大小。

民生新闻自诞生以来，一路高歌猛进，但是，历经十几年的发展，它开始遭遇了自己的"天花板"：节目内容的同质化，观众审美的疲劳感，模式创新的无力感……"一时的市场追捧便疏于精细整理和打磨，使得民生新闻表现得较为粗糙，缺乏应有的文化内涵和媒体公信"④。

（一）民生新闻困境的成因

首先，二元社会结构是社会问题频现的母题。改革开放40多年来，中国社会的基本问题都能从二元对立的社会结构中找到原因，它几乎成为中国一切社会问题

---

① 王梅芳：《舆论监督与社会正义》，武汉大学出版社2005年版，第356页。
② 季为民：《舆论监督：一种承载责任的权利》，http://blog.sina.com.cn/s/blog_54f83ed90102z5oa.html。
③ 陈力丹：《我们需要健全有效的新闻自律机制》，《南方都市报》2003年9月28日。
④ 赵虎：《从"民生新闻"到"公共新闻"——论民生新闻的品质提升与自我超越》，《新闻前哨》2005年第7期，第31页。

的底色。由于城乡间的贫富差距刺激的大规模的人口流动,不仅冲击着城市生活秩序的稳定,还倒逼着城市生活规则的改变:社会福利、医疗、住房、就业、教育、治安、环境保护……"社会稳定的程度取决于社会结构本身"①,而"城乡之间在生活水平、生活方式、价值观念、利益关系等方面存在的巨大差异,城乡之间的差距和矛盾,是妨碍中国社会协调发展的一个严重的结构性障碍"②。社会结构的分化,资源利益的重组,城市秩序的重构,生活规则的洗牌,这既是我们理解中国社会的出发点,也是思考民生新闻的出发点。

其次,民生问题日趋复杂。社会结构的复杂,必然带来民生问题的多样。有鉴于此,人们对信息的需求也必然充满了渴望和急迫。"如果在公众最需要的时候,媒介能提供现实的而不是空洞的、正面的而不是含糊其辞的精神支柱,可以大大减小舆论的惶惑。"③

遗憾的是,不少栏目并未意识到这个问题,它们依然热衷于报道家长里短、一地鸡毛的日常琐事。以《阿六头说新闻》2004 年 3 月 1 日的节目为例。该栏目播出了以下新闻:《超市也要卖药了》《电动"马儿"跑得快 废旧电池处理难》《运河冒白泡 三个部门都推掉》《西荡苑垃圾多 处罚力度不到门》《文保点里麻将响》《一胎生六仔 小老虎要寻狗妈妈》《杨公堤倒下的大树没事体》。从新闻价值的角度说,这些节目在题材的广泛性和观赏的趣味性方面是不错的,但从其内容而言,我们不得不说,它们在显著性和重要性上并不尽如人意。的确,我们应该制作可读性强的节目以飨观众的兴趣,但是观众的兴趣并不止于此。尤其是当下,一方面是民主法制进程的推进,另一方面是传统力量和历史习惯的阻碍,双方的角力创造出了一个巨大的灰色空间。在这个空间里,小事随时可能变成大事(群体性事件)。对新闻人而言,这是一个可以大有作为的天地。既然民生问题层出不穷,那么,民生新闻也就可以顺势而上,在内容上做进一步深挖和拓展。

最后,民众的媒介素养日渐成熟。1988 年 10 月,中国人民大学舆论研究所在全国新闻界从业人员中开展了一项题为"新闻改革问题"的抽样调查,受访者认为不满意的有如下几点:①批评报道的禁区和限制太多;②在某些敏感问题上不说真话;③对政务与决策情况报道的透明度低;④反映人民的呼声太少。④ 现在,随着网络时代的来临,要想制造舆论就更加不可能了。

当下,随着自媒体的大量普及,受众的媒介素养更趋成熟,他们对那些专注于报道家长里短的节目不可能保持长久的热度。

戈夫曼讲述了一个现象:美国中产阶级家庭两岁的孩子,通常会认为骑旋转木

---

① 王梅芳:《舆论监督与社会正义》,武汉大学出版社 2005 年版,第 214 页。
② 郑杭生:《当代中国社会结构和社会关系研究》,首都师范大学出版社 1997 年版,第 102 页。
③ 陈力丹:《舆论学——舆论导向研究》,中国广播电视出版社 1999 年版,第 121 页。
④ 侯军:《疲软的舆论监督》,中国妇女出版社 1989 年版,第 14 页。

马是一件可怕的事；而对于三四岁的儿童来说，骑木马是一个易于应付的挑战；到了七八岁，儿童已经带着厌烦和冷漠的神情来进行这一游戏了；到了成人阶段，陪送孩子来骑木马的人，他关心的不再是木马，而只是他的孩子。① 若以此例来诠释受众对民生节目的态度变化，那就是说，随着受众媒介素养的提高，他们会像不断成长的孩子那样，与旋转木马（民生节目）渐行渐远，这无异于对传统媒体构成了一种倒逼。

与之相反的是，电视人在这方面的功夫显然下得还不够深。以《第7日》为例（见表7-2）。

表7-2 《第7日》新闻播出内容抽样统计

期数 内容	36期	38期	39期	40期	41期	42期	总计	百分比（%）
揭露社会不良现象	0	1	1	1	1	1	5	22.7
遇到麻烦事	1	2	0	0	1	1	5	22.7
人物故事	2	1	3	3	1	1	9	40.9
环保	0	0	0	0	1	0	1	4.5
弱势群众	0	0	0	0	1	0	1	4.5
其他	1	0	0	0	0	0	1	4.5
总计	4	3	4	4	4	3	22	100

由表7-2可见，节目对弱势群众的关注度位居末尾，占比只有4.5%，而且，在为期一周的节目里，有关弱势群众的报道只有两条。显然，弱势群众并不在电视人的考虑之列。相反，位居最前列的人物故事，其占比竟高达40.9%。可问题是，对这种家长里短的题材，观众的热度能维持多久？

（二）以内容为抓手以突出重围

1. 做"放大的民生"

不少电视人都存在着一个误区，视民生新闻为老百姓生活的再现。诚然，民生新闻应该再现百姓生活，但这是有选择的，而非照单全收。梁启超曾有言曰："所谓监督云者，宜务其大者远者，勿务其小者近者"，"当纠政府之全局部，而不可挑得失于小吏一二人；当监政府大方针，二不必献替于小节一二事"。② 我们在报道百姓生活时，就应该像梁氏所言，学会抓大放小。对此，曾任《南方日报》总编辑的杨兴锋有如下阐述："所谓的小民生，就是将关注的着力点放在百姓的柴米油盐衣食住行等寻常生活中，为百姓提供度身定做的生活信息和服务讯息，成为他们须

---

① ［美］戈夫曼：《日常接触》，徐江敏等译，华夏出版社1990年版，第93～97页。
② 田大宪：《新闻舆论监督研究》，中国社会科学出版社2002年版，第18页。

臾而不能离的生活参考；所谓大民生，就是更多注目于那些与百姓生活息息相关的国家宏观政策及走势等新闻，比如金融、房地产、汽车等方面的政策调整或者新规，同时大民生还包含'从民生角度对国计所进行的解读和诠释'这层意思，通过民生的角度来解读国计的内涵和对民生所可能带来的具体、直接的影响，不但有利于促进国计的影响力，更有利于国计的深入人心。"①

详言之，涉及民生的重要内容应该触及以下七类话题：医疗卫生与健康、社会保障与服务、文化娱乐与信息化服务、交通运输与出行、就业创业与收支、教育、环保与治理。对电视人而言，在内容选择和选题策划方面，应关注那些对城市生活、社会秩序乃至社会结构有重大影响的话题，即"放大的民生"。

重要内容和重大报道有助于媒体的公信力塑造。"理想的新闻体系的前景应该是更加公共化、信息更具分析性、更有深度、更有批判性、更能反映问题。只有这样，人们才能'更好地理解社会问题，并能更积极地参与问题的解决'。"② 媒体间的竞争，归根结底是品牌的竞争。在同质化严重的民生新闻里，品牌的号召力尤其重要。

以《直播海南》为例。在接到洋浦盐田遭受污染的线索后，节目组策划了《拯救千年古盐田》的特别报道。这一报道引发了全省的关注，省长沈晓明和副省长毛超峰分别做出重要批示，要求省环保厅和省文物局共同调查处理，保护好千年古盐田。2018年4月，它报道了一条题为《你是手机的爸爸》的新闻。这条新闻介绍了一篇由儋州市一名四年级学生写的作文，在这篇题为《你是手机的爸爸》的作文里，孩子说道："世界上最遥远的距离，是我在你身边，你却在玩手机。""你已经快不是我爸了，你快是手机的爸爸了。"这条新闻在微信公众号上推出后，不仅引发网友的关注，其他媒体包括《人民日报》也都纷纷予以转载，最终登上微博热搜榜，网络点击量达1.7亿多。

再如《南京零距离》和《直播南京》，它们之所以一度成为南京电视界的翘楚，正是"新闻调查""东升工作室"等品牌栏目之功。表7-3是《南京零距离》开播当年的某一期节目的清单。

---

① 杨兴锋：《既要小民生也要大民生》，转引自王雄：《电视与民生：成长与转型》，世界图书出版公司2016年版，第60~61页。

② 朱永祥：《城市电视新闻去向何方》，《新闻实践》2006年第6期，第40页。

表 7-3 2002 年 6 月 24 日《南京零距离》节目单①

序号	新闻标题
1	全国检察系统举报宣传周活动今日启动
2	省政法委副书记到戒毒所视察工作
3	第二轮行政审批制度取消一批行政审批项目
4	药品将进行新一轮降价
5	庆回归特别报道"美丽的东方明珠"
6	该管一管这个黄金黑市
7	这家医院卫生状况让人忧
8	持续暴雨，南京防汛经受考验

以品牌栏目带动节目影响的做法，后来也成为《零距离》的优良传统。《大林评论》《卞说卞聊》《峰言峰语》等以主持人姓名命名的栏目，一直深受观众喜爱。大林的优势在于评论，他的评论中肯，带有自己鲜明的观点：正经而不失幽默，肢体语言表现自然，以类似于闲话聊天的方式转入下一个新闻，自然流畅，让观众有亲切感。以 2018 年 10 月 11 日的节目为例，广西发生了一起电梯坠亡事故，女婿是小区物业电工，在维修电梯时，岳父在旁边围观，一不小心坠入 8 米深的电梯井，当场身亡。大林在介绍该事故之后，联系了南京本地的类似事故。在此基础上，主持人指出，安全隐患无处不在，但如果预防得当，其实都可以避免。反过来说，每一次安全事故的发生，恰恰是长期忽视安全问题所致，这说明责任心的重要性不可小觑。《卞说卞聊》的主持人外号"卞老鬼"，自 2014 年 9 月开播以来，节目内容紧扣社会热点，关注老百姓的身边事。特色主持人"卞老鬼"更因深厚的生活积淀、敏锐的观察、百姓的视角、风趣的表达，深得观众喜爱。他的特点是老大爷式的说话风格，语言表达生动有趣，节目最后总是以一首打油诗作结。以 2018 年 10 月 12 日的节目为例。一个女大学生因玩手机坐反了公交车，到达终点站发现，既找不到回去的公交车，也找不到出租车，于是在嚎啕大哭之后向警方求助，最终江宁警方出动四名警察将其送回学校。针对这一现象，主持人尖锐地指出，这是一种典型的"巨婴"现象，并以此展开评论。节目最后，主持人以一首打油诗作结："芳龄二十还是娃，遇急哭成雨梨花。幼稚脆弱惹人笑，笑完咱得想点啥。育儿不能成巨婴，只在温室培嫩芽。多经风雨多摔打，让咱孩子快长'大'。"《峰言峰语》的主持人陈峰宁，本是一名相声演员，节目自然非常幽默风趣。以 2018 年 10 月 13 日的节目为例，主持人对近年来流行的各种出境游进行点评，他发挥相声

---

① 周烱：《意识形态梳理与主流媒体构建——新意识形态下的中国电视民生新闻》，转引自王慧：《民生新闻中隐藏的意识形态》，《青年记者》2010 年第 18 期，第 35~36 页。

的曲艺优势，运用唱、念、做、打等相声手法，不断甩包袱（抛笑料），使观众在笑声中了解各种旅游陷阱，从而起到了消费警示的作用。

再以《都市110》为例，它是山西省一档以民生新闻、服务监督为主要报道内容的150分钟大型日播新闻栏目，自2005年1月17日开播以来，栏目一直受到山西观众的喜爱。为了进一步提高内容品质，栏目改版成为两部分：《都市110 现场版》和《都市110 深度版》，前者由民生短新闻组成，着眼于市民日常生活，后者则由深度报道组成，反映重大新闻事件和社会问题，深入挖掘和阐明事件的因果关系以揭示其实质和意义，追踪和探索其发展趋向。由于定位准确，栏目在收视份额和广告创收上均取得超额效益：它既是山西广播电视台信息量最多、影响力最大、美誉度最高的民生新闻栏目，同时还是该台唯一一档广告收入超6000万的栏目。同样，江西台的《都市现场》自2002年开播以来，也历经多次改版，特别是2006年1月1日兄弟栏目《都市快报》的创立，使得两档民生栏目既差异化共存，又互补性共振，相得益彰。

重要内容和重大报道有助于媒体的覆盖面扩大。"根据英国的权威媒体总结表明，任何一个媒体如果消除了政治宣传的功能，那么它在群众中的公信力和权威性，以及在行业当中的竞争能力将大大下降"①。前述，民生节目自诞生伊始，便将内容定位在报道百姓生活、反映社区民意上，其出发点是善意的，但其立意却有待商榷。实践也证明，出于这种立意而制作的节目，其结果是民生节目的路越走越窄。反思造成这一现象的原因，恰恰在于我们从一开始就对"民生"一词做了狭隘的理解，也正因为如此，我们才把自己逼进了死胡同。事实上，民生新闻的题材不仅包含百姓生活和社区民意，还应包括那些涉及人民福祉的生存状况、生活规划和发展环境等各种信息与资讯，后者和前者一道构成了满足人民幸福感的各种因素。进言之，我们也很难将它们截然分开。"事实上，所谓的公共与私属经常交互重叠。但可确定的是公共事务报道的确能影响大众利益。一个机敏的公共事务报道者，尤其要注意那些公私很难明显划分的活动，以免顾此失彼。"② 而"民生"一词恰恰可以将公共信息和私属信息囊括进去，使得新闻媒体有了一个具体、明晰和具有相当社会基础的"聚焦点"和"辐射点"。有人建议，可以将民生新闻节目的内容归为12个大类：时事政策类、社会生活类、法制生活类、突发事件类、财经金融类、教育问题类、百姓生活类、市场经营类、"三农"发展类、社会问题类、市政环保类和社会文化类。③ 这个划分值得电视人借鉴和思考。

当然，对重要内容和公共事务的报道，我们要改变以往的宣传模式，换以从

---

① 王雁语：《新媒体生态下的电视新闻转型分析》，吉林大学硕士学位论文，2017年，第11页。
② 《公共事务报道的新策略》，转引自陈立生：《公共新闻，真的超越民生新闻？》，《今传媒》2004年第10期，第13页。
③ 陈夷茁：《民生新闻案例解读》，重庆大学出版社2011年版，目录页。

"民生"的角度予以切入，这样有助于把报道向纵深拓展，既增强了报道的深度，也有助于引导受众对问题做理性的思考。2005年10月12—23日，"十运会"在南京召开，《南京零距离》借此良机对节目做了一次大胆的尝试，他们摒弃以往一些琐碎的、带负面效应的东西，换以体现主流价值的节目内容，目的在于挖掘城市内涵，展示媒体的文化整合力，事实证明，这样做并未导致收视率下降。同样，《新北方》关于沈阳地铁一号线的系列报道，从4年前的规划、挖掘、洞通，到试通车以至2010年9月27日正式开通，每一阶段都有详实的报道。其间，观众在票价听证会中积极发言，在中秋节试乘体验中踊跃参与，这充分反映出节目的"大民生"思路获得了较好的收效。

《南京零距离》曾经开全国电视民生新闻风气之先，在推进"放大的民生"这一理念过程中，它又一次站到了潮头。

作为电视民生新闻的标杆，《南京零距离》的火爆是有目共睹的，因此，它的成功也必然带来同类栏目的不断面世，尤其是来自本地的同质化竞争的日益加剧，"以南京为例，每天18:00—20:00，就有江苏广电总台的《南京零距离》《绝对现场》《1860新闻眼》《江苏新时空》《服务到家》和南京广电集团的《直播南京》《法治现场》《标点》8档相似的民生新闻节目"①。同样，在沈阳也云集了8档同类栏目，它们分别是：辽宁广播电视台卫星频道的《第一时间》，都市频道的《新北方》《新闻早早报》《新闻正前方》，生活频道的《生活导报》，北方频道的《大海热线》，沈阳广播电视台新闻综合频道的《沈视早报》，公共频道的《直播生活》。同质化竞争带来的是栏目的生存危机。"2007年，《南京零距离》在南京市网的平均收视为8.26%，2008年为7.13%，2009年一季度平均收视为6.93%，说明了南京地区民生新闻收视率摊薄的趋势"②，为突围计，频道着手对《南京零距离》进行改革。2009年5月1日栏目进行了全新改版，《南京零距离》正式更名为《零距离》，播出时间为18:40，时长为1小时。据时任城市频道总监张建赓称，升级的目的在于："一是实现民生新闻在新阶段的自我提升、自我转型；二是推动城市频道品牌及零距离品牌向江苏省域迈进"③。为发展计，栏目的定位改为"立足南京，辐射全省，影响全国"，与此同时，栏目名称也拿掉"南京"二字，新名称为《零距离》。从表面上看，栏目的改版是外部压力所致——同城竞争，但究其根本，还是源于从"小民生"向"大民生"的再次创业。

改版之前，栏目对自己的发展历程进行了梳理，并提出了未来的愿景——民生新闻3.0。详言之，即：

1.0时代。将镜头对准普通人群，关注其生老病死、柴米油盐，用一种平视的

---

① 王雄：《电视民生新闻：成长与转型》，世界图书出版公司2016年版，第92～93页。
② 王雄：《电视民生新闻：成长与转型》，世界图书出版公司2016年版，第193页。
③ 苏娟：《解析江苏城市频道〈南京零距离〉改版升级》，《中华新闻报》2009年5月27日。

视角,给电视观众以全新的感觉;

2.0时代。注意提升栏目的品位与导向性,增加正面报道和主题宣传的比重;

3.0时代。把电视和网络进行有效结合,实现电视与电视观众的全方位交流、互动。

为实现民生新闻3.0的愿景,栏目积极利用江苏电视数字化、网络化工程的整体推进取得了阶段性的成果,并发挥城市频道以新闻资讯和电视剧为龙头的综合频道定位这一政策优势,施行了以下几个措施:扩大报道题材及推广活动的覆盖面;强化新闻评论,多种观点多元展示,同步互动;版面结构上强调"五个一",强化深度报道;"五个一"(一组聚焦、一个人物、一组评论、一个调查和一个故事)……此外,为了积极宣传自己的改版意图,栏目还创制了几条改版口号,以便观众理解:"《零距离》——江苏城市频道献给全省电视观众的新闻大礼","TV3.0时代,中国电视新闻栏目的领跑者","引导更成熟、视野更开阔、题材更丰富、评论更精辟、监督更有力、故事更生动、互动更紧密"。

这次改版最大的亮点是"五个一"思路的亮相。除了强调"五个一"之外,节目还推出了周末版——《零距离周末》,把热心观众和新闻当事人等请进演播室,进行一周焦点回顾、一周人物评选、一周调查回音等。以下是"五个一"的节目编排:

(1) 18:40—19:05《焦点》,即一组快速全面的组合报道。
(2) 19:05—19:10《角色》,即每天让观众认识一位栩栩如生的新闻人物。
(3) 19:10—19:20《观点》,即一串妙语连珠的新闻评论。
(4) 19:23—19:30《追踪》,即一桩环环相扣的新闻调查。
(5) 19:30—19:40《纪录》,即一个曲折离奇的新闻故事。

表7-4是《零距离》改版后的节目内容。

表7-4 《零距离》节目单(2018年10月19—23日)

内容 时间	消息	评论			深度 报道		广告	法制	
19日	零距离	卞说卞聊	现场报道	天气	新闻调查	互动节目	幸福零距离		开窗
20日	零距离	峰言峰语	现场报道	天气	新闻调查	互动节目			开窗
21日	零距离		现场报道	天气	新闻调查	互动节目		杨警官说治安/ 法制集结号	开窗
22日	零距离		现场报道	天气	新闻调查	互动节目	金融零距离		
23日	零距离	大林评论	现场报道	天气	新闻调查	互动节目	幸福零距离		开窗

实践证明，节目这次改版取得了预期效果：一是收视率和市场份额得到了提升。改版后，相对于当年（2009年）前4个月的平均收视份额，江苏省网从5.33%上升至8.09%，同比增幅十分喜人，在苏州、常州、盐城等地的收视上升态势也十分明显。南京市网也从14.87%上升至17.1%，显示省网的拓展并没有以牺牲市网为代价。二是观众结构得到了优化。14～25岁的年轻观众大幅增加，这一部分观众的构成比例从改变前一年的6.18%上升至12.5%，大学以上学历的观众比例以及月收入5000元以上高收入者的比例也有明显提升。

可见，所谓"大民生"，是指媒体要加大对社会的关注力度，既及时报道和解读各类事关百姓福祉的政策、法规，又即时关注和反映百姓所急、所惑。通过媒体的桥接之功，实现政府与民众间的对接、国家与社会间的和谐。"从利益方面来说，电视对民生政策的坚持关注和大强度报道，也必然会对政策制定者形成足够的压力，敦促他们甚至是迫使他们在制定任何关乎民生的政策时能够谨慎行事，从源头上、细节上、执行上处处维护民众的利益。从提升新闻品质、创建良好舆论氛围的功能来说，深度介入生活，坚持主流的新闻理念，创新大民生的新闻语境，理应成为电视民生新闻未来发展的方向之一。"①

2. 要学会下放话语权

对地方电视台而言，这一问题显得更为急迫。这是因为，它既不具有央视那种国家级媒体所能获得的充分的信息资源，甚至无法享受地方主流媒体新闻频道所拥有的独家信息。因此，它们开设民生节目，将目光投向社会新闻和软新闻，实属一种无奈之举。资源的匮乏是一种结构性矛盾，要想突围，关键在于找到一条适合自己的资源整合与拓展之路。

对民生节目而言，将话语权下放无疑是一个有效的方案。"最好的传播效果是受众参与的一种活动性的面对面的接触。在新闻媒介中，只有电视具备这个条件"②，而且，媒体要形成强大的传播力和影响力，也需要受众的深度参与。当某种舆论含有相当大的合理成分，因而在传播过程中不断地被强化，被众多接受者加进自己补充完善它的意见，进而成为大多数认定看法时，它就会成为强有力的公众舆论。③ 而且，融媒体技术的出现也为话语权的下放提供了可能。"融媒体环境下，受众可以随时通过手机了解信息，参与讨论，发表观点，这其实就是新闻评论在新媒体领域的一种表现形式，不同的是传播者从过去的媒体转变成了受众自身自媒体发布的信息，存在着发布—反馈—补充修正的过程，信息在互动大链接中完成了传播，融媒体大链接时代点对点的多元化交互传播模式，打破了过去传统媒体点对面

---

① 王雄：《电视民生新闻：成长与转型》，世界图书出版公司2016年版，第216页。
② 夏骏：《目击历史——新闻调查幕后的故事》，文化艺术出版社1999年版，第216页。
③ 侯军：《疲软的舆论监督》，中国妇女出版社1989年版，第23页。

的信息流动模式，传统的新闻策划和议程设置还停留在单向的传播思维中。"① 2006年8月，CNN在其官网上推出了一个名为"i Report"的栏目，该栏目喊出的口号是："你的声音，将和i Report记者一起，帮助塑形CNN报道什么和如何报道。"它鼓励受众将自己摄制的新闻节目上传，以丰富CNN的报道内容。2009年，CNN又与Facebook达成合作，允许受众在Facebook分享新闻内容并发表评论。时任CNN总裁的乔纳森·克莱恩这样评价道："比起拥有2亿用户的FOX，我更害怕的是拥有5亿用户的Facebook。"ABC、FOX、半岛电视台也都紧随其后，开设类似的视频上传平台，各自带动了电视台网站的访问量。同样，FOX公司旗下的体育新闻频道也加大了与Twitter的合作，用户能够实时分享比赛的比分、球员、伤病等情况，更可以和其他用户进入聊天室一同观看讨论。"根据Deadline的统计，福克斯新闻在一个月内的黄金时段的收视率超过了CNN和MSN的总和"②。

节目同质化是困扰民生新闻的一个主要矛盾。"新节目的创制者要经受研发成本较高、市场早期试验可能失败等风险，而跟风者不仅可以避免这些风险，还可以在早期观望先行者的市场反应，并在模仿时及时给予调整，'后发优势'明显，经常会出现创新先行者获得的收益可能还会不及跟风者"③。《南京零距离》在南京打响"民生新闻"第一枪以后，带动了本地的民生节目之战，一时间，南京地区出现了好几档类似节目，如《直播南京》《大刚说新闻》。而民生节目在南京地区的火爆，又为国内其他地方提供了示范。首先，出现了不少与南京的节目名称雷同的节目，如《西安零距离》《兰州零距离》《直播西安》《直播郑州》《直播海南》《直播生活》《阿六头说新闻》等；其次，播出时间接近，基本上都是在18～19点之间；最后，在节目编排上也是高度相似，全部向《南京零距离》看齐。"竞争造成了对竞争对手活动的某种长期的监视（甚至相互侦探），以便吸取对手的失败教训，避免重蹈覆辙"④。对此，孟非曾调侃道："一个老太太在街上摔了个跟头摔掉了一颗门牙，爬起来的时候发现居然有十几个记者的长枪短炮对准她！"⑤

如何解决这种问题？《世界报外交月刊》主任克洛德·朱利安写于1977年的一段话可以给我们以启发："地方媒介无论如何有不可替代的角色要扮演。但这个角色不能局限于对地方事实和问题的描述而忽略信息的'大'手段。不能把城市或街道当作与世隔绝的孤岛来处理：通过纺织厂工人的案例和他们对这件事情的表达，他们应该重新找到牵连到他们命运的联系如种植棉花的土地所有者、制造新的合成

---

① ［美］乔纳·伯杰：《疯传：让你的产品、思想、行为像病毒一样入侵》，刘生敏译，电子工业出版社2014年版，第63页。
② 徐萌：《媒介融合背景下我国电视新闻的创新研究——以央视新闻为例》，吉林大学硕士学位论文，2017年，第22页。
③ 王雄：《电视民生新闻：成长与转型》，世界图书出版公司2016年版，第71页。
④ ［法］皮埃尔·布尔迪厄：《关于电视》，许钧译，辽宁教育出版社2000年版，第89页。
⑤ 《民生报告》编辑絮语。

纤维的工厂、金融赌博和国际竞争。"①

对媒体来说，第一，要盘活受众资源，吸纳民间力量，打造一个属于自己的信息采集的社区网络；第二，要加大与受众的双向互动，建立编内采编与编外采编的合作机制；第三，媒体要把好"报道关"。每一条报道既有可读性又有思辨性，从而散发出独特的魅力。这是因为，观众看重的不仅仅是一件件新闻事实，还有从这些新闻事实中体现出来的理性思考。从某种程度上讲，新闻理念比具体的新闻内容更加重要。

3. 发挥媒体的引导力

同质化的出现，并不完全是记者主动所为。"记者们有很多共同点，包括工作环境、来源及所受的教育，他们互相阅读对方的报道，看对方的电视，经常在讨论会中碰头，人们看到的总是那一帮人，这种情况造成了封闭的后果，我们可以不假思索地把它看成一种具有同样效果的审查，甚至更为有效，因为它的宗旨较之中央官僚主义，明确的政治干涉更难以觉察。"②而且，新闻生产机制也驱使媒体报道走向同质化，"任何一个新闻机构甚或一种表达方式，越是希望触及广大的公众，就越要磨去棱角，摒弃一切具有分化力、排斥性的内容"③。依照这种逻辑的自然发展，其结果便是："这种镜子游戏照来照去，最终营造出一种可怕的封闭现象，一种精神上的幽禁"④。

现实固然是残酷的，但我们依然可以改变。这是因为，与媒体相对的另一极——受众，作为体制外的一股力量，可以对媒体的生产机制发挥积极而有效的干预。以舆论为例，众所周知，新闻舆论是经由媒体的整合而形成的一种独特的舆论形态，它异于自发产生的原始舆论，但原始舆论毕竟是新闻舆论的前提和基础，而且新闻媒体也并不会对社会舆论照单全收，它往往会选取一些持续时间长、影响范围广、群众关注度高的舆论，即通常所谓的社会热点问题，对之进行提炼和凝聚。并且，社会舆论往往意见纷杂，良莠不齐，而媒体往往还会有意遴选其中正确的意见并将之传布出去。当然，媒体的选择是否正确，最终还是要回到社会舆论中去，经由公众的检验和评价，最终成为大家所接受的共识。由此观之，媒体和受众在新闻舆论的生成上是一种积极的双向互动过程，而这种互动在某种程度也可以抵消新闻生产机制带来的一些负面效应。

当然，强调受众的积极作用，不等于否认媒体的自主性，恰恰相反，在受众和媒体之间的博弈过程中，媒体的引导力常常能发挥有效的作用。比如，一些节目总是拥有一批忠实的观众，这就是媒体的引导力的体现。

---

① [法] 阿芒·马特拉：《世界传播与文化霸权》，陈卫星译，中央编译出版社2001年版，第215页。
② [法] 皮埃尔·布尔迪厄：《关于电视》，许钧译，辽宁教育出版社2000年版，第25页。
③ [法] 皮埃尔·布尔迪厄：《关于电视》，许钧译，辽宁教育出版社2000年版，第51页。
④ [法] 皮埃尔·布尔迪厄：《关于电视》，许钧译，辽宁教育出版社2000年版，第23页。

对民生节目而言，目前要处理好两类矛盾：发挥引导作用和尊重受众选择的矛盾，协调政府议题和百姓话题间的矛盾。对前者而言，我们既要反对"一切向钱看"的重商主义倾向。我们承认，节目是一种商品，但它也不完全是商品。同时，我们也要尊重受众的选择，接受市场的规则。唯此，才能达到两种利益间的平衡。对后者而言，这是一个颇具中国特色的矛盾，即媒体不仅要面对受众，还要考量政府的意志。对媒体来说，厚此薄彼固然不对，超然世外更不可能；能做的，是如何在政府和百姓之间寻求协调，从而保障双方的利益均衡，这既是政府和百姓对媒体的一种期待，也是媒体引导力的一种外显。如，天津的《都市报道60分》提出了"以活动带节目，以节目带队伍；以活动树品牌，以品牌促效应"的思路，他们将目光投向了藏羚羊，在长达一年的时间里，他们先后播发上百条新闻、十数个专题片摄制以及纪录片《可可西里守护神》。其中，短讯《长江源头楚玛尔河出现断流》于2000年获中国新闻奖一等奖。2006年6月12日，他们借中法文化年的机会，举办了"风情水畔——塞纳河上的婚礼"活动。2006年，南京举办了软件博览会等四大盛会以及菊花仙子暨玄武湖形象使者电视评选大赛，《南京零距离》积极参与其中，为大会助力。这些举措既配合了党和政府的工作，也得到了观众的认同，取得了良好的传播效果。

二、平台与服务

应该说，民生新闻的出现只是综合性新闻栏目的一种延伸和补充，新闻的主要功能都是由综合新闻栏目和新闻评述性栏目来实现的，因此，它不会也不应该对后者构成冲击。换言之，民生新闻就像一条放入沙丁鱼群中的鲶鱼，它倒逼综合新闻栏目和新闻述评栏目的变革，迫使它们反思并正视那些阻碍节目发展的痼疾，并探索破除之道。

从长远看，这种独特的"鲶鱼效应"对电视业务的发展是有益的。但是，现在的问题在于，一些电视人并未清醒地意识到这两者之间的差别。一些民生新闻试图走时政节目之路，反过来，一些时政节目又试图走民生新闻之路。对民生新闻而言，转身为时政节目显然与当初的创办意图相悖；对时政节目来说，在模仿民生新闻时若不得法，反而失去了自己原有的优势，正所谓"学我者生，似我者死"。

要解决这一问题，我们还是要从本体论的角度入手，即媒体的功能究竟为何。胡兴荣总结了大众传媒的六个功能："1. 公正客观地报道事实的真相；揭露社会不公或不为人知但影响大众利益的事件；2. 督促政府施行利民政策；3. 宣扬人间美德，倡导良善的社会风气；4. 关注社会大众所关心的课题，传播新信息，让公正诉求可以上达当政者；5. 启蒙作用，媒体除引导舆论外，还可以制造舆论，以唤起受众对问题重要性的认知，纠正不公正的政策偏差；6. 为民众消解压力，带来愉悦。"[①] 由此观之，

---

① 胡兴荣：《新闻哲学》，新华出版社2004年版，第240页。

媒体的功能不限于传播信息、舆论监督、引导舆论，还包括服务社会、宣泄压力等。

对民生新闻而言，它现在最需要做的，是找到一条适合自己的发展道路，具体而言，就是如何与时政节目实现差异化竞争。时政节目一直把传播信息、舆论监督、引导舆论视为己任，而在服务社会、宣泄压力方面则着力较少。有鉴于此，民生节目恰恰可以在后面两个领域有所作为。我们用"信息环境"这一概念来解释。

所谓"信息环境"，是指电视节目的制作、播出过程以及为扩大节目影响而组织的社会活动。在一定传播时间内，由这两种行为构成的信息传播空间可以被认为是一种"信息传播环境"，简称"信息环境"。[①] 以往我们更多地把注意力放在节目的制播环节上，忽视了与节目宣传相关的社会活动，事实上，它们二者共同构成了媒体的服务功能。媒体的服务功能有二：信息服务、社会服务。节目制播属于信息服务，即向受众提供真实、及时和有价值的信息，而社会活动则归属社会服务，即向受众提供除新闻信息以外的其他方面的服务。比如，媒体可以发挥自身的平台作用，为各方的利益诉求和矛盾协商提供公共空间，从而实现社会资源的有效整合。因此，有效营造信息环境，有助于媒体开拓市场、提升影响力。

对民生新闻来说，为特定人群提供信息服务和舆论关注是其发挥社会服务功能的一个有效体现。弱势群体是一个极具代表性的特殊人群，也是民生节目着力关注的一个对象。但是，一个不争的事实是，此类节目的收视率并不令人满意，究其原因，与媒体独特的"二次销售模式"相关。媒体在第一次销售时，是把内容销售给受众，从而产生发行量/视听率；第二次销售时，则把受众的注意力销售给广告主，对不少媒体而言，第二次销售的重要性不亚于第一次销售。

作为上层建筑的一个组成部分，媒体必然围绕现有的社会制度来运转。与弱势群体相对应的主流人群，他们在公共平台上拥有更强大的话语权，也更容易实现自我表达和自我满足。反过来说，弱势群体既无强大的消费购买力，亦无一定的社会影响力，加之现有的社会制度在弱势群体的利益保护方面又存在着结构性缺陷，因此，他们被边缘化自然是不可避免的。

民生节目的兴起，为弱势群体的利益表达提供了一定的保障。以《范大姐帮忙》为例，它追求一种点线面结合的"梯次帮忙效应"。所谓"点"，是指节目牵头的社会公益活动，比如，帮助枇杷种植户解决销售难问题的"快乐家庭枇杷行"活动、帮助台风受灾地区孩子重返校园的"范大姐山区助学行"活动等。所谓"线"，是指节目牵头组织的志愿者队伍，这支队伍既有新闻工作者，也有荧屏之外的热心观众。所谓"面"，是指媒体联合信访、公用事业、公安、民政、教育等职能部门力量，将市民意见、投诉转至职能部门处理。联合社会慈善机构和企业设立了"帮忙基金"。再以《大事小事》为例，栏目创办伊始，即提出"三个必须去"

[①] 陈从国：《电视新闻实践要义》，北京广播学院出版社1999年版，第143页。

的要求：采访时必须去最困难的地方、必须去群众意见最多的地方、必须去工作推不开的地方。而"三个必须去"的地方，实际上正是群众利益受损之处，也是亟须媒体关注之所在。

除了帮助弱势群体，媒体还有其他的空间可以有所作为。前述，媒体的功能包括服务社会和宣泄压力。检视以往的媒体实践，不难发现，电视人更多地把精力放在服务社会上，忽视了压力宣泄，而后者正是媒体可以有所作为的一个抓手。

所谓新闻的宣泄功能，它包含两个方面的意思：一是供受众发泄不满情绪，媒体扮演的是"减压阀"的角色；二是供受众宣泄爱心和善意，媒体扮演的是"助产士"的角色。关于"减压阀"效应，本书在涉及舆论监督的章节已有所阐述，这里重点谈谈"助产士"效应。

首先，爱心宣泄是人性的一种正常体现。"爱心传播对人类的生存和繁衍都有着极大的联系，并且进行爱心传播对传者以及受者的身心健康都会产生积极的影响。"① 有些节目非常善于捕捉受众的情绪宣泄需要。比如，《南京零距离》为低保家庭的孩子组织专题活动，并邀请明星参与，与孩子们联欢；此外，它还牵头发起"零距离助孕基金""零距离抗白基金"等帮助特殊人群的基金会。齐鲁频道的《拉呱》策划了"豪光工程""齐鲁一家人"等活动，把募捐所得用来资助弱势人群，这样，主流人群的善心得到了宣泄，弱势者的需求也得到了满足。《兰州零距离》在永登县为一对小姐妹组织捐助，兰州市30多部出租车自发地跟随节目组前往，这相当于每位司机捐出了自己当日的收入。《直播哈尔滨》依托省慈善总会和台里的"幸福家爱心基金"，投入资金20万元，倾力打造关爱孩子的《让爱发声》节目，得到了社会的好评；举办"种棵丁香树，感恩母亲节"大型植树活动，引来上千市民的参与；组织"中国好人榜""风尚人物馆"等报道，并在活动当天将"最美教师"张丽莉请进演播室，当天取得1.09%、全台第一的收视率。其实，爱心宣泄本来就是中华民族的传统之一，"中国文化的一大特点，即是让人们在对人、特别是对亲人的感情中认识人生、理解生命；儒家揭示了中国文化这样一种活的灵魂，即在无边的亲情世界中'成为人'"②。进言之，善心宣泄还可以起到调节社会矛盾、整合社会资源的作用。这是因为，"文化的规则和逻辑，让给予同情的人感到他们有义务为那些处于困境中的人提供情感，使他们好起来；而被同情的人也感到他们有义务表达诸如痛苦减轻、感激等情感，以传达给同情者，他们给予的同情是互惠的。由此，强健的社会联系通过这种情感交换而产生的"③。这也正是坎迪

---

① 赵天天：《从〈等着我〉看我国的媒介爱心传播》，《今传媒》2015年第10期，第85~86页。
② 方朝晖：《中国人的思维方式与精神世界——关系本位、团体精神和至上的亲情》，《人民论坛（学术前沿）》，2013年第10期，第27页。
③ 陈文婧：《电视公益节目的传播价值研究——以〈等着我〉为例》，郑州大学学位论文，2017年，第53页。

斯·克拉克所说的："同情总是包括正义、公平和价值等文化观念的唤醒。给予同情和收到同情都会激励行为者关注情境的道德属性和参与者，在这个过程中，同情造就了具有显著力量的文化规则和逻辑来促进社会融合。"①

其次，为党和政府提供信息服务。在这方面，美国的做法值得借鉴。一方面，美国的媒体对社会公共事务始终保持着高度的热情，这是因为，"这些事务直接关系到社会民主，直接关系到人们的'知晓权'和大众的切身利益。尤其是其权力执掌机构（包括其工作人员）的运转情况，对整个社会有着广泛而重要的影响"②。所以，它们努力演好"看门狗"的角色，不遗余力地揭露黑幕和丑闻。另一方面，它们也积极发挥媒体的沟通功能，在权力机构与公众、权力机构内部以及公众各群体之间实现沟通，以促进了解、产生好感、开展合作。"'美国终极通缉令'节目播出五年来在美国周日晚间节目中一直最受欢迎，节目向公众剖析美国一直悬而未破的罪案，或者给观众提供仍然下落不明的受害者的信息。观众可以向有关部门致电，提供可能帮助破案的蛛丝马迹。在美国公众的帮助下，有关部门已经成功寻回数十个失踪儿童，拘捕了近千名嫌犯，以至于节目被美国政府列入参与反恐战争者名单"③。

《南京零距离》专门举办"下岗职工培训班"以帮助下岗职工再就业，开展"社区行"系列活动，为居民维修家电、提供法律援助等服务，这些举措客观上也是在为政府排忧解难。2005年11月，运行了三年的《第一现场》节目开始改版。对比改版前后的变化，不难发现，它有意增强了媒体在联结政府和民众之间的桥梁作用（见表7-5）。据该节目的主持人董超描述，自加盟栏目之后，他每天都在思考一些问题：新闻媒体总是社会最敏感的神经，尤其是民生类电视新闻栏目《第一现场》，更加应该将一些社会问题及时传递给政府部门，以利于矛盾的有效解决，诸如，深圳市民的生活状态怎样？什么问题在困扰着基层的大多数？应该从哪些方面着手解决？……立意决定内容。基于上述思路，针对不少社会问题，节目更多的是采取为政府帮忙的态度来处理，比如，深圳决定中巴车退出市场，那么，大巴的服务该如何完善？节目邀请市民一道来思考，再将各方意见汇总，最后递呈有关部门做决策建议之用。

---

① 转引自［美］乔纳森·特纳、简·斯戴兹：《情感社会学》，孙俊才、文军等译，上海人民出版社2007年版，第48页。
② 李瞻主编：《新闻采访学——报道公共事务的新策略》，台北三民书局1984年版，转引自陈立生：《公共新闻，真的超越"民生新闻"？》，《今传媒》2006年第10期，第12页。
③ 张丽琴：《电视"民生新闻"现象探析》，《正德学院学报》2005年第1期，第32页。

表 7-5 《第一现场》改版前后的变化

改版前	改版后
记录百姓生活	"面向主流社会"的内容定位
传递百姓声音	注重上情下达,也突出下情上达
注重舆论监督的社会影响和社会效果	在促进政府听取民意、科学决策方面发挥了较好的纽带作用

最后,为其他社会组织提供信息服务。媒体的功能不仅在于发现问题和提出问题,也表现在解决问题方面。2002 年,青岛电视台《生活在线》节目播发了《是谁搅浑了大桶水》的系列报道,通过节目的持续关注,最终促成青岛市"放心大桶水"联盟的形成。在这个过程当中,媒体不仅为企业、政府和百姓提供了必要的信息,更重要的是,它还帮助并保护了正规企业维护合法权益。像这类报道活动是值得大力提倡的。同样,2010 年,云南遭遇旱灾,《范大姐帮忙》栏目为了帮助当地劳务人员转移就业并与浙江用人单位顺利对接,联合浙江省就业管理服务局、云南省楚雄州、云南都市频道,共同推出"云南旱区转移就业 1+1 特别行动"。活动中,栏目具体开展了以下一些服务:与当地媒体互派记者进行深入采访;邀请旱区一线人员和职能部门领导走进直播间与观众交流;开通 24 小时帮忙热线和网络平台,发出公益行动倡议;向社会各方发布用工和招聘信息,共收集用工岗位信息 4 万余个,并和劳动部门联手,在最短时间内促成首场浙江企业专项招聘会;在云南、浙江两地进行跨省现场直播,介绍浙江企业用工现状,打消云南劳务人员的顾虑,让用工招聘双方跨地域无缝对接。

三、受众与效益

正如本书绪论所说,电视民生新闻的兴起,很大程度上在于对"受众"的发现。所谓"发现受众",既是大众媒体传播的规律使然,也是电视媒体转型的必然结果,这是因为,受众是媒体得以获取社会效益与经济效益的落脚点,从这个意义上说,受众与效益本是相辅相成、相得益彰的。

(一) 报道的内容要满足受众的需求

作为一种信息传播工具,媒体在满足受众需求时,首先表现在对后者的知情权的满足上。

以往,电视新闻缺少对民众生活内容的反映,现在,民生新闻的出现弥补了这一不足。但是,凡事皆有度,把握不当,则矫枉过正、过犹不及。如今的民生新闻似乎就有这种问题:天灾人祸、邻里纠纷、交通事故、人身伤害、水电气供应……这些事情成了民生新闻的"主料"。

这样的生活琐事是否值得上电视,值得商榷。应该说,社会生活具有极为广阔的外延，仅仅把上述事件当成社会生活的全部，这是一种狭隘的认识。而且，在同城竞争如此激烈的今天，这些类似甚至相同的事件，在各家电视机构的精心采编后，一次又一次地被端上"电视餐桌"，成为广大观众的"新闻晚宴"，久而久之，谁还能保证不出现审美疲劳和视觉反感呢？

受众为本，是民生新闻的节目理念，社会新闻，是民生新闻的主要内容，因此，民生新闻采取的是"软"的表达方式。这种方式蕴含了新闻娱乐化的因子，如果电视人把握不好"为民生计"的宗旨，就很容易在新闻的选择和内容的编排上走上低俗的道路。一些"民生新闻"为吸引观众眼球，对暴力、色情事件趋之若鹜，热衷于跟踪报道凶杀火并、婚外情、同性恋等题材，制作手段上存在娱乐化倾向，强化视觉刺激，以媚俗和"无立场"为立场的表现，使得原本严肃的话题变成了事不关己、不负责任的娱乐。

应该承认，这些题材内容和这种表达方式的确会赢得收视率。但是，透过数字看本质，我们发现，首先，它们满足的是人们的"原始兴趣"，即对性、暴力和感官刺激等事情的心理趣味。其次，它们只满足了部分人的心理需求，并不能代表广大观众对民生新闻的主流期待。而且，也是最主要的，这些题材不是真正意义上"民生"内容。民生者，人民之生计也，它涉及人民的生产、生活和生命健康等重大问题，岂是上述市井百态能概括得了的？进一步，即便是报道生活琐事，媒体也应该帮助人们积极地寻找解决问题的途径，告诉公众如何去应对社会问题，而不仅仅是让他们去阅读和观看这些问题。

人们过于专注家庭琐事、身边小事、百姓难事，对国家大事和社会生活失去了应有的关注，同时忽略了自己在整个社会博弈中所处的位置和被忽视的利益，这是大众媒体的败笔。新闻史告诉我们，社会新闻只有在能够为社会带来思想和启示的情况下才可能具有持久的生命力。因此，满足部分市民猎奇心理的社会新闻，由于缺少让人思考和推动社会进步的力量，必然会把民生新闻引向死胡同。这方面，央视的《新闻社区》（原《地方社会新闻》）值得我们学习，该节目并不排斥负面报道和社会新闻，但是，它坚持积极、健康的主旋律，因而获得大家的好评。

"文学作品的诸价值在读者身上的具体实现，是文学效果，是文学多元价值的实现，文学价值的实现只有通过读者的阅读才能达到"[①]，文学作品如此，新闻报道亦如此。在民生新闻中，如果新闻报道的选题依然定位于"琐事拼盘"，并且日复一日地向观众灌输传播，那么，即便每个节目都做得很精致，它也无法长时间吸引受众的兴趣，当然也不能够实现它的价值。由此观之，满足受众的需求和受众对选题的认可，是保证传播效果实现的前提。

央视的《每周质量报告》，是国内一档知名的栏目。它脱胎于《新闻30分》，是一档关注和监控中国人口环境的栏目，主要以食品的生产过程为报道对象，揭露

---

① 朱立元：《接受美学》，上海人民出版社1989年版，第268页。

的各种内幕多与饮食有关,真正打起了消费者的保"胃"战。2003 年"非典"病毒的肆虐再次给人类敲醒了安全警钟,人们不禁在想:我们的日常食品质量如何呢?《每周质量报告》就是在这样的情况下产生的,可以说是应时而生的——应广大观众的需要而产生的,它的产生填补了中国电视媒体在食品安全监督方面的空白。由于它关注人民群众的生命健康,尽管它报道了大量食品安全问题,却不会给人以厌倦感,相反,它每一次的节目都能获得极高的收视率。

胡黎明认为,新闻舆论监督的选题应坚持如下六条原则:①公心原则;②大局原则;③真实原则(事实真实、总体真实、对事实的评价和分析解释真实);④典型原则;⑤贴近原则;⑥连续原则。[①] 对电视民生新闻而言,笔者以为,在选题上,应遵循以下三个原则:①报道的主题是现实问题,即社会热点;②报道的核心问题是由新闻事件所引发的;③深度报道的结构应该是能"表现真正意义的脉络"。

在这种原则的指引下,选题满足了观众的需求,节目的释惑动机与观众的求教愿望一致,节目中所解之惑满足了观众的需要,因此,节目播出后才有可能得到应有的回馈。

进言之,知情权的满足只是第一步,媒体还应从知情权出发将之延伸到受众的媒介接触权。以美国为例。经过一系列媒体诉法院的案件之后,法庭明确了"宪法第一修正案赋予公众和媒体的接触权确保了宪法所保护的,对政府事务的讨论是充分了解情况的讨论"[②]。公共接触媒介的目的,是为了更好地了解案情,更好地行使舆论监督,保证舆论监督建立在充分了解案件情况的基础上。同时,公众接触权的行使,也有利于"培养了公正的感觉,因此提高了公众对司法体系的尊重"[③]。

接触权是基于言论自由和知情权而产生的,即公共有接触案件过程、事件的权利。

(二)报道的境界要超出受众的期待

2013 年 3—4 月,中国社会科学院中国舆情调查实验室开展了第一次全国范围的城市居民舆情调查。调查显示,公众接触互联网、电视的比例分别为 86.8% 和 86.5%,报纸为 69.1%,手机为 67.8%,广播为 47.4%,杂志 43%。从数据上看,电视虽然是中国城市居民最常使用的媒体之一,但这不等于说电视人就可以高枕无忧,因为互联网对传统媒体的"贴身进攻"始终是后者不可回避的一个现实挑战。

布尔迪厄对电视人曾有过如下的批评:"对电视人的道德主义确实值得深思:他们往往是犬儒主义的,但说的话在道德上却是绝对的因循守旧,令人不可思议。我们的电视新闻播音员、电视讨论会的主持人和体育评论员都顺理成章地成了小神

---

① 胡黎明:《"焦点现象"研究》,新华出版社 2004 年版,第 172 页。
② [美] John D. Zelezny:《传播法判例:自由、限制与现代媒介》,王秀丽译,北京大学出版社 2007 年版,第 151 页。
③ [美] John D. Zelezny:《传播法判例:自由、限制与现代媒介》,王秀丽译,北京大学出版社 2007 年版,第 152 页。

师，用不着怎么强迫自己，就自愿当上了典型的小资产阶级的道德的代言人，告诉人们'该如何去看待'郊区抢劫，校园暴力等'社会问题'。在艺术与文学领域也是如此：所谓最著名的文学性节目是在为已确立的道德标准、为守旧派、学院派或市场价值观念效劳（且越来越低三下四）。"①

海德格尔认为："读者进入阅读状态时，主体心理上已经有一个既成的结构图式（'前结构'），用姚斯的术语就是'审美经验的期待视界'——期待视界。"② 对观众而言，他们在收看电视节目时，就已经具有一定的"期待视界"。"他们一般都倾向于接受与自己的原有认知结构相符合的信息，而对于与自己的原有认知结构不符合的信息，则往往会表示怀疑或者拒绝"。③ 换言之，如果观众的收视体验与他们的期待视界接近甚至一致，观众就会感到节目没有新意而失去注意力；反过来说，如果节目内容让他们感到意外，超出了期待视界，他们就会眼前一亮。

当然，期待视界的高低取决于观众自身的素养。现在，随着观众的日渐成熟，他们的期待视界可谓越来越高。这给我们的启发是：在新闻报道时，节目不仅要符合受众的期待，还应超出他们的期待。

首先，让观众"开开眼"。在舆论监督中，电视节目担负了多种角色："观察者（代表观众的眼睛察看）、报道者（提醒、告知情况）、调查者（挖掘事件的内幕并推动问题的曝光）、宣布者（在此，发布官方的权威信息）、分析评论者（重新构造事件的信息及思路，为关注设定关于环境的议程、角色和性质）和参与并呼吁者（主张意见与态度，促进问题的解决）"④。在这些角色中，观众尤其青睐"调查者"，因为"调查者"可以带领他们去探寻未知的领域，并给他们以惊奇刺激的感受。

以央视的《每周质量报告》节目为例。自创办以来，每期节目都能够给观众带来不同的感受：垃圾纸变餐巾纸，医疗垃圾变食用器皿，墨汁染出"黑"木耳，"胭脂红"调出美味腊肉，"食品绿"做红薯粉，工业染料"嫩黄口"调制腐竹，各种色素染五彩果冻，柴火料冒充中药材，葡萄香精代替葡萄汁，劣质火腿肠里淀粉掺假……哪一桩哪一件不让人触目惊心？！更何况还有那些用双氧水、防腐剂、硫磺等对人体有毒害作用甚至致癌的化工原料来"炮制"食品的案例。造假者这种为经济利益而丧失良心的举措绝非每个人能够想象得到的。因此，节目在让观众一次次地瞪大双眼、发出尖叫的同时，也使他们打开了眼界，学到了知识。

其次，挖掘受众的隐性需求。李普曼认为："获得读者的注意力并不等于在新

---

① [法]皮埃尔·布尔迪厄：《关于电视》，许钧译，辽宁教育出版社2000年版，第53页。
② 和曼：《媒介监督的有效途径——试析〈每周质量报告〉中的"接受美学"》，《青年记者》2006年第4期，第51页。
③ 郑兴东：《受众心理与传媒引导》，新华出版社1999年版，第169页。
④ 郭镇之：《对焦点访谈系列丛书批评性报道的内容分析、专家访谈》，南方日报出版社2000年版，第94页。

闻中发表对宗教或伦理的看法，而是要激起读者的感情。读者必须通过他个人感情的共鸣进入新闻，在新闻报道中必须通过利用固定的成见提供他一个亲切的立足点。"①

观众的需求有显形需求与隐性需求之分。一些新闻事件在初发时期，没有引起大家的注意，这不等于大家没有需求，而是因为对事件知之甚少，大家的需求暂时隐藏起来了，成为一种隐性需求。随着事件真相慢慢被披露，并逐渐形成社会热点，观众的隐性需求便会爆发出来。

遗憾的是，一些电视人总是在观众的显性需求（浅层需求）上做文章，节目内容求新求异，电视荧屏上打打闹闹，这是民生新闻招致多方诟病的一个主要原因。由此观之，对媒体来说，既要关注观众的显性需求，也应学会挖掘他们的隐性需求。

"现在做深度报道的新闻节目太少了！"浙江电视台钱江都市频道《新闻007》的制片人楼坚感叹道。楼氏之所以出此言，正是因为《新闻007》就是打着"要做深度报道"的口号而诞生的。该节目对一些具有普遍性、社会性的题材加以引申、引导，呼吁观众看到其中潜在的意义，并不时邀请一些专家学者做客直播室，糅合评论和新闻事实，将一个事件从头到脚、从里到外剖析给观众看。一档20分钟的节目，甚至可以花上一半的时间仅仅播出一条新闻，这似乎是和民生新闻通俗化的理念背离了，但节目的高收视却证明了这个节目已经被老百姓所接受。

当然，挖掘隐性需求，不等于说就要放弃显性需求。比较周全的方案是，可以把一个话题分为两块来做，先通过短消息的形式，将事件报道出去，以发挥短消息的短、平、快的优势；再以深度报道的形式，对事件做追踪式或完整的报道，发挥深度报道重分析、见深度的特长。前者迎合观众的显性需求，后者满足观众的隐性需求，前后呼应，两头兼顾。

最后，在多维视野下开展舆论监督。与多维视野相对的是单维视野。所谓单维视野，是指在特定的时间和空间下，对一人一事做封闭式的单层次的分析和解释。尽管选择的事件虽然典型、批评的言辞虽然尖锐、揭露的内幕虽然触目惊心，但由于这种视野的局限性，报道无法产生应有的效果和力量。

因此，对多维视野的呼唤就成为一种必然，即，将事件放在整个社会的背景下，对其进行全方位的多维透视，以及多侧面多层次的剖析，从而挖掘新闻的深层价值，实现对社会现实的深层的折射。

在这方面，《焦点访谈》做出了表率。传统的电视评论的论证是从概念到概念的论证，是在先有论点的前提下，旁征博引，是一种文字功夫，是自说自话的自我陶醉。而《焦点访谈》的论证则是"对论据——事实的调查过程，最后得出符合

---

① ［美］李普曼：《舆论学》，转引自和曼：《媒介监督的有效途径——试析〈每周质量报告〉中的"接受美学"》，《青年记者》2006年第4期，第52页。

事实本质的结论,即用过程说话"①。具体说来,他们遵循五个"说话原则":"第一个原则,让事实说话的原则。第二个原则,让过程说话。第三个原则,让观众、百姓说话,这是获得轰动性效应的一个重要原因。第四个原则,让舆论领袖或专家说话,这是节目获得权威性的手法。第五个原则,让官员说话,这是舆论的策略"②。《焦点访谈》的成功值得民生新闻借鉴。

(三)报道的效果要得到受众的认可

2004年的春晚有一个小品,名字叫《让一让,生活真美好》。小品表现的是,发生交通拥堵时,大家都想尽快通过。主角甲对主角乙说:"让我先过,难道你不认识我吗?我是电视主持人!"乙的回答是:"管你是谁,我从来不看电视。"这个节目讲述了一个朴素的道理:传播者固然重要,但是,如果没有受众的认可,传播不可能产生效果。

在文学艺术领域,我们将这种现象称为"接受美学",即:"一部文学作品并不是独立自在的,对每个时代每一位读者都提供同样图景的客体。它并不是一座独白式地宣告其超时代性质的纪念碑,而更像是一本管弦乐谱,不断在它的读者中激起新的回响,并将作品从词语材料中解放出来,赋予其以现实的存在"(姚斯)③。

再从新闻报道来看,道理也是一样的。一部作品经历采、写、编、播等环节后,只不过是完成了其传播价值实现的前置程序,检验其传播效果的显现,唯有其进入受众的视野,并得到他们认可。"影响力的发出者对于影响力的收受者在其认知、倾向、意见、态度和信仰以及外表行为等方面合目的性的控制作用"④。以舆论监督为例,它与一般的新闻报道不同,前者更重视受众的认同。这是因为,从法理上说,舆论监督权是《宪法》赋予人民的一种宪政权利,而新闻媒体并不具备任何特别的舆论监督权,换言之,媒体与人民群众一样,其监督权同样来自《宪法》。由此观之,人民是舆论的主体,也是监督的主体,而新闻媒体的舆论监督则源自群众的监督。再从效果上说,人民群众因其数量庞大、分布广泛,其舆论的生成与传播往往需要借助一定的传播介质,而媒体因为独特的传播力与影响力,便成了群众监督最理想的传播载体,因此,人们常常会产生一种错觉,以为是媒体在监督,事实上,即便由媒体发起的所谓的监督,其力量的大小也往往取决于民意支持的强弱。换言之,当民众充分认识到自己的利益和权利、并开始自觉地通过新闻媒介行使这一权利时,全社会的舆论监督力量才有可能变得真正强大起来。因此,新闻媒

---

① 袁正明,《用事实说话——中国电视焦点节目透视》,上海人民出版社2000年版,第164页。
② 袁正明:《99'中国电视节目交易会电视新闻评论学术研讨会发言稿》。
③ 陈敬毅:《艺术王国里的上帝——姚斯〈走向接受美学〉导引》,江苏教育出版社1990年版,第17页。
④ 喻国明:《关于传媒影响力的诠释——对传媒产业本质的一种探讨》,《国际新闻界》2003年第2期,第5页。

体在开展舆论监督时,必须以受众的认可作为评价监督效果的依据。进言之,重视受众的认可,还可以进一步提高媒体的舆论监督水平,这是因为,通过观众意见反馈的鼓励和支持,媒体可以及时调整工作思路,最终形成"皮格马利翁效应"①,即新闻会做得越来越好。正如梅尔文·德弗勒所说:"从系统的观点看,理想的内容应能够获取受众成员的注意力,说服他们购买货物,同时又保持在道德准则和趣味范围之内。"②

媒体要想获得受众认可,可以在以下三个方面着力:

首先,以情动人。文学艺术作品非常注重情绪的感染和情感的动人。"文学的效果是在读者的阅读中悄悄发生的,是在读者的审美欣赏中潜移默化地打动读者的情感,撼动他们的心灵,改变他们的精神"③。

以主持方式为例。现在的民生节目,主持人多以个性化的风格现身荧屏,他们采用"说新闻"的方式来传播信息,以现场感逼真的画面来营造真实感,通过这种极富亲民色彩的模式,"动态地反映城市文化,还要不断地作用于民众和城市文化,引导着一座城市的文化走向"④。

目前,国内大多数民生节目的播出时段都在18:00—20:00之间。对于城市居民而言,这个时段属于下班高峰,广大上班族都还在路上,那么,收视人群以老人和家庭主妇为主。而民生节目走情感路线,恰好契合这两类收视人群的情感需求。因此,体验民情—了解民情—反映民情—以情动人,这是民生新闻应有的"情感之旅"。

当然,以情动人也不能极端化,还是要对受众的情感需求进行遴选。对此,歌德提醒过:"对付群众,如果你是激起他们想要的情感,而不是激起他们应该有的情感,那就是个错误的让步。"⑤ 有些节目意识到问题所在。鉴于下班高峰时,年轻人和白领尚在回家路上,而他们是社会的中坚力量和主流人群,很显然,节目不能忽视他们的存在,因此,一些节目开始有意地将播出时间后移。这样,既扩大了收视范围,也提升了观众的"含金量",同时为节目自身的内容提升和品质改进创

---

① 皮格马利翁效应:人们基于对某种情境的知觉而形成的期望或预言,会使该情境产生适应这一期望或预言的效应。你期望什么,你就会得到什么,你得到的不是你想要的,而是你期待的。只要充满自信地期待,只要真的相信事情会顺利进行,事情一定会顺利进行;反之,如果你相信事情不断地受到阻力,这些阻力就会产生。成功的人都会培养出充满自信的态度,相信好的事情会一定会发生的——作者注。

② [美] 梅尔文·德弗勒:《大众传播学诸论》,杜力平译,新华出版社1990年版,第150页。

③ 和曼:《媒介监督的有效途径——试析〈每周质量报告〉中的"接受美学"》,《青年记者》2006年第4期,第52页。

④ 张芹:《从民生新闻的局限性看新闻报道更高的追求》,《浙江传媒学院学报》2006年第3期,第20页。

⑤ 转引自阿忆:《收视率碾压文化空间》,《现代视听》2016年第12期,第1页。

造了契机和舞台。

其次,发挥主持人的评论作用。民生新闻不同于传统的时政新闻或述评节目,它是新闻和评论的结合体。对观众而言,他们看的是新闻,但听的是评论。如果说新闻报道是绘制龙体的话,那么主持人评论就是画龙点睛。

遗憾的是,不少节目并未意识到这个问题的重要性。"当事实的披露已经将观众引往某个社会期望和指望的高地,当记者富于智慧地将责任人具体地领向舆论的台前的时候,人们难以相信,以主持人的口表达着的警戒之声,却是人们已厌倦了的老生常谈:'交学费'"(麦天枢)①。可想而知,当观众一次又一次地听到这种"标准答案"时,他们的内心会多么失望,而节目应有的效果也必将大打折扣。

这种现象在民生节目中也时常出现。《南京零距离》曾做过一期题为《这家医院卫生状况让人忧》的报道,节目曝光了一医院将陪护家属借用的被子与躺椅藏于女厕所,甚至病人所用床褥也污浊不堪的情况。这篇报道事实清楚,取证扎实,给人以信服之感。面对此情此景,观众期待着接下来主持人的评论会道出他们的愤怒之情,给观众以酣畅淋漓的解气之感。然而,遗憾的是,主持人在评论这条新闻时,却大谈医疗体制改革等大而无当的空洞话题,观众得到的只是"隔靴搔痒"的感觉:为什么不再听听病人的感受?为什么不去对院方进行追问?为什么不去走访上级主管部门?……一句话,真不过瘾!

最后,鼓励观众参与。众所周知,媒体的话语权总是由精英来控制,草根难以参与和分享。但是,这并不能反证平民百姓就没有对传播权利的欲望,恰恰相反,他们非常渴望能有足够的传播渠道来表达自己的诉求,展示自己的生活状态。一个有趣的例证是,当下的互联网上,以"抖音""快手"为代表的自媒体应用已经风靡全国甚至全球。

对媒体而言,让渡出部分传播权,使观众获得一定的话语空间,以便实现他们欲求在媒体上展示自我和表达诉求的心理需要,这既体现了媒体的社会功能,也使法律意义上的民众的"媒介接近权"②落到了实处。进一步说,这种方式还使得精英与草根之间形成了一种衔接,从而为协商民主和社会整合提供了帮助。

袁正明认为,鼓励观众参与体现在三个层面上:"首先,要制度化地保证人民群众的认知,并创造使公众方便地获悉这些信息的条件,使政务与决策具有让人们行使舆论监督权所必要而足够的透明度。其次,要制度化地保证人民群众的参政议政,容许人们有基于不同利益考虑的表达自由。再次,要制度化地保证人民群众更多地了解媒介,这意味着人民群众确实成为大众传播媒介上最为活跃的主角而不仅

---

① 夏骏:《目击历史——新闻调查幕后的故事》,文化艺术出版社1999年版,第186页。

② 媒介接近权:大众即社会的每一个成员都有接近、利用新闻媒介发表意见以及开展各种社会和文化活动的自由与权利。这项权利产生于20世纪60年代的美国,后在西方国家发生普遍的社会影响。这项权利也要求新闻媒体必须向受众开放——作者注。

仅是陪衬。"① 这是值得电视人深思的。

四、人才与竞争

尽管国内各个城市都出现了民生节目，但是，除了如《第7日》《南京零距离》这样的领头羊，大多数节目都是出于仿效的目的而仓促上马的。这种"大跃进"式的跟风，对媒体的软、硬实力都是一个巨大的挑战，而不少媒体并未做好充分的准备。

一个突出的问题是，很多单位为应付节目所需而大规模招聘采编人员。2005年，成都一家新创办的民生新闻栏目竟一次性向社会招收600名采编人员。② 从业门槛的降低，产生了一批又一批规模宏大但经验不足的采编队伍。试问这些"壮丁"式的"新兵"如何能保证节目的品质？以主持人为例。在传统的时政节目里，所谓的主持人毋宁说是"播音员"，但是民生新闻不同，主持人无疑是节目的核心和灵魂。我们很难想象没有孟非的《南京零距离》或者没有元元的《第7日》，这是因为，他们独特的个性色彩、犀利的新闻评论和亲民的播报风格，成为节目的最大亮点，他们已然和节目融为一体，成为栏目不可缺的一个部分。然而，反观其他节目，这种出彩的主持人屈指可数。有些人甚至是从原来的时政节目里直接转型过来，因此，即便是转型到民生新闻，他们依然未脱播报、串联、念稿等旧有的痕迹。至于孟非式的犀利、元元式的亲和，他们要么学不会，要么学不好。

采编队伍的不成熟，带来的是节目品质的粗糙，一个突出的表现是，节目出现了反智化倾向，其具体表现是：

首先，社会生活的非政治化。正如布尔迪厄所说："电视新闻报道的总是那些能激起普通人的好奇心，不需要具备任何特别的能力，尤其是政治能力就能理解的东西。社会新闻造成的后果就是政治的空白，就是非政治化，将社会的生活化为轶闻趣事和流言蜚语。"③

综观当下的民生节目，充斥着大量的琐事屑闻，这是因为，相较于深度报道，前者所需的人、财、物等资源要少很多，而不少节目又是依靠一批新入行的人员在支撑，那么，制播市井杂谈显然是一种颇具现实意义的策略。"这些'肤浅的应急形式的——奔跑的新闻主义'，只需要足够冲击的画面激发足够的情感元素和娱乐元素，不需要信息的支持，不需要背景的链接，不需要层层剥笋似的调查，不需要新闻的敏锐和判断，而且收视不低。"④

这种策略固然具有短期效应，但从长远来看，其后果是严重的。根据赖特的说

---

① 袁正明：《聚焦焦点访谈》，中国大百科全书出版社1999年版，第351页。
② 佚名：《成都的新闻节目怎么了？》，http://blog.sina.com.cn/s/blog_54f83ed90102yyoi.html。
③ [法] 皮埃尔·布尔迪厄：《关于电视》，许钧译，辽宁教育出版社2000年版，第59页。
④ 朱永祥：《城市电视新闻去向何方》，《新闻实践》2006年第6期，第41页。

法,大众传播有四个功能:环境监视、解释与规定、社会化、提供娱乐。而目前的民生节目,为追求低成本而将新闻的功能窄化为"提供娱乐",最终戕害了新闻自身的社会价值。这是因为,它将商业利益代替公共利益,使得本应深挖和聚焦的公共议题被边缘化,从而割裂了私人生活与公共生活之间的联系。"当媒体积极地为受众寻找戏剧性的新闻素材的时候,对政治现实的最后一道监督也消失了"(W.兰斯·班尼特)[①]。

其次,新闻逻辑的非理性化。"记者们——应该说是新闻场中人——在社会生活中之所以举足轻重,是因为他们事实上垄断着信息生产和大规模传播的工具,且凭借这些工具,他们不仅控制着普通公民,还控制着学者、作家、艺术家等文艺生产者进入人们常说的'公共空间',也就是说大规模传播的空间(无论是作为个人还是任何一个协会或集团的成员,若要大规模地传播一条消息,就不可避免地会碰上这种垄断)。尽管他们在文艺生产场所地位低下,被人统治,但却行使着一种极为罕见的统治形式:他们控制着人们公开表达自己的观念,公开存在,为公众所认识,赢得'知名度'(对于政治家或某些知识分子来说,这是他们的主要资本)的手段。这使记者们(至少是他们中间最强大的那些人)总能获得与他们的精神业绩成正比的尊重……他们甚至可以部分利用这种神圣的控制力,为自己牟利(记者们偶尔能统治其他的文化生产者,如知识分子和政治家——但他们恨不得能跻身到知识分子和政治家的队伍中去——可与他们相比,哪怕是最有名的记者,就其地位而言,本质结构上还是低人一等,这一事实恐怕有助于说明他们为何总是倾向于反智性主义)。"[②]

布尔迪厄的话可谓振聋发聩。在民生节目里,非理性化的一个重要显现,就是对娱乐的过度追求。不少节目通过娱乐化的包装手段,将现实生活进行虚拟化处理,以制造出一种失真的幻象,最终达到实现感官刺激的娱乐目的。当然,不少观众收看电视的初衷也是为了消费娱乐,但是,这不是答案的全部,大众传播的功能也不能仅限于此。过度娱乐的后果是严重的,这是因为,媒体通报和教育公众的义务正在慢慢消失,取而代之的是一种弱化的责任感——把媒体的作用理解为"提供人们想要的",与之相反,采集和传播信息、整合社会资源、协调社会成员行为、塑造社会规范、传播正确价值观等理性追求则付诸阙如,遑论新闻推动进步!

复次,立场预设和主题先行。"社会新闻一旦为蛊惑术(自发的或精心策划的)加以野蛮的炒作,就足以引起人们普遍的关注,如以绑架儿童之类的时间和能激起民愤的丑闻,来刺激人们最基本的冲动和情感,甚至以儿童谋杀案或犯罪集团挑衅滋事等新闻来达到某种形式的群情总动员,煽起公众的怜悯或愤慨,这种种形

[①] 转引自朱永祥:《城市电视新闻去向何方》,《新闻实践》2006 年第 6 期,第 41 页。

[②] [法] 皮埃尔·布尔迪厄:《关于电视》,许钧译,辽宁教育出版社 2000 年版,第 53~54 页。

式的情感总动员具有国际性，接近于象征的私刑处死行为。"①

有些记者为了让节目"好看"，自觉或不自觉地将自我的理解代入新闻中，而不是从事件本身出发去寻找、抽取其内在的理路，其结果，观众最后看到的是媒体的立场，而非事实的存在。如在一档报道平价医院的节目里，记者一再强调这类医院给患者带来的便利。当然，平价医院有其价格优势，尤其在当下社会普遍反映看病难的大背景下，这类医院得到百姓欢迎是题中应有之义，但是，价格低廉的实质究竟为何？这是值得深入挖掘的，它到底是商家的一种市场策略，还是说原有的医疗价格本来就虚高？进言之，低廉的价格能不能保证医疗服务的高品质呢？像这些问题才是媒体最应该去深究的。"就媒介监督而言，它的意义将更深一步，毕竟媒介监督的目标不是媒体单方面地对社会上的不良现象进行曝光，也不是单单批评一些违背道德的人们的行为，媒介监督有它自己的价值和意义系统，这个系统就像是一个无穷延伸的可变曲线，一个由记者与受众共同参与的主客体交互作用的动态实现模式，因为一个媒介监督报道的现实价值正是体现在所有受众认可、评论的综合之中"②。此外，有媒体在处理消费纠纷时，习惯采用"民粹化"视角，动辄给商家扣上"奸商"等大帽子，而不是充分地调查研究，以厘清事情的原委并核实责任的归属。而在报道弱势群体的时候，又采用"反民粹化"的视角，将原因过多地推给弱者一方，为相关部门的失职做开脱。更有甚者，对于一些涉及制度化缺陷的问题，采用"小骂大帮忙"的方式，对一些具体问题做具体解决，至于问题背后所反映出的结构化问题，则不予深究和追问。

最后，制造偏见。偏见的产生，与记者机械地执行客观报道的惯习有关。真实客观固然是新闻的本质属性，但是，如果只是注重现实表象的报道倾向，就有可能被人利用为控制议题的手段。"假如说，所谓事件是自行发生的，而背后的事实是不含人为偏见的，那么新闻界大可光以报道事件为足，并认为自己是很负责地完成重任。但假如说，事件本身就是精心策划出来的，而且是由这个社会最有权、最有钱的个人或组织、机构设计出来的，那么新闻就不仅是对真理的片面报道，而是扭曲。"③退一步说，即便事件没有背后的力量，"当我们对'真'的向度进行评价时，往往也要过滤掉'善'和'美'的影响，这就必然要导致像伽达默尔所说的那样，为达到没有'偏见'的绝对'真'，实际上任何向度都不可能完全独立，继而就形成了最大的'偏见'"④。

相较于平面媒体，电视更容易令人产生偏见。这是因为，"电视不利于表达思

---

① [法]皮埃尔·布尔迪厄：《关于电视》，许钧译，辽宁教育出版社2000年版，第60页。
② 和曼：《媒介监督的有效途径——试析〈每周质量报告〉中的"接受美学"》，《青年记者》2006年第4期，第52页。
③ Michael Schudson：《探索新闻——美国报业社会史》，何颖怡译，远流出版事业股份有限公司1993年版，第178页。
④ 张理海：《社会评价论》，武汉大学出版社1999年版，第290页。

想，必须在'固有思维'的轨道上运作。由于电视需要一种'快速思维'，所以，电视只赋予一部分'快思手'以特权，出现了一批'媒介常客'，思想的颠覆性沉沦于老生常谈之中"①。以湖南的某档民生节目为例，虽然节目所报之事件件有趣，但事与事之间缺少联系，主持人也没有发挥串联铺陈的效用，因此，整个节目看似热闹，但就像一个大拼盘，呈碎片化的分离之态。

如果只是节目面貌呈碎片化，倒也好办，更严重的是，由于节目充斥各种琐细的趣事，那些本来更为重要、更值得播报的新闻却被排除在新闻议程之外。既然媒体的呈现不能反映出真实、完整的社会生活，那么，这种"偏见式"的报道最后只会误导受众对生活的判断与理解。对此，布尔迪厄一针见血地指出："由于记者们没有保持思考问题时所必须保持的距离，于是扮演起了救火消防队员的角色，他们可以通过渲染某一社会新闻，推波助澜，制造成一个事件，可等他们点起了火，别人来加油时，却又对之进行谴责，如谴责国民阵线利用或如报上所说的，试图利用'由事件激起的民愤'，然而，正是这些记者制造了整个事件，把它推向头版头条，或在所有电视新闻中反复渲染。总之，他们一方面推波助澜，一如既往地给别人提供最漂亮的操纵工具，一方面又反过来愤怒揭露或冠冕堂皇地谴责别人的种族歧视行为，进而给自己捞取道德和人道主义崇高思想的美名。"②

一言以蔽之，浅尝辄止的表述、絮叨无聊的堆砌、无关痛痒的告知、肤浅表面的话语……这些问题的出现都与媒体人才的素养有直接关系。对此，阿尔温·托夫勒严厉地指出："传媒给社会带来的不利影响时，（则应）冠之以'破坏性媒介'的帽子。"③

对当下的中国电视媒体来讲，一个突出的问题是，在"三网融合"的背景下，如何获得主导权。一方面，传统媒体面临着网络媒体的冲击。相较于前者，后者的投资成本低，运作程序简单，运行机制灵活，收益回报高。反过来，前者则由于人、财、物等资源投入大，往往难以获得相应的高额回报。另一方面，传统媒体还面临着来自境外媒体的挑战。尽管国家通过各种法律和政策限制境外电视信号落地，但是，它们借助互联网这一平台向境内进行渗透，甚至不惜以重金从中国媒体"挖人才"。更严重的是，国内媒体之间也存在着竞争，一方面，现有的传统电视台已经达到数量上的饱和，另一方面，随着数字频道的开辟，现有的市场又被进一步分割。当然，各家电视台也在迎难而上，它们借全媒体的东风纷纷上线网络电视台，意在扩大自身的覆盖范围。这种数量级的扩张是必要的，但是，一个核心的问题再次摆在了大家的面前：我们是否储备了足够的资源来满足上述扩张所需的人

---

① ［法］皮埃尔·布尔迪厄：《关于电视》，许钧译，辽宁教育出版社2000年版，第8页。
② ［法］皮埃尔·布尔迪厄：《关于电视》，许钧译，辽宁教育出版社2000年版，第76页。
③ ［美］阿尔温·托夫勒：《权力的转移》，刘红等译，中共中央党校出版社1991年版，第375页。

力呢?

前文已述,国内民生节目的遍地开花,很大程度上是一种跟风之举。为满足节目所需人力,大量仓促入行的新人,在未经充分的岗前培训的前提下就匆忙接手,而入行以后,由于采制新闻的压力,各单位又轻于甚至没有职后培训,导致采编人员无论是在业务水平,还是知识结构,抑或专业素养方面,都存在着短板和差距,这是导致上述媒体乱象的一个重要原因。

鉴于当下的媒体竞争之残酷,在岗前培训来不及的情况下,笔者以为加大记者的职后培训是非常有必要的。西方国家普遍重视对记者的培训,我们以美国报业关于"记者无能"的解决方案①为例:

> 公众看法:美国各地的社会领袖说,有关专业领域的报道经常由缺乏相关知识的记者操刀,这样的记者或者编辑无法做出公正的报道。出席座谈的人士说,有的记者分不清楚债务和股权,不熟悉法庭惯用语,或者不知道制造、批发、分销、零售的关系。
>
> 最佳方案:①解决的方法是从招聘开始。留意应聘者的大学主修或副修科目是否有助于他/她成为某一领域的记者,及是否有其他知识或技巧。②报社需要明白,为员工提供培训或者进修是增加公信力必要的投资。记者、采访主任(Assigning Editors)和文字编辑都应该持续学习。在报社内部,可以采取阅读材料、视听教学、座谈研讨,或者请专业人员给采编人员讲课等多种灵活的方式授课。
>
> 介绍:在美国有多层次持续教育模式。美国各个大学提供奖学金为新闻从业人员提供一年的专业知识课程(如哈佛大学的尼曼奖学金、丹佛大学的赖特奖学金等)。一些新闻教育机构与大学合作,利用大学设施和学术环境培训从业人员。此外,美国传播基金会和全美新闻界基金会除了定期举办研讨会以外,还为报社量身定做课程。

面对更复杂多变的世界,新闻从业人员提升报道技巧与增加专业知识同样重要。"最佳方案"虽然并不出新,但美国这些"回炉再造"的模式值得业界借鉴。

除此之外,从民间选拔人才也是一条路径。如2009年,《新闻日日睇》举办了"G4"②海选活动。节目组派出机动记者采访组,负责在广州街头的每日报道。该活动前后延续三个月,最终选拔出了所需的人才。进言之,这个故事也从另一个侧面反映出了民生新闻的魅力。放眼望去,生活中,有志于以专业主义精神从事新闻

---

① [美]罗伯特·海曼、埃夫·韦斯廷:《最佳方案——公平报道的美国经验》,郭虹、李阳译,汕头大学出版社2003年版,第31~34页。

② 所谓"G4",是指"Good news for you"。

工作的人其实并不在少数——既包括已经在行业内就职的新闻人，也包括那些不在体制内的"准新闻人"，这种人大有人在。然而，与充满活力、尚在建构中的民生新闻相比，一般的电视新闻节目常常显得刻板且正统。因此，对于有理想、有抱负、爱创新、勤思考的人来说，以"调查求证""为民服务""舆论监督"等精神为指针的民生节目，无疑是有强大的吸引力的。因此，对节目来说，认识到自身的独特性并强化宣传这一优势以吸引人才，是各家民生新闻应该重视的问题。

当然，以上只是从内容生产的层面阐述采编人员之于节目的重要性。在转型发展与融合创新的当下，媒体对人才的需求绝不止于采编人员，还包括具有融媒产品运营管理经验的高端人才、具有互联网知识背景的技术研发人员以及具有全媒体采编能力的全媒人才等。关于这一点，我们将在后面予以详述。

一言以蔽之，媒体对社会的作用是重要且重大的，正如美国哥伦比亚大学新闻学院的普利策铜像基座上刻的一段话所说："我们的国家与报业休戚相关，升沉与共。报业必须具有能力，大公无私，训练有素，深知公理并有维护公理的勇气，才能保障社会道德。否则，民选政府就会徒有虚名，成为一种赝品。报业的谩骂、煽动、虚伪、专横将使国家与报业一同堕落。塑造国家前途之权掌握在未来新闻记者的手中。"①

五、渠道与技术

对传统媒体而言，媒体转型的方向在于与新媒体的融合。西方学者提出了媒体融合的五种类型："所有权融合""策略性融合""结构性融合""信息采集融合"和"新闻表达融合"（Rich Gordon, 2003）②。但是，在中国，这一概念有其"中国式"的独特理解：2017年1月，中宣部部长刘奇葆在推进媒体深度融合工作座谈会上的讲话中指出，要正确处理统与分的关系，精心设置组织架构，形成"一次采集、多种产品、多媒体传播"的工作格局。并指出，并不是要求把采编发各环节绝对地"统"起来，也不能按媒体属性简单地"分"开来做，各搞一摊。这就要求我们辩证看待统分关系、协同和独立的关系。为此，刘奇葆指出，在深度融合过程中，一是传统媒体和新媒体在采编指挥调度、重大选题策划、采访力量、稿件资源方面可以尝试"统"起来，增强调度指挥能力、一线采访能力、新闻原创能力；二是编辑力量可以有统有分，"分"就是按业务领域分设经济、政治、文化、国际等专业编辑部门，"统"就是改变报网、台网分办的做法，让这些按专业划分的编辑部，既管报纸版面、广播频率、电视频道内容，又领办网站、"两微一端"的频道

---

① 王梅芳：《舆论监督与社会正义》，武汉大学出版社2005年版，第352页。
② 陆洋：《浅析媒介融合视阈下融合新闻生产的新变化——以〈纽约时报〉为例》，http://media.people.com.cn/n/2015/0401/c394791-26784921-2.html。

栏目内容；三是可以按媒体形态分社报、台、网、微、端负责内容总成的总编辑室。①

由此观之，我们对"媒体融合"的理解，更多地偏向于通过新媒体技术的引进，拓展新的传播渠道来扩大主流媒体的传播力，从而在客观上提高党和政府的影响力。因此，传统媒体的转型主要表现在"两微一端"的应用与开发上，而"两微一端"既是一种新渠道，同样也是一项新技术。

电视是电子媒体的一种，从这个意义上说，它和新媒体一样，都是电子技术的产物。但是，从传播属性上看，二者还存在着较大的区别：前者追求的是以"点对多"为特征的封闭型传播生态系统，而后者追求以"多对多"为代表的开放型传播生态系统。因此，前者是单向的、不可逆的大众传播模式，而后者则是双向的、可逆的多种传播模式的综合。

囿于这种差异，传统媒体的转型就难免出现一些问题。尤其是在面向"两微一端"的转型过程中，如何实现微博、微信和客户端之间的协调，是摆在电视人面前的突出问题。

在微博/微信上，有些媒体片面强调碎片化时代的碎片化阅读（当然也不排除是为了满足工作量的要求），硬生生地将一篇报道拆分成十几条甚至几十条片段，将其发至微博/微信，这种做法既割裂了报道自身的逻辑，也削弱了读者的阅读体验。客户端是不少广电台（集团）倾力打造的拳头项目，意在使之成为占领用户手机界面的桥头堡。或许是过犹不及，这反而使得客户端成了"大杂烩"。有的 App 集纳了集团各个频道的内容，由于频道间本身就存在栏目或内容交叉的现象，因此，这种重复也相应地投射到了 App，导致其功能重合度与内容相似度较高。有的 App 涵盖新闻报道、生活服务、帮忙维权、娱乐消遣、政务消息等各种内容。这些内容源自不同条线，故而也分属不同部门，但是经营 App 的又是独立的一个部门，而该部门又不具备内容生产资质，于是就出现了会生产的不负责管理、负责管理的却不会生产这种怪象。相关数据可以说明这一问题，"截至 2015 年，全国主流媒体客户端上线 234 个，而下载量 10 万级别的只有 15 个，千级以下的客户端 168 个。下载量大的媒体客户端集中在中央媒体……"②。

同质化竞争也是一个严重的问题，一个集团下辖几个或十几个频道，而每个频道下面又有十几个栏目。目前，每个栏目都有自己的官方微博或微信，这样，每个广电台（集团）就有上百个官微或微信。由于身处同一地区，且各栏目都在追求节目时效性，因此，内容的相似度之高可想而知。而且，一个集团拥有这么多的号，

---

① 转引自刘旭道：《"集成中心"改变了什么——以温州都市报全媒体为例》，《青年记者》2017 年 3 月上，第 30～31 页。

② 周丽：《媒体"两微一端"融合盈利模式探析》，《四川文理学院学报》2017 年第 2 期，第 75 页。

常常让受众难以适从，最终影响了整体品牌的构建和价值。此外，不少媒体由于严守内容监管原则，其在客户端上所发的消息全部来自原有媒体，几乎没有源自网民的声音，甚至对一些网上已成热议的重大事件也是"装聋作哑"，这进一步加剧了"两个舆论场"的区别。

应该说，大多数媒体都意识到实行整合运营是面向"两微一端"转型的最好方式。"有学者在调查中发现，在受访的媒体中，有53%对于'两微一端'采取整合运营方式，选题、内容互通共享"①，其结果便是，"同质化新闻多于差异化竞争"②。可见，整合运营的有效性发挥，其前提在于，要对"两微一端"的内容和效果进行科学的规划和明晰的定位，非此，则"极易造成同质化内容泛滥，带来信息过载和冗余，使用户无法在最短的时间内获得有效信息，降低了用户体验；同时也无法实现系统合力和范围经济效益，引发集团同质竞争，增加内耗和成本，造成资源的严重浪费。此外，媒体独特的差异化定位不清晰，很难形成强大的品牌影响力"③。

我们从社会效益和经济效益两个角度来解释这个问题。

从社会效益的角度看，主要表现在用户对媒体在"两微一端"上所发内容的订阅量、点击率、评论数和转发数以及客户端的下载量等指标上，上述指标的综合构成了媒体的传播力和影响力。我们以电视媒体中的翘楚"央视新闻"为例来说明。

"央视新闻"客户端在iTunes（苹果应用商店）的新闻类App排名仅为45位，在安卓市场的下载量仅为786万次，总下载量仅为4552万次。④阅读量反映了传播力，转发和评论量反映了影响力。一项开展于2016年的调查显示，"央视新闻"的传播力和影响力之间出现了严重的分野。根据对从"央视新闻"中随机抽取的43条新闻的分析，人们发现，这43条新闻的最小阅读量是24366次，最大阅读量是403597次，平均阅读量是153657次，而平均评论量是11次。"央视新闻"独立客户端用户数达到3470余万次，而平均阅读量还未到达用户数的0.5%，这充分说明了用户的参与意愿很低。⑤

这一现象在"两微"中也有类似的表现。人们在"央视新闻"官微中抽取了一则话题参与次数最多（共计240次）的#微感动#话题，将其与微博热门话题进行比较，发现前者的转发量、评论量、点赞量等指标远不及后者。

---

① 刘奇葆：《推进媒体深度融合打造新型主流媒体》，《青年记者》2017年3月上，第9～11页。
② 向安玲：《媒体两微一端融合策略研究》，《现代传播》2016年第4期，第68页。
③ 卢剑锋：《报业集团"两微一端"协同传播初探》，《编辑之友》2017年第5期，第59页。
④ 国家新闻出版广电总局网络视听节目管理司、国家新闻出版广电总局发展研究中心：《中国视听新媒体发展报告》，中国广播影视出版社2017年版，第76页。
⑤ 张健：《品牌核心价值的延伸与困境——"央视新闻""两微一端"内容产品的经验分析》，《南方论坛》2016年第5期，第15～21页。

我们再从其"两微"订阅量来看。表面上,"央视新闻"的"两微"订阅量数字并不低,其微信公众号的用户超过了588万人,长期居于微信公众号排行榜领先位置,微博粉丝数也超过了5400万人。但是,若将其放入网民总量这个背景下去看,事情就不是这么简单了。统计显示,微博月活跃用户共3.76亿人,微信已经覆盖了中国94%以上的智能手机,即中国微信的用户数量已经达到了7亿人以上。将以上数据进行换算,关注"央视新闻"微信公众号的用户仅仅占微信用户总量的约0.84%,微博公众号粉丝仅占活跃用户总数的14%。

从经济效益的角度看,目前,各家媒体尚未在"两微一端"领域建构起一种有效的盈利模式,大家的精力更多的是放在扩大用户基数、拓展市场上,说白了,就是"赔本儿赚吆喝"。至于盈利,既不是当务之急,实际条件似乎也不具备。① 以《人民日报》为例。截至2018年4月,《人民日报》微博已拥有超过5703万粉丝,粉丝数量高居国内媒体微博前列,《人民日报》微信公众号在2017年的总阅读为5.7亿,总点赞数在同类微信公众号中也居于榜首,② 而在2017年上半年,《人民日报》客户端总下载量达到20838.88万,位列中国媒体App首位。③ 同样,"央视新闻"也是把打造品牌作为近期的主要目标。从2015年开始,它"与中国移动合作,未来三年内,中国移动将在合作机型预装央视新闻、央视影音App,每部手机预装费用2元,央视计划投入4亿资金。据测算,2017年央视新闻、央视影音App装机量将超过5亿"④。与之相反的是,"中国网络营销收入逼近3000亿,在五大媒体广告中占68%,而同期电视广告只有1049.9亿,在五大媒体中接近1/4"⑤。可见,对电视媒体而言,无论是扩容用户还是拓展市场,最终如何留住用户、守住市场才是媒体能否盈利的关键所在。

如果无法实现两个效益的双丰收,这样的转型之路显然不能长远。问题之所以出现,原因在于内外两个方面。从媒体内部而言,是人、财、物等方面的准备不足,从外部因素来说,则是商业媒体的竞争激烈。下面我们分而述之。

首先,媒体在转型时并未彻底厘清自己与社交媒体间的区别。"社交网络往往是自发而非正式、横向而非层级、动态而不断改变的,而组织结构却是有组织而正

---

① CTR(央视市场研究公司)媒介智讯的数据显示,2016年中国广告市场整体降幅0.6%,颓势不改。广告刊例花费同比,报纸下降38.7%,杂志下降30.5%,电视下降3.7%,只有电台略有2.1%的增长。转引自《2016中国广告市场及传播趋势》,https://finance.sina.com.cn/roll/2017-03-08/doc-ifychihc5875467.shtml。
② 人民网研究院:《2017媒体融合传播指数报告》,https://www.iimedia.cn/c400/53368.html。
③ 艾媒咨询:《2017上半年中国媒体App总下载量排行榜》。
④ 搜狐新闻:《央视占据全国1/3收视份额重视主旋律"正剧"》2014年11月17日。
⑤ 艾瑞咨询:《2017年网络广告市场年度监测报告》。

式、纵向而分层、静止而刻板的"①。显然，传统媒体属于后者——组织结构。综观国内媒体的转型实践，大多数都把内容生产视为自己的优势，并力图在"两微一端"中加以体现。重视内容管理，这固然没错，但是，网络时代对媒体的要求远不止于内容，它首先追求的是如何满足用户体验。遗憾的是，"传统媒体试图打造的都是品牌型产品，而这样的产品往往维系于小众群体的情感，难以通过商业需求驱动实现长远发展"②。以"央视新闻"为例，虽然央视花了很大气力打造这款产品，但是，相比商业客户端，"央视新闻"的用户体验并不理想。比如，"央视新闻"并不支持用户自行设置界面，这样，用户如果想根据自己所好来自由调整频道就没有可能了，相反，商业客户端却提供了这方面的技术保障。"据资料介绍，《今日头条》仅在 0.1 秒内便可计算推荐结果，只需 3 秒即可完成文章提取、挖掘、消重、分类等功能，在 5 秒的时间里，可以计算出新用户兴趣分配，差不多 10 秒内可以更新用户模型。这样的'私人定制'模式体现出了新媒体对受众本位、用户至上的推崇，同时也表现出了极大的人文关怀。《今日头条》给传统新闻媒体最大的启示在于，私人定制的差异化信息服务，是为信息爆炸时代开启的一扇窗。用户所关注的，就是头条"③。对这一点，央视也承认是自身的不足："目前央视媒体客户端的信息发布和推送都将用户视为同质化主体，内容以新闻频道节目内容和记者的最新供稿为主，并没有针对用户群体间的差异而实现内容多样化。"④ 因此，转变"内容为王"的思路，以"用户为王"的思路指导媒体的转型，是传统媒体亟待解决的认识论问题。

其次，经费投入不足也是制约媒体转型的一个原因。尽管国家出台了支持社会资本以及有保留地允许外资进入除新闻业以外的内容产业的相关政策，但这只是一种宏观上的设计，很多具体的投融资政策尚在探索或有待明晰的阶段。此外，国家对新闻业务（如制播合一）实行严格把控，因此，传统媒体要想拓展新媒体市场，很大程度上依赖自筹经费。然而，如前所述，目前传统媒体在"两微一端"尚未找到一套稳定的盈利模式，因此，"外无输血"加上"内无造血"就成了媒体所面临的资金窘境。与之相比，境外同行的新媒体之路却是"大手笔"。香港凤凰卫视旗下的凤凰新媒体，近年来业绩持续下滑，于是，他们想出了"买壳上市"的做法："斥资 5760 万美元收购'一点资讯'46.9% 股份"⑤，以约 4 亿人民币收购一个资

---

① ［加］马修·弗雷泽、［印度］苏米特拉·杜塔：《社交网络改变世界》，谈冠华、郭小花译，中国人民大学出版社 2013 年版，第 2 页。
② 王建磊、孙宜君：《融媒背景下传统媒体 App 的价值转移研究》，《现代传播》2016 年第 11 期，第 118 页。
③ 曾欣瑜：《媒介融合背景下电视民生新闻的发展趋势与传播策略：以云南电视台民生类新闻为例》，云南师范大学硕士学位论文，2014 年。
④ 朱元君：《央视新闻客户端的内容与发展》，《青年记者》2015 年 6 月下，第 20 页。
⑤ 搜狐科技：《凤凰新媒体 3000 万美元注资 一点资讯占股 46.9%》。

讯客户端，凤凰网 CEO 刘爽给出的理由是："重新定义了移动入口。"① 再以 CNN 为例，它在 2016 年投入 2200 万美元发展新媒体业务，它的所有记者都集体转型为全媒体人，而且，它还明确要求，所有的内容都要包装成适合新媒体平台的形式，并且优先在移动互联网上呈现。CNN 的努力最终获得了相应的回报。目前，"CNN 新媒体 60% 的流量来自包括社交媒体和客户端在内的移动平台"②。

  复次，人才的匮乏是媒体普遍面临的问题。传统媒体并不缺乏内容生产人才，然而针对新媒体业务的人才却严重不足，时任浙江省委宣传部长的葛慧君在永康广播电视台调研媒体融合发展时，曾对当地领导连续发问："县里有没有行动？有没有办法？有没有推进？"当听说新媒体业务只有三个人的时候，葛慧君说："三五个人是不够的，你要四五十个人。"③ 目前，有三类人才是亟待补充的：具有融媒产品运营管理经验的高端人才、具有互联网知识背景的技术研发人员和具有全媒体采编能力的全媒人才。有些媒体为了应付转型而临时设置运营团队，但是，由于缺乏顶层设计，常常会出现一人身兼数职的现象。还有的媒体将技术维护外包给第三方，或者根据节目或活动的特殊要求而聘请临时人员，其安全隐患更大，有时因为人员调离其他岗位，导致"两微一端"得不到及时维护，甚至出现因为人员离职带走账号和密码，使得"两微一端"成为"僵尸号"的后果。与之相反的是，一批传统媒体的从业者反而跳槽去了新媒体行业。以河南卫视为例，截至 2018 年 11 月，"流失人才 30 人左右，占比为 8%。流失的人才以年轻的男性领导为上"。④

  最后，商业客户端倒逼媒体客户端的变革。目前，国内的传统媒体纷纷试水"两微一端"。"截至 2015 年 12 月 31 日，主流传统媒体的媒体客户端数量已达到 231 个，形成了'东澎湃，南并读，西封面，北无界，中九派'的格局"⑤。但是，放眼整个新闻客户端市场，媒体客户端面临着来自门户类媒体和社交类媒体的强大竞争。新浪、搜狐、网易、腾讯等传统的门户网站纷纷上马新闻客户端，它们充分利用自身原有的在 PC 机上所积累的品牌优势，将影响力迁移到移动互联网，力图实现用户的整体转移。它们占据了新闻客户端 54.3% 的份额。而以"今日头条"为代表的社交类媒体，尽管没有门户类媒体的先发优势，也没有传统媒体的内容优势，但是，它们"基于对用户使用习惯、社交关系的数据挖掘，通过算法精准计算

---

  ① 佚名：《凤凰网高管解读 15 年 Q2 财报加强移动化转型与核心竞争力》，《参考消息》2015 年 8 月 12 日。
  ② 苟凯东：《"两微一端"：技术、机制和创新扩散》，《电视研究》2017 年第 4 期，第 13 页。
  ③ 赖豪鸣：《社交媒体时代的广电媒体融合之道：基于浙江广电新媒体测评和调研的剖析》，浙江传媒学院硕士学位论文，2017 年，第 20 页。
  ④ 高金光等：《失衡与重建：河南传统媒体人才流失状况调研报告》，《新闻爱好者》，2018 年第 11 期，第 9 页。
  ⑤ 清博大数据新媒体指数团队：《中国传统媒体新闻客户端发展报告》，《青年记者》2016 年 2 月上，第 9 页。

出用户感兴趣的新闻内容并个性化推送,是海量内容的抓取者和整合者"①,这样,它们占领了39.1%的份额。上述两类客户端瓜分了90%以上的市场份额,最终,仅有6.5%的份额留给了媒体客户端。商业客户端通过"借船出海"的方式,成功地解决了自己的采编资格问题。以往,相比官方媒体,商业媒体最大的问题在于,它们缺少时政新闻的采编资格,而这也是不少官方媒体中人在面对商业媒体倒逼时最为自负和得意的地方。比如,2017年2月,"梨视频"就被北京网信办等部门责令全面整改,原因是未取得互联网新闻信息服务资质和互联网视听节目服务资质,擅自发布时政类视听新闻信息。②但是,就在同时,商业客户端巨头"今日头条"却通过收购山西运城市阳光文化传媒有限公司的方式,间接取得了《信息网络传播视听节目许可证》。③"今日头条"的这种做法一定会在业界产生巨大的示范效应,这也将进一步加剧官方媒体的生存困境。

对于电视媒体来说,"把传统媒体的内容、经验、机制、品牌线性地向新媒体复制延伸,并不会复制传统媒体的神话,经营新媒体只有充分尊重新媒体的自身规律才有希望"④。如何把自身的内容生产优势、新媒体的技术特点和受众的接受体验结合起来,才是增强"两微一端"传播力和影响力的根本途径。基于这种考虑,创新是唯一的出路。

约瑟夫·熊彼特认为,创新包括五个方面:制度创新、资源配置创新、市场创新、技术创新和产品创新。⑤我们以此为据,从五个方面来阐述在渠道与技术领域的创新。

(一)制度创新

"两微一端"是新的传播渠道,也是新的传播技术。但是,我们不能犯"唯技术论"的错误,这是因为,技术的效能发挥需要相应的制度保障。换言之,技术的迭代和渠道的拓展,"不仅需要调整创新来适应组织和产业的结构,而且创新也改变了组织——它赖以生存的环境"⑥。就目前的情况看,媒体应加强对新闻宣传、产业运营、技术运维和人力资源的统筹管理。

---

① 张健:《品牌核心价值的延伸与困境:"央视新闻""两微一端"内容产品的经验分析》,《南方论坛》2016年第5期,第19页。
② 腾讯科技:《梨视频未取得相关资质被网信办等部门责令整改》,2017年2月5日。
③ 网易新闻:《今日头条拿下网络视听许可牌照:收购持牌公司山西运城阳光》,2017年2月6日。
④ 黎斌:《电视融合变革——新媒体时代传统电视的转型之路》,中国国际广播出版社2011年版,第168页。
⑤ [美]约瑟夫·熊彼特:《经济发展理论——对于利润、资本、信贷、利息和经济周期的考察》,何畏译,商务印书馆1990年版,第73~74页。
⑥ [美]E. M. 罗杰斯:《创新的扩散》(第五版),唐兴通译,电子工业出版社2016年版,第449页。

前述，"两微一端"绝不仅是技术或渠道的创新，它还倒逼组织体系的变革。"两微一端"涉及新闻宣传、产业运营、技术运维和人力资源等诸多方面的协调与整合，因此，不能把"两微一端"视为原有体制的附属品，仅仅满足于增量改革。① 相反，要着眼于存量改革，对原有组织框架做全面调整，唯此，方能使新渠道和新技术发挥出其应有的效用。

当下，各台（集团）的新媒体之路多着眼于新闻宣传和技术运维层面，对产业运营和人力资源的关注不够，这是亟待加强的。

以组织结构为例。不少地方均已组建起了广电集团，将原有的电台、电视台和网站乃至于广播电视报集中到集团之内，但是，其管理仍然执行"一块牌子，多套班子"的模式。表面上，集团实行扁平化管理，实际上，各单位仍然是自主经营，独立运作，这样就难免出现选题撞车、内容重复和成本叠加等一系列问题。

可见，仅有"物理反应"是不够的，还要实现"化学反应"。以《人民日报》为例，它专设一个"新媒体中心"，下辖统筹策划室、视觉设计室、推广合作室以及三大运营室（社交媒体运营一室——微博室、社交媒体运营二室——微信室、客户端运营室）等6个部门。"'新媒体中心'像一个微缩型的'中央厨房'：它的统筹策划室、视觉设计室与"两微一端"三大运营室之间在编审流程上形成了一种介于纵向与横向之间的特殊关系，以'条块结合'的模式拓宽着聚合轴范围，并为'两微一端'平台间的内容层面提供了组织架构上的支撑"②。再以BBC为例，其在"创意未来"改革计划中提出，它将"超越传统广播电视模式，（把自身）改造成根据用户需求提供视听节目和视听信息服务的新型传播媒体"③。

这里，要把"新媒体中心"和"中央厨房"区别开来。"中央厨房"最早由浙江湖州广电传媒集团开始实践④，意在"实现新闻的多渠道采集、一体化加工、多形态输出和多终端分发，它是对传统媒体分部门、分区块、分级别的新闻生产模式的一种重构，（它就像）一个大的生产车间，以生产适合不同终端、受众喜闻乐见的新闻产品为起点，打破部门层级和媒介形态的界限，完成一个媒体全部产品的设计、生产和传播"⑤。由此观之，"中央厨房"是为"两微一端"提供内容服务的"大编辑部"，那么，主管"两微一端"的"新媒体中心"则是一个微缩版的"中

---

① 有些台总是在节目在电视频道播出以后，才在"两微一端"上开始推送。对于已经通过电视收看了节目的观众而言，微信的推送其实没有意义——作者注。

② 张放：《分层与聚合：符号叙述学透视下的"两微一端"融合策略》，《编辑之友》2018年第6期，第15页。

③ 武艳珍：《BBC全媒体：以用户为中心的变革——常怡如访谈录》，《新闻战线》2014年第2期，第62页。

④ 参见秦敏：《中央厨房：全媒体环境下的新闻采编方式创新》，《中国广播电视学刊》，2012年第12期，第90～92页。

⑤ 苟凯东：《"两微一端"：技术、机制和创新扩散》，《电视研究》2017年第4期，第13页。

央厨房"。

例如,长兴传媒集团下属的全媒体信息采集策划平台在获取突发事件信息后,会立即启动预案,派全媒体记者赶往现场;途中第一时间连线广播、推送网站;抵达现场后依次上传图片,再次连线,口播最新动态,发送电视滚动字幕;采访完成,提供影像、文稿至全媒体编辑刊播平台,供广播、电视、报纸、网站等媒体分别选用。他们以集采集供的"中央厨房"为基础,力图实现"一次采写,多平台编发"。

党和政府希望,传统媒体转型与新媒体的融合,要做到"你就是我,我就是你",但是,有些地方依然是"我还是我,你就是你",顶多是"你中有我,我中有你",究其原因,一个重要的因素在于绩效考核机制的陈旧。不少媒体担心,将内容先行发在新媒体上,会影响主渠道(电视机)的收视率,进而干扰台里的创收,因此不鼓励记者在新媒体渠道上发稿,并通过绩效做杠杆来达到引导之效。在这种机制下,新媒体要想有所发展就难免处处掣肘,因此,媒体应尽快出台适应"两微一端"的绩效考核和激励机制,鼓励员工重视在新媒体上的传播。如光明日报社在对移动终端报道者进行考核时,注重把优秀新媒体报道产品与用户的分享、评论、反馈情况相合,作为考核和提拔使用的重要指标,有效激发内部活力。

除了产业运营之外,人力资源管理也应做出相应的变革。传统的"记者负责制"就是一个问题。不少电视台依然实行记者负责的传统模式,尽管一条新闻是由记者、摄像和编辑三方共同完成的,但是最终的考核却落实到记者个人身上,至于其他人造成的失误,也是由记者来承担,这是不合理的。

退一步说,即便是把责任落实到记者个人身上,现有的考核机制也有待改变。目前,一些台的绩效考核是由值班主编负责。问题是,这种打分带有较强的主观色彩,而且,主编人在"家里",也无法体验发生在"家外"的每一桩新闻事件。说白了,对于具体的事件而言,主编与记者之间在感性认识上存在着脱节形象,最终也会影响绩效考核的合理性。因此,必须制定相关制度并严格执行,才能保障考核结果的公正性。以《直播南京》为例,他们将管理制度印刷成册,并分发给每个员工。这本册子包含选题的产生、申报、批准、派工会、编前会制度、采访要点、绩效说明等,这些细则的制定带有明确的导向性,意在引导记者围绕栏目定位而开展工作。与记者利益关系最为密切的是绩效打分。栏目负责人一般在每天节目播出以后,对当天的节目打分,打分并不是简单依据阅片人的主观感受,而是有一个非常详尽的标准,如果节目内容符合栏目要求,分数就高,反之则低。有了这样一根"指挥棒",记者们自然会"按图索骥",甚至从一些诸如会议新闻、领导讲话这种看似乏味的素材中提炼出"民生"的味道。

(二)资源配置创新

前述,相比商业性媒体,传统媒体最大的优势在于内容,它包括两个方面:内容生产优势和新闻采编权,但是,不少媒体并没有将这种优势发挥出来。早在PC

时代,这种落后就表现得很明显,大量的时政新闻都是通过新浪、网易、搜狐等门户网站传播出去,而传统媒体最终成了门户网站的"打工仔"。不能说传统媒体没有努力,事实上,大多数媒体都自建网页和网站,但网友们更多的还是从上述商业性的门户网站中获取信息,以至于在个别地区还出现了主流媒体央求门户网站帮忙宣传的现象。

目前,互联网和移动互联网双峰并峙,而且,随着智能手机的普及,移动互联网更有后来居上的势头。对传统媒体而言,要想避免在移动互联网这个阵地上重蹈当年PC时代的覆辙,就不能再抱守过往那种"皇帝女儿不愁嫁"的心态。相反,应该充分发挥自身在内容生产的原创力和新闻采编的垄断权优势,对现有的资源进行重新配置,以实现弯道取直的目的。

资源配置的关键,首先在于差异化和精品化的策略选择。所谓"差异化"竞争,对传统媒体而言,是有切肤之痛的。从21世纪初开始,以《人民日报》为代表的传统媒体,纷纷上马自己的新闻网页或网站。这本是各媒体为了迎接网络时代到来而作出的一次集体转型,但是,传统媒体所建立的网站,其内容大多是复制已经在原有版面或频道上发表的内容,网友所能看到的并非最新的信息。众所周知,新闻最讲究时效性,因此,这种滞后的传播导致各传统媒体网站被商业性门户网站远远地甩在后面。进言之,在传播功能上,网页/网站也是单向传播,没有或难以实现双向互动,遑论社交与分享等功能。现在,移动互联网和"两微一端"的兴起,是传统媒体转型的第二次机遇,一些机构开始注意吸取上一次的教训,如《人民日报》的"中央厨房",它的设立,为国内同行提供了一个媒体转型的标杆,不少媒体也打出了"一次生成,多元发布"的全媒体生产目标。这个目标固然没错,但是,"两微一端"毕竟是三个平台,同时在三个平台发布,其结果必然是内容的同质化。这时应该采取差异化的传播策略,一方面,内容统一在资源池内,另一方面,各平台在播出时却是按需分配,即"一次多样采集、全媒多元编辑、立体多渠道传播、多屏联动接收"。BBC的电视新闻手机客户端专门拥有一套自身的制作体系,例如镜头的选择,内容、字幕的使用以及背景音乐等,这些都是专门针对客户端用户而设计的,目的也是为了满足移动客户群体的需求。同理,国内的纸媒也有一些经验值得借鉴。《广州日报》在召开编前会时,要专门讨论各平台间的配合,比如,某条新闻先在哪个渠道发布,某条新闻的哪一部分素材在哪个渠道发布。以微信为例,研究发现,"80%的用户从朋友圈中阅读文章,而非直接从微信公众号中获取,这就说明一旦朋友圈内分享减少,阅读量注定低迷"[①]。那么,媒体要做的,是如何提高报道的分享率,而不是简单地满足于报道的发布数。浙江日报报业集团则制定了《关于避免集团核心圈三端稿件同质化的若干要求》,对同一题材在

---

① 孟佳钰:《新媒体环境下〈经视焦点〉民生新闻提升策略研究》,湖南师范大学硕士学位论文,2016年,第26页。

三端发布的稿件,若其文本相似度超过70%,将自动视作同一稿件、以一则稿件计分,相似度低于70%的稿件,在考核时分别核计。

回到民生新闻。2010年1月1日,贵州电视台公共频道在晚间黄金时段20:00—21:05分别推出《百姓故事》《百姓社区》两档民生节目,前者定位为新闻故事讲述性栏目,后者定位为新闻资讯杂志栏目,二者之间形成一种互补。而云南电视台的《都市条形码》则分为《都市条形码》(周一至周六)和《条形码·封面》(周日)两个子节目,前者定位为"广而博",后者定位为"精而深",双方呈互补型架构,这样,既克服了民生新闻琐碎、肤浅的缺陷,又提升了深度报道的新闻性。尤其是《条形码·封面》,还成为频道精品节目和骨干记者的孵化基地,从而为新节目的开发提供了可能。

除了差异化策略,媒体还可以走精品化之路。麦克卢汉认为:"新媒介必然把旧媒介当做内容来使用。"①麦氏所言甚是。新媒介的出现,并不必然导致旧媒介的消亡,相反,旧媒介的"传播逻辑会在新媒介中得到整合重现,这种变革更像是进化而非革命"②,换言之,过时的媒介可以借助新的条件得以复活。对电视媒体而言,要想在新媒体时代获得新生,前提是发挥好自身的内容优势。而且,相比商业媒体,无论是门户类还是社交类,均缺乏内容原创能力和政策保障,缺乏如传统媒体那样庞大的专业制作队伍;同时,商业媒体上的言论往往"泥沙俱下",短时间内难以建立如传统媒体那般的公信力;更重要的是,作为市场化媒体,它们更看重的是投入产出比,即如何通过最小的投入获取最大的回报。因此,它们的注意力更多地集中在技术运维和客户维护上,而不大注重内容生产,而这恰恰是传统媒体可以大有作为的地方。通过精品报道的制作和发布,凝聚起"两微一端"的人气。当流量达到一定程度之后,无论是传播力,还是影响力,抑或营收力,都有了保障。

其次,媒体要加强市场调研和客户分析。前述,商业媒体高度重视客户维护,这一点正是传统媒体的短板。对客户的维护,不仅在于留住用户和保住市场,更重要的是,用户分析的背后是大数据。所谓"大数据",是指"那些大小已经超出传统意义上的尺度,一般的软件工具难以捕捉、存储、管理和分析的数据"③。"大数据"之大,的确在于其容量之大,但是,仅仅认识到这一点是不够的,更重要的是,它潜藏着"大价值"。"如果能通过大数据等技术深入挖掘和分析不同媒体协同传播下的用户行为和传播效果,更好地将微博/微博账号和客户端进行符合用户需求的协同,甚至据此实现协同营销,将极大提升媒体的传播力和品牌影响力,并

---

① [加]埃里克·麦克卢汉、弗兰克·秦格龙:《麦克卢汉精粹》,何道宽译,南京大学出版社2000年版,第411页。
② 张凌霄:《纸媒"两微一端"的盈利逻辑探析》,《当代传播》2016年第3期,第70页。
③ 喻国明:《新闻传播的大数据时代》,中国人民大学出版社2014年版,第4页。

节约资源和成本"①。《新京报》成立了传播研究院,研究内容生产的用户反馈和传播效果,如微信公号上阅读量达到"10万+"的帖子都有什么特点,其成功的原因是什么,他们不仅研究自身产品的用户行为和传播效果,也研究和借鉴兄弟媒体的经验,从而为《新京报》各类媒体的内容生产提供意见和建议。甘肃广电总台旗下的"视听甘肃"客户端,运用大数据分析用户收听收视习惯,精准调整节目风格、内容、语态、编排,打造适合用户多样化需求的媒体产品。他们对传统渠道里的节目进行二次开发,从中整合出优质的短视频,将其投放至客户端播放,实现了小屏引大屏,大屏带小屏,多屏联受众。

最后,加大人才培养力度。传统媒体之所以具有强大的内容生产优势,是因为它具有一支过硬的内容生产队伍。但是,面对新媒体时代,这支队伍的改造也摆上了议事日程。这是因为,尽管现有队伍具备了长期的从业经验,也拥有较强的业务技能,但是,作为"数字移民",他们对以"两微一端"为代表的新媒体技术却是陌生的,他们学习新技术的效率往往与他们的从业年限成反比,因此,单靠媒体人的"自救"显然是不够的。而且,不少媒体单位为了照顾这批"老人",在转型时常常会有意地"因人设岗",这进一步加剧了"老人"在新媒体环境中的地位模糊和定位不清的恶果。可见,媒体需要从顶层设计的高度,去推动员工对新媒体的信息发布、互动、工具使用和语言表达等制播技能乃至思维方式进行改造。对电视人而言,他们既需要成长为"全媒体型人才",也应该成长为"专家型人才"。前者是指电视人具备从事新媒体业务的基本素养和资质,后者是指电视人依然葆有其扎实的采、写、编、评、摄等媒体业务技能。目前,在电视新闻的采制中,一个突出的问题是记者与摄像之间的协调,记者负责采访、写作和后期编片,而摄像师只负责采访过程中的摄像工作。既然报道的成败与己无关,有些摄像师就抱着"事不关己,高高挂起"的态度,要么在摄像时盼着早点完工了事,要么拒绝去边远山区、穷乡僻壤,要么对一些有难度的任务百般推脱……这极大地影响了媒体的生产效率。在新媒体时代,电视记者亟须改变这种采访离不开摄像的习惯。事实上,现在已经有了采摄合一的装备,记者的"单兵作战能力"也有了技术保障。因此,尽快学习新技术、掌握新装备,是各家电视台在人才培养上的一个重要任务。

要特别强调的是,电视还有一个其他媒体所不具备的人才优势——主持人。如前所述,民生新闻的出现,成就不少优秀的主持人。同样,这些优秀的主持人,又进一步强大了节目的影响力。"信息从单一流动方式向多向、立体、全方位的互动转变,实现了跨媒体、跨终端的节目分发和传播,在这个过程中主持人要从传统的播报读稿意识中转换到驾驭掌握和即时与受众互动交流的意识中"②。在"网红经

---

① 卢剑锋:《报业集团"两微一端"协同传播初探》,《编辑之友》2017年10月,第60页。
② [美]凯文·凯利:《失控——全人类的最终命运和结局》,东西文库译,新星出版社2010年版,第176页。

济"时代,我们完全可以充分挖掘这个资源,将一些优秀主持人培育成移动互联网时代的"网红"。正如卡尔·霍夫兰的传播实验证明的:"假如传播对象喜欢传播者,就可能被说服。如果接受者认为信息的来源是来自一个与他自己或她自己相似的人,即具有同一性,就更是如此。"① 因此,一方面,我们可以在传统渠道(电视)让他们体现自身的主持才智;另一方面,在"两微一端"鼓励他们展示自己的其他才艺,如脱口秀、演艺、居家、养生、远足等,从而借主持人这个枢纽将传统渠道与"两微一端"联结起来。

(三) 市场创新

电视媒体在市场拓展方面,可以采取分组推送、O2O、跨媒体、跨地区和跨行业等策略。

微信具有分组功能,媒体可以根据用户的基本信息对其进行分组,在此基础上,再进行选择性的信息推送。

综观其他微信公众号,在分组推送方面的做法有广告分成、会员制、信息订制等。所谓广告分成,是指公众号使用腾讯开发的广点通系统,来计算每篇文章的点击量,据此来对广告主进行收费,而收益所得全由公众号所有。会员制则是指公众号向注册粉丝收取一定的会员费,同时也保证后者获取他们想要的信息,一些明星实行的就是这种做法。至于信息定制,则多见于法律、心理咨询等服务类公众号,他们提供专业类的信息、知识服务,并收取一定的咨询费。利用微信分组功能,通过有偿服务的方式来增加收益,这些做法都值得电视媒体借鉴。有些电视人感慨,碎片化时代的到来,对传统媒体是一种巨大的挑战,在他们看来,传统媒体最擅长的是内容生产,尤其是以深度见长的专题性报道。而碎片化阅读,使传统媒体的这一优势日见危机。其实不然,所谓碎片化,不过是人们在阅读行为和时间使用上的碎片化,并不代表受众就会相应地喜欢表层信息。相反,在当下这种信息泛滥的时代,人们更需要精致、深刻、权威的信息服务。因此,媒体要做的,不是淡化自己的内容生产优势,而是应该通过各种手段,使自身优势得以放大和发挥。

所谓"O2O",是 Online to Offline(从线上到线下)的简称,是指将线下的商务机会与互联网结合,让互联网成为线下交易的平台。

O2O 的商业化应用始于 2013 年,其先行者是社交类媒体。通过与电子商务联手或自办商城等手段,社交媒体成功地将受众变成了消费者。如"豆瓣网"在其网站上开设新书推荐栏目,又如"知乎网"在其网站上插播贴片广告。这些广告都是以"软广告"的形式出现,是根据网站对用户的阅读喜好的测算而有意推送的。这种方式启发了传统媒体并仿而效之。2016 年。央视春晚和支付宝合作"咻一咻"集福活动、红包互动,成功地把年轻的观众拉到了电视机前,提高了参与感;同

---

① 转引自陆晖:《地方广播节目开设专业化栏的探索》,《视听纵横》2014 年第 3 期,第 69 页。

时，央视也赚取了支付宝、微信、广告赞助商的多重大量的费用。《男人装》杂志在其公众号菜单中设置"逛商城"一栏，定期售卖每期杂志及商品服饰、家居、数码产品等，并与内容平台文案推送形成互动，推广其商城品牌。《财经》杂志公众号鼓励用户对菜单用对应的中文表述，并根据自己的喜好订阅或购买"财经V课"等在线课程。《温州都市报》在某地产项目策划的宣传方案中，整合纸媒和"两微一端"这两条战线的力量。它先在报纸头版推出人气手绘涂色书《秘密花园》的填色图，公布温州绘色大赛"描绘你心中的秘密花园"的消息，并用奖品吸引读者参与，同时将楼盘广告植入其中，以手绘元素的美感吸引读者，不到一周就征集了涂色作品 500 多幅，然后将其上传至微信，进行线上票选。最后，在地产展示厅举行现场投票和颁奖仪式。这是一次成功的整合营销活动，一方面使得报纸的两条战线都发挥了作用，获得了经济效益；另一方面还有效地扩大了"两微一端"的用户数。如甘肃广电总台侧重于用大型活动来激活"两微一端"的活力，尽管大型活动是以线下为主，但是媒体同时辅以网络投票、微信集赞、"红包雨"现金派发、现场视频网络剪辑评选等线上活动，这样，极大地增强了受众的参与热情和用户黏度，也为本土民生服务类栏目提供了优质原创视频素材。湖北经视推出"经视摇摇乐"，通过下载"摇摇乐"到手机，用户可以摇红包、摇底价、摇秒杀，在实物奖励的刺激下，本来只是媒体受众的观众转化成了商品的消费者。一言以蔽之，"节目、网络平台、线下活动进行有机联合，节目'线上'传播力和影响力的增强，是'线下'活动开展的前提条件，线下活动创造的节目粉丝又成为节目的用户，由此形成了一个'三位一体'的立体式媒介平台"①。

"跨媒体""跨地区"合作也是一种有效的市场拓展机会。目前，央视牵头成立了"央视电视新闻融媒体联盟"，人民日报社组建了全国党媒公共信息平台，对于这些行业组织，电视媒体都可以积极参与。此外，还可以吸收新浪、网易、搜狐、腾讯等门户类媒体以及今日头条、豆瓣、知乎等社交类媒体乃至喜马拉雅FM、蜻蜓FM等垂直类新媒体，共同分享信息、人脉和资源。人脉和资源。在合作方式上，可以采取内容互推、信息共享等初级模式，也可以在条件成熟的时候，采取共同策划、统一联动等深度模式。"不仅做内容产品，还要做服务产品，着力打造与新兴媒体良好对接的新型媒体"②。无锡的《第一看点》节目与著名的自媒体"二更"③合作推出专栏《二更看点》，该节目在电视渠道和网络渠道同步播出。自2016年7月开播到10月，"传统网内收视份额同比增长27%，而网络播出平台借

---

① 孟佳钰：《新媒体环境下〈经视焦点〉民生新闻提升策略研究》，湖南师范大学硕士学位论文，2016年，第38页。

② 喻国明：《新闻传播新业态下传媒转型中的基因重组》，《新闻战线》2015年第17期，第57~61页。

③ "二更"微信号入选新榜《2018年中国微信500强年榜》，位列409名——作者注。

助传统媒体也提高了自己在本网7%的市场份额"①,实现了传统媒体和自媒体的双赢。大型模唱类真人秀节目《隐藏的歌手》,更是把"跨媒体"和"跨地区"合作做到了极致。该节目整合来自北上广深四个一线城市的电视资源(北京的文艺频道、上海的娱乐频道、广州的综合频道、深圳的都市频道),节目制作完成以后,在10个城市联合播出。与以往不同的是,本次活动特邀商业网站爱奇艺作为网络媒体伙伴,传统媒体和新媒体在权利对等的条件下,以约定交易条件、运作规则等方式,共同打造出了一种"四台一网"的合作模式。

此外,电视媒体还可采用"跨行业"合作的方式。以客户端为例,前述,客户端的研发成本较高,后续的运维成本也不低。媒体打造自己的客户端是工作的需要,但对于政府、企事业单位来说,没有必要专门开发一款客户端。那么,媒体可以充分利用自己的客户端的多余运力,为媒体之外的机关单位提供宣发平台。如四川省作协举办的"我的中国梦"征文与摄影赛,就临时租赁了《华西都市报》客户端的一个板块,参赛者在《华西都市报》客户端上的特定板块报名与发布作品,这样,主办方节省了成本,提高了活动效益,媒体通过板块租赁,既获得了经济收益,也扩大了自身影响。另外,电视媒体还拥有纸媒所不具备的传播终端——有线电视机顶盒,电视媒体可以利用机顶盒与政府部门合作,帮助它们开展智慧城市业务,或者与企业合作开展智能家居以及物联家居业务。

在此,我们要澄清一个认识:是借力新媒体还是争夺新媒体?有些人一说到迎接新媒体挑战,便误以为要放弃传统媒体阵地,将之改造成为纯粹的新媒体。这方面,纸媒的确是这么做的,如上海的《东方早报》集体崭新做"澎湃"客户端。但电视媒体不一样,它更多的是借力新媒体,即,通过在新媒体平台上的拓展,既稳定现有的收视人群,同时培养出新的收视对象,毕竟电视媒体还是拥有一大批中老年观众,这一点和纸媒有着本质的区别。

(四)技术创新

大数据时代的来临,对传统媒体而言是一种挑战,这是因为,商业媒体对大数据的开掘和利用,远远走在传统媒体的前面。当然,大数据也可以成为一种机遇,这是因为,"两微一端"的背后是庞大的用户数据,通过相关的计算,可以探查出用户的偏好,再根据这一结果进行信息推送和精准营销。

1. 设计出用户友好的界面

这一点很重要。目前,媒体在客户端的界面设计上普遍存在两个误区。第一个误区是:以海量信息吸纳人气。这种认识是有问题的。信息的冗余和信息的匮乏一样,都会造成受众的不适感。过于密集的信息推送(如瀑布流技术的使用),会让受众感到焦虑和紧张。第二个误区是:将智能手机变成第二台电视机。有些媒体简

---

① 许海涛:《融媒体环境下电视民生新闻节目主持人转型路径研究》,南京艺术学院硕士学位论文,2018年,第14页。

单地将传统渠道产制的节目简单地移植到"两微一端",以为这样可以将原有的电视观众平移至移动互联网。事实上,从观看体验上来说,手机的阅读感并不如电视。事实上,"'媒介即信息',这句话说的是新媒介出现的意义不单单是为我们提供一种传播渠道,更为重要的是它连接社会的力量创造出了一个新的生态,新的现实和全新的游戏规则"①。

2. 实现 PGC 和 RGC 的结合

所谓 PGC（Professionally-generated Content）,意指专业化内容生产,这是媒体的本分;而 RGC（Robot-generated Content）,则是指机器人新闻写作。2016 年,全国"两会"期间,新华社客户端联合百度智能机器人"度秘"共同推出智能机器人问答功能,用户可以通过与"两会新闻小秘书"对话的形式,生动形象地了解"两会"内容,创新重大报道形式,丰富用户阅读体验。在美国,一些媒体早已开始在证券期货、气象预报、体育比赛等领域尝试"机器写作"。事实证明,"机器人"完成的作品丝毫不亚于人工写作。

3. 充分利用 LBS 技术

所谓 LBS（Location Based Service）,是指基于用户地理位置的服务,即通过电信移动运营商的无线电通信网络（如 GSM 网、CDMA 网）或外部定位方式（如 GPS）获取移动终端用户的位置信息（地理坐标,或大地坐标）,在地理信息系统（GIS,Geographic Information System）平台的支持下,为用户提供相应服务的一种增值业务。目前,不少商业服务客户端纷纷引入该技术,为用户提供增值服务。如美团、高德地图、携程等,在定位到用户位置后,客户端即列出该方位附近的餐饮、娱乐、景点、租车等服务,以及购物折扣、代客泊车、预定餐位等衍生服务,甚至还附上消费评论,以便用户做出选择。这种推送不同于以往的"硬广告",它的针对性和便民性都很强,不至于使用户产生抵触感。民生新闻本来就是针对本地受众而生的一种新的新闻形态,因此,融入 LBS 技术实为名至实归。

4. 重视可视化新闻的制作

民生新闻涉及民众生存、生活与发展的诸多领域,随着社会分工的加强,越来越多的信息表现出极强的专业性。对一般的受众来说,这些信息并不能够快速而清晰地被理解。那么,如何直观形象地呈现信息,同时能让受众快速方便地理解信息,是摆在电视人面前的一个问题。以往,受版面篇幅和技术所限,媒体在知识普及和背景解释时,多以图片、图表或视频为抓手,但是,面对海量的大数据,上述手段就难免捉襟见肘。可视化技术的出现,有助于解决上述问题。西方各国普遍将大数据技术与可视化技术结合,为多角度、全方位、立体式的新闻展示服务。在可视化新闻中,常见的应用有静态信息图（对比图、空间分布图、趋势变化图）、动

---

① 喻国明:《互联网不仅是传播工具,更是社会的操作系统》,《今传媒》2015 年第 11 期,第 124～125 页。

态交互式信息图（动态信息图、交互信息图、数据地图）和视频动画等。英国的《卫报》是"第一个明确采用'数据新闻'这个概念并将其付诸实施的媒体，2009年'数据博客'频道在其官方网站上开通"①。它所做的《阿拉伯之春》报道，采取了四维模式，17个阿拉伯国家位于图表下方，右侧是事件发生的年月日，用户可以拖动屏幕选择横向、纵向观看媒体对某一事件的报道。在报道伦敦骚乱时，《卫报》在一幅伦敦地图上，用红点标出骚乱发生的地点，使读者一眼就能看出骚乱最为集中的几个地块；同时，针对伦敦不同区域不同的经济发展水平，报纸在地图上用不同颜色予以标识。结合上述红点所标出的骚乱地点，人们很快就能做出判断：骚乱最为集中的地点恰恰是经济发展水平落后的地方，这说明此番骚乱的产生是贫富差距所致，而非一些人所宣扬的是因为网络言论过于自由而引发的群体性事件。通过大数据和可视化技术，《卫报》的这篇报道有力地驳斥了一些人试图借此次骚乱提出管制网络空间的动议，捍卫了人民在网络空间里的言论思想自由。

媒体还可以通过客户端来整合其他的新媒体端口。从技术上看，"两微一端"中最具整合功能的就是客户端。前述，各民生节目少有独立开发客户端的案例，一般都挂靠在台里的客户端之下。表面上看，这种设计使得民生节目难以一枝独秀，但是，反过来理解，如果能积极参与台客户端的建设，民生节目即使在其之下，同样能鹤立鸡群。我们以安徽电视台的《第一时间》和《帮女郎帮你忙》为例。这两档节目没有自己独立的客户端，而是委身于台里的客户端"经视汇"，但是，"经视汇"的高速扩张，带动了上述两档节目的人气。2015年9月7日，"经视汇"正式上线，当天，其总互动量就达到70万人，并发量突破了5万人，第一个月的总互动量超过1000万。"经视汇"的上线，整个经济生活频道的收视率都得到了提升，最高升幅达到15%，频道的收视率和收视份额在市网居第一位，在省网也居前列。在此过程中，《第一时间》和《帮女郎帮你忙》各自的微信订阅号，周阅读量都稳定在"30万+"，并长期稳居全省新媒体排行榜的前三位。当然，这两档节目也并非简单地"搭顺风车"，在"经视汇"的推介过程中，两档节目积极执行台里的统一规划，如动用自己的微博、微信号宣传"经视汇"，发布相关图片、二维码等；将自己的微信号与"经视汇"相捆绑，设置跳转按钮，这样，用户可以从微信直接加载至"经视汇"；在"经视汇"策划的"秒房会""秒装修""秒家电""秒年货"等活动中，两档节目充分发挥自己的高人气，为上述活动做专门报道。

（五）产品创新

如果说资源配置创新是解决"如何做有品质的新闻"这个问题，那么，产品创新则是解决"如何做让受众喜欢的新闻"这个问题。

考察媒介发展的历史，不难发现，每一种新媒介的出现，往往都是和一种特定的产品相结合，如纸张和文字形成了报纸，音频和无线电形成了广播，影像和活动

---

① 白璐：《民生类数据新闻报道研究》，浙江传媒学院硕士学位论文，2018年，第2页。

照相术形成了电影，音视频和电子技术形成了电视。每一种媒体固守其独有的产品，为自己谋得了一块安身立命之地。但是，网络时代的到来，完全颠覆了上述媒体的"传统优势"，它将各种技术与产品一网打尽。因此，再固守原有的产品，显然无法迎接新媒体的挑战。

前述，民生新闻之所以甫一出现就受到观众的喜爱，很大程度上在于它展示了一种区别于以《新闻联播》为代表的新语态。因此，电视媒体在"两微一端"上的产品，依然应该秉持此前在传统渠道上的风格，继续以新的语态呈现给受众新的产品体验。

综观当下各家媒体在"两微一端"上的产品，基本上是对在传统渠道（电视）播出内容的简单挪用，顶多在形式上做适当改变，以适应移动终端的界面要求。一般而言，传统媒体在"两微一端"上的新闻报道形式是"新闻标题+文字内容+视频+图片"。

上述情况的出现，原因有二：一是目前媒体尚未探索出一种专门适于新媒体平台的产品形态，而移动互联网的势头如潮，又倒逼传统媒体必须做出回应，于是出现直接搬运原有产品的现象也就不足为奇了。二是不少人对电视媒体的"两微一端"之路存在误区，认为"两微一端"是主打视频的平台，而电视媒体天然地具有制播视频的能力，因此，电视节目向"两微一端"平台迁移是一件顺水推舟的事情，甚至得出结论：电视媒体在向"两微一端"转型要比纸媒来得更加便当和顺利。电视媒体以制作视频为主，这不假，但是，"两微一端"的视频有其自身的特点：一方面，它追求短小精悍，是一种碎片感极强的作品；另一方面，它注重与用户的互动和发布的即时性。与之相反，电视媒体所制作的视频，往往体量甚大，逻辑性强，这种节目的制作是需要一定时间的，而且，受内容审查机制的影响，电视媒体的节目也没法完全做到实时播出，或者是与观众的即时互动。进言之，报纸、杂志、广播等媒体，主要以文字传播信息，由于制作过程简单，其内容审查也相对简便，反而加强了它们的新闻时效性。可见，电视媒体和新媒体本来就是源于两种不同背景下的产品，怎么能做到直接平移呢？相关调查也佐证这一判断，"2015年是中国互联网电视用户增长最快的一年，用户实现百分之百的增长，活跃用户在2700万～3000万，激活率提升到80%，而且用户向全年龄段扩张。2015年，网络视频从数量看，电视视频款数最多，占比24.2%，综合在线视频占16.6%。但是从覆盖率来看，移动视频覆盖率前20名的应用中，位于前三的腾讯视频、优酷视频、爱奇艺视频，占据70%的覆盖率"[①]。

传统媒体要想在"两微一端"有所作为，首先要学会换位思考，即站在用户的角度去设想：当我接触这些端口时，怎样才能又快捷又舒服地获得我想要的信息。正如舒德森所说："新闻的首要任务是为读者带来令人满意的审美体验，帮助读者

[①] 梅宁华：《中国媒体融合发展报告》，社会科学文献出版社2016年版，第77页。

诠释自己的人生，使其融入所属的国家、城镇或阶层。"① 基于这种考虑，媒体在"两微一端"的界面设计上首先要从顶层设计的高度思考如下三个问题：我在哪里、我可以去哪里、我如何去那里？唯此，方能契合新媒体所要求的互动性特点。

此外，新媒体还有社交性的要求。就"两微一端"而言，微信相比微博和客户端，其社交性更强。艾媒咨询的报告显示："各行业微信公众号不断增多，网民已将公众号内容作为了解信息主要途径之一。79.3%的用户通过微信关注了公众号，其中38%的用户非常愿意向他人推荐自己关注的公众号，有99.4%的人表示，未来会增加对微信公众号的关注。表示未来会增加关注的用户，仅占0.6%"②。因此，在微信内容的设计上应更加重视起人机交互功能。这方面《人民日报》的微信号"侠客岛"做得不错，该号的最大特点是，它采用了一种区别于母体报纸的新文体，语言幽默风趣，有时不乏戏谑，而且形式也变化多端：纯文字、图文并茂新闻、图片/图表+简要文字、动画+精要文字、文字标题+音视频、文字+图片+音视频+动画、一分钟视频新闻……各种样态，不一而足。例如，《新北方》在微信上曾推送过《兴顺夜市异地再迎客，哭晕的吃货醒来!》《上海迪斯尼后天售票，辽宁人去一趟多钱?》两条新闻，题目就非常吸引人，而且还充满了时代感。汤姆·海斯提出了"湿营销"的概念，在他看来，所谓"'湿'在这里定义的是有情感的、自发的、个性的、符合人群本质需要的行为方式，不是硬邦邦的、干巴巴的、强加于人的手段"③。微信就具备这种"湿营销"的特征。以"天天看余杭"为例，它是浙江余杭的广电微信公众号，目前综合排名浙江省第三位，仅次于"FM93交通之声"和"杭州交通918"。尽管只是一家县级广电机构旗下的新媒体，但它充分发挥微信的社交功能，服务县域内的乡镇街道和市民乡民，最终取得了不俗的成绩。

当然，过犹不及。注重社交性和互动感，也不能走极端。考察一些民生新闻"两微一端"上的新闻标题，经常见到套用网络流行语的做法，如"史上最……""天啊！他居然……""大家都在转，你为什么不转？"如《直播海南》，其微信公众号的题目，"千篇一律的前面都要加上'震惊!'、'追踪!'、'关注!'、'调查!'等很'UC震惊部'式的题目"④。的确，想一个好标题是不容易。著名杂文家邓拓

---

① 迈克尔·舒德森：《发掘新闻：美国报业的社会史》，陈昌凤、常江译，北京大学出版社2009年版，第79页。
② 艾媒咨询：《2016微信公众号发展情况及用户行为分析》。
③ 宗文宙：《Web2.0时代高校图书馆的"湿营销"》，《中国新技术新产品》2011年第3期，第382页。
④ 尉茹：《电视民生新闻发展路径研究——以〈直播海南〉为例》，海南师范大学硕士学位论文，2018年，第15页。

就曾说过："谁要给我想出一个好标题，我给它磕三个'响头'。"① 但是，随意套用网络话语，意图先声夺人，也是不可取的。上述那些句式，偶尔为之，不足为奇，但反复使用，则会令人生厌，也降低了媒体的格局。

除了注重社交性和互动感，以情动人也很重要。我们以艾媒公司的相关调查报告为例（见图7-1）。

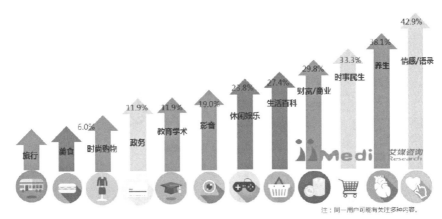

图7-1　艾媒咨询微信公众号用户阅读内容分布
资料来源：艾媒咨询《2015中国手机网民微信自媒体阅读情况调研报告》。

从图7-1可见，情感/语录占据了受众关注的头号交椅，因此，以情动人是满足受众需求的重要抓手。

传统的新闻报道多采用第三人称，但是在"两微一端"上再使用"上帝视角"就不合适。不少媒体纷纷使用第二人称，在信息推送时直接以"你"称谓用户，意图拉近与受众间的距离。比如，"五险一金交了这么多年最后得多少？这次帮你算清楚了！"，"刷卡族注意，你的银行卡除了银联将有更多选择了！"，"下月起，这些地方身份证可异地换补！看看你那儿可以吗？"，"多地下调社保费率你的待遇会不会降？"同时，媒体对自己的身份建构也采用了人格化称谓，前述的"侠客岛"在其微信号上自称"岛君"，《新京报》则在微信上自称"新君"。从技术上来讲，微信不过是一个冷冰冰的产品，但是，如果运营者管理有方，那么，用户所感受到的就是一个有血有肉的生命，而且，相比微博，微信的社交属性更强，正是"以情动人"的好载体。"央视新闻"公众号的《夜读》栏目就是"湿营销"的一个典型。统计显示，晚上睡觉前是人们阅读率最高的时段（见图7-2），而《夜读》正是抓住了这个时间点，"（该栏目）因情感性更高，更契合社交媒体私人领域的特

---

① 转引自何丹丹：《点睛传神——浅析新闻标题的制作技巧》，《文艺生活》2011年第2期，http://xueshu.baidu.com/usercenter/paper/show?paperid=33c2064e2a7f62aeef7320a218bf3b14&site=xueshu_se。

点,因此长期以来在点赞数量上名列前茅"①,它也入选了新榜发布的《2018 中国微信 500 强年榜》,位列第 369 名。

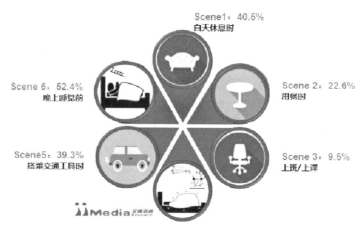

图 7-2 艾媒咨询微信公众号用户阅读场所分布
资料来源:艾媒咨询《2015 中国手机网民微信自媒体阅读情况调研报告》。

情感是节目的底色,界面的优化则是情感的外显。身处网络时代,网络的生活化和生活的网络化已经水乳交融,彼此不分,那么,电视渠道和新媒体渠道之间的相互渗透也就成为一种必然。《经视焦点》在其电视节目中引入网络元素来包装节目,如,在画面切换上,模仿网友"刷"微信、微博的方式,滑动性地拖拽画面;在报道结束后的主持人评论环节,常辅以网络漫画或打油诗来谐趣;在观众互动环节,借鉴微信语音的方式来模拟网络传播的效果。而在新媒体渠道——微信平台上,节目则处处考虑中老年受众的特点,其文字多采用粗体、饱和度高的字体,以便读者顺利阅读;此外,媒体还在微信上增设搜索功能,当用户输入关键词,即可搜出相关的报道。

在产品创新方面,电视媒体还应加强三个端口之间的互动。尽管我们强调"媒介融合"②,但是,从技术的角度讲,微博、微信和客户端之间还存在着不同,因此,它们带给用户的阅读体验自然也不一样。那么,媒体在发布消息时,首先就应该根据不同的端口,对消息进行灵活包装。微博的公共性较强,当突发事件发生时,可以先在微博上发布资讯,以吸引受众的注意力。接着,再通过微信追发相关

---

① 李骏:《微信公众号"央视新闻"和"人民日报"对比分析》,《电视研究》2016 年第 4 期,第 32 页。
② 亨利·雅各布认为,媒介融合是指"新闻、资讯等信息在不同的媒介平台(广播、电视、报纸、互联网)之间流动"。转引自冯娟娟:《省级电视台地面频道的融合发展探析——以安徽电视台经济生活频道为例》,安徽大学硕士学位论文,2016 年,第 1 页。

的图片和视频，以发挥微信的可视化作用。在此过程中，随着相关资料和细节的获取，可以对事件做更为全面和完整的深度报道，并将其在客户端上播出。与此同时，在电视平台上同步播出的报道中，可以引入网友的评论或跟帖，予以丰富报道的容量。最后，可以再次回到微信平台，将完整的新闻报道发布出去。最后一步之所以这么设计，是因为微信的新闻排列是采用倒序方式，而用户也习惯于从最新的报道开始读起。基于这样的原因，媒体就应该打这么一个"回马枪"。2015年，第9号台风"灿鸿"来袭，《温州都市报》的微博和微信实时与网友互动，发起抗击台风随手拍活动，向网友征集抗台风的第一手信息，让用户参与报道；"掌上温州"App上开设了24小时台风滚动直播，不间断报道台风带来的风情、雨情、潮情和台风路径、登陆地点，以及出行信息、台风走势、防灾救灾现场新闻和服务信息等，协同报道取得了很好的传播效果和服务作用。2014年全国"两会"期间，新华社首次利用微信组建"全国两会代表委员访谈群"，邀请部分代表、委员及专家学者就热点话题开展在线讨论。与此同时，用户还可以通过新浪微博"新华社中国网事"、中国网事客户端参与互动，及时浏览到可视化团队制作的大数据深度报道。同时，微信互动过程和报道内容又在新华通网站、新华社相关微博及客户端进行展示，不断扩大传播半径。

除了界面和技术的创新，内容也是产品创新的组成部分。以预测性报道为例。一项针对新华网、网易、搜狐和财新网等四家网站的民生新闻报道的统计显示，在39篇针对交通运输与出行的报道中，仅有1篇对过去同时段道路交通状况的数据进行分析后做出了预测。① 众所周知，"大数据的核心是预测"②。制作民生节目时，常常会碰到各种各样的数据，通过对这些数据的分析和研究，可以研判出事情发展的趋势和规律。对媒体而言，这是重要的选题和素材，对受众而言，这是急需的信息给养。

有人提出了"全采样"一说。所谓"全采样"，"不光是指对收视人群的'截图式'无缝隙覆盖，还包括对人群收视旨趣的全过程跟踪、不同社会分层人群收视需求的动态分化跟踪、核心收视人群相对稳定的收视习惯和边缘人群（进入和退出波动性大、随机选择性强的人群）的收视需求以及收视人群的显性需求（刚性需求、存量需求）和隐性需求（可创造性、可诱导性、成长性需求）的跟踪分析"③。"全采样"的实现正是基于大数据技术的出现。王雄认为，"全采样"能带来三个方面的好处："一是节目的舆论引导力落实在对公众认知需求的切实满足上，对引导效果的评判落实在可靠而清晰的数据基础上，而不再是虚化的、无法证实的肯定

---

① 白璐：《民生类数据新闻报道研究》，浙江传媒学院硕士学位论文，2018年，第18页。
② ［英］维克托·迈尔－舍恩伯格、肯尼思·库克耶：《大数据时代》，盛杨燕、周涛译，浙江人民出版社2013年版，第16页。
③ 王雄：《电视民生新闻：成长与创新》，世界图书出版公司2016年版，第273～274页。

或否定性评判（宣传部门或行业行政领导机构对民生新闻宣教引导功能的刚性要求'引导方向是否正确'、'引导效果是否显著'将获得有效的数据支撑）；二是使民生新闻面向市场的运作找到准确的方向，强化电视'观众至上'的意识，根据节目的市场反馈改善节目的可观赏性、可理解度、可传播性和美誉度，从而有效提高民生新闻的公信力和权威性；三是可以倒推式地推演民生新闻的生产，改造节目的生产模式和流程，使之做到'以需定产'、观众参与生产、在观众反馈中弹性调整生产，这样一来，民生新闻不仅可以在内容上实现'制播分离'（大量引入社会上的'草根'制作团队发现的线索资源和生产的视频内容），还可以在生产流程上实现'制播同步'或'制播协调'"①。

如此复杂的数据分析在以前是不可想象的，如今的大数据分析技术则可以轻松胜任，也就是说，大数据分析和挖掘技术已经使原先混沌难测的消费市场变得"透明"，这不能不说是技术进步带来的重大成果。

对媒体而言，转型面临着机制、内容、渠道、技术、营销、人才等多个方面的任务。在上述方方面面的任务之中，对媒体而言，最为重要的是抓住"用户"这个"牛鼻子"。这是因为，不管是互联网，还是移动互联网，"两微一端"都是在上述平台上的创新体现。作为网络技术的一种应用，"两微一端"最大的价值在于，它凸显并强化了用户在传播中的地位和作用。"目前用户使用社交媒体主要基于三个需求：维护社会关系、打发时间和获取朋友动态。这对于我们主流媒体的启发是，过去认为信息价值以及意识形态性这些内容是最重要的。而对于今天的用户来讲，到底是基于过去在获取信息中为社交建立资本，还是在社交当中去获得信息呢？这其实是两种完全不同的范式。其实现在的用户更多的是通过在线社交关系、娱乐、互动获取信息，而不是像过去为了找到重要的东西来专门地去使用信息。"② 认识到了这一点，那么，传统媒体在转型过程中，就不能简单地把"两微一端"视为一种新的传播渠道或技术，而是应当看到，如何"在主流声音与个性表达、内容生产与服务提供、媒体意识与产品思维等关系之间找到突破点，去挖掘'两微一端'更大的传播价值和市场空间"③。进言之，"两微一端"只是一个新的起点，而不是转型的终点。随着技术的不断进步，未来还会出现新的应用和形态，因此，媒体的转型任重而道远。

---

① 王雄：《电视民生新闻：成长与创新》，世界图书出版公司2016年版，第274页。
② 何凌南：《"两微一端"用户使用行为与动机研究》，《传媒》2016年8月下，第27页。
③ 苟凯东：《"两微一端"：技术、机制和创新扩散》，《电视研究》2017年第4期，第14页。

第七章　电视民生新闻的发展之路

第三节　宏观：建设电视民生新闻的内外环境

一、健全新闻传播法律体系

健全新闻传播法规，有助于新闻事业的正常开展。我们以舆论监督为例来说明这个问题。

舆论监督既是媒体的一种功能，也是其通过新闻报道这种方式所产生的一种传播效果。在中国的语境下，舆论监督更具有独特的政治意义。由于中国的媒体都是在党和政府的主管/主办下运作，因此，其开展舆论监督的权利，与其说是《宪法》所赋予的公民表达自由，毋宁说是党的新闻政策的一种外显和行政权力的一种延伸，所谓"批评与自我批评历来是我党工作的一大法宝，舆论监督实质上就是批评与自我批评的舆论化和传媒化"[1]。

既然如此，媒体的舆论监督常常需要相关部门的支持，其效力大小取决于权力机关支持力度的强弱。这一点尤其表现在当监督对象是党政机关时，如果得不到被监督者上级部门的支持，监督的效果往往会大打折扣，即便是得到了上级的重视，问题已然存在。这是因为，现有的政策具有较大的概括性，不能直接具体指导实践，因此，对政策文件的解读就具有较强的随意性，而且，一旦出现政治气候不稳定，还会影响政策执行的连贯性和一致性，这样，舆论监督之难便可想而知。有人将之总结为四难："①采访难；②取材难；③获得有关部门和单位的支持难；④解决问题难"[2]。与之相反相成的是，有些人对付舆论监督的方式却花样翻新，"①组织出面，袒护包庇；②明面一套暗地一套；③把水搅浑，无理纠缠；④造谣中伤，打击报复；⑤大事化小，敷衍塞责；⑥利于舆论，抵制批评；⑦收报堵截，层层设卡"[3]。因此，身处舆论监督一线的新闻人，在苦于无法得到政策有效保障的情况下，只能寄希望于那个"上级"是主持正义的"包青天"。

再以前几年颇为流行的"电视问政"节目为例。根据周蕊的考证，2002 年郑州电视台的《周末面对面》是问政节目的雏形，2005 年，兰州电视台的《"一把手"上电视》则标志着问政节目正式现身荧屏。从时间上说，问政节目与民生节目的出现几乎是同时的，但是，它不像后者那样，甫一出现便成燎原之势，相反，2002～2012 年这 10 年，它几乎都只是星星之火。党的十八大以后，随着党中央各

---

[1] 魏子良：《党领导下舆论监督的历史沿革》，http://media.people.com.cn/nl/1216/1220/c4044465-28964223.html。

[2] 徐光春：《关于舆论监督的几点思考》，《光明日报》2001 年 1 月 4 日。

[3] 胡黎明：《"焦点现象"研究》，新华出版社 2004 年版，第 233 页。

项政策的调整和新政的出台,特别是反腐运动的开展,问政节目开始在全国铺开。2013～2014年是问政节目的大跃进时期。与民生节目不同的是,问政节目大多出现在地市级电视台,而不像民生节目多开办在省级电视台地面频道或省会城市地面频道,这改变了中国电视节目的一种态势:以往,论及节目的数量和质量,从中央到地方是呈现出一种倒三角形的结构。而问政节目兴起于基层,蓬勃在地市,相反,上到省级乃至中央媒体却渐呈减少之势,从而表现出一种正三角形的结构。这种微妙的变化恰恰折射出中国社会的一种独特的政治生态:监督越往下越容易,问政越往上越困难。换言之,问政节目的出现,不过是某一时的政策导向在电视媒体中的体现而已,或者说,问政节目的出现是因为它正好配合了某一时的"中心工作"。可见,"(问政节目)尽管是以问责为主基调,但是仍然跳不出提问、点评、承诺、展望式的步骤"[1]。这种政策性极强的节目,其命运肯定也是"成也政策,败也政策"。时至今日,很多早期的"电视问政"节目早已销声匿迹了,只留下武汉台、丽水台等少数几个。

与之相反的是,民生节目更多地关注民生,对政策的依赖性不像问政节目那么强,经受住了十数年的考验,至今仍活跃在荧屏上。看来,政策不是舆论监督的根本保障。有人提出,"新闻传媒、公民和政府三方之间的矛盾和冲突必须有一个凌驾于三方之上的力量来对三方关系进行具体的协调平衡,这个力量就是法律"[2],此言不假,但是问题并非这么简单。

首先,媒体监督司法在权力顺序上存在倒置。媒体的监督权源自党政机关的行政权,那么,从《宪法》所规约的权力架构来看,行政机关并没有监督司法活动权力。

其次,现有法律法规没有关于舆论监督的规定。谈及舆论监督,不少人会援引《宪法》第四十一条的规定:"1. 中华人民共和国公民对于任何国家机关和国家工作人员,有提出批评和建议的权利;对于任何国家机关和国家工作人员的违法失职行为,有向有关国家机关提出申诉、控告或者检举的权利,但是不得捏造或者歪曲事实进行诬告陷害。2. 对于公民的申诉、控告或者检举,有关国家机关必须查清事实,负责处理。任何人不得压制和打击报复。3. 由于国家机关和国家工作人员侵犯公民权利而受到损失的人,有依照法律规定取得赔偿的权利。4. 公民的'监督权',即公民有向国家提出申诉控告和检举的权力。"该法条不过是一个原则性规定,而且,《宪法》将权利主体界定为"公民",那么,媒体所谓的舆论监督权不过是由该公民权派生和演绎出来的一种权利。换言之,在新闻传播活动中涉及的各种权利,如采访权、评论权、编辑权、报道权等,更多的是一种习惯性权利,而非

---

[1] 周蕊:《电视问政地市台电视新闻突围的可行性研究——以浙江地方电视台为例》,兰州大学硕士学位论文,2015年,第7页。

[2] 胡黎明:《"焦点现象"研究》,新华出版社2004年版,第256页。

法定性权利。因此,新闻人在舆论监督时能获得多少法律援助也就可想而知了。

最后,在现有的法律法规中,对舆论监督的禁止性规范多,而授权性规范少。"从总体上看,我国目前还没有专门的或具体的法律条款从舆论监督主体同被监督者的权利和义务关系上加以操作性的规定,缺乏在某些情况下新闻媒介独立自主地开展舆论监督享有免责权利的授权性法律条款和妨害正当新闻舆论监督行为的制裁性法律规定"[1]。我们以名誉权为例。当下,不少新闻官司多与名誉权侵权有关。现行法律对名誉权的规定和保护是比较详尽的,它带来的一个结果是,如果新闻报道中出现了错误,哪怕是细节失当,都有可能被当事人以名誉侵权为由告上法庭。事实上,"新闻官司"与"舆论监督"并不是一回事:舆论监督所要解决的,"是要被批评者接受教育、改正错误或是有关部门做出处理"[2],而新闻官司所要认定的,"则只是涉讼的批评文章是侵权还是不侵权"[3]。因此,即便当事人输了官司,但他通过这种"马拉松式"的官司,一方面成功地转移了公众的注意力,另一方面也耗费了当事媒体大量的时间和精力,这种以"新闻官司"来抵制舆论监督的做法已成为媒体开展监督时的一个痼疾,以至于有人感叹道:"监督止于诉讼。"

进言之,传媒与司法之间也同样存在着误会。首先,加强对司法活动的舆论监督是必要的,正如习近平总书记指出的:"司法是维护社会公平正义的最后一道防线。"但是,舆论监督并非天然正确和公正,现实中,各种假舆论监督之名行个人私利之实的现象并不鲜见。其次,"接受新闻媒体的报道,就是接受新闻舆论监督,也就是人民的监督"[4]。持这一观念者并不在少数。问题是,既然媒体和民意都是党和政府的宣传工具,那么,新闻舆论是否能与人民意见相等同也就是一个问题了。最后,鉴于媒体的官方色彩,如果媒体在报道时妨碍了司法活动,也常常会因为上级的干预使得涉事媒体免于法律制裁,顶多承担行政责任或道义责任而已。

由此观之,尽管党和政府一再强调舆论监督的重要性[5],但是,囿于现行法律法规的不足,新闻批评和舆论监督常常陷入一种极为被动的局面,"一些媒体和新闻工作者在采撷批评报道和进行舆论监督时常常感到'孤立无援',正当的采访报道权利受到侵害,有时甚至财产和生命都会受到威胁。近年来,记者被打、被抓、被关的情况时有发生,以至全国记协不得不一次次地出来发表声明,声援和保护正当权益遭受侵害的新闻工作者"[6]。

---

[1] 陈堂发:《授权与限权:新闻事业与法治》,新华出版社2001年版,第114页。
[2] 王强华:《舆论监督与新闻纠纷》,复旦大学出版社2000年版,第354页。
[3] 王强华:《舆论监督与新闻纠纷》,复旦大学出版社2000年版,第354页。
[4] 洪伟:《大众传媒与人格权保护》,华东师范大学出版社,2005年版,第140页。
[5] 党的十八大报告把舆论监督作为四种基本监督形式之一,指出:要加强党内监督、民主监督、法律监督、舆论监督,"让人民监督权力,让权力在阳光下运行"——作者注。
[6] 郑保卫:《力度·效度·制度——对当前抓好舆论监督的思考》,展江主编:《舆论监督紫皮书》,南方日报出版社2004年版,第73页。

内蒙古电视台经济生活频道副总监张虹邻就曾感慨道:"(《都市全接触》节目)对曝光力度和监督力度的把握,这是一个比较难的难点。民生新闻给老百姓做主,不过,谁来给民生新闻做主?"电视人的抱怨是有道理的。从现行法律来看,媒体的新闻舆论监督权只是公民的宪政权利的一种延伸,主要源自《宪法》第二十五条(中华人民共和国公民有言论、出版、集会、结社、游行、示威的自由)和第四十一条(中华人民共和国公民对于任何国家机关和国家工作人员,有提出批评和建议的权利),由此再衍生出媒体的采访权、发布权和受众的媒介接近权、信息接收权等。而从党的政策看,媒体的新闻舆论监督是党和政府意志的体现,即对媒体的舆论监督,更多的是从行政权力因运行的角度去理解,而非从宪政权利的角度,那么,舆论监督是表,而权力监督才是里。这种实操上的不一致,常常会带来认识上的模糊。从理论意义上看,舆论监督的主体是人民群众,媒体是因其独特的大众传播角色而替人民群众发挥实际的舆论监督功能。但在中国,舆论监督的实际主体主要是党和政府,媒体是替党和政府发挥实际的舆论监督功能。因此,不少人视新闻媒体为一种特殊的行政工具,他们想得更多的是怎么去借媒体的舆论之力去协助落实当下的中心工作,很少甚至没有想过主动接受或积极配合媒体的监督。这就可以解释,为什么新闻舆论监督大多集中在中下层官员和基层群众,较少涉及高级别领导和宏观政治生活。霍尔巴赫认为:"再也没有什么东西能够像政府那样对人民的风俗习惯产生如此直接的影响;在不道德的国王统治下,恶德本身也变得高尚起来。"① 历史的经验告诉我们,高级干部的廉洁自律对社会风气具有标杆性的作用,当他们徇私舞弊并且没有受到舆论监督和法律制裁时,其他人则会产生效仿心理,随着人数的增加,"从众心理"和"罚不责众"的集体意识则水涨船高,而"那些奉公守法的人则开始怀疑法律的严肃性,并重新考虑自己的行为方式。受此影响,民众的守法意识也会大大减弱"②。

当然,在新闻实践中,的确不乏成功甚至精彩的舆论监督个案,如"孙志刚事件""华南虎事件""邓玉娇事件"等。但是,这种临时性的、一次性的爆发,并非生活的常态,而且,有时候这种骤然发作的舆情还会带来一定的反弹,以至于媒体和记者不得不为之付出代价。

法制建设涉及内外两个方面。从外部来讲,要有良好的外部氛围和制度环境,这样才能保证舆论监督的正常开展;从内部来说,涉及舆论监督的法律法规应能保障舆论监督的健康运行。

就外部环境而言,提高民众的法制意识和媒介素养是当务之急。数千年的专制传统,给中国人带来了一个严重的后果:重道德轻法律。从内部环境来看,要平衡好新闻自由与社会责任的矛盾。随着媒体融合与转型进程的推进,传媒产业化带来

---

① [法]霍尔巴赫:《政治监督论》,陈国权译,学林出版社2000年版,第135页。
② 胡黎明:《"焦点现象"研究》,新华出版社2004年版,第106页。

的负面效应也日渐凸显：商业利益冲击着公共利益，言论自由权被置换为不受限制的意见表达权。"在这种背景下，强调新闻媒介的社会责任，就是要明确新闻自由的法律与道德义务和权利"①。

对于正当的舆论监督，要给予一定的保障，因为舆论监督是推动社会前进、保护公共利益所必需的一种保障。同时，坚持在一定范围内开展舆论监督。这里尤其要强调舆论监督的公正和善意，首先，对于媒体就社会普遍关心的、与公共利益攸关的问题所做的公正评论要给予积极的保护。其次，对于善意的言论同样应予以保护。以英国的《藐视法庭法》为例，该法规定，在公开的诉讼活动中，善意地发表公平如实的报道，并不构成藐视法庭罪。这是值得我们借鉴的。

有人提议，应专门设立一部新闻法来保障新闻传播活动，并以之作为我国新闻传播法律法规的标志。关于这一问题，我们试做一探讨。

首先，就全世界范围来看，目前，没有任何一个国家制定过一部能涵盖所有新闻传播活动的法律。各国的法律实践证明，仅靠一部所谓的新闻法就想规范全部的新闻传播活动，这条路是走不通的。进言之，即便存在这种可能，在当下的中国也是不合适的。原因在于，如果人们对传媒与司法的辩证关系缺乏足够清晰而统一的认识，就匆忙地设立所谓的新闻法，无疑会伤害新闻业的正常发展。即便真的有立法所需，也不必把希望寄托在一部法律上，完全可以将涉及操作性的法理植入单行性的法律法规中去。这样，既有利于实际问题的解决，也便于即时调整法规以补立法的滞后性。

事实上，一部新闻法并不能保障新闻自由的实现。英国法学家戴雪对以英国为代表的普通法系和以法国为代表的大陆法系做过对比，他发现，尽管英国没有成文的涉及言论自由的法律，但是这不妨碍社会对言论自由所达到的普遍共识；反过来，在法国，尽管有现成的《人权宣言》为言论自由提供所谓法理上的保证，但是，限于法国社会的传统与惯习，其新闻自由度远逊于英美等国。最终，戴雪得出结论：新闻是否自由不决定于是否有新闻法，而决定于新闻法的内容。② 约翰·基恩从另一个角度探讨了这个问题，他认为："在现实社会条件下，重新定义公共服务模式需要发展具有多样性的非政府传播媒介。这种媒介既永远发挥使政治权力焦虑不安的作用（因此有助于减少政治审查），而且为生活在多元的公民社会中的公民充当主要的传播工具。它也需要采取措施保护公民社会，使其免受商业媒介的自我麻痹作用的影响……传播媒介最大可能的消除商品化与'重新嵌入'公民社会的社会生活中，是使其自身免受政府和市场审查的重要条件……传播媒介不应该处于

---

① 田大宪：《新闻舆论监督研究》，中国社会科学出版社2002年版，第24页。
② ［美］帕尼诺·拉赫夫：《现代西方新闻法基本理论》，王瑞明编译，《中外法学》1991年第8期，第68页。

'市场力量'的反复无常中,而应该置于政治和法律的框架中。"①

基恩的建议适合西方社会,不太符合中国国情。前述,中国的媒体保持着与政府同比例的官阶制度,其新闻报道的力度也多根据新闻单位的行政级别来贴标签。不仅是新闻中人,连老百姓都养成了这种所谓的"政治敏感"。在后者眼里,媒体的报道不是一种权利,而是一种权力。但是,常识告诉我们,凡权力者必隐含腐败,既然新闻媒体源出官方,那么,舆论监督就同样不能免俗。

在现有的法律框架下,探讨一种半法律、半官方、半民间的自律机制倒是一个值得重视的方案。这一机制的效用在于:"既能实现对传媒行为的约束,又不伤及新闻自由等制度性权利的实现"②。季为民认为,这一自律机制有四个层面:"1. 职业层面(个人的专业考量和认证);2. 组织层面(传媒个体制定自律性'组织规则');3. 行业层面(传媒行业建构伦理评议组织,如新闻评议会,制定行业规范和准则);4. 制度化层面(国家以法律和相关的制度性规范形式体现社会对传媒的自律要求)"③。

目前,在第三点上——行业层面我们做得很不够,尽管现在已经有中华全国新闻工作者协会这样的机构,但是它与英国的新闻评议会还是不一样,后者执行一种"新闻纠纷仲裁制度",即:"由新闻、司法等部门的专家和知名人士联合组成具有权威性的新闻纠纷仲裁委员会,所有的新闻诉讼请求,须经新闻仲裁委员会的仲裁之后,法院方才受理"。它的好处在于:"既有利于保证新闻界认真、负责地履行其所担负的社会监督责任,在诉前多了一道新闻界自我调整的屏障,减少不必要的'司法损耗'。又可以保障真正受到诽谤和伤害的当事人能在诉至法庭之前,便得到公众舆论的道义上的支持,同时,还可以避免给那些压制正常批评、抵制舆论监督、混淆事实真相的人提供无理纠缠的机会,对于法院来说,也得以在受理之前便广泛征求和听取新闻、司法界专家的意见,使法院在审理中能够充分考虑舆论监督的特有规律,依法审判"。④

二、理顺电视媒体管理体制

民生新闻将镜头对准平民百姓,将报道范围覆盖到群众生活的方方面面,从而为大家树立并提供一个评价和完善生活质量的标杆与动力。这虽然是一件好事,但问题也来了:观众们把媒体和记者看成无所不能和神通广大的力量。"想打官司的

---

① [英]约翰·基恩:《民主与媒介:缺乏根据》,选自[英]奥列弗·博伊德-巴雷特、克里斯·纽博尔德:《媒介研究的进路》,汪凯、刘晓红译,新华出版社2004年版,第325~326页。

② 季为民:《舆论监督:一种承载责任的权利》,http://blog.sina.com.cn/s/blog_54f83ed90102yyou.html。

③ 季为民:《舆论监督:一种承载责任的权利》,http://blog.sina.com.cn/s/blog_54f83ed90102yyou.html。

④ 侯军:《疲软的舆论监督》,中国妇女出版社1989年版,第162页。

找媒体造势，业主要告开发商必定拉上媒体，打不赢官司所谓求救无门最后还要找媒体。以至于媒体的爆料热线几乎成了百姓的投诉热线"（南方电视台卫星频道副总监刘大卫），"现在我们好像不是在做新闻，像是在大包大揽，我们要做新闻报道，还要做社区工作，甚至有时还要做'保姆'，现在出现寻人、寻物这样的帮忙都不算什么的，连婚介、团购、求职以及各种各样所谓的帮忙都做起来了，甚至像企业一样给观众发 VIP 卡"（湖北《经视直播》总制片人陈剑）。①

与观众这种期待心理相反的是，不少电视人对自己的社会影响始终心存顾虑。一个不争的事实是，上级一再强调"新闻导向"，那么，喊着"关注民生"口号的节目能走多远呢？

一方面是观众的期盼，另一方面是媒体的忧虑，这一矛盾正是当下媒体的真实写照。

下面这段话很形象地体现了这种矛盾的存在："新闻舆论监督成了马后炮、中国的记者何以做不出预测性和调查性结合的'水门事件'式的报道？是我们的记者没有能力去触及此类问题，还是因为什么别的原因？舆论监督的正面效应与负面效应到底该怎样衡量？如何认识批评与表扬、监督与引导、破与立之间的关系？"②

应该说，这些来自学界的追问都没错。但是，问题的根源在哪里？这值得进一步思考。

媒体的角色地位不明，这是导致人们认识混乱的根本原因。

一方面，党和政府将媒体视为新闻宣传工具和舆论导向工具，因此，媒体社会功能的发挥则要受到党的政策方针路线的制约。以舆论监督为例，前述，舆论监督被党和政府视为四种监督形式中的一种，那么，这种监督就具有强烈的"内部监督"的特征，它是一种反映上级旨意且具有可控性的媒体行为："何时批评、批评什么、如何批评、批评的程度以及什么时候停止批评都要服从政府的安排，服从'大局'"③。而且，它还是一种"单向度"的监督，既然媒体是党和政府的一个有机组成部分，那么，依照行政管理的制度性约定，媒体的监督必然也是遵循自上而下的理路来实施，反过来，要想"自下而上"地监督几乎就成了不可能的事情。"传播媒介与政府合为一体的体制使其无法对媒介的主人进行监督"（郭镇之）④。相反，"层层对上负责（确切是对同级党委负责）是我国新闻事业运转约束机制的

---

① 高红明：《建设和谐社会履行媒体责任：〈看看看〉栏目的实践探索》，《声屏世界》2007 年第 7 期，第 37 页。

② 胡黎明：《"焦点现象"研究》，新华出版社 2004 年版，第 9 页。

③ 景跃进：《如何扩大舆论监督的空间：〈焦点访谈〉的实践与新闻改革的思考》，《开放时代》2000 年第 5 期，第 60 页。

④ 展江：《中国社会转型的守望者——新世纪新闻舆论监督的语境与实践》，中国海关出版社 2002 年版，第 41 页。

一个基本特点"①，其结果便是，"舆论监督，很大程度上成了领导监督"②，正所谓"废势背法而待尧舜，尧舜至乃治，是千世而一世治也"③。至于横向监督，比如异地监督，则困难重重，阻力多多。

一言以蔽之，新闻事业管理的人治化是当下媒介管理体制的最大问题，它带来了如下四个弊端：

首先，它造成了"舆论一律"。真正的舆论只能通过公开传播和讨论才有可能在融合与碰撞中形成，而通过行政命令来硬性肯定某种"舆论"，并要求公众认同。这种追求"一律"的做法压制了公众意见的产生，而公众意见正是舆论监督开展的基础。同样，它也无助于权力的运行。当权力正确表达社会舆论、获得社会舆论的支持时，权力就有力量驾驭一切，把握一切，舆论便成为权力的"实力"和无限"能源"；当权力违背民意，它的运转能量就会枯竭。

其次，它造成舆论监督的不稳定性。"舆论监督的作用，从根本上说，取决于某个时期的思想政治路线的正确与否。同时，也决定于新闻媒体的主管主办单位以及新闻工作者的政治立场和思想政治水平"（王强华）④。

再次，它限制了舆论监督的范围。舆论监督只能对下监督，那么，一旦宏观政策发生偏差，自下而上的反应机制与自上而下的执行机制之间便产生一种抗衡，结果常常是后者湮没了前者。某地发生了一起吸毒男子挟持公交车酿成车祸的事件，当记者赶到现场时，宣传部门的禁令也同时达到。记者在无奈之下，没有报道车祸起因，转而寻找起车祸中的好人好事。

最后，它影响了新闻媒体的健康发展。当西方的新闻同行们毅然在公约中写明："拒绝任何来自官方的财力津贴和各种形式的资助"的时候，我们有些媒体人可能还在想着怎样获得更多的政策支持与财政拨款。舆论监督的权利变异为新闻特权，在这种情况下，谈何公正客观与社会责任？

人治化的管理体制带来的是人们认识上的混乱。群众对媒体的看法形成了鲜明的两极："要么对媒体没有信心；要么是产生一种'过度期待'和'过度依赖'，认为媒体能'包打天下'。这也是在实践中出现人民群众遇到难事不找政府，而去找媒体的现象的原因。从这一点来看，人民对媒体的舆论监督期望过高。"⑤

要想对问题进行有效治理，需要从政府、媒体和法律三个角度入手。下面我们分而述之。

对政府而言，要对媒体的社会角色有一个清晰的认识。

---

① 喻国明：《中国新闻业透视》，河南人民出版社1993年版，第99页。
② 胡黎明：《"焦点现象"研究》，新华出版社2004年版，第7页。
③ 〔战国〕韩非子：《难势》。
④ 转引自展江：《中国社会转型的守望者——新世纪新闻舆论监督的语境与实践》，中国海关出版社2002年版，第19页。
⑤ 王梅芳：《舆论监督与社会正义》，武汉大学出版社2005年版，第343页。

众所周知，在西方，媒体被视为在立法、司法和行政之外的"第四权力"。早在美国建国之初，开国元勋之一的托马斯·杰斐逊（1743—1826）就说过："人民是其统治者唯一的监督者；甚至他们的错误也有助于促使统治者恪守他们制度的真正原则。过于严厉地惩罚这些错误，将会压制公共自由的唯一保障。预防此类对人民的不合常理的干预的办法，就是通过公共报纸的渠道，向人民提供关于他们自己事务的全部信息，并且力争使这些报纸渗透到全体人民群众中间。民意是我国政府赖以存在的基础，所以我们首要的目标就是要保持这种权利；若由我来决定我们是要一个没有报纸的政府，还是没有政府的报纸，我会毫不犹豫地选择后者。"① 在杰斐逊等人看来，权力和媒体（舆论）之间可以呈现出一种积极的互动关系，如果权力的运作能准确地反映舆论的诉求，那么它就会得到社会和民众的支持，并使其力量得到充分的发挥；反之，则权力的运行就会处处受限。可见，舆论是权力获得力量的根源和动力，即，"舆论对权力的社会功能正在于它是上层建筑反作用于经济基础、掌权人物把握社会趋势的动力资源，给权力机构提供预见社会变革、从事社会管理的大思路"②。所以，曾任美国联邦最高法院大法官波特·斯图尔特（Potter Stewart，"媒体是第四权力"一说的最早提出者）会说："新闻自由是一种制度性的权力，关系到公正的利益，因而必须受到宪法的保障。媒体拥有相应的保障，才能监督政府，防止滥权。"③

中国社会的国情与西方不同，西方的经验当然不能全盘照搬，但是，重视舆论的功能并尊重媒体的运行规律，这一点还是值得我们学习的。多年的实践证明，"处理和媒体的关系是考量政府自信心、承受能力、透明程度和接受社会公众监督勇气的一项重要指标"④。目前，我们对媒体的规制多出于政治角度，将工作重心放在维护社会稳定这个大方向上，这固然是没错的，毕竟"控制信息的权力是控制社会的一个主要杠杆"⑤，但是，控制只是一种手段，而非目的，加强对媒体的规制，不等于将媒体政治化、行政化，以至于扼杀了媒体应有的积极作用。大凡对媒体持宽容之态的地方，政府的自信心就强，因为它们视媒体为获取信息的渠道、建言献策的谋士和预警风险的卫士。反过来，那些视媒体为洪水猛兽的地方，往往危机潜伏、暗流涌动。

有人认为，政府对媒体的控制有两个目标，"一是防止媒介权力异化，二是促

---

① ［美］埃德温·埃默里：《美国新闻史》，展江、殷文译，新华出版社2001年版，第91页。
② 刘建明：《当代中国的舆论形态》，中国人民大学出版社1989年版，第85页。
③ 胡兴荣：《新闻哲学》，新华出版社2004年版，第188页。
④ 程益中：《在新京报成立大会上的演讲：我们到底要办一张什么样的报》，http://www.people.com.cn/GB/14677/21965/22070/2187213.html。
⑤ ［美］本·巴格迪坎：《传播媒介的垄断：一个触目惊心的报告——五十家大公司怎样控制美国》，林珊译，新华出版社1986年版，第242页。

进媒介权力优化"①。就当下而言，后者显然比前者要更急迫、更重要。我们以采访权为例，采访权对于言论自由等宪政权利具有先决性意义，这是因为，言论自由（表达自由）的实现，其前提在于表达者能充分获取各种所需的信息。为了保障人民群众获得足够的信息，我们强调要充分保护记者的采访活动。在现代社会，唯有记者知情了，公众才有可能知情，而公众知情后方可践行宪法所赋予的言论表达自由。可见，采访权源于知情权，而知情权又源于言论自由的宪政权利。反过来说，正是由于宪法赋予了公民言论自由的权利，而知情权正是上述权利得以实现的保障，因此，我们呼吁保护记者的采访活动。采访权、知情权和言论自由权，这三者互为因果，相辅相成，其中，采访权又具有重要的桥接作用。因此，对政府而言，如何有效保障记者的采访活动，是当下最为重要的问题。

对媒体而言，也有转变观念、提高认识的需要。我们仍以舆论监督为例。

张诗蒂认为，"新闻舆论监督包括三种权利：排除政府干扰的'防御性'权利，不论这种干扰是故意报复，或是有益操纵新闻报道的内容，都应予以排除防御；表意性权利，即新闻媒体有自由传达其所选择讯息和意见的权利；外求性权利，指能提供新闻媒体或新闻记者一些特别的机会去获得资讯或资料，能增进新闻媒体发挥其效能的一些权利"②。对电视人而言，争取一定程度的制播权，有助于舆论监督工作的推进。媒体要学会主动寻找线索，自主开展批评报道，同时，充分借助舆论的力量对关涉社会公共利益的事情进行报道和评论。

历史经验告诉我们，和其他领域一样，新闻改革不能采取革命式的、爆发式的方式，而应循序渐进，整体推进。因此，除了争取一定的制播权，媒体还应遵守现行的游戏规则，继续加强与政府的合作。正所谓，"依靠领导，不等于依赖了领导"③，这样，才能对媒体改革保持和发挥（对政府主管部门的）切实影响力，各种改革的建议和方案才有可能得到实践的机会，同时，存在于媒体中的创造力和智慧也有可能最大程度地为政府所运用。有些民生节目已经开始探索这样的道路，它们将栏目宗旨定位为"为政府分忧"和"为百姓帮忙"，通过这种"戴着镣铐跳舞"的方式尽可能为自己争取话语权。湖北《经视直播》的做法是，"每天固定有两个编辑值班，把信息进行分类，以公函的形式反馈给问题涉及的各部门，然后把职能部门的反馈处理在我们的屏幕上进行滚动播出。当然也遇到过很多职能部门置之不理，我们坚持一次、两次、三次……有些已经坚持了三个月，现在所有涉及的职能部门，尤其是教育系统、卫生系统，都积极主动配合解决问题"（《经视直播》总制片人陈剑)④。

---

① 田大宪：《媒介的权力及其异化》，《陕西师范大学学报（哲学社会科学版）》2005年第6期，第99页。
② 张诗蒂：《新闻市场的规范与法治》，中国检查出版社2001年版，第104页。
③ 胡黎明：《"焦点现象"研究》，新华出版社2004年版，第182页。
④ 武兴芳：《民生新闻为何广受欢迎》，http://hn.rednet.cn/c/2006/11/08/1024567.htm。

除了政府、媒体，法律的作用也不可小觑。

美国学者彼得森认为，西方新闻界的有7个缺陷："①常为自己的目的而运用巨大的权力，发行人只宣传自己的意见，特别是有关政治、经济问题，常以自己的意见压制反对意见；②屈服于庞大的工商业，有时广告客户控制编辑、政府及社论内容，常常抗拒社会变革；③在新闻报道中过分注意浅薄和刺激的描述；④新闻报道危害公共道德；⑤新闻报道常常无理侵害人的私生活和秘密；⑥已被工商阶级控制，使思想观念与意见的自由市场遭受威胁"[①]。面对这些问题，西方的做法是，"限制行政对新闻的干预，而把新闻运作中的社会关系交给司法来调整……新闻自由主要是保障公民了解、监督和批评政府的权利，反映的是公民与政府之间的权利和义务关系。出现问题谁来裁决？由司法来调整"（魏永征）[②]。

司法对媒体的规制主要表现在积极鼓励和有效监督两个方面。前者包括：为媒体的合法行为创造必要的空间，为媒体的合法活动提供充分的支持以及为媒体因其合法活动所遭致的打击报复提供司法救济；后者则包括：从司法的角度媒体的行为进行宏观调控，确保媒体的活动在法律允许的范围内展开。

理顺电视媒介的管理体制，并非一朝一夕的事情。

在西方，由于市场经济体制的成熟，媒体更多的是受到市场这只"看不见的手"的调节。"报纸股东众多，所需的资本是大量的并得到了分配，因此有许多人都准备保护他们的利益；广告收入使其他的资金来源，诸如政治性补助不再必要；读者在引导办报方针方面具有了影响力；国内报纸运送革命开辟了更广阔的市场，而且报纸的广泛发行赋予撰稿人一种使政客们开始感到害怕并想压制的影响力"[③]。在中国，由于市场经济体制尚未完善，因此，媒体一方面伴随着市场开放的进程顺势而上，让自己获得更强的竞争力；另一方面，媒体的改革又不能过于超前，以免干扰或妨碍经济改革的步伐与节奏，因此，作为发展中国家的媒体，它要承受更多的社会功能与期待。

在涉及媒体管理体制改革的过程中，政府、媒体和司法这三股力量中，政府的作用是最大的。

前述，中国的新闻体制并未走出如西方那样的高度专业化的道路。尽管在理论上，我们可以清晰地厘清政府角色与媒体功能间的不同，但在实践中，上述二者还是你中有我、我中有你。"媒体从业人员的博弈规则/技术与主管部门的政治纪律，

---

① 转引自顾理平：《新闻法学》，中国广电出版社1999年版，第46～47页。
② 徐迅：《中国新闻侵权纠纷的第四次浪潮——一名记者眼中的新闻法治与道德》，中国海关出版社2002年版，第104页。
③ ［英］雨果·德·伯格：《调查性报道的发端》，转引自展江主编：《中国社会转型的守望者——新世纪新闻舆论监督的语境与实践》，中国海关出版社2002年版，第230页。

在很大程度上浑然一体。这表明媒体尚缺乏自己独立的活动空间和特有的游戏规则。"① 有人提出，新闻与政治权力的关系有三种类型："刚性联系、柔性联系和相对独立。"② 目前，中国的电视媒体显然还属于第一种类型——刚性联系。那么，对媒体而言，未来的道路是要从刚性联系向柔性联系转变，同时葆有一定的相对独立性在，这是媒体的目标所在，也是其价值的体现。

---

① 景跃进：《如何扩大舆论监督的空间——〈焦点访谈〉的实践与新闻改革的思考》，《开放时代》2000年第5期，第60页。

② 侯军：《疲软的舆论监督》，中国妇女出版社1989年版，第106页。

结　　语

如果以 2002 年《南京零距离》的开播为起点，电视民生新闻已经走过了 18 个年头。民生新闻的未来如何？这是本书回答的最后一个问题。

一个产品能走多远，取决于它所拥有的核心竞争力。"多元化公司就好比一棵大树，树干和几个主要枝杈是核心产品，较纤细的树枝则是业务单元，叶、花与果实则属于最终产品。为大树提供养分和起支撑固定作用的根系就是公司的核心竞争力。如果你只通过看最终产品来评价竞争对手的实力，你就会看走眼，好比你只看树叶来判断树的强壮程度一样。"[1] 我们从其优势和劣势、外部威胁和发展机遇等方面来总结之。

一、受众认同和政府支持是民生节目兴起和发展的支柱

对民生节目而言，其最大的优势在于受众。正如本书绪论中所言，民生新闻的兴起，源于其对受众的"发现"。从电视观众的构成来看，普通百姓始终是最稳定的收视人群。以"讲述老百姓自己的故事"为宗旨的民生节目，让这些曾经被视为"群氓"的受众获得了被承认的地位，享受到存在的满足感。正如乔厄尔·法因贝格所说："有权利，我们就能'活得像人'，就能注视他者，就能在根本上感到人人平等。认为自己是权利的占有者，感到骄傲就不是过分的，是合适的；同时也具有最低限度的自尊，这是为了赢得他者的爱和重视所必不可少的。的确，尊重个人……可能仅仅是尊重他们的权利，所以，没有他者，就不可能有个人的存在。所谓'人类尊严'不过是可承认的肯定各种要求的能力而已！"[2] 因此，只要民生节目像古希腊神话中的巨人安泰那样——只要脚踩着大地，就能无往而不胜，因为受众建筑起了民生新闻存在的基石。

此外，处于社会转型时代，国家与社会之间的角力呈拉锯之态。而民生节目的出现，恰恰缓和国家与社会之间的紧张关系。"它构建出的公共舆论交流平台在一定程度上解决了先前饱受垢病的公共表达途径缺失与断裂的问题，间接促进了政府决策民主化与多维度改革进程中社会意见的公开自由表达。"[3] 因此，民生新闻的

---

[1] C. K. Prahalad, G. Hamel. The Core Competence of Corporation. *Harvard Business Review*, 1990, 68 (3), pp. 79–91.

[2] the Nature and Value of Rights, *in the Rights, Justice and Bounds of Liberty*: Essays in Social Philosophy, Princeton. NJ: Princeton University Press, 1980, p. 151.

[3] 王雄：《电视民生新闻：成长与转型》，世界图书出版公司 2016 年版，第 26 页。

出现，体现了"社会政治力量与民生新闻的相互制约与协调"①。

二、百姓视角是一把双刃剑

所谓"民生"，我们不能简单地视之为一种操作方略，它更多地体现为媒体人的一种认识观。

正如绪论中所说，对电视民生新闻的考察，离不开国家、社会和媒体三个维度。同样，媒体的报道视角也有三个：政府视角、百姓视角和专业视角。以往的新闻报道，多出于政府视角，意在维护政府利益，讲好国家故事。在这个宏大前提下，专业视角和百姓视角也顺势而缺失了。专业视角的缺失，是另一个话题，此处暂不详述。单就百姓视角的缺失而言，固然是因国家视角的强势所致，但也与百姓视角自身有关。

百姓视角的最大不足在于，"普通百姓对于抽象概念的理解程度不可能很高，对过于宏观的全局性的事物、重大但距离自身生活较远的事件关切程度也不是很高"②。正如古斯塔夫·勒庞所说："群体在智力上总是低于孤立的个人，但是从感情及其激发的行动这个角度看，群体可以比个人表现得更好或更差，这全看环境如何。一切取决于群体所接受的暗示具有什么性质。……群体固然经常是犯罪群体，然而它也常常是英雄主义的群体。正是群体，而不是孤立的个人，会不顾一切地慷慨赴难，为一种教义或观念的凯旋提供了保证；会怀着赢得荣誉的热情赴汤蹈火……这种英雄主义毫无疑问有着无意识的成分，然而正是这种英雄主义创造了历史。如果人民只会以冷酷无情的方式干大事，世界史上便不会留下他们多少记录了。"③ 因此，过分使用百姓视角，对媒体来说其实是一种冒险。王雄认为："民生新闻是在国内电视新闻市场相对封闭、境外电视新闻节目难以进入、播出时段内缺乏真正有竞争力的对手的媒体环境中获得巨大成功的，因此，民生新闻也只是电视人最大限度利用政策资源、市场资源以规避体制风险的一次尝试，这种尝试的尺度也是有限的，过分夸大其'跨越'的意义则失之牵强。"④

百姓视角固然是民生节目的力量源泉，但是，"当下中国政治体制改革仍相对滞后，新闻改革缺乏最必要的前提条件和最重要的制度环境，因而改革的难度更大，改革的成本也更高"⑤。正如时任湖南广电影视集团董事长魏文彬所言：目前，

---

① 侯迎忠：《媒介与民生：电视民生新闻的理论与实践》，中国传媒大学出版社2008年版，第70页。
② 王雄：《电视民生新闻：成长与转型》，世界图书出版公司2016年版，第80页。
③ ［法］古斯塔夫·勒庞：《乌合之众：大众心理研究》，冯克利译，中央编译出版社2011年版，第19页。
④ 王雄：《电视民生新闻：成长与转型》，世界图书出版公司2016年版，第84页。
⑤ 童兵：《突破体制瓶颈推进新闻改革纪念中国新闻改革30周年》，复旦大学出版社2009年版，第21页。

广电系统依然坚持"三不变原则"——广播电视作为党的喉舌不变；坚持党性原则，党管干部的原则不变；坚持正确的舆论导向，政治家办台的方向不变。[①] 因此，民生新闻要想继续有效地发展，还需要电视人采取更有智慧、更富想象的策略与方略，而不是简单地视"百姓视角"为"一抓就灵"的灵丹妙药。

三、新媒体是电视媒体的强大威胁

针对电视媒体的创新，有人提出了"蜉蝣规律"一说："电视创新就像生命周期极短的蜉蝣一样，呈现出一种朝生暮死的现象：任何节目的红火之时就是这类节目的衰落之时，'热什么毁什么'成为中国电视创新的宿命。"[②] 此说指出了国内电视界在发展中的一个痼疾。现在，随着新媒体的崛起，电视界面临的危机不仅是发展问题，更有生存之虞。

首先，新媒体拥有"无限极"的体量，因此，从理论上讲，它在民意的吸纳和展示上，拥有无穷的"版面"和"耐力"。然而，电视媒体因其版面、时间和频道的限度，难以有效地凝聚和传播民意。尽管电视人始终以"百姓视角"为圭臬，但考之以实践，不难发现，能在屏幕上得以呈现的，都是经过媒体人"把关"以后的所谓的民意。这些民意历经媒体的清洗、过滤和筛选之后，最终作为观众声音的"代表"而被呈现。由此观之，所谓"百姓视角"更多地表现为电视人的一种职业理想。

其次，新媒体的影响力远超传统媒体。互联网在中国普及之初，人们习惯于以传统媒体为标杆来评价新媒体。以博客为例，其出现伊始，时人通过与传统媒体的对标来展望博客的未来："如果你的博客粉丝超过一千，你就相当于一个布告栏；如果粉丝过万，那么你就相当于一本杂志；如果粉丝过百万，你就相当于一份全国性的报纸；一旦你的粉丝超过一亿了，那你就相当于中央电视台了。"[③] 时至今日，事情已经倒了一个个儿：传统媒体自觉或不自觉地以新媒体为标杆来对照检查。

最后，新媒体对传统媒体构成"倒逼"。有人指出了传统媒体的危机所在："如果没有行业保护和禁入政策，这些互联网企业也能进行'一手'新闻采制，它们制作的'硬新闻'节目完全有可能挑战电视台制作的节目；如果没有在'三网融合'中对于电视媒体内容生产的垄断性地位的政策保护和'互联网盒子'限制性接入的相关规定，以上述互联网企业的资源整合能力，直接'攻陷'和抢占电视

---

① 郑世明：《权力的影像：权力视野中的中国电视媒介研究》，中国传媒大学出版社 2006年版，第 97 页。
② 尹鸿：《只有笑得最早没有笑到最后——中国电视创新的"蜉蝣"定律》，《新闻与写作》2010 年第 7 期，第 1 页。
③ 裘思敏：《中国网络粉丝群体研究——以微博粉丝为例》，浙江工业大学硕士学位论文，2011 年，第 2 页。

大屏就是十分迫近的威胁了。"①

四、媒介融合语境下的电视民生新闻

随着新媒体的快速发展，民生新闻的外部环境日趋复杂。各种新媒体形态竞相呈现，令人目不暇接。其中，以"两微一端"为代表的新媒体对传统媒体的冲击最大。以受众的角色变化为例，如果说，电视民生新闻率先发现了受众，使之从观众变成了舞者，那么，新媒体则进而使舞者变成了导演。

面对新媒体的冲击，党和政府做出了积极的部署，要求传统媒体做好融合转型与创新发展，以提振传统媒体的影响力，即所谓的"社会效益"是也。同样，业界也做出了主动的回应。究其原因，一方面是因为媒体融合是一种自上而下的要求，但更重要的是，它们希望借媒体融合创造出更多的"经济效益"。在自上而下的"社会效益"要求和自下而上的"经济效益"追求之间，受众恰恰实现了两种诉求的结合。因此，对电视民生新闻而言，进一步加大对"受众"的关注，是实现"媒介融合"的有效路径。

"传统媒体的受众本位主要是针对内容设计与制作，预设媒体服务的最大规模的目标受众群体，以求最大限度地贴近这一群体的价值取向和信息需求。受众观点很大程度上基于经验和主观判断，在一个长周期内研发和设计产品，通过大规模标准化的生产来服务对象。"②但是，"数字和信息技术将传媒带入了一个不可逆的永久性转变之中。一方面是媒介形式等方面的融合，另一方面迅速膨胀的媒介资源又试图不断地将潜在的受众市场进行前所未有的细分"（Richard Edelman）③。因此，我们要转变思维方式，从传统媒体思维转向互联网思维。"互联网思维强调的是用户思维和用户体验，可以说互联网时代，用户就是群众，就是阵地；用户就是消费者，就是市场；用户思维是整个互联网思维的核心。"④

受众不仅需要被"发现"，更需要"在场"。试想一下，如果受众不能在媒介融合中获益，他们必将投入新媒体的怀抱。反过来说，我们发起并推进媒介融合的目的，不还是为了争取群众吗？

当然，在具体操作过程中，我们要实时更新自己的"受众观"。

"受众，这一从传播过程来划分的角色，表明信息接收者的地位，而具体运作中会存在对受众的不同身份定位，并在相当大的程度上决定媒体的编辑方针、内容特点、风格定位和操作方式，甚至进一步决定媒体的发展方向和它在社会历史发展进程中的作用。把公民概念引入受众观，把受众当公民，就意味着传播活动对公民

---

① 王雄：《电视民生新闻：成长与转型》，世界图书出版公司2016年版，第264页。
② 唐旭军：《新媒体蓝皮书（2016）》，社会科学文献出版社2016年版，第89页。
③ 王润珏：《媒介融合的制度安排与政策选择》，社会科学文献出版社2014年版，第135页。
④ 唐旭军：《新媒体蓝皮书》（2016），社会科学文献出版社2016年版，第89页。

权利的自觉认同和维护,尤其是精神文化产品的生产更要在公民文化权利上有所体现。"① 从这个意义上讲,民生新闻要做的,是通过信息传播、环境监视、社会协调以及文化传承等功能的发挥,推动公民意识的培养和民主社会的养成。在本书中所列举的大量案例中,我们可以看出,民生节目在解决群众疾苦、满足观众需要方面取得了不错的成绩。这固然有电视人的努力之功,但我们更应清楚的是,问题能最终解决,还是源自舆论的压力,只不过这种压力经过了媒体之手的调度。可见,公民意识和媒体力量是相得益彰的一对矛盾,所以,"民生新闻现在最需要改变和所能改变的不是政治的实际运行,而是作为'政治动物'的人的公民意识"②。

---

① 林晖:《未完成的历史——中国新闻改革前沿》,复旦大学出版社 2004 年版,转引自于垚:《从消费者受众转向公民受众——改革开放以来新闻媒介受众观的思考》,《新闻爱好者》2009 年第 23 期,第 4 页。

② 王雄:《电视民生新闻:成长与转型》,世界图书出版公司 2016 年版,第 260 页。

#　参考文献

［1］ Brown L. Reluctant Reformation: On Criticizing the Press in America ［M］. New York: David McKay Company, Inc, 1974: 11.
［2］ Lule J. Journalism and Criticism: the Philadelphia Inquirer Norplant Editorial ［J］. Critical Studies in Mass Communication, 1992, 9: 91 – 109.
［3］ Feinberg J. The Nature and Value of Rights ［J］. The Journal of Value Inquiry, 1970, 4 (4): 243 – 260.
［4］ Andrew J. Nathan. Chinese Democracy ［M］. Berkeley California: University of California Press, 1985.
［5］ Prahalad C K, Hamel G. The Core Competence of Corporation ［J］. Harvard Business Review, 1990, 68 (3).
［6］ R. Bin Wong. Citizenship in Chinese History ［C］//Hanagan M, Charles C T. Extending Citizenship, Reconfiguring States. Washington D. C: Lanham, MD: Rowman and Little Field, 1999.
［7］ Honneth A. The Social Dynamics of Disrespect: Situating Critical Theory Today ［M］//Habermas. A Critical Reader. Oxford: Blackwell Publisher Ltd. , 1999.
［8］ Stephen C. Angle. Human Rights and Chinese Thought: A Cross-Cultural Inquiry ［M］. New York: Cambridge University Press, 2002.
［9］ ［法］卢梭. 社会契约论 ［M］. 何兆武, 译. 北京: 商务印书馆, 1980.
［10］ ［美］阿列克塞·英格尔斯. 人的现代化: 心理思想态度行为 ［M］. 殷陆君, 译. 成都: 四川人民出版社, 1985.
［11］ ［美］本·巴格迪坎. 传播媒介的垄断: 一个触目惊心的报告——五十家大公司怎样控制美国 ［M］. 林珊, 译. 北京: 新华出版社, 1986.
［12］ ［美］杰里米·里夫金, 特德·霍华德. 熵: 一种新的世界观 ［M］. 吕明, 译. 上海: 上海译文出版社, 1987.
［13］ ［匈］阿诺德·豪泽尔. 艺术社会学 ［M］. 居延安, 编译. 上海: 学林出版社, 1987.
［14］ ［美］J. 赫伯特·阿特休尔. 权力的媒介 ［M］. 黄煜, 裘志康, 译. 北京: 华夏出版社, 1988.
［15］ ［美］乔纳森·H. 特纳. 现代西方社会学理论 ［M］. 范伟达, 译. 天津: 天津人民出版社, 1988.
［16］ ［美］塞缪尔·亨廷顿. 变动社会中的政治秩序 ［M］. 张岱云, 译. 上海: 上

海译文出版社，1989.

[17][美]刘易斯·科塞. 社会冲突的功能[M]. 孙立平，译. 北京：华夏出版社，1989.

[18][德]马克斯·霍克海默，特奥多·威·阿多尔诺. 启蒙辩证法：哲学断片[M]. 洪佩郁，蔺月峰，译. 重庆：重庆出版社，1990.

[19][美]约瑟夫·熊彼特. 经济发展理论——对于利润、资本、信贷、利息和经济周期的考察[M]. 何畏，译. 北京：商务印书馆，1990.

[20][美]戈夫曼. 日常接触[M]. 徐江敏，等，译. 北京：华夏出版社，1990.

[21][美]梅尔文·德弗勒，桑德拉·鲍尔-洛基奇. 大众传播学诸论[M]. 杜力平，译. 北京：新华出版社，1990.

[22][美]阿尔温·托夫勒. 权力的转移[M]. 刘红，译. 北京：中共中央党校出版社，1991.

[23][德]G. 齐美尔. 桥与门[M]. 涯鸿，宇声，译. 上海：生活·读书·新知三联书店上海分店，1991.

[24][英]戴维·莫利. 电视受众与文化研究[M]. 史安斌，译. 北京：新华出版社，1992.

[25][英]休谟. 休谟政治论文选[M]. 张若衡，译. 北京：商务印书馆，1993.

[26][美]丹尼斯·麦奎尔. 大众传播模式论[M]. 祝建华，译. 上海：上海译文出版社，1997.

[27][英]弗里德利希·冯·哈耶克. 自由秩序原理[M]. 邓正来，译. 北京：生活·读书·新知三联书店，1997.

[28][美]T. 巴顿·卡特. 大众传播法概要[M]. 黄列，译. 北京：中国社会科学出版社，1997.

[29][美]约翰·赫尔顿. 美国新闻道德问题种种[M]. 刘有源，译. 北京：中国新闻出版社，1998.

[30][德]哈贝马斯. 公共领域的结构转型[M]. 曹卫东，等，译. 上海：学林出版社，1999.

[31][法]福柯. 性史[M]. 姬旭升，译. 西宁：青海人民出版社，1999.

[32][美]克利福德·G. 克里斯蒂安. 媒体伦理学：案例与道德论据[M]. 蔡文美，译. 北京：华夏出版社，2000.

[33][美]克利福德·G. 克里斯蒂安. 媒介公正——道德伦理问题真的不正自明吗？[M]. 姜桂华，译. 北京：华夏出版社，2000.

[34][英]迈克·费瑟斯通. 消费文化与后现代主义[M]. 刘精明，译. 南京：译林出版社，2000.

[35][法]霍尔巴赫. 政治监督论[M]. 陈国权，译. 上海：学林出版社，2000.

[36][英]斯图亚特·霍尔. 编码/解码. 王广州，译. //罗钢，刘象愚主编. 文化

研究读本 [M]. 北京：中国社会科学出版社，2000.

[37] [法] 皮埃尔·布尔迪厄. 关于电视 [M]. 许钧，译. 沈阳：辽宁教育出版社，2000.

[38] [美] 埃德温·埃默里. 美国新闻史 [M]. 展江，殷文，译. 北京：新华出版社，2001.

[39] [美] 罗恩·史密斯. 新闻道德评价 [M]. 李青藜，译. 北京：新华出版社，2001.

[40] [英] 尼古拉斯·阿克伯龙比. 电视与社会 [M]. 张永喜，等，译. 南京：南京大学出版社，2001.

[41] [法] 阿芒·马特拉. 世界传播与文化霸权 [M]. 陈卫星，译. 北京：中央编译出版社，2001.

[42] [美] 约瑟夫·斯特劳巴哈. 今日媒介：信息时代的传播媒介 [M]. 熊澄宇，译. 北京：清华大学出版社，2002.

[43] [日] 北冈诚司. 巴赫金：对话与狂欢 [M]. 魏炫，译. 石家庄：河北教育出版社，2002.

[44] [美] 唐纳德·M. 吉尔摩. 美国大众传播法：判例评析：上 [M]. 梁宁，译. 北京：清华大学出版社，2002.

[45] [美] 沃尔特·李普曼. 公众舆论 [M]. 阎克文，译. 上海：上海人民出版社，2002.

[46] [美] 梅尔文·门彻. 新闻报道与写作 [M]. 展江，译. 北京：华夏出版社，2003.

[47] [美] 约纳森·罗森诺. 网络法——关于因特网的法律 [M]. 张皋彤，译. 北京：中国政法大学出版社，2003.

[48] [英] 约翰·基恩. 媒体与民主 [M]. 继红，译. 北京：社会科学文献出版社，2003.

[49] [美] 乔治·瑞泽尔. 现代社会理论 [M]. 谢立中，译. 北京：华夏出版社，2003.

[50] [美] 罗伯特·海曼，埃夫·韦斯廷. 最佳方案——公平报道的美国经验 [M]. 郭虹，李阳，译. 汕头：汕头大学出版社，2003.

[51] [英] 大卫·麦克奎恩. 理解电视 [M]. 苗棣，等，译. 北京：华夏出版社，2003年.

[52] [英] 约翰·塔洛克. 电视受众研究——文化理论与方法 [M]. 严忠志，译. 北京：商务印书馆，2004.

[53] [英] 吉莉安·道尔. 理解传媒经济学 [M]. 李颖，译. 北京：清华大学出版社，2004.

[54] [美] 新闻自由委员会. 一个自由而负责的新闻界 [M]. 展江，等，译. 北

京：中国人民大学出版社，2004.

[55] [英] 奥列弗·博伊德－巴雷特、克里斯·纽博尔德. 媒介研究的进路 [M]. 汪凯，译. 北京：新华出版社，2004.

[56] [英] 萨利·斯皮尔伯利. 媒体法 [M]. 周文，等，译. 武汉：武汉大学出版社，2004.

[57] [美] 麦克马纳斯. 市场新闻业——公民自行小心 [M]. 张磊，刘晓虹，译. 北京：新华出版社，2004.

[58] [英] 戴恩·罗兰德. 信息技术法 [M]. 宋连斌，译. 武汉：武汉大学出版社，2004.

[59] [美] 阿丽塔·L. 艾伦. 美国隐私法学说判例与立法 [M]. 冯建妹，译. 北京：中国民主法制出版社，2004.

[60] [美] 尼尔·波兹曼. 娱乐至死 [M]. 章艳，译. 桂林：广西师范大学出版社，2004.

[61] [美] 罗伯特·麦克切斯尼. 富媒体穷民主：不确定时代的传播政治 [M]. 谢岳，译. 北京：新华出版社，2004.

[62] [法] 卢梭. 社会契约论 [M]. 何兆武，译. 北京：商务印书馆，2005.

[63] [德] 阿克塞尔·霍耐特. 为承认而斗争 [M]. 胡继华，译. 上海：上海世纪出版集团，2005.

[64] [美] 皮帕·诺里斯. 新政府沟通：后工业社会的政治沟通 [M]. 顾建光，译. 上海：上海交通大学出版社，2005.

[65] [美] 詹姆斯·W. 凯瑞. 作为文化的传播 [M]. 丁未，译. 北京：华夏出版社，2005.

[66] [美] 詹姆斯·罗尔. 媒介、传播、文化：一个全球性的途径 [M]. 董洪川，译. 北京：商务印书馆，2005.

[67] [荷] 丹尼斯·麦奎尔. 受众分析 [M]. 刘燕南，译. 北京：中国人民大学出版社，2006.

[68] [英] 詹姆斯·卡伦. 媒体与权力 [M]. 史安斌，译. 北京：清华大学出版社，2006.

[69] [美] John D. Zelezny. 传播法判例：自由、限制与现代媒介 [M]. 王秀丽，译. 北京：北京大学出版社，2007.

[70] [美] 乔纳森·特纳，简·斯戴兹. 情感社会学 [M]. 孙俊才，文军，等，译. 上海：上海人民出版社，2007.

[71] [法] 孟德斯鸠. 论法的精神 [M]. 彭盛，译. 北京：当代世界出版社，2008.

[72] [美] 迈克尔·舒德森. 发掘新闻：美国报业的社会史 [M]. 陈昌凤，译. 北京：北京大学出版社，2009.

[73] [美] 西奥多·格拉瑟：公共新闻事业的理念 [M]. 邬晶晶，译. 北京：华夏出版社，2009.

[74] [美] 乔纳森·特纳. 人类情感：社会学的理论 [M]. 孙俊才，文军，译. 上海：东方出版社，2009.

[75] [美] 凯文·凯利. 失控——全人类的最终命运和结局 [M]. 东西文库，译. 北京：新星出版社，2010.

[76] [美] 威尔伯·施拉姆，威廉·波特. 传播学概论 [M]. 何道宽，译. 北京：中国人民大学出版社，2010.

[77] [法] 古斯塔夫·勒庞. 乌合之众 [M]. 冯克利，译. 桂林：广西师范大学出版社，2011.

[78] [英] 维克托·迈尔-舍恩伯格，肯尼思·库克耶. 大数据时代 [M]. 盛杨燕，译. 杭州：浙江人民出版社，2013.

[79] [加] 马修·弗雷泽，[印度] 苏米特拉·杜塔. 社交网络改变世界 [M]. 谈冠华，郭小花，译. 北京：中国人民大学出版社，2013.

[80] [德] 阿克塞尔·霍耐特. 自由的权利 [M]. 王旭，译. 北京：社会科学文献出版社，2013.

[81] [美] 乔纳·伯杰. 疯传：让你的产品、思想、行为像病毒一样入侵 [M]. 刘生敏，译. 北京：电子工业出版社，2014.

[82] [美] E. M. 罗杰斯. 创新的扩散：5版 [M]. 唐兴通，译. 北京：电子工业出版社，2016.

[83] [美] 詹明信. 晚期资本主义的文化逻辑 [M]. 陈清侨，严锋，等，译. 北京：生活·读书·新知三联书店，1997.

[84] 侯军. 疲软的舆论监督 [M]. 北京：中国妇女出版社，1989.

[85] 喻国明. 中国民意研究 [M]. 北京：中国人民大学出版社，1993.

[86] 徐宝璜. 新闻学 [M]. 北京：中国人民大学出版社，1994.

[87] 黄旦. 新闻传播学 [M]. 杭州：杭州大学出版社，1997.

[88] 杨伟光. 中国电视论纲 [M]. 北京：中国广播电视出版社，1998.

[89] 袁正明. 聚焦"焦点访谈" [M]. 北京：中国大百科全书出版社，1999.

[90] 夏骏. 目击历史：新闻调查幕后的故事 [M]. 北京：文化艺术出版社，1999.

[91] 王强华. 舆论监督与新闻纠纷 [M]. 上海：复旦大学出版社，2000.

[92] 袁正明. 用事实说话：中国电视焦点节目透视 [M]. 上海：上海人民出版社，2000.

[93] 刘祖云. 从传统到现代：当代中国社会转型研究 [M]. 武汉：湖北人民出版社，2000.

[94] 田大宪. 新闻舆论监督研究 [M]. 北京：中国社会科学出版社，2001.

[95] 杨明品. 新闻舆论监督 [M]. 北京：中国广播电视出版社，2001.

[96] 邓利平. 负面新闻信息传播的多维视野［M］. 北京：新华出版社，2001.

[97] 南帆. 双重视域［M］. 南京：江苏人民出版社，2001.

[98] 展江. 中国社会转型的守望者：新世纪新闻舆论监督的语境与实践［M］. 北京：中国海关出版社，2002.

[99] 田大宪. 新闻舆论监督研究［M］. 北京：中国社会科学出版社，2002.

[100] 徐迅. 中国新闻侵权纠纷的第四次浪潮：一名记者眼中的新闻法治与道德［M］. 北京：中国海关出版社，2002.

[101] 魏永征. 传媒的法制、管理和自律［M］. 北京：中国人民大学出版社，2003.

[102] 孙玉胜. 十年：从改变电视的语态开始［M］. 北京：生活·读书·新知三联书店，2003.

[103] 张育仁. 自由的历险：中国自由主义新闻思想史［M］. 昆明：云南人民出版社，2003.

[104] 胡黎明. "焦点现象"研究［M］. 北京：新华出版社，2004.

[105] 郭镇之，赵丽芳主编. 聚焦《焦点访谈》［M］. 北京：清华大学出版社，2004.

[106] 陈力丹. 陈力丹自选集［C］. 上海：复旦大学出版社，2004.

[107] 郑杭生. 当代中国城市社会结构：现状与趋势［M］. 北京：中国人民大学出版社，2004.

[108] 李幸. 大众立场：电视批判文集［C］. 北京：中国社会科学出版社，2005.

[109] 王梅芳. 舆论监督与社会正义［M］. 武汉：武汉大学出版社，2005.

[110] 洪伟. 大众传媒与人格权保护［M］. 上海：华东师范大学出版社，2005.

[111] 侯迎忠. 媒介与民生：电视民生新闻的理论与实践［M］. 北京：中国传媒大学出版社，2008.

[112] 李金铨. 文人论政：知识分子与报刊［M］. 桂林：广西师范大学出版社，2008.

[113] 欧阳照. 电视新闻的叙事学研究［M］. 重庆：重庆大学出版社，2010.

[114] 胡智锋. 中国电视民生新闻发展报告2011［M］. 北京：中国广播电视出版社，2011.

[115] 陈夷茁. 民生新闻案例解读［M］. 重庆：重庆大学出版社，2011.

[116] 十八大以来重要文献选编（上）［Z］. 北京：中央文献出版社，2014.

[117] 王雄. 电视民生新闻：成长与转型［M］. 北京：世界图书出版公司，2016.

[118] 崔保国. 中国传媒产业发展报告（2016）［M］. 北京：社会科学文献出版社，2016.

[119] 黄旦. 80年代以来我国大众传媒的基本走向［J］. 杭州大学学报，1995（3）.

[120] ［加］查尔斯·泰勒. 承认的政治：上［J］. 董之林，译. 天涯，1997（6）.

[121] [加] 查尔斯·泰勒. 承认的政治：下 [J]. 董之林，译. 天涯，1998（1）.

[122] 傅昌波. 表达自由与参政权利的实现——新闻舆论监督的几个基本问题研究 [D]. 北京：中国人民大学硕士学位论文，2000.

[123] 李幸. 打造中国电视新闻新模式：关于《南京零距离》的谈话 [J]. 现代传播，2003（2）.

[124] 樊葵. 传媒歧视：论当代信息传播中的不平等 [J]. 中国传媒报告（China Media Reports），2003（3）.

[125] 景志刚. 存在与确认：如何概括我们的新闻 [J]. 中国广播电视学刊，2003（11）.

[126] 景志刚. 我们改变了什么？——《南京零距离》及其民生新闻 [J]. 视听界，2004（1）.

[127] 李幸. 十年来中国电视的第三次革命 [J]. 视听界，2004（1）.

[128] 喻国明. 第一天职与新闻立台：关于安徽经视《第一时间》的价值思考 [J]. 现代传播，2004（4）.

[129] 路璐. 解析电视民生新闻的资源优势 [J]. 传媒观察，2004（6）.

[130] 易前良. "民生新闻"：一个新闻学概念的历史辨析 [J]. 视听界，2004（6）.

[131] 陆晔. 突破从"民生新闻"开始：《第一时间》与地方电视新闻发展前瞻 [J]. 现代传播，2004（8）.

[132] 方波. 基于承认理论的非直接利益冲突问题研究 [D]. 重庆：西南大学硕士学位论文，2012.

[133] 卢国祥. 霍耐特"承认理论"视域下的社会化媒体研究 [D]. 福州：福建师范大学硕士学位论文，2014.

[134] 杨晓虎. 中国群体性事件的社会功能及其正向引导：对科塞社会冲突论本土化的辩证 [J]. 江汉学术，2015（6）.

[135] 蔡雯. 美国"公共新闻"的历史与现状：对美国"公共新闻"的实地观察与分析 [J]. 国际新闻界，2005（2）.

[136] 周玉黍. 媒介抚慰：一种弥合阶层落差的方式：南京市民收视民生新闻行为与动机调查 [J]. 学海，2005（6）.

[137] 董天策. 民生新闻：中国特色的新闻传播范式 [J]. 西南民族大学学报，2007（6）.

[138] 曹卫东. 从"认同"到"承认" [J]. 人文杂志，2008（1）.

[139] [美] 裴宜理. 中国人的"权利"概念：从孟子到毛泽东延至现在：上 [J]. 国外理论动态，2008（2）.

[140] 赵俊. 国家间关系的道德语法："为承认而斗争" [J]. 欧洲研究，2010（2）.

[141] 刘哲. 桥与门：解读齐美尔随笔思想中的空间表征 [J]. 建筑与文化，2017（1）.

[142] 王永钢. 一个栏目吸引了一座城市: 访《南京零距离》副总监李响 [N]. 江南时报, 2004-01-01.

[143] 吉方平. 构建和谐社会中的媒体责任 [N]. 解放日报, 2005-03-14.

[144] 佚名. 贫富差距: 高度重视, 妥善处置 [N]. 学习时报, 2005-09-19.

[145] 孙时联. 主流媒体"两微一端"正改变舆论格局 [N]. 中国新闻出版广电报, 2016-07-29.

[146] 张太原. 近代知识分子从边缘到中心之路 [N]. 学习时报, 2006-05-22.

[147] 李天纲. 重建"公共性": "文人论政"的近代轨迹 [N]. 东方早报, 2009-03-22.

[148] 佚名. 再见东升, 南京最后一个在电视上"骂人"的主持人 [N]. 扬子晚报, 2015-08-07.

后　　记

我与"电视民生新闻"结缘，始于十多年前硕士学习期间。那时我在上海社会科学院就读研究生，我的毕业论文选题是《电视民生新闻与舆论监督》。我之所以选择从"舆论监督"的角度去切入，很大程度上是受到了《南京零距离》（以下简称《南》）以及同类节目的影响。

正如在本书中反复谈到的，《南》较早实践了电视民生新闻这一新的新闻样式。不同于以往的电视节目，《南》在新闻播报上，增加了主持人对新闻事件的评述（这种评述往往是犀利的，甚至是尖锐的）；在内容编排上，增加了满足观众所需的帮忙、调解和维权等板块。因此，我尝试着从舆论监督的角度对其做出一种解读。

一晃十几年过去了，电视民生新闻也经历了时间的洗刷。正所谓大浪淘沙，一些曾经名噪一时的节目，或退出（如南京电视台的《东升工作室》于2015年宣布停播），或转型（如山西科教频道的《都市110》于2013年宣布取消民生新闻内容）。当然，更多的节目还是坚守下来，并积极探索新的发展方向。《南》于2009年宣布更名为《零距离》，为实现"立足南京、辐射全省、影响全国"这一目标喊出了先声；东方卫视的《新闻坊》则因应"两微一端"的新浪潮，及时推出了"新闻坊+"小程序；黑龙江都市频道的《新闻夜航》甚至闯入了2018年中国微信500强年榜，位列第11名。

有人说，"历史越久远，事情越清晰"。的确，近20年的发展，为我们重新理解电视民生新闻提供了更加丰富的素材，也使得我们的思考变得相对从容起来。是什么孕育了民生新闻，使其在电视媒体上的诞生？又是什么推动着电视民生新闻历时多年而发展至今？什么又将决定这一新闻样式的未来前景？受众，被发现的受众，这或许就是问题的答案。

从上述认识出发，"电视民生新闻"这个老朋友，在我眼里变成了一个"熟悉的陌生人"。说"熟悉"，是因为我早在十几年前便与之结缘；而"陌生"，则是指我将以新的角度去认识它、理解它并努力做出解读。这一过程无疑是"痛并快乐着"。"痛"是因为我要承认以往认识上的不足并将其推翻，而"快乐"则是因新的景致如画卷般徐徐展开并豁然于眼前。

本研究能从一个精神产品最终变成实体作品，我首先要感谢上海师范大学的钱晓文教授。作为多年交往的师友，他对我的关心既朴实又真诚。他牵头策划"媒介融合与传媒转型丛书"，并热情邀请我加盟，这使得我的学术思考有了落地的机会。在写作过程中，我们电话、邮件不断。于我而言，这种学术对话真是甘之如饴，滋味绵长。

后　记

感谢我的老师、复旦大学新闻学院李良荣教授。听闻我在从事电视民生新闻的研究，老师不仅在第一时间给予我巨大的鼓励，而且还给出了不少有益的建议，并且，在全书完稿之际，老师应我之请，欣然为本书作序。这种奖掖后学、提携后进的精神，令我感动。

感谢本书责任编辑、中山大学出版社编审邹岚萍老师。我与邹老师虽是因本书而结识，但彼此却神交已久。多年前她担任责任编辑的某部教材，我曾选用长达10年之久。非为别故，是因为该书内容适当、难易适中，且体例合标，引证规范。究其原因，作者之力自不可没，编辑之功亦善莫大焉。在本书写作过程中，我亲身体验到了邹老师既亲切又细致的工作作风。

感谢上海社会科学院新闻研究所的魏永征教授、马光仁教授、吴庆棠教授、武志勇教授。就读硕士期间，在我撰写毕业论文时，从选题立意到提纲结构，从素材遴选到资料征引，老师们对我的指导既认真又耐心。由于民生新闻在实践中的变化，本书对它的描述已不同于当年的硕士论文，但老师们的引领和教诲，我依然铭记在心并受益至今。

我还要感谢我的学生们，他们是熊曼菲、潘蒙蒙、盛欣雅、朱庆裕、窦舒羽……他们为我搜集素材、整理资料，做了大量基础性的工作。事情虽然琐碎，但不可谓不重要。

最后，我要感谢我的父亲叶书燕老师。一方面，是因为"哀哀父母，生我劬劳"；另一方面，他还是我高中时代的业师。尽管斯人已矣，可是海棠依旧。人们常说，"越长大，越能理解父亲"，回望与他相处的几十年时间，他为我安排的林林总总，从书房的布置、雅趣的栽培到职业的选择，其背后传承的是"耕读传家、诗书继世"的家风余韵。

叶冲

2020年6月26日